孟子文獻集成

孟子文獻集成編纂委員會　編纂

山東人民出版社

圖書在版編目（CIP）數據

孟子文獻集成. 第一九二卷 / 《孟子文獻集成》編纂委員會編. --濟南：山東人民出版社, 2020.1
ISBN 978-7-209-12455-3

Ⅰ. ①孟… Ⅱ. ①孟… Ⅲ. ①儒家 ②《孟子》-研究資料-匯編 Ⅳ. ①B222.55

中國版本圖書館CIP數據核字(2019)第241568號

項目統籌: 胡長青
責任編輯: 劉嬌嬌
裝幀設計: 武 斌
項目完成: 文化藝術編輯室

孟子文獻集成（第一九二卷）
《孟子文獻集成》編纂委員會 編

主管單位 山東出版傳媒股份有限公司
出版發行 山東人民出版社
社　　址 濟南市英雄山路165號
郵　　編 250002
電　　話 總編室（0531）82098914
　　　　 市場部（0531）82098027
網　　址 http://www.sd-book.com.cn
印　　裝 山東新華印務有限責任公司
經　　銷 新華書店

規　　格 16開（210mm×285mm）
印　　張 61.5
字　　數 490千字
版　　次 2020年1月第1版
印　　次 2020年1月第1次
印　　數 1-200
ISBN 978-7-209-12455-3
定　　價 900.00圓

《孟子文獻集成》編纂委員會

學術顧問 杜維明 張豈之 李學勤 牟鍾鑒

學術委員會

主　　任 陳　來

副 主 任 郭齊勇 李存山

委　　員 王　傑 王中江 王志民 王其俊 王鈞林 王漢東 孔德立 杜澤遜 李存山 李景林 吴　婧 袁汝旭 徐洪興 高兆波 郭齊勇 陳　來 孫明霞 梁　樞 梁　濤 董洪利 曾振宇 楊海文 楊朝明 趙　勇 鄭傑文 劉瑾輝 顔世安 顔炳罡 龔鵬程

（按姓氏筆畫排序）

編纂委員會

主　　編 王志民

副 主 編 杜澤遜 梁　濤 胡長青 李梅訓

委　　員 王　路 王恒柱 李西寧 李振聚 李國慶 黄顯功 張　勇 張志清 趙永和 趙紅彦 劉　晨

（按姓氏筆畫排序）

編　　務　劉　晨　楊雲雲　孫　姣　李　濤　劉嬌嬌　張艷艷

趙　菲　呂士遠

組織實施

中國孟子研究院

山東人民出版社

序

《孟子文獻集成》是在孟子故里鄒城市委市政府鼎力支持下，由中國孟子研究院、山東人民出版社協同合作，共同致力完成的一項大型儒家文獻的搜集、整理、出版學術工程。

一

孟子是中國歷史上偉大的思想家、政治家、教育家，是僅次於孔子的儒家學派重要代表人物。戰國時期，戰爭頻仍，『角戰英雄，六經泥蟠，百家飆駭』（《文心雕龍·時序》），孔學既黜，儒道中衰。孟子遵夫子之道，批邪説，正人心，發揚光大孔子學説，復興儒學，成爲孔子之後最重要的儒家傳人和先秦原始儒學理論體系的主要奠基人。韓愈論儒家道統由堯、舜、禹、湯、文、武、周公代代相傳，言及『文、武、周公傳之孔子，孔子傳之孟軻。軻之死，不得其傳焉』（《原道》），又説『自孔子没，群弟子莫不有書，獨孟軻氏之傳得其宗』（《送王塤秀才序》）。可見，後世尊孟子爲『亞聖』，稱儒學爲『孔孟之道』，實爲孟子歷史地位使然！

《孟子》一書，是孟子及其弟子編著的全面反映孟子思想的儒家經典著作。漢文帝時，即曾設立《孟子》學博士，全國推闡。六朝時期，玄學、佛學興盛，儒學式微，《孟子》亦受冷落，但唐宋以後，隨着孟子地位的大幅提昇，《孟子》一書越來越受到統治者和學者文人的廣泛重視。唐代大儒韓愈倡論中國文化道統，其《原道》之説，影響甚大，已掀『孟子熱』；北宋時期，《孟子》與《論語》俱列入『十三經』之數；南宋朱熹作《四書章句集注》，將《孟子》列『四書』之中。南宋統治者更將其正式列入官方之學，設爲科舉考試科目，欽定爲必讀經典，學孟子、讀《孟子》，蔚然而成社會風氣。此後，孟子地位進一步提昇：元文宗封孟子爲『亞聖公』，尊其爲『百世之師』；明清兩朝更大推『四書』，地位儼然超越『五經』。《孟子》與《論語》並行，上自帝王，下至百姓，家有之，户誦之，『所研究者惟「四書」，所辨訂者亦惟「四書」』（《四庫全書總目·四書大全提要》語）。孟子思想，深入人心；《孟子》之學，遍佈各地；《孟子》

文獻，汗牛充棟。

根據我們的初步調查，歷代《孟子》文獻有兩千種之多。這些文獻，依孟子學史的發展，大致形成了以下幾点較鮮明的時代特徵：宋元文獻多義理闡發，以朱熹《孟子章句集注》爲代表；明代以王夫之《讀四書大全説》爲代表，多從心性之學挖掘孟子豐富的思想内涵；清代孟子學最盛，不僅産生了以乾嘉學者戴震《孟子字義疏證》、崔述《孟子事實録》爲代表的大量考據、辨僞著作，還出現了集前人研究成果之大成的焦循《孟子正義》。大致可以説，以東漢趙岐《孟子章句》爲發端，歷代學者多所闡釋研究。尤其宋元以來，孟學實爲千年『顯學』。《孟子》文獻内容所涉注釋訓詁、義理闡發、思想挖掘、考證辨僞等所有方面，其對孟子及《孟子》文本的研究廣度、深度可謂前無古人，後難爲繼。尤爲重要的是，歷代學者秉持儒家人生理念，一生所繫，立德立言，以『爲往聖繼絶學』爲生命追求之本，往往傾一生之力終注一經。孟子文獻不僅真實地展示了孟學及儒學發展的歷史，也留下了代代學者治學的心路，實在是應該认真进行挖掘整理的傳統文化瑰寶。

然而，毋庸諱言，孟子文獻的收集整理向未受到應有的重視。這固然與二十世紀以來，儒學命運多舛有關：批孔之時，孟子亦受其累；近數十年來，『孔子熱』不斷升温，孟子受冷落的現象却未有大的改觀，歷代孟子文獻迄未收集整理即是一例。據我們不完全統計，包括臺灣在内的中國圖書館，現存宋元至清代的刻本與鈔本計有一千二百餘種之多。由於各種原因，百分之九十餘未曾整理出版，而百分之七十以上仍處於人所罕见的塵封狀態。歷史的責任，現實的需要，未來的期盼，都在呼唤能有一套《孟子文献集成》的編纂出版。

二

二〇一三年四月底，孟子研究院在孟子故里山東省鄒城市正式成立。時值一年一度的『孟母文化節』，同時進行的還有由鄒城市、《光明日報》國學版、山東師範大學山東省齊魯文化研究院共同策劃主辦的『孟子公開課』開講儀式。來自國内各著名高校的部分主講學者和與會專家對孟子研究院成立後的學術規劃提出了許多建設性意見，多位專家提出了編纂《孟子文獻集成》的建議。

同年十月二十九日至三十日，孟子研究院學術委員會第二次會議在主任陳來先生主持下於鄒城召開。會議就《集成》的立項和編纂事宜進行了認真深入地討論，參閱審查了初選孟子文獻書目，形成了以下四點共識：一是孟子文獻的搜集、整理向稱薄弱，絶大多數迄未面世，影響了孟學研究的深度和廣度。編纂《集成》，填補空白，意義重大。二是要在廣泛搜集、精心選編的基礎上，力求將《集成》做成收羅全、質量高、權威性强的精品學術工程。三是应制定具体工作規劃，選編文献时代可由遠及近；文獻收集範圍，宜先國内後國外，分段完成，穩步推進，確保質量。四是在孟子研究院學術委員會基礎上，应增加部分孟子研究專家，充實到《集成》學術委員會；選聘孟學研究、版本目録、館藏出版等方面專家，組建高層次、有效率的編纂部和工作班子，扎實有效開展工作。

在經過編纂部四次召開籌備會議和系列籌備工作基礎上，二〇一四年五月，在濟南召開了特邀專家選目審查論證會。來自北京大學、中國人民大學、山東大學等全國各地的十餘位孟子和孟學史專家就編纂部提供的《集成》選編總目（國内）進行了認真研析、讨论審查。這次會議的召開更堅定了大家对編纂《集成》的信心和認識，許多專家從長期孟學研究的切身感受中充分肯定編纂《集成》的重大意義，一致認爲：這是一項立足當前又澤被後世的重大學術工程；目前国内編成的經典文獻集成中唯獨没有孟子文獻集成，这不僅是文化建設的一种缺憾，也从多个方面影響了孟子研究的深入和拓展，从这个意義上説，該項目的实施确是一項填補空白、意義深遠的學術工程。專家們特別指出，這項重大學術工程，由山東，特別是孟子故里鄒城市支持，由孟子研究院、山東省齊魯文化研究院牽頭承擔，正是歷史責任與當前文化建設的最佳選擇。相信《集成》的出版，對於提昇孟學研究、促進孟子研究院發展、推动山東文化强省建設，贡献巨大，意義深遠。會議還就選目原則形成以下共識：一是《集成》應當是一套研究孟子文獻的集大成之作，所收以獨立成書的研究《孟子》專書爲主，兼顧其他，儘量收全。對孟子文獻的含義可以放得寬一些，對書名没有『孟子』的，例如以『四書』『諸子』爲書名的，也要注意在考察辨析基礎上做好，要高標準、高質量。二是《集成》應兼顧古籍的重要性與稀見性，做到常見書精選善本，重要文獻不遺漏。三是海外孟子文獻應作爲一個工作目標，與海外學者合作，广匯博收，規劃編纂。四是時代大致截止到清末，現代部分可作爲『附編』或單獨列編收集出版，部分難以收入文獻應附列存目。這次專家會議的意見，得到二〇一四年六月五日召開的孟子研究院第二次學術委員會的重視和確認。

在籌備、啓動《集成》的整個過程中，得到鄒城市主要領導及社會各界鼎力支持。山東人民出版社主動、積極地參與了各項工作。二〇一四年八月二十八日，在山東省第五届文博會上，省有關領導和衆多媒體記者見證了孟子研究院與山東人民出版社共同簽訂《〈孟子文獻集成〉編纂出版協議書》的过程。

經過編纂委員會及有關方面的共同努力和各相關圖書館的大力支持，宋元時期傳世文獻已基本全部收録，共四十八種，分裝十四册，已於二〇一六年初首批出版發行。其中，收録宋元刻本十四種，海外善本四種，第一次影印的即有十六種，屬於披沙揀金的珍本，將爲孟子文獻及思想研究提供寶貴資料。

第二輯精選明代孟子文獻八十一種，分裝爲三十二册影印，已經於二〇一七年三月出版。

第三輯爲明代文獻的第二批，共收入著作四十五種，分裝爲二十册影印，其中五種來自日本，三種來自美國；其他部分也多爲稀見的珍本和善本，已經於二〇一八年三月出版。

第四輯，共收録著作六十二種。其中，明代著作四十八種，分裝爲二十四册；清代著作十四種，分裝爲十册。共出版三十四册。底本皆爲精選珍本善本，其中，明代刻本四十種，清代刻本二十二種。又有二十三種來自日本，多爲國内未見，彌足珍貴。

本次出版爲《孟子文獻集成》第五輯，清代文獻之第二部分，也是《集成》編纂以來，收録文獻最多的一輯。共收入著作三百六十八種，分裝爲一百册；至此，自康熙朝至清末絶大部分與《孟子》相關文獻已基本囊括。其中：來自日本的珍稀文獻八種；稿抄本二十六種；孤本二十二種，國内未出版者達三分之二以上。

編纂出版《孟子文獻集成》，既有利於深入挖掘孟子思想精髓，洞見《孟子》世代傳承的歷史場景，又有利於珍貴文獻的保護、傳承和共享、共用，是惠及當代、澤被後世的文化善舉。值此共出版二百册之際，我們對國内外各有關圖書館和學界同仁的鼎力支持與真誠合作表達崇高的敬意和誠摯的感謝！

讓我們黽勉同心，共同努力，以期這一重大學術工程的圓滿完成。

王志民

二〇一五年四月十二日第一稿

二〇一八年三月八日修改第二稿

二〇一八年十二月十二日修改第三稿

二〇一九年十月六日修改第四稿

凡例

一、《孟子文獻集成》匯聚歷代關於《孟子》之著述，要其旨歸，不外經學之考證、義理之推闡、文章之批點，故舉凡注釋、析義、批點等書皆酌加收録，大致以著者時代先後爲次，俾經學之大，義理之善與夫文章之美，庶幾由此而知。

二、《孟子文獻集成》選用底本多未經整理，或孤傳海外，或秘庋深閣，學者既不能徧歷中外而窺其概貌，又不能盡探二酉而知其大略，不能無憾焉。今集爲一編，則學者循覽而知《孟子》一經之本末，歷代著述之昇沉。

三、各書或得自日本、美國，或攝自國家圖書館、天津圖書館、上海圖書館、浙江圖書館、山東大學圖書館等。底本皆經選擇，其存世孤秘，列爲首選，而後出佳槧，流佈稀少，亦資採摭。

四、諸書著録書名、卷數、著者時代、姓名、撰著方式及版本，覽者便焉。

五、著者真僞，學者所重，凡有歧異，均於著者前加『題』字，略示區别。

六、諸家解《孟》之作，或爲獨立成書者，或爲總集内别裁而出者，或以『四書』著述總題者，今所匯集，以能獨立析出者爲斷。其單篇零什，概所不收。

七、 裁出之書，凡原有題名者，概依原題，而於版本項注其從來；凡無獨立題名者，則仍用大題，而括注『孟子』二字；其不能析離者，則全書收録。

八、 是編博訪廣蒐，固難周徧，續有所得，擬輯《補編》，庶免遺珠之憾。伏望博雅君子，匡其不逮，補其未備，是所幸焉。

目録

四書朱子集注古義箋（孟子）三卷

清 李滋然撰

清宣統排印本

四書朱子集注古義箋卷四

長壽李滋然學

孟子

序說

史記列傳曰孟軻騶人也（箋）按序說係朱子全引史記之文故其下注文仍標朱注二字

朱注趙氏曰孟子魯公族孟孫之後漢書注云字子車一說字子輿騶亦作鄒本邾國也（箋）趙氏題辭云孟子鄒人也名軻字則未聞也鄒本春秋邾子之國至孟子時改曰鄒矣按漢書藝文志孟子十一篇名軻鄒人子思弟子有列傳師古注云聖證論云軻字子車未詳其所得孔叢子云子車注一作子居居貧坎軻故名軻字子居亦稱字子輿傅子亦云孟子輿也說文邑部云鄒魯縣古邾婁國帝顓頊之後所封漢書地理志亦云鄒故邾國曹姓二十九世爲楚所滅按騶通鄒又或云鄒或云邾婁者語言緩急之殊也周時作鄒漢時作騶古今字之異也左傳作邾公羊作邾婁邾婁之合聲爲鄒國語孟子作鄒三者鄒爲正邾則省文左傳顓頊氏有子曰黎爲祝融祝融之後八姓妘曹其二也今山東兗州府鄒縣東南有古邾城趙氏謂爲孟子時所改蓋未知其始本名鄒也朱子注云鄒本邾國較趙氏爲審

受業子思之門人

朱注子思孔子之孫名伋索隱云王邵以人爲衍而趙氏注及孔叢子等書亦皆云孟子親受業於子思未知是否（箋）趙氏題辭云長師尊孔子之孫子思孫疏引列女傳亦稱孟子師事子思按史記世家子思年六十二孔子卒在周敬王四十一年伯魚先孔子卒己三年向使子思生于伯魚所卒之歲亦止當在威烈王三四年之間乃孟子實生於烈王四年其距子思卒時己相去五十年之久又謂魯繆公嘗尊禮子思然穆公即位在威烈王十九年則史記所云子思年六十二者或是八十二之誤若孟子則斷不能親受業也朱子引其說而云未知是否蓋疑其說而不敢曲從之也

道既通

朱注趙氏曰孟子通五經尤長於詩書（箋）朱子明引趙氏以爲注也

退而與萬章之徒序詩書述仲尼之意作孟子七篇

朱注趙氏曰凡二百六十一章三萬四千六百八十五字韓子曰孟軻之書非軻自著軻既沒其徒萬章公孫丑相與記軻所言焉耳愚按二

說不同史記近是（箋）趙氏章字之數未盡符合據音義標梁惠王上七章下十六章公孫丑上九章下十四章滕文公上五章下十章離婁上二十八章下三十二章萬章上九章下七章告子上二十章下十六章盡心上四十七章下三十九章共爲二百五十章今以章指計之盡心下篇止得三十八則共爲二百五十八章校題辭所云少三章趙氏謂三萬四千六百八十五字今以孔本經文計之梁惠王共五千二百六十四字公孫丑共五千一百四十二字滕文公共四千九百八十字離婁共四千七百八十九字萬章共五千一百五十四字告子共五千二百二十三字盡心共四千六百七十四字七篇共三萬五千二百二十六字校題辭實多五百四十一字朱子於分章計字之數僅引題辭而不附己說當日取校原本蓋疑之也至從史記而不從韓說尤爲篤守漢儒師說

梁惠王章句上

孟子見梁惠王

朱注梁惠王魏侯罃也都大梁僭稱王謚曰惠史記惠王三十五年卑禮厚幣以招賢者而孟軻至梁（古注）趙注梁惠王者魏惠王也魏國名惠謚也王號也時天下有七王皆僭號者也猶春秋之時吳楚之君稱王也魏惠王居於大梁故曰梁王（箋）史記魏世家云魏之先畢公高之後也其苗裔曰畢萬事

晉獻公十六年趙夙爲御畢萬爲右以伐耿霍魏滅之以魏封畢萬爲大夫從其國名爲魏氏生武子治於魏生悼子徙治霍生魏絳徙治安邑卒謚爲昭子生魏嬴嬴生魏獻子爲國政與趙簡子中行文子范獻子幷爲晉卿生魏侈侈之孫桓子與韓康子趙襄子共滅智伯分其地桓子之孫曰文侯都魏二十一年魏趙韓列爲諸侯二十五年子擊生子罃文侯卒子擊立是爲武侯武侯卒子罃立是爲惠王又世家曰惠王數被軍旅卑禮厚幣以招賢者鄒衍淳于髡孟軻皆至梁六國表云魏惠王三十五年孟子來王問利國按趙注略同史記朱子則全采史記以爲注也

王曰叟

朱注叟長老之稱（古注）趙注叟長老之稱（箋）按劉熙亦云叟長老之稱均爲朱子所本

亦將有以利吾國乎

朱注王所謂利蓋富國強兵之類（箋）趙注下文云孟子知王欲以富國強兵爲利朱子故云此

上下交征利

朱注征取也（古注）趙注征取也（箋）朱子明用趙注也

萬乘之國弒其君者必千乘之家千乘之國弒其君者必百乘之家

朱注乘車數也萬乘之國者天子畿內地方千里出車萬乘千乘之家者天子之公卿采地方百里出車千乘也千乘之國諸侯之國百乘之家諸侯之大夫也（古注）趙注萬乘兵車萬乘謂天子也千乘謂諸侯也百乘之家謂大國之卿食采邑有兵車百乘之賦者也（箋）按萬乘以下之制詳于周禮朱子蓋約周禮以爲言校趙氏稍加詳耳

王立於沼上顧鴻鴈麋鹿

朱注沼池也鴻鴈之大者（古注）趙注沼池也（箋）詩鴻鴈傳云大曰鴻小曰鴈朱子蓋本毛說沼池之訓則全用趙注矣

麀鹿攸伏麀鹿濯濯白鳥鶴鶴

朱注鶴詩作翯戶角反麀牝鹿也伏安其所不驚動也濯濯肥澤貌鶴鶴潔白貌（古注）趙注麀鹿牸鹿也安其所而伏不驚動也獸肥飽則濯濯鳥肥飽則鶴鶴（箋）牸鹿毛本作牝鹿牸亦牝也翯與鶴通詩義翯翯孟子作鶴鶴聲同義通也唐張鎰音義

亦云詩本作蠲蠲均爲朱子所本也

時日害喪予及汝偕亡

朱注時是也桀嘗自言吾有天下如天之有日日亡吾乃亡耳（箋）按趙注云湯臨士衆而誓之言是日桀當大喪亡我與汝俱往亡之義與朱子迥殊攷尚書大傳伊尹入告于桀桀曰天命之亡有日矣桀曰天之有日猶吾之有民也日有亡哉日亡吾亦亡矣鄭注自比于天言嘗在也比于日言去復來也書湯誓鄭注云桀見民欲叛乃自比於日曰是日何嘗喪乎日亡我與汝亦皆喪也此爲朱子所本故異趙氏

河內凶則移其民於河東移其粟於河內

朱注河內河東皆魏地（古注）趙注魏舊在河東後爲强國兼得河內也（箋）朱子約趙氏以爲注也

塡然鼓之

朱注塡鼓音也兵以鼓進以金退（古注）趙注塡鼓音也兵以鼓進以金退（箋）荀子聞鼓聲而進聞金聲而退爲趙氏所本朱子全用趙注也

不違農時穀不可勝食也數罟不入洿池魚鼈不可勝食也斧斤以時入山林材木不可勝用也

朱注農時謂春耕夏耘秋收之時凡有興作不違此時至冬乃役之也不可勝食言多也數密也罟網也洿窊下之地水所聚也古者網罟必用四寸之目魚不滿尺市不得粥人不得食山林川澤與民共之而有厲禁草木零落然後斧斤入焉（古注）趙注使民得三時務農數罟密網也密細之網所以捕小魚鼈也故禁之不得用魚不滿尺不得食時謂草木零落之時（箋）荀子王制篇云以春耕夏耘秋收冬藏四者不失時小雅魚麗于罶毛傳庶人不數罟罟必四寸然後入澤梁釋文數七欲反陳氏云數細也孔氏正義云庶人不總罟謂罟目不得總之使小言使小魚不得過也高誘呂氏春秋云古者魚不尺不升於俎淮南主術訓云魚不長尺不得取其義同也禮王制草木零落然後入山林詩小雅魚麗傳云古者草木不折不操斧斤不入山林諸說均爲朱子所本

是使民養生喪死無憾也

朱注則人無所恨矣（古注）趙注憾恨也（箋）朱子以憾爲恨遵趙氏也

五畝之宅

朱注二畝半在田二畝半在邑（古注）趙注廬井邑居各二畝半以爲宅冬入保城二畝半故爲五畝也（箋）朱子約趙注以爲言也

申之以孝悌之義頒白者不負戴於道路矣

朱注善父母爲孝善兄弟爲悌頒與班同老人頭半白黑者也負任在背戴任在首（古注）趙注頒者班也頭半白班班者也（箋）按孔本作頭半白斑斑然也阮氏謂以班爲斑古字假借足利本作班毛本孔本韓本作斑皆假借字也其本字當依說文作辬經典多用假借禮王制班白者不提挈祭義班白者不以其任行乎道路皆作斑方氏解義曰孟子言不負戴蓋負以背而戴以頂朱子以班爲斑者蓋本禮記有梅韓詩也與趙同義内爲朱子所本

塗有餓莩

朱注莩餓死人也（古注）趙注餓死者曰莩（箋）釋文引丁氏手音注餓死者曰莩詩曰莩

殺人以梃與刃

朱注梃杖也（古注）趙注梃杖也（箋）朱子明用趙注

始作俑者

朱注俑從葬木偶人也古之葬者束草爲人以爲從衛謂之芻靈略似人形而已中古易之以俑則有面目機發而太似人矣（古注）趙注俑偶人也（箋）舊注俑一名象人按俑雖象人豈得竟名象人詞殊不倫今按芻靈名象人見周禮鄭司農注俑名象人見周禮象人職文蓋古者以塗車芻靈爲殉葬之物芻靈者縛茅爲人形也周代以木名俑卽史記所云土偶人木偶人者周禮冢人及葬鸞車象人謂當論遣車及俑以待用卽是物也以芻靈名象人與檀弓孟子所引夫子語相反若以俑名象人則與孟子釋孔子之言人更相違戾孟子明言爲其象人而用之是象人者乃俑之義非俑之名也周禮半爲劉歆增竄當以檀弓孟子爲正朱子述古義以爲注不從周禮校漢儒爲更卓

晉國天下莫強焉叟之所知也及寡人之身東敗於齊長子死焉西喪地於秦七百里南辱於楚寡人恥之願比死者一洒之

朱注魏本晉大夫魏斯與韓氏趙氏共分晉地號曰三晉故惠王猶自

謂晉國惠王三十年齊擊魏破其軍虜太子申十七年秦取魏少梁後魏又數獻地於秦又與楚將昭陽戰敗亡其七邑比猶爲也言欲爲死者雪其恥也(古注)趙注韓魏趙本晉六卿當此時號三晉故惠王言晉國天下之强也(箋)史記魏世家惠王三十年魏伐趙趙告急齊齊宣王用孫子計救趙擊魏魏遂大興師使龐涓將而令太子申爲上將軍與齊人戰敗於馬陵齊虜太子申殺將軍龐涓軍遂大破商君列傳曰魏惠王兵數破於齊秦國內空日削恐乃使割河西之地獻於秦以和史記楚將昭陽攻魏在梁襄十二年魏世家所稱楚敗襄陵者而在楚世家則云懷王六年楚使柱國昭陽將兵而攻魏破之於襄陵得八邑此襄王時事朱子蓋據竹書惠王改元又十六年之說也唐丁氏手音洒音洗謂洗雪其恥也皆爲朱子所本

深耕易耨

朱注耨芸也(古注)趙注易耨芸苗令簡易也(箋)呂氏春秋任地篇耨柄尺此其度高注耨所以芸苗也與趙注同均朱子所本也

不嗜殺人者能一之

朱注嗜甘也(古注)趙注嗜猶甘也(箋)朱子全用趙注也

七八月之間旱則苗槁矣天油然作雲沛然下雨

朱注周七八月夏五六月也油然雲盛貌沛然雨盛貌（古注）趙注周七八月夏五六月油然興雲之貌沛然下雨以潤槁苗（箋）周正與夏正異詳論語行夏之時句下劉熙注沛然注雨貌均爲朱子所本

齊宣王問曰

朱注齊宣王姓田氏名辟彊（箋）按趙注祇云宣謚也史記田完世家云太公和篡齊自立爲齊侯和生桓公午午生威王因齊因齊生宣王辟彊此爲朱子所本

仲尼之徒無道桓文之事者

朱注董子曰仲尼之門五尺童子羞稱五覇爲其先詐力而後仁義也

（箋）董子對膠西王云春秋之義貴信而賤詐詐人而勝之雖有功君子弗爲也是以仲尼之門五尺之童言羞稱五霸爲其詐以成功苟爲而已也又荀子仲尼篇云仲尼之門五尺之豎子言羞稱五霸均朱子所本

臣聞之胡齕曰

朱注胡齕齊臣也（古注）趙注胡齕王左右近臣（箋）朱子用趙注也

對曰將以釁鐘王曰舍之吾不忍其觳觫若無罪而就死地

朱注釁鐘新鑄鐘成而殺牲取血以塗其釁郄也觳觫恐懼貌（古注）趙注觳觫牛當到死地處恐貌新鑄鐘殺牲以血塗其釁郄因以祭之曰釁（箋）漢書高帝紀釁鼓注應劭云釁祭也殺牲以血塗鼓釁呼爲釁與趙注同均爲朱子所本也

曰王無異於百姓之以王爲愛也以小易大彼惡知之王若隱其無罪而就死地

朱注異怪也隱痛也（古注）趙注異怪也隱痛也（箋）昭二十六年左傳然據有異焉賈注異猶怪也史記魯世家有異焉集解引服注云異猶怪也皆與趙注合朱子故用趙氏爲注也

詩云他人有心予忖度之

朱注詩小雅巧言之篇（古注）趙注詩小雅巧言之篇（箋）朱子用趙注

於我心有戚戚焉

朱注戚戚心動貌（古注）趙注戚戚然心有動也（箋）朱子全用趙注也

有復於王者曰吾力足以舉百鈞

朱注復白也鈞三十斤（古注）趙注復白也百鈞三千斤也（箋）曲禮願有復也鄭注國語正月之朔鄉長復事韋昭注呂氏春秋勿躬篇管子復於桓公高注皆訓復爲白說苑辨物篇云三十斤爲一鈞趙注三千斤者據百鈞而言也皆爲朱子所本也

挾泰山以超北海

朱注挾以腋持物也超躍而過也（箋）挾超二字趙氏無注釋名挾夾也在旁也齊語挾其槍刈耨鎛以且莫從事於田野吳語挾經秉枹韋注并云在掖曰挾其正字當作亦或借掖爲之作掖者蓋俗字說文走部超跳也足部跳一曰躍也均爲朱子所本

爲長者折枝

朱注折草木之枝（箋）按折枝之解有四趙注折枝按摩折手節解罷枝也此一說也劉峻廣絕交論折枝砥痔盧思道北齊論韓高之徒人皆折枝砥痔朝野僉載薛稷等砥痔折枝阿附太平公主類皆明作媚諂之具此一說也文獻通考載陸贄解爲罄折

腰枝蓋猶今拜揖此一說也音義引陸善經云折枝折草木之枝此一說也按摩本爲卑賤之役雖奉事長者孟子豈對君言而取以比例至劉峻等之言折枝砥痔則諂媚小人更不足以語君矣惟釋文與通考二說爲平實朱子取用釋文本經之舊義也

天下可運於掌

朱注運於掌言易也（古注）趙注天下可轉之掌上言其易也（箋）朱子用趙注也

權然後知輕重度然後知長短

朱注權稱錘也度丈尺也（古注）趙注度丈尺也（箋）權詳論語堯曰篇朱子均本古誼也

抑王興甲兵

朱注抑發語辭（古注）趙注抑詞也（箋）朱子引申趙義也

莅中國

朱注莅臨也（古注）趙注莅臨也（箋）朱子用趙注也

猶緣木而求魚也

朱注言不可得（古注）趙注其不可得如緣喬木而求生魚也（箋）朱子約舉趙注也

鄒人與楚人戰則王以爲孰勝

朱注鄒小國楚大國（古注）趙注言鄒小楚大也（箋）此亦朱子引用趙注也

商賈

朱注行貨曰商居貨曰賈（箋）漢書云通財鬻貨曰商白虎通云通物曰商居賣曰賈說文商行賈也賈市也一曰坐賣受也皆爲朱子所本

無恒產而有恒心者惟士爲能

朱注恒常產生業也恒產可常生之業也恒心人所常有之善心也士常學問知義理故雖無常產而有常心（古注）趙注恒常也恒產則民常可以生之業也恒心人常有之善心也惟有學士之心者雖窮不失

道不求苟得耳（箋）朱子全本趙氏而文小異耳

故民之從之也輕

朱注輕猶易也（古注）趙注輕易也（箋）漢書賈誼傳集注引蘇林云輕易也高注呂氏春秋知節篇亦云輕易也皆與趙注同朱子蓋兼采之也

此惟救死而恐不贍

朱注贍足也（箋）漢書食貨志東方朔傳趙充國傳集注皆云贍給也說文給相足也孫疏亦云救死尚恐其不足贍有足義朱子蓋用古義也

八口之家

朱注趙氏曰八口之家次上農夫也（箋）朱子明引趙氏以爲注也

梁惠王章句下

莊暴見孟子

朱注莊暴齊臣也（古注）趙注莊暴齊臣也（箋）朱子全用趙注也

疾首

朱注疾首頭痛也（古注）趙注疾首頭痛也（箋）詩衞風甘心首疾因憂思而頭爲之痛也說文疒部疾病也痛病也疾痛義同周禮天官疾醫春時有痟首疾注云首疾頭痛皆與趙氏合朱子全用趙注也

見羽旄之美

朱注羽旄旌屬（箋）爾雅釋天注旄首曰旌左襄十四年傳范宣子假羽毛於齊注云析羽爲旌定四年傳晉人假羽毛於鄭注并云析羽爲旌禹貢荊州厥貢羽毛史記夏本紀作羽旄旄毛二字通也皆爲朱子所本也

芻蕘者往焉

朱注芻草也蕘薪也（古注）趙注芻蕘者取芻薪之賤人也（箋）毛詩詢于芻蕘傳云芻蕘采薪者說文艸部云芻刈草也象包束艸之形蕘薪也薪蕘也蓋芻所以飼牛馬蕘所以供燃火芻義易明故趙氏以芻薪釋芻蕘朱子分而釋之兼用許說也

臣始至於境問國之大禁然後敢入臣聞郊關之內有囿方四十里

朱注禮入國而問禁國外百里爲郊郊外有關（古注）趙注四境之郊

皆有關（箋）按白虎通云近郊五十里遠郊百里杜子春亦曰五十里為近郊百里為遠郊趙注舉四竟之關而言自屬遠郊但渾言郊關殊近遠關不如朱子國外百里之遠郊為校確也

為阱於國中

朱注阱坎地以陷獸者（箋）說文𨸏部阱陷也穽或從穴尚書費誓云擭乃穽鄭氏注云山林之田春始穿地為穽所以陷墜之周禮雍氏春令為阱擭溝瀆之利于民者鄭注阱穿地為塹所以御禽獸朱子云坎地以陷獸即鄭氏穿地為塹之義也

故大王事獯鬻句踐事吳

朱注大王事見後章所謂狄人即獯鬻也句踐越王名事見國語史記

（古注）趙注獯鬻北狄彊者今匈奴也（箋）釋文夏曰獯鬻商曰鬼方周曰獫狁秦漢曰匈奴朱子蓋本趙注釋文又史記越王句踐世家云越王乃以餘兵五千人保棲于會稽吳王追而圍之乃令大夫種行成於吳膝行頓首曰君王亡臣句踐使陪臣種敢告下執事句踐請為臣妻為妾國語越人飾美女八人納之大宰嚭曰事夫差宦士三百人於吳其身親為夫差前馬此身自臣事之事也皆為朱子所本也

詩云畏天之威于時保之

朱注詩周頌我將之篇（古注）趙注詩周頌我將之篇（箋）朱子用趙注

詩云王赫斯怒爰整其旅以遏徂莒以篤周祜以對于天下

朱注詩大雅皇矣篇赫赫然怒貌爰於也旅衆也遏詩作按止也篤厚也祜福也對答也（古注）趙注詩大雅皇矣之篇也言文王赫然斯怒於是整其師旅（箋）按毛詩傳云旅師按止也箋云赫怒意對答也以厚周當王之福以答天下鄉周之望朱子此注全本詩傳箋爰於乃從趙氏也

一人衡行於天下

朱注衡與橫同（古注）趙注衡橫也（箋）釋文丁音橫云詳注意即依字考工記玉人注衡古文橫假借字也與趙義合朱子蓋從趙氏也

齊宣王見孟子於雪宮

朱注雪宮離宮名（古注）趙注雪宮離宮之名也（箋）文選謝惠連雪賦引劉熙注雪宮離宮之名也與趙氏同爲朱子所本也

吾欲觀於轉附朝儛遵海而南放於琅邪吾何修而可以比於先王觀也

朱注轉附朝儛皆山名也遵循也放至也琅邪齊東南境上邑名觀遊也（古注）趙注轉附朝儛皆山名也又言朝水名也遵循也放至也循海而南至于琅邪琅邪齊東南境上邑也當何修治可以比先王之遊觀乎（箋）爾雅釋詁遵循也高注淮南子氾論訓循遵也禮記祭義推而放諸東海而準注放至也高注呂氏春秋季春紀禁婦女無觀云觀遊皆與趙注合朱子幷采以爲義也

睊睊胥讒

朱注睊睊側目貌胥相也讒謗也（古注）趙注睊睊側目相視（箋）釋文字亦作詯張古縣切云側目視貌言睊睊然怒目相嫉而相讒也釋古胥相也均爲朱子所本也

從獸無厭

朱注從獸田獵也（古注）趙注若羿之好田獵（箋）朱子用趙注也

於是始興發補不足

朱注興發發倉廩也（古注）趙注始興惠政發倉廩（箋）朱子用趙注

蓋徵招角招是也

朱注招與韶同（箋）釋文招張音韶朱子從晉義作韶而不敢改經也

人皆謂我毀明堂

朱注趙氏曰明堂太山明堂周天子東巡守朝諸侯之處漢時遺址尚在（箋）朱子明引趙氏以爲注史記封禪書云初天子封太山太山東北阯古時有明堂處是古明堂至漢武帝時猶有遺蹤左傳隱八年鄭伯使宛來歸祊不祀泰山也注云鄭桓公封鄭有助祭泰山湯沐邑在祊祊在瑯邪國費縣東南鄭以天子不復巡守故欲以祊易于魯以從魯所宜計爾時距東遷五十六年泰山下湯沐邑鄭尚能守之則明堂仍周天子所有齊焉敢侵不知幾何時而爲齊得又至宣王時不復東巡者四百四十年矣人咸謂齊毀明堂無王愈可知朱子既引趙注而又云漢時遺阯尚在卽本此爲義也

耕者九一仕者世祿關市譏而不征澤梁無禁罪人不孥

朱注九一者井田之制也方一里爲井其田九百畝中畫井字界爲九區一區之中爲田百畝中百畝爲公田外八百畝爲私田八家各受私

田百畝而同養公田是九分而稅一也關謂道路之關市謂都邑之市譏察也征稅也關市之吏察異服異言之人而不征商賈之稅也澤謂瀦水梁謂魚梁與民同利不設禁也孥妻子也惡惡止其身不及妻子也（古注）趙注使岐民脩井田八家耕八百畝其百畝者以爲公田及廬井故曰九一也關以譏難非常不征稅也陂池魚梁不設禁與民共之也孥妻子也詩云樂爾妻孥惡惡止其身不及妻子也（箋）朱子解井田之制本孟子以釋之詳滕文公問爲國章與趙氏亦略同孫疏云周禮司關國兇札則無關門之征猶譏司市國兇荒則市無征而作布澤虞掌國澤之政令爲之厲禁川衡以時舍其守犯禁者執而罰之等文謂周制關市非無征也澤梁非無禁也文王不得不然故爲權一時之宜其言殊不足據文王治岐之法周家子孫世守勿替春秋王制孟子分田制賦征稅皆其遺法也豈有武王周公已得天下之後即變棄文王善政易輕繇薄賦爲橫征暴斂乎周禮一書半爲劉歆雖以古學增入條欵朱子早已疑其多僞而孫疏又爲南宋人所僞託朱子集注孔邢正義多所采用而此疏幷不取用一字其明徵也周禮田賦關稅與孟經岐別者詳舊作周禮古學攷

詩云哿以富人

朱注詩小雅正月之篇哿可也（古注）趙注詩小雅正月之篇哿可也

（箋）毛傳哿可也趙注本毛傳朱子全用趙注也

乃裹餱糧于橐于囊思戢用光弓矢斯張干戈戚揚

朱注詩大雅公劉之篇餱乾糧也無底曰橐有底曰囊皆所以盛餱糧也戚斧也揚鉞也爰於也（古注）趙注詩大雅公劉之篇戚斧也揚鉞也（箋）釋文餱作糇詩作餱詩釋文字或作糇說文無糇字食部餱乾食也橐囊之解諸家異義約而考之其說有四詩釋文引說文云無底曰囊有底曰橐高注戰國策曰無底曰囊有底曰橐此一說也毛傳云小曰橐大曰囊此一說也文選干寶晉紀論引詩呂向注云大曰橐小曰囊此又一說也皆與朱注不同音義所引說文與今本異未知其何所本也埤倉無底曰橐有底曰囊倉頡篇橐囊之無底者也文選序名溢於縹囊五臣注囊有底袋也白帖有底曰囊無底曰橐急就篇餱囊橐不值錢顏注有底曰囊無底曰橐漢書刑法志豪傑擅私爲之囊橐顏注有底曰囊無底曰橐趙充國傳印家將軍以爲安世本持橐簪筆顏注橐所以盛書也有底曰囊無底曰橐此又一說也乃爲朱注所本毛傳戚斧也揚戉也正義云廣雅鉞戚斧也則戚揚皆斧鉞之別名傳以戚爲斧以揚爲鉞趙注從之朱子亦本此爲義也爰於之訓見爾雅釋詁朱子蓋用雅訓也

詩云古公亶父來朝走馬率西水滸至于岐下爰及姜女聿來胥宇

朱注詩大雅緜之篇也古公太王之本號後乃追尊爲太王也亶父太王名也來朝走馬避狄人之難也率循也滸水涯也岐下岐山之下姜女太王之妃也胥相也（古注）趙注詩大雅緜之篇也亶父太王名也號稱古公來朝走馬遠避狄難去惡疾也率循也滸水涯也循西方水滸來至岐山下也姜女太王妃也於是與姜女俱來相土居也（箋）此朱子全用趙注而稍變其文也

孟子曰王之臣有託其妻子於其友而之楚遊者比其反也則凍餒其妻子則如之何王曰棄之曰士師不能治士則如之何王曰已之曰四境之內不治則如之何王顧左右而言他

朱注比及也士師獄官也已罷去也趙氏曰言君臣上下無墮其職乃安其身（古注）趙注士師獄官吏也已之者去之也（箋）朱子解士師及已之皆本

趙注其引趙氏曰云云乃趙氏章指今本已佚僅見孫疏乃人僞託其每章之下有此章言云云皆掇拾趙氏章指而又多芟削且沒趙氏之名於諸經疏中最爲淺妄故朱子絕不采取隻字朱子所引諸條皆出趙氏章指蓋朱子猶及見趙氏全本也今日本山井鼎七經孟子攷文補錄趙氏章指頗爲完善可證孫疏之謬其補遺所引此章章指與朱子所引同

吾何以識其不才而舍之

朱注因何先識其不才而舍之邪（古注）趙注言我當何以先知其不才而舍之不用也（箋）朱子約舉趙注也

聞誅一夫紂矣未聞弑君也

朱注蓋四海歸之則爲天子天下叛之則爲獨夫所以深警齊王垂戒後世也（箋）按山井鼎孟子攷文補遺述此章章指孟子云紂以崇惡失其尊名不得以君臣論之欲以深悟齊王垂戒於後世也今此注已佚見於疏內朱子猶及見全本故本此爲訓詳前按孟子對齊宣王言聞誅一夫紂未聞弑君者蓋因戰國時君欲并天下而又苛虐其民故矯爲此救時之論以警之而流於偏激即程子所謂孟子有些英氣英氣甚害事也　又按誅訓爲責曲禮左傳論語均有明徵聞誅一夫紂蓋謂武王欲以兵威讓紂使改其虐政非殺紂也又云未聞弑君謂紂非武王所殺非謂紂不得爲君也詳羣經綱紀攷君臣篇

爲巨室則必使工師求大木

朱注巨室大宮也工師匠人之長匠人衆工也（古注）趙注巨室大宮也爾雅曰宮謂之室工師主工匠之吏匠人工匠之人也（箋）朱子約舉趙注

雖萬鎰

朱注鎰二十兩也（古注）趙注二十兩爲鎰（箋）儀禮音義引鄭注云二十四兩爲溢按孟子雖萬鎰又七十鎰五十鎰趙注幷云二十兩爲一鎰說文無鎰字儀禮禮記國策漢志幷作溢儀禮喪服傳旣夕記朝一溢米鄭注幷云二十兩曰溢呂覽異寶金千鎰秦策黃金萬溢高注幷云二十兩爲一溢漢書食貨志注孟康曰二十兩爲溢又張良傳注引服虔曰二十兩曰鎰皆與鄭同唯晉語黃金四十鎰韋昭注金二十四兩曰鎰文選詠懷詩注引賈逵注國語云一鎰二十四兩與諸家悉異儀禮音義殆沿此而誤衍四字非鄭氏之眞本也朱子用趙注而不從此說允合鄭誼

齊人伐燕勝之宣王問曰或謂寡人勿取或謂寡人取之以萬乘之國伐萬乘之國五旬而舉之人力不至於此不取必有天殃取之何如孟子對曰取之而燕民悅則取之古之人有行之者武王是也取之而燕民不悅

則勿取古之人有行之者文王是也以萬乘之國伐萬乘之國簞食壺漿以迎王師豈有他哉避水火也如水益深如火益熱亦運而已矣

朱注按史記燕王噲讓國於其相子之而國大亂齊因伐之燕士卒不戰城門不閉遂大勝燕以伐燕爲宜王事與史記諸書不同已見序說

趙氏曰征伐之道當順民心民心悅則天意得矣（箋）史記燕世家子之南面行王事而噲老不聽政顧爲臣國事皆決於子之三年國大亂百姓恫恐將軍市被與太子平謀將攻子之諸將謂齊湣王曰因而赴之破燕必矣因令子章將五都之兵以因北地之衆以伐燕士卒不戰城門不閉燕君噲死齊大勝燕朱子此注蓋節史記以爲言也伐燕一事史記荀子國策諸書均以爲湣王時事通鑑易爲宣王十九年以合孟子考異亦無他據近世說經諸家聚訟紛如迄無定論朱子存而不議愼之至也趙氏曰征伐云云者乃章指也今趙注無見疏而無民心悅以下八字山井鼎孟子攷文補遺錄章指有民心悅則天意得六字與朱子引同

若大旱之望雲霓也

朱注霓虹也（古注）趙注霓虹也（箋）朱子明用趙注也

書曰徯我后后來其蘇

朱注徯待也后君也蘇復生也他國之民皆以湯爲我君而待其來使己得蘇息也（古注）趙注徯待也后君也待我君來則我蘇息而已（箋）此朱子引申趙氏以爲注也

係累其子弟

朱注累力追反係累縶縛也（古注）趙注係累猶縛結也（箋）釋文係累張音縶下力追切朱子音從釋文義本趙注也

鄒與魯鬨

朱注鬨鬭聲也（古注）趙注鬨鬭聲也（箋）釋文張云鬨聲劉熙曰鬨構也構兵以鬭也說文云鬭也皆與氏同義均朱子所本也

君無尤焉

朱注尤過也（古注）趙注尤過也（箋）朱子明用趙注也

君請擇於斯二者

朱注蓋遷國以圖存者權也守正而俟死者義也審己量力擇而處之可也（古注）趙注言太王去邠權也效死而守業義也義權不并故曰擇而處之也（箋）今本趙注無見孫疏蓋趙氏之章指也詳前朱子引申趙氏章指也

前以士後以大夫前以三鼎而後以五鼎與

朱注三鼎士祭禮五鼎大夫祭禮（古注）趙注士祭三鼎大夫祭五鼎（箋）儀禮士虞禮陳三鼎於門外之右北面北上設扃鼏是士用三鼎也少牢饋食禮雍人陳鼎五三鼎在羊鑊之西二鼎在豕鑊之西是大夫用五鼎也趙注本于禮經朱子以經解經也

克告於君

朱注克樂正子名（古注）趙注克樂正子名也（箋）朱子全用趙注

行或使之止或尼之

朱注沮尼皆止之之意也（古注）趙注尼止也（箋）釋文出沮字云本亦作阻按詩巧言篇亂庶遄沮傳沮止也呂氏春秋至忠篇人不知不爲阻高注亦云阻止也是沮阻同訓其字可通均朱子所本

公孫丑章句上

公孫丑問曰

朱注公孫丑孟子弟子（古注）趙注公孫丑者公孫姓名丑孟子弟子也（箋）朱子用趙注也

曾西艴然不悅曰爾何曾比予於管仲

朱注艴音拂又音勃曾並音增曾西曾子之孫先子曾子也艴怒色也曾之言則也（箋）釋文艴張音拂曾丁音增則也乃也說文艴字注引論語色艴如也今本作勃玉篇廣韻類篇艴字并音勃勃即艴也均朱子所本

晏子以其君顯

朱注顯顯名也（古注）趙注晏子相景公以顯名（箋）朱子用趙注也

由反手也

朱注反手言易也（古注）趙注其易若反手耳（箋）朱子用趙注也

則弟子之惑滋甚

朱注滋益也（古注）趙注則弟子之惑益甚也（箋）孟子用趙注也

雖有鎡基

朱注鎡基田器也（古注）趙注鎡基田器耒耜之屬（箋）禮月令鄭注田器鎡錤之屬均爲朱子所本

猶解倒懸也故事半古之人功必倍之

朱注倒懸喻困苦也所施之事半於古人而功倍於古人（古注）趙注倒懸喻困苦也當今所施恩惠之事半於古人而功倍之矣（箋）朱子折衷趙注而約言之耳

我四十不動心

朱注四十强仕君子道明德立之時（古注）趙注禮四十强仕我志氣已定不妄動心（箋）朱子用趙注也

北宮黝之養勇也不膚撓不目逃

朱注撓奴效反北宮姓黝名膚撓肌膚被刺而撓屈也目逃目被刺而轉睛逃避也（古注）趙注北宮姓黝名也人刺其肌膚不爲撓卻刺其目目不轉睛逃避之矣（箋）釋文撓丁奴效切朱子全用趙注也

孟施舍之養勇也

朱注孟姓施發語聲舍名也（古注）趙注孟姓舍名施發音也（箋）朱子全用趙注也

慮勝而後會

朱注會合戰也（箋）會趙氏無注詩大明會朝清明箋云會合也合兵以清明詩又云殷商之旅其會如林箋云殷盛合其兵衆陳於商郊之牧野此云慮勝而後會即詩之言合兵也朱子言合戰其義同也

昔者曾子謂子襄曰子好勇乎吾嘗聞大勇於夫子矣自反而不縮雖褐寬博吾不惴焉

朱注子襄曾子弟子也夫子孔子也縮直也檀弓曰古者冠縮縫今也横縫又曰棺束縮二横三惴恐懼之也（古注）趙注子襄曾子弟子也夫子謂孔子也縮義也惴懼也詩云惴惴其慄己內自省有不義不直之心（箋）釋文惴丁本作惴云音揣恐懼貌禮記投壺注奇則縮諸純釋文縮直也廣雅釋詁云直義也直之爲義猶縮之爲直蓋縮之訓爲從從故直從亦順也順故義義者宜也趙氏既以義訓縮又申之曰不義不直則義即直也詩秦風傳惴惴懼也朱子本禮記及諸說以注此經餘皆引申趙注也

志壹則動氣氣壹則動志也今夫蹶者趨者

朱注壹專一也蹶顛躓也趨走也（古注）趙注行而蹶者氣閉不能自持故志氣顛倒（箋）說文壹部云專壹也文三年左傳云與人之壹也注云壹無貳心淮南子精神訓云形勞而不休則蹶高注蹶顛也荀子富國篇注云蹶顛倒也國語越語蹶而越之注云蹶走也呂氏春秋愼小篇云人之行不蹷於山則蹷由於行廣雅釋詁趨行也經云蹶者趨者趙氏以行而蹶者解之則蹶者趨猶云蹶而趨矣朱子本許書及諸說而亦兼采趙注也

我善養吾浩然之氣

朱注浩然盛大流行之貌（古注）趙注浩然之大氣也（箋）朱子本趙注也

非義襲而取之也

朱注襲掩取也如齊侯襲莒之襲（古注）趙注密聲取敵曰襲（箋）左莊二十九年傳凡師有鐘鼓曰伐無鐘鼓曰侵輕曰襲杜注亦云密聲取敵曰襲與趙注同朱子義用趙氏而引春秋傳以證之義更顯明也

宋人有閔其苗之不長而揠之者

朱注揠拔也（古注）趙注揠挺拔之（箋）方言揠擢拂戎拔也自關而西或曰拔或曰擢自關而東江淮南楚之間或曰戎東齊海岱之間曰揠郭璞注云今呼拔草心者爲揠皆爲朱子所本

邪辭知其所離

朱注邪邪僻也（古注）趙注邪僻不正之辭（箋）朱子用趙注也

皆有聖人之一體

朱注一體猶一肢也（古注）趙注一體者得一肢也（箋）朱子本趙注

伯夷伊尹於孔子若是班乎

朱注班齊等之貌（古注）趙注班齊等之貌也（箋）朱子全用趙注也

汙不至阿其所好

朱注汙下也（古注）趙注汙下也（箋）釋文汙丁音蛙說文水部注窊也穴部窊汙衺下也趙氏讀汙爲窪故與窊同訓朱子音用丁氏義本趙氏也

麒麟之於走獸鳳凰之於飛鳥泰山之於邱垤河海之於行潦

朱注麒麟毛蟲之長鳳凰羽蟲之長垤蟻封也行潦道上無源之水也

萃聚也（古注）趙注垤蟻封也行潦道旁流潦也萃聚也（箋）大戴禮本命篇云有毛蟲三百六十而麒麟爲之長羽蟲三百六十而鳳凰爲之長爲朱注所本詩豳風鸛鳴于垤毛傳垤蟻冢也周易彖傳云萃聚也爲趙注所本故朱子從之

以力假仁者霸霸必有大國

朱注霸若齊桓晉文是也（古注）趙注以大國之力假仁義之道然後能霸若齊桓晉文等是也（箋）朱子約舉趙氏以爲注也

力不贍也

朱注贍足也（古注）趙注贍足也（箋）朱子用趙注詳梁惠王此惟救死而恐不贍下

詩云迨天之未陰雨徹彼桑土綢繆牖戶

朱注土音杜詩豳風之篇迨及也徹取也桑土桑根之皮也綢繆纏綿補葺也（古注）趙注詩邠國鴟鴞之篇迨及徹取也桑土桑根也言此鴟鴞小鳥尚知及天未陰雨而取桑根之皮以纏綿牖戶（箋）釋文丁音杜韓詩作杜毛詩鴟鴞篇第二章傳云迨及徹剝也桑土桑根也箋云綢繆言纏綿也王肅云鴟鴞及天之未陰雨剝取桑根以纏綿其牖戶桑根之皮必須剝而取之故毛傳訓徹爲剝其義通也均爲朱子所本

般樂怠敖

朱注般音盤（箋）釋文般音盤朱子蓋本此

詩云永言配命自求多福

朱注詩大雅文王之篇永長也命天命也（古注）趙注詩大雅文王之

篇永長（箋）詩文王毛傳云永長箋云常言當配天命趙氏注與毛同皆爾雅釋詁文均爲朱子所本

俊傑在位

朱注俊傑才德之異於衆者（古注）趙注俊美才出衆者也（箋）朱子本趙氏爲注也

市廛而不征法而不廛

朱注廛市宅也（古注）趙注廛市宅也古者無征衰世征之王制曰市廛而不稅（箋）按廛市之稅周禮與孟子王制迥然不同周禮廛有征廛人掌廛布是也王制市廛而不稅孟子市廛而不征是王制孟子廛無征也周禮賦稅田宅多爲劉歆竄改非文王之法文王治岐關市不征趙故不引周禮而用王制爲注朱子已疑周禮故此經祇錄趙氏廛市宅也一語餘不多贅一詞也

廛無夫里之布

朱注周禮宅不毛者有里布民無職事者出夫家之征鄭氏謂宅不種桑麻者罰之使出一里二十五家之布民無常業者罰之使出一夫百

畝之稅一家力役之征也（古注）趙注周禮載師曰宅不毛者有里布田不耕者出屋粟凡民無職事者出夫家之征孟子欲使寬獨夫去里布（箋）鄭司農注周禮載師云宅不毛者謂不樹桑麻也布泉也元謂宅不毛者罰以一里二十五家之泉空田者罰以三家之稅粟民雖有閒無職事者猶出夫稅家稅也鄭注周禮依經立義與文王治岐之法不同孟子所言乃文王治岐之遺法也趙氏引之以明其異故朱子從之

皆有怵惕惻隱之心非所以內交於孺子之父母也

朱注怵音黜內讀爲納（箋）釋文怵音黜內張音納本亦作納朱子葢本音義也

矢人豈不仁於函人哉

朱注函甲也（古注）趙注函甲也（箋）朱子用趙注也

巫匠亦然

朱注巫者爲人祈祝利人之生匠者作爲棺椁利人之死（古注）趙注巫欲祝活人匠梓匠作棺欲其蚤售利在於人死也（箋）朱子全本趙注

禹聞善言則拜

朱注書曰禹拜昌言（古注）趙注書曰禹拜善言（箋）釋文出讜字注云音黨書作昌言阮氏校勘記曰閩監毛三本同音義本廖本孔本韓本考文古本善作讜是也段氏說文解字注云咎繇謨曰禹拜昌言今文尚書作黨逸周書祭公解拜手稽首黨言張平子碑黨言允諧劉寬碑對策嘉黨皆昌言字之假借也讜言亦見漢人文字字林讜言美言也此又因黨言而爲之言旁正俗字也盧氏文弨校逸周書祭公解云黨讜古字通據此諸說則古文尚書作昌言者乃正字朱子從之今文尚書作黨言者假借字趙注作讜言者又黨之俗字閩監毛本作善言者則沿經文之善字而誤耳

自耕稼陶漁

朱注舜之側微耕于歷山陶于河濱漁于雷澤（古注）趙注舜從耕於歷山及其陶漁（箋）史記帝本紀舜耕歷山歷山之人皆讓畔漁雷澤雷澤之人皆讓居陶河濱河濱器皆不苦窳一年所居成聚二年成邑三年成都此舜耕稼陶漁之事也趙注約言之朱子引申加詳耳

坐於塗炭

朱注塗泥也（古注）趙注塗泥（箋）毛詩角弓如塗塗附傳泥塗也同爲朱子所本

若將浼焉

朱注浼汙也（古注）趙注浼汙也（箋）方言靦泥浼潤洼洿也洿與汙同靦通浼也趙注本此朱子葢從趙氏也

是亦不屑就已

朱注屑趙氏曰潔也說文曰動作切切也（箋）朱子明引趙許爲注也

柳下惠

朱注柳下惠魯大夫展禽居柳下而謚惠也（古注）趙注柳下惠魯公族大夫也姓展名禽字季柳下是其號也（箋）朱子折衷趙注以立言也

雖袒裼裸裎於我側

朱注袒裼露臂也裸裎露身也（箋）按詩袒裼暴虎郊特牲肉袒割牲左傳鄭伯肉袒牽羊史記微子世家面縛肉袒者謂脫去上衣見體朱子故云袒裼露臂也大戴禮天圓篇唯人爲倮胷而生也月令其蟲倮鄭注物露見不隱藏倮與裸同人初生與蟲之倮者全身露見朱子故云裸裎露身也釋文裸郎果切裎音程幷露也亦此義也

伯夷隘

朱注隘狹窄也（古注）趙注言其大隘狹也（箋）禮禮器君子以爲隘矣鄭注隘猶狹陋也隘以狹爲義趙注與鄭氏同朱子故從之也

公孫丑章句下

孟子曰天時不如地利地利不如人和

朱注天時謂時日支干孤虛王相之屬也地利險阻城池之固也人和得民心之和也（古注）趙注天時謂時日支干五行王相孤虛之屬也地利險阻城池之固也人和得民心之和樂也（箋）朱子全用趙注也

環而攻之

朱注環圍也（古注）趙注環城圍之（箋）朱子約舉趙注也

委而去之

朱注委棄也（箋）淮南子精神訓委萬物而不利高注委棄也此朱子所本也

明日出弔於東郭氏

朱注東郭氏齊大夫家也昔者昨日也（古注）趙注東郭氏齊大夫家也昔者昨日也（箋）朱子全用趙注也

孟仲子對曰

朱注孟仲子趙氏以爲孟子之從昆弟學於孟子者也（箋）此朱子明引趙氏以爲注也

不得已而之景丑氏宿焉

朱注景丑氏齊大夫家也景子景丑也（古注）趙注因之其所知齊大夫景丑氏之家而宿焉（箋）按漢書藝文志有景子三篇列儒家者流此下稱景丑爲景子其言父子主恩君臣主敬及禮父召君召諸文頗有見於儒家蓋景子卽著書之景子也朱子此注蓋本漢志也

惡是何言也

朱注惡歎辭也（古注）趙注曰惡者深嗟歎（箋）朱子義同趙注也

禮曰父召無諾君命召不俟駕

朱注　禮曰父命呼唯而不諾又曰君命召在官不俟屨在外不俟車

（箋）禮玉藻云父命呼唯而不諾又云君命召以三節二節以走一節以趨在官不俟屨在外不俟車朱子明引禮記以經注經也

吾何慊乎哉

朱注慊恨也少也或作嗛（古注）趙注慊少也（箋）襄二十四年穀梁傳一穀不升謂之嗛范甯注嗛不足貌朱注慊少也或作嗛義本穀梁傳

天下有達尊三

朱注達通也（古注）趙注三者天下之所通尊也（箋）朱子約舉趙注也

今天下地醜德齊

朱注醜類也（古注）趙注醜類也（箋）朱子全用趙注也

行者必以贐

朱注贐送行者之禮也（古注）趙注贐送行者贈賄之禮也（箋）朱子約舉

趙注也

孟子之平陸謂其大夫曰子之持戟之士一日而三失伍則去之否乎

朱注平陸齊下邑也大夫邑宰也戟有枝兵也士戰士也伍行列也去之殺之也（古注）趙注平陸齊下邑也大夫居邑大夫也持戟戰士也一日三失其行伍則去之否乎去之殺之也（箋）朱子全用趙注而略變其文也

此非距心之所得爲也

朱注距心大夫名（古注）趙注距心大夫名（箋）朱子全用趙注也

則必爲之求牧與芻矣

朱注牧牧地也芻草也（古注）趙注牧牧地（箋）朱注牧地本趙氏芻草也本說文詳梁惠王篇

王之爲都者臣知五人焉知其罪者惟孔距心

朱注爲都治邑也邑有先君之廟曰都孔大夫姓也（古注）趙注孔姓

也爲都治都也邑有先君之宗廟曰都（箋）朱子全用趙注

孟子謂蚳鼃曰子之辭靈丘

朱注蚳鼃齊大夫也靈丘齊下邑（古注）趙注蚳鼃齊大夫靈丘齊下邑（箋）朱子全用趙注也

公都子以告

朱注公都子孟子弟子也（古注）趙注公都子孟子弟子也（箋）朱子明用趙注

豈不綽綽然有餘裕哉

朱注綽綽寬貌裕寬意也（古注）趙注綽裕皆寬也（箋）毛詩小雅角弓綽綽有裕傳云綽綽寬也禮表記引此詩注云綽綽寬裕貌也周易蠱六四裕父之蠱釋文引馬注裕寬也同爲朱子所本也

王使蓋大夫王驩爲輔行

朱注蓋齊下邑輔行副使也（古注）趙注蓋齊下邑也輔副使也（箋）

朱子全用趙注也

孟子自齊葬於魯反於齊止於嬴充虞請曰前日不知虞之不肖使虞敦匠事嚴虞不敢請今願竊有請也木若以美然

朱注孟子仕於齊喪母歸葬於魯嬴齊南邑充虞孟子弟子嘗董作棺之事者也嚴急也木棺木也以已通以美太美也（古注）趙注孟子仕於齊喪母歸葬於魯嬴齊南邑充虞孟子弟子敦匠厚作棺也事嚴喪事急木若以泰美然也（箋）朱子折衷趙氏以爲注而略變其文也

古者棺椁無度中古棺七寸椁稱之

朱注度厚薄尺寸也中古周公制禮時也椁稱之棺相稱也（古注）趙注孟子言古者棺椁厚薄無尺寸之度中古周公制禮以來棺厚七寸椁薄於棺厚薄相稱相得也（箋）朱子本趙注而小易其文也

於人心獨無恔乎

朱注於人子之心豈不快然無所恨乎（古注）趙注於人子之心獨不快然無所恨也（箋）朱子全用趙注也

沈同以其私問曰

朱注沈同齊臣以私問非王命也（古注）趙注沈同齊大臣自以私情問非王命也（箋）朱子全用趙注也

更也

朱注更改也（箋）說文更改也改更也二字互訓朱子蓋本許書也

王謂時子曰

朱注時子齊臣也（古注）趙注時子齊臣也（箋）朱子明用趙注也

使諸大夫國人皆有所矜式子盍爲我言之

朱注矜敬也式法也盍何不也（古注）趙注矜敬也式法也盍何不也（箋）朱子明用趙注也

時子因陳子而以告孟子

朱注陳子即陳臻也（古注）趙注陳子孟子弟子陳臻也（箋）朱子蓋本趙氏以爲注也

有私龍斷焉

朱注龍音壟龍斷岡壟之斷而高也（箋）釋文引唐陸善經注龍斷謂岡壟斷而高者如陸之釋則龍音壟朱子蓋本此也

孟子去齊宿於晝

朱注晝如字或曰當作畫音獲畫齊西南近邑也（古注）趙注晝齊西南近邑也（箋）史記集解引劉熙注晝齊西南近邑晝音獲義與趙氏同朱子蓋本此

泄柳申詳

朱注泄柳魯人申詳子張之子也（古注）趙注泄柳申詳亦賢者也

（箋）禮雜記泄柳之母死注泄柳魯穆公時賢人也孔氏正義云孟子云魯繆公之時公儀子爲政子柳子思爲臣魯之削也滋甚若是

乎賢者之無益於國也子柳卽泄柳也檀弓子張病召申詳而語之注云申詳子張子又云季子皋葬其妻犯人之禾申祥以告曰請庚之注云申祥子張子祥詳古字通朱子本禮記校趙氏爲加詳

子爲長者慮

朱注長者孟子自稱也（古注）趙注孟子年老故自稱長者（箋）朱子用趙注

尹士語人曰

則是干澤也

朱注尹士齊人干求也（古注）趙注尹士齊人也干求也（箋）朱子明用趙注

高子以告

朱注高子亦齊人孟子弟子也（古注）趙注高子亦齊人孟子弟子

（箋）此亦朱子明用趙注也

見於其面

朱注見音現（箋）釋文引丁氏云見音現朱子蓋本丁氏也

充虞路問曰

朱注路問於路中問也（古注）趙注路道也於路中問也（箋）朱子全用趙注

居休

朱注休地名（古注）趙注休地名（箋）今兗州府滕縣北一十五里有故休城距孟子家約百里朱子僅舉地名者從趙氏也

於崇

朱注崇亦地名（古注）趙注崇地名（箋）周氏廣業古注考云宋本作崇齊地今作地名朱子從趙注故同上文

四書朱子集注古義箋卷四

四書朱子集注古義箋卷五

長壽李滋然學

孟子

滕文公章句上

若藥不瞑眩

朱注瞑眩憒亂（古注）趙注藥攻人疾先使瞑眩憒亂乃得瘳愈（箋）方言云凡飲藥傅藥而毒南楚之外謂之瘌北燕朝鮮之間謂之癆東齊海岱之間謂之瞑或謂之眩章注楚語云瞑眩頓督攻已急也此皆趙氏之所本朱子又約趙注爲言也

滕定公薨世子謂然友曰昔者孟子嘗與我言於宋於心終不忘今也不幸至於大故吾欲使子問於孟子然後行事

朱注定公文公父也然友世子之傅也大故大喪也（古注）趙注定公文公父也然友世子之傅也大故謂大喪也（箋）按前滕文公爲世子趙注古紀世本錄諸

侯之世滕國有考公麋與文公之父定公相値朱子全用趙注也

飦粥之食

朱注飦糜也(古注)趙注飦糜粥也(箋)朱子用趙注也

父兄百官皆不欲曰吾宗國魯先君莫之行

朱注父兄同姓老臣也滕與魯俱文王之後而魯祖周公爲長兄弟宗之故滕謂魯爲宗國也(古注)趙注父兄百官滕之同姓異姓諸臣也滕魯同姓俱出文王魯周公之後滕叔繡之後敬聖人故宗魯者也

(箋)此朱子折衷趙氏而略變其義爾按宗法自天子諸侯外固以庶子宗嫡子倘皆庶則以長庶爲別子而諸庶子皆宗之倘皆嫡則祇以次嫡爲別子而其餘諸嫡皆宗之周公爲武王母弟之第二人不當爲宗無如長伯考早卒次武王爲天子次管叔已辟則周公升爲次嫡子應宗者也趙氏稱宗聖理不可解朱子據宗法以定之故不從其說也

面深墨

朱注深墨甚黑色也(古注)趙注顏色深墨深甚也墨黑也(箋)朱子約舉

趙注也

草尙之風必偃

朱注尙加也論語作上偃伏也（古注）趙注尙加也偃伏也以風加草莫不偃伏也（箋）此亦朱子約趙氏以爲注也

五月居廬

朱注諸侯五月而葬未葬居倚廬於中門之外（古注）趙注諸侯五月而葬未葬居倚廬於中門之内也（箋）儀禮喪服斬衰章傳云居倚廬旣虞翦屏柱楣寢有席注云楣謂之梁柱楣所謂梁闇舍外寢於中門之外旣夕記云居倚廬注云倚木爲廬在中門外東方北戶賈疏北戶者以倚東壁爲廬一頭至北明北戶鄭陰據此則禮經之言倚廬均在中門之外趙注易爲中門之內內字恐係轉寫之譌朱子全用趙氏而獨云中門之外恐當日所見趙氏原本尙係外字

詩云晝爾于茅宵爾索綯亟其乘屋

朱注詩豳風七月之篇于往取也綯絞也亟急也乘升也（古注）趙注

綯絞也（箋）爾雅釋言綯絞也李巡云綯繩之絞也詩七月毛傳綯絞也乘升也箋云爾女也女當晝日往取茅歸夜作絞索以待時用亟急乘治也周南之子于歸傳云于往也鄭氏以往釋于以取茅釋茅趙氏無說朱子本傳箋爲注補趙氏所未備也

陽虎曰

朱注陽虎陽貨魯季氏家臣也（古注）趙注陽虎魯季氏家臣也（箋）朱子用趙注也

夏后氏五十而貢殷人七十而助周人百畝而徹其實皆什一也徹者徹也助者籍也

朱注夏時一夫受田五十畝而每夫計其五畝之入以爲貢商人始爲井田之制以六百三十畝之地畫爲九區區七十畝中爲公田其外八家各授一區但借其力以助耕公田而不復稅其私田周時一夫授田百畝鄉遂用貢法十夫有溝都鄙用助法八家同井耕則通力而作收則計畝而分故謂之徹其實皆什一者貢法固以十分之一爲常數惟

助法乃是九一而商制不可考周制則公田百畝中以二十畝爲廬舍一夫所耕公田實計十畝通私田百畝爲十一分而取其一蓋又輕於十一矣竊料商制亦當似此而以十四畝爲廬舍一夫實耕公田七畝是亦不過什一也徹通也均也藉借也（古注）趙注夏禹之世民耕五十畝貢上五畝耕七十畝者以七畝助公家耕百畝者徹取十畝以爲賦雖異名而多少同故曰皆什一也徹猶人徹取物也藉者借也猶人相借力助之也（箋）按三代取民之異在乎貢助徹不在乎五十七十百畝其五十七十百畝特丈尺之不同而田未嘗易也故曰其實皆什一也王制曰古者以周尺八尺爲步今以周尺六尺四寸爲步而當日因時制宜之法亦有可言夏時土曠人稀故其畝特大殷周土易人多故其畝漸小以夏之一畝爲二畝其名殊而實一矣錢氏塘溉堂考古錄三代田制考云三代田制曷以異曰無異也實無異則孟子何以言五十七十與百畝曰名雖異而實不異非不欲異其制固不能異也其不能異奈何曰井田始於黃帝洪水之後禹修而復之孔子所謂盡力乎溝洫也溝洫既定不可復變殷周遵而用之耳考工記匠人爲溝洫始於廣尺深尺之畎田首倍之爲遂爲井間之溝倍其溝爲成間之洫倍其洫爲同間之澮賈公彥繪一成之圖謂畎縱遂橫溝縱洫橫澮縱自然川橫然則見畎知畝見遂知夫見溝知井見洫

知成見澮知同也一同之田川與澮爲方一成之田洫與溝爲方一井之田溝與遂爲方一夫之田遂與畎爲方不爲夫田限故夫三爲屋遂
與溝遇也至溝與洫遇則爲通矣洫與澮遇則爲終矣屋者三分夫之一通者十分成之一終者十分同之一皆不爲方水道有縱橫故也三
代度法各異故畝數不同蓋其名不同也蔡邕謂夏以十寸爲尺般以九寸爲尺周以八寸爲尺夫般之尺非遂得夏之九寸也蓋九寸則不
足周之尺非止得夏之八寸也蓋八寸而有餘何則夏之百分般以爲百一十二分周以爲百二十八分通其率則五十之爲五十六與六十
也而夫田之廣長與其步法俱得矣是故同此一夫之田夏以廣十尺長五百尺爲畝般以廣八尺長五百六十尺爲畝周以廣六尺長六百
尺爲畝如其畝法而五十七十與百畝之數立矣步則夏以五尺般以五尺六寸周以六尺一畝同長百步而夏廣二步般廣一步五十六分
步之二十四周廣一步推之一里則廣長皆三百步其積皆九萬步也如是則自遂以上般周皆不必更而獨更其畎豈不甚易也夫三代步
法與其夫田之廣長皆與率數相準故夫有異畝畝無異步是之謂名異而實同少康有田一成即考工之十里其明證也曰井與夫皆方畝
何以不方曰畝之水注於遂遂在田首故不能方猶溝之水注於洫洫在通首亦不能方即詩所謂南東其畝而韓嬰謂之長一步廣一步者
也南畝之長即東畝之廣分言之則皆一步而或者疑之則畝必廣長皆十步耶曷皆欲令齊東其畝也孟子又謂皆什一奈何曰此殷周侯
國之制也康成所謂公田不稅夫故其名曰助與徹夏則稅夫無公田而名爲貢貢爲什一助與徹爲九一九一之與什一盈朓異名耳故曰
皆什一禹貢賦有九等果什一與曰禹貢以九州爲等非一井也烏得言非什一必謂三代之步法相同所異者端在畝數之多寡則夏以五

十般以七十周以百畝則是三代之興皆須改畛涂變溝洫移道路以就之作此煩難擾民之事恐不然也又按禹貢冀州賦上上錯馬曰地有上下相錯通率第一冀州夏所都洪水既平安邑陽城之間皆瀕河沃衍而無水患民不流離日以滋生故一夫授田五十畝而已足又禹貢總銍秸粟米之賦皆在五百里甸服之內以其賦上供天子即謂之貢故八州兼有貢賦賦爲諸侯之入貢爲方物以獻王國冀州有賦無貢以賦爲天子所入則五十而貢正就冀州之賦而言其在諸侯不能限以五十惟十一而稅內外遠近齊一耳豫州賦錯上中視冀又下一等爲商所都湯都河南書序自契至成湯八遷蓋河水至豫竟則多患不安其居人民亦少於冀故一夫可授田七十畝書逸篇有帝告釐沃帝告不知所謂釐分也沃沃土蓋區分其沃土以定七十而助之法其後遷河北近冀或用夏法有授田五十畝者故盤庚篇鄭注云祖乙居耿奢侈踰禮土地迫近山川嘗圮焉至陽甲盤庚爲之臣乃謀徙居湯都上篇是盤庚爲臣時事中下篇盤庚爲君時事按土地迫近謂田少也山川嘗圮者謂河患多也史記般本紀帝盤庚之時般已都河北盤庚渡河南復居成湯之故居迺五遷無定處般民咨胥皆怨不欲徙盤庚乃告諭諸侯大臣皆曰昔高后成湯與爾之先祖俱定天下法則可修舍而弗勉何以成德乃遂陟河南治亳行湯之政然後百姓由甯般道復興諸侯來朝以其遵成湯之法也法則可修者即釐沃之法也行湯之政者行七十而助之政也學者讀盤庚之篇可以知修溝洫行井田以爲助法之意自盤庚治亳般而田制始復故稱般人周人百畝而徹者蓋本於公劉邠岐豐鎬皆在雍州賦中下在第六等人功少而地大故授田可得百畝詩篤公劉篇云其軍三單鄭箋云部后稷上公之封大國之制三軍以其餘卒爲羨今公劉遷於豳民始從之丁夫適滿三

軍之數單者無美卒也此人少之切證又度其隰原徹田爲糧此箋云度其隰與原田之多少徹之使出稅以爲國用什一而稅謂之徹此公劉定徹法之切證又度其夕陽豳居允荒傳山西曰夕陽荒大也此地大之切證以後文武周公皆不改公劉之舊故詩有豳風周禮籥章龡豳詩豳雅豳頌知公劉之法未改也惟周禮就洛邑定制始雜用夏殷貢助之法而五十七十百畝之文儒者猶相傳而不廢要之可耕之地不必正乎其高卑廣狹畸零之數必執度以度之然後可以得井田故王制言司空執度度地居民也又必求地阞使水屬理遜用磬折句矩而後可以爲溝洫故攷工記云凡溝逆地阞謂之不行水屬不理孫謂之不行梢溝三十里而廣倍凡行奠水磬折以參伍欲爲淵則句於矩凡溝必因水勢阞必以地勢三復此言知溝洫川涂之形本無一定必通以勾股之算乃能出其正方而井田立故九數之法一曰方田凡所謂五十七十百畝其多少但通之以算無所爲改畛塗變溝洫之紛紛也故詩曰信彼南山惟禹甸之畇畇原隰曾孫甸之我疆我理南東其畝是周之疆理猶禹之遺法此可以證三代授田畝數之多寡時因度法之不同以立名耳朱子參以衆說引申趙注而約舉其略也

龍子曰治地莫善於助莫不善於貢貢者校數歲之中以爲常樂歲粒米狼戾多取之而不爲虐則寡取之凶年糞其田而不足則必取盈焉爲民父母使民盻盻然將終歲勤動不得以養其父母又稱貸而益之

朱注龍子古賢人狼戾猶狼藉言多也糞壅也盈滿也盻恨視也稱舉

也貸借也取物於人而出息以償之也（古注）趙注龍子古賢人也狼
戾猶狼藉也稱舉也（箋）禮月令可以糞田疇正義云糞壅苗之根也說文盻恨視貌盈滿器也周禮地官泉府凡
民之貸者與其有司辨而授之以國服爲之息鄭司農云貸者謂從官借本賈也故有息使民弗利均爲朱子所本

詩云雨我公田遂及我私惟助爲有公田由此觀之雖周亦助也

朱注詩小雅大田之篇雨降雨也言願天雨於公田而遂及私田先公
而後私也當時助法盡廢典籍不存惟有此詩可見周亦用助故引之
也（古注）趙注詩小雅大田之篇言太平時民悅其上願欲天之先雨
公田遂以次及我私田也（箋）按孟子言三代田制莫善於助又言助法之形體曰方里而井井九百畝其中
爲公田八家皆私百畝同養公田非謂成周之徹法如此也漢書食貨志直本此以言周制後儒多相因不變若是則周人乃百畝而助矣何
名爲徹哉司馬法云畝百爲夫夫三爲屋屋三爲井小司徒亦云九夫爲井據此二文是周人井九百畝分之九夫每夫百畝中以十畝爲公
田君取其入而不收餘畝之稅宜公於公田之外更稅餘畝之十一故曰稅畝也徹本無公田故孟子曰惟助惟有公田言惟助有則徹必無
以明其制之異言雖周亦助見助豐凶相通徹亦豐凶相通明其意之同若徹即是助則人人共知孟子何用辭費徹無公田詩曰雨我公田

者商八家同井公田在私田外周九夫爲井公田在私田中夏小正云三農服於公田公田之稱可施於貢獨不可施於徹乎然則周何以變八家爲九夫蓋自商至周歷六百餘年生齒必日繁無田可給不得不舉公田授之民及列國兵爭殺戮過甚民數反少於周初而徹法之壞已甚故孟子欲改行助法所謂與時制宜者孟子論井田之制以夏爲貢殷爲助周爲徹既顯分其制及引詩又謂雖周亦助可知助徹乃通名也夏后氏五十而貢其實亦是什一獨不得通助徹之名者蓋因諸侯去籍舊典無徵孟子不爲臆斷耳朱子折衷古說特言其大略耳

庠者養也校者教也序者射也夏曰校殷曰序周曰庠學則三代共之皆所以明人倫也

朱注庠以養老爲義校以教民爲義序以習射爲義皆鄉學也學國學也共之無異名也倫序也父子有親君臣有義夫婦有別長幼有序朋友有信此人之大倫也庠序學校皆以明此而已（古注）趙注養者養耆老教者教以禮樂射者三耦四矢以達物導氣也學則三代同名皆謂之學學乎人倫人倫者人事也猶洪範曰彝倫攸敘謂常事所敘也

（箋）朱子釋庠序學校皆引申趙注之義而言之趙氏朱子均訓倫爲序洪範之彝倫攸敘雖兼倫紀在內而孟子之言人倫則專就五

倫言之下章使契爲司徒敎以人倫其明證也朱子舉父子君臣夫婦長幼朋友而言與下章經文言人倫者合較趙注尤爲精確

詩云周雖舊邦其命維新文王之謂也

朱注詩大雅文王之篇言周雖后稷以來舊爲諸侯其受天命而有天下則自文王始也（古注）趙注詩大雅文王之篇言周雖后稷以來舊爲諸侯其受王命惟文王新復修禮義以致之耳（箋）朱子約舉趙氏以爲注也

使畢戰問井地

朱注畢戰滕臣文公因孟子之言而使畢戰主爲井地之事故又使之來問其詳也井地卽井田也（古注）趙注畢戰滕臣也問古井田之法時諸侯各去典籍人自爲政故井田之道不明也（箋）考工記匠人注文公又問井田疏曰彼是使畢戰問今以爲文公者畢戰文公臣君統臣功亦得爲文公問也毛詩甫田正義引孟子亦云使畢戰問井田據考工記注詩疏證之漢唐舊本必作問井田詩疏又引井田不均更堪取證趙氏注言問古井田之法又云故井田之道不明而幷無注井地卽井田之說則趙氏當日所見之本必作井田無疑朱子不敢改經而特注明井地卽井田文從今本訓從古本愼之至也

請野九一而助國中什一使自賦

朱注此分田制祿之常法所以治野人使養君子也野郊外都鄙之地也九一而助爲公田而行助法也國中郊門之內鄉遂之地也田不井授但爲溝洫使什而自賦其一葢用貢法也周所謂徹法者葢如此（古注）趙注九一者井田以九頃爲數而供什一郊野之賦也助者殷家稅名也周亦用之農子所謂莫善於助也時諸侯不行助法國中什一者周禮園廛二十而稅一時行重賦責之什一也而如也自從也孟子欲請使野人如助法什一而稅之國中從其本賦二十而稅一以寬之也（箋）宣公十五年公羊傳云古者什一而藉什一者天下之中正也趙注以當時郊野之稅不止什一孟子欲其什一而藉如殷人之行助其國中園廛之稅本二十取一當時則什取一是爲行重賦民不能什一而以什一誅求之故云責之什一也朱子則謂是周禮有井田之制有溝洫之制井田是四數溝洫是十數今永嘉諸儒乃欲混井田溝洫爲一則不可通鄭康成以遂人所言爲溝洫之法卽夏之貢法鄉遂公邑用之匠人所言爲井田之法卽殷之助法都鄙用之爲朱子所本葢周人徹法原兼貢助若井田通行天下則亦專用助何徹之有遂

人匠人之異見於周官國中野外之殊著于孟子當以康成及朱子之言爲定趙注微涉異同沿于周禮康成匠人注云滕文公問爲國於孟子孟子曰夏后氏五十而貢殷人七十而助周人百畝而徹其實皆什一也文公又問井田孟子曰請野九一而助國中什一使自賦死徙無出鄉鄉田同井出入相友守望相助疾病相扶持則百姓親睦方里而井井九百畝其中爲公田八家皆私百畝同養公田公事畢然後治私事所以別野人也又曰詩云雨我公田遂及我私惟助爲有公田由此觀之雖周亦助也魯哀公問于有若曰年饑用不足如之何有若對曰盍徹與曰二吾猶不足如之何其徹也春秋宣十五年初稅畝傳曰非禮也穀出不過藉以豐財也此數者世人謂之錯而疑焉以載師職及司馬法論之周制畿內用夏之貢法稅夫無公田以詩春秋論語孟子論之周制邦國用殷之助法制公田不稅夫貢者自治其田貢其稅穀助者借民之力以治公田又使收斂焉畿內用貢法者鄉遂及公邑之吏旦夕從民事爲其促之以公使不得恤其私邦國用助法者諸侯專一國之政爲其貪暴稅民無藝稅有重輕通其率以什一爲正孟子云野九夫而稅一國中什一是邦國亦異外內之法耳賈疏云畿內用貢法云云者鄉遂公邑之內皆鄉里比閭等治民之官旦夕從民事或因此促之使先治公田則不得恤其私故爲貢法使不得有公田也云邦國用助法諸侯專一國之政恐其貪暴稅民無藝者藝謂準法宜公初稅畝就井田上取民之所自治若爲貢法有何準法故爲井田不爲貢也孔穎達云鄭云邦國亦異外內則諸侯郊內貢郊外助矣而鄭正言畿內貢法邦國用助法以爲諸侯皆助者以諸侯郊內地少郊外助多故以邦國爲助對畿內之貢爲異外內也此條疏通鄭意聚善按詩小雅甫田倬彼甫田歲取十千箋以十千爲萬畝而解之云歲取十千於

井田之法則一成之數也九夫爲井井稅一夫其田百畝井十爲通通稅十夫其田千畝通十爲成成方十里成稅百夫其田萬畝正義云孟子言三代稅法其實皆什一若井稅一夫是九稅一矣此詩之意刺幽王賦重當陳古稅之輕而言成稅萬畝反得重於什一者孟子言什一據通率而言耳周制有貢有助助者九夫而稅一夫之田貢者什一而言一分之穀通之二十而稅二夫是爲什中稅一也故冬官匠人注廣引經傳而論之云周制畿內用夏之貢法稅夫無公田邦國用殷之助法制公田不稅夫貢者自治其所受田貢其稅穀助者借民之力以治公田又使收斂焉通其率以什一爲正孟子曰野九夫而稅一國中什一是邦國亦異外內之法耳是鄭解通率爲什一之事也又孟子云滕文公使畢戰問井田孟子對請野九一而助國中什一使自賦是鄭所引異外內之事也孟子又云方里而井井九百畝其中爲公田八家皆私百畝同養公田公事畢然後治私事所以別野人也是說助法井別一夫以入公也言別野人者別野人之法使與國中不同也爾雅云郊外曰野則野人爲郊外也野人爲郊外則國中爲郊內也郊內謂之國中者以近國故繫國言之亦可地在郊內居在國中故也助法旣言百畝爲公田則使自賦者明是自治其田貢其稅穀也助則九而助一貢則什一而貢一通率爲什一也若然九一而助者爲九中一知什一自賦非什一者以言九一卽云而助明九中一助也國中言什一乃云使自賦是什一之中使自賦之明非什中一爲賦也故鄭元通其率以什一爲正若什一自賦爲什中賦一則不得與九一通率爲什一也且鄭引孟子云野九夫而稅一國中什一不言國中什而稅一明是國中什一而貢一故得通率爲什一也史傳說助貢之法惟孟子爲明鄭據其言謂什一而徹爲通外內之率理則然矣而食貨志云井方一里是

爲九夫八家共之各授私田百畝公田十畝是爲八百八十畝餘二十畝爲廬舍其言取孟子爲說而失其本旨何休之注公羊范甯之解穀梁趙岐之注孟子宋均之說樂緯咸以爲然皆義異於鄭理不可通何則言井九百畝其中爲公田則中央百畝共爲公田不得家取十畝也又言八家皆私百畝則中央百畝皆屬公矣何得復以二十畝爲廬舍也言同養公田是八家共理公事何處家分十畝自治之也若家取十畝各自治之安得謂之同養也若二十畝爲廬舍則家別二畝半亦入私矣家別私有百二畝半何得謂八家皆私百畝也此皆諸儒之附會鄭于匠人注云野九夫而稅一此箋云井稅一夫其田百畝是鄭意家別公田十畝及二畝半爲廬舍之事俗以鄭說同於諸儒是失鄭旨矣穎達此疏於天子諸侯異外內之事解釋最爲明析朱子義本鄭孔而撮要言之故不盡與趙注同也

卿以下必有圭田圭田五十畝餘夫二十五畝

朱注此世祿常制之外又有圭田所以厚君子也圭潔也所以奉祭祀也不言世祿者滕已行之但此未備耳程子曰一夫上父母下妻子以五口八口爲率受田百畝如有弟是餘夫也年十六別受田二十五畝俟其壯而有室然後更受百畝之田愚按此百畝常制之外又有餘夫之田以厚野人也（古注）趙注古者卿以下至於士皆受圭田五十畝

所以共祭祀圭絜也士田故謂之圭田所謂惟士無田則亦不祭言絀士無絜田也井田之民養公田者受百畝圭田半之故五十畝餘夫者一家一人受田其餘老小尚有餘力者受二十五畝半於圭田謂之餘夫也受田者田萊多少有上中下周禮曰餘夫亦如之亦如上中下之制也王制曰夫圭田無征謂餘夫圭田皆不出征賦也時無圭田餘夫孟子欲令復古所以重祭祀利民之道也（箋）禮記王制云夫圭田無征注云夫猶治也征稅也孟子曰卿以下必有圭田治圭田者不稅所以厚賢也孔氏正義云圭潔也言德行潔白也而與之田般所以不稅者般政寬厚重賢人周則稅之士以潔白而升則與以圭田使供祭祀若以不潔白而黜則收其田里故士無田則不祭有田以表其潔無田以罰其不潔也周禮地官載師以土田任近郊之地注鄭司農云士田者士大夫之子得而耕之也元謂士讀爲仕仕仕者亦受田所謂圭田也孟子曰卿以下必有圭田圭田五十畝圭田既是仕田則卿以下通大夫士而言卽載師之士田也毛詩小雅天保篇吉蠲爲饎傳云蠲潔也秋官蜡氏凡國之大祀合州里除不蠲注云蠲讀如吉圭爲饎之圭圭潔也儀禮士虞禮記云圭爲而哀薦之饗注亦云圭潔也詩曰吉圭爲饎呂氏春秋尊師篇云必蠲潔高誘注云蠲讀曰圭是圭之義爲潔也餘夫之說不特周禮與孟子不同卽趙注與程子亦異周禮遂人上地夫一廛田百畝萊五十

畝餘夫亦如之中地夫一廛田百畝萊百畝餘夫亦如之下地夫一廛田百畝萊二百畝餘夫亦如之遂人之餘夫有上地中地下地之分孟子之餘夫統以二十五畝爲率其不合者一也賈疏謂餘夫是二十九以下未有妻授口田故二十五畝程子以有弟之年十六者爲餘夫亦與賈疏異義趙氏謂餘夫無判老幼而一引遂人之說以證之賈氏程子均不從此說漢書食貨志云民受田上田夫百畝中田夫二百畝下田夫三百畝歲耕種者爲不易上田休一歲者爲一易中田休二歲者爲再易下田三歲更耕之自爰其處農民戶人已受田其家衆男爲餘夫亦以口授田如比士工商家授田五口乃當農夫一人此云如比則如一夫百畝之例皆遷就遂人之說與孟子餘夫二十五畝之制不同朱子有疑於心故於圭田則宗趙氏餘夫則僅引程子簡明之說而不自爲注其所不知例從蓋闕不敢强牽附合以勉事從同也

鄉田同井

朱注同井者八家也（箋）按此即下文之方里而井井九百畝其中爲公田八家皆私百畝也朱子以經解經故無俟徵引他說也

方里而井井九百畝其中爲公田八家皆私百畝同養公田公事畢然後敢治私事所以別野人也

朱注此詳言井田形體之制乃周之助法也公田以爲君子之祿而私

田野人之所受先公後私所以別君子野人之分也（古注）趙注方一里者九百畝之地也爲一井八家各私得百畝同共養其公田之苗稼公田八十畝其餘二十畝以爲廬井宅園圃家二畝半也先公後私遂及我私之義也則是野人之事所以別於士伍者也（箋）按趙岐所言即井田形體之制也朱子蓋約言之餘均詳九一而助條下

此其大略也

朱注井地之法諸侯皆去其籍此特其大略而已（古注）趙注略要也其井田之大要如是（箋）朱子引申趙注以爲言也按周公所訂周禮一書其詳文細節春秋而後諸侯去籍至孟子時已不可得聞故于滕文公北宮錡之問爵祿田稅均僅舉其大略豈降至西漢劉歆諸儒猶得錄其微文瑣節訂成定本乎今世所行之周禮文詳于孟子十倍知非盡出于周公手訂明矣朱子向已疑之而此經集注不能不偶加采取者則以東漢大儒皆取孟子王制周禮之不同者遷就而强同之趙岐爲本經師說亦多主此義朱子集前賢之注以爲注勢不能盡斥古注而擲臆說故於其綱領相同者間一采之其岐背難合者悉存而不論尊經之旨校漢儒尤謹另詳舊著周禮古學攷

有爲神農之言者許行自楚之滕踵門而告文公曰遠方之人聞君行仁政願受一廛而爲氓

朱注神農炎帝神農氏許姓行名也廛民所居也氓野人之稱（古注）趙注神農三皇之君炎帝神農氏許姓行名也氓野人也（箋）漢書藝文志農家有神農十二篇許行之學蓋本此朱子用趙注也

捆屨織席以爲食

朱注捆扣椓之欲其堅也以爲食賣以供食也（古注）趙注捆猶扣椓也織屨欲其堅故叩之也賣屨席以供飲食也（箋）朱子約舉趙注也

饔飧而治

朱注饔飧熟食也朝曰饔夕曰飧（古注）趙注饔飧熟食也朝曰饔夕曰飧（箋）毛詩疏曰說文飧从夕食言人旦則食飯不可停故夕則食飧與趙注同均朱子所本也

舍皆取諸其宫中而用之

朱注舍止也（古注）趙注舍止也（箋）釋文引丁公著手音舍止也與趙注同朱子本趙氏也

是率天下而路也

朱注路謂奔走道路無休息也（古注）趙注是率導天下之人以羸路也（箋）管子四時篇不知五穀之故國家乃路房氏注曰路謂失其常居丁張并云路與露同趙注謂導天下之人以羸路丁張乃欲改字爲露疏又引一說云率天下如道路之人但泛視而不知上下貴賤翟灝謂俱不若奔走道路爲得朱子遵趙注而不從丁張義本管子

禽獸繁殖五穀不登

朱注繁殖衆多也五穀稻黍稷麥菽也（古注）趙注故禽獸繁息衆多也（箋）毛詩正月繁霜傳云繁多也高誘注淮南子王逸注楚辭皆云繁衆也繁殖即繁息繁息即衆多也趙注下文云五穀稻黍麥稷菽也均爲朱子所本也

禹疏九河

朱注疏通也分也九河曰徒駭曰太史曰馬頰曰覆釜曰胡蘇曰簡曰潔曰鉤盤曰鬲津（古注）趙注疏通也（箋）朱子疏通本趙注九河全用爾雅釋水文

樹藝五穀

朱注樹亦種也藝殖也（古注）趙注樹種藝殖也（箋）朱子全本趙注

蕩蕩乎民無能名焉君哉舜也巍巍乎有天下而不與焉

朱注蕩蕩廣大之貌巍巍高大之貌（箋）詳論語子罕篇

師死而遂倍之

朱注倍與背同（箋）釋文引丁氏倍義當作偝古字借用耳背與偝通禮坊記民猶偝死亦作偝朱子從丁氏

治任將歸

朱注任擔也（古注）趙注任擔也（箋）朱子用趙注也

築室於場

朱注場冢上之壇場也（古注）趙注場孔子冢上祭祀壇場也（箋）朱子約舉趙注也

皜皜乎

朱注皜皜潔白貌(古注)趙注皜皜白甚也(箋)朱子義本趙氏也

南蠻鴃舌之人

朱注鴃亦作鵙博勞也古注趙注鴃博勞鳥也(箋)爾雅釋鳥云鵙伯勞也禮記月令云仲夏之月鵙始鳴大戴禮記小正云五月鴂則鳴鴂百鷯也百鷯即百勞是鵙通作鴂鄭氏月令注亦云鴂博勞也高誘注呂氏春秋仲夏紀云鵙百勞也伯勞即博勞百伯博鷯勞均一聲之轉趙氏以鴂爲博勞與爾雅禮記鄭注呂氏高注同一義也均爲朱子所本

吾聞出於幽谷遷于喬木者未聞下喬木而入于幽谷者

朱注小雅伐木之詩云伐木丁丁鳥鳴嚶嚶出自幽谷遷于喬木(箋)朱子以經注經也

魯頌曰戎狄是膺荆舒是懲

朱注魯頌閟宮之篇也膺擊也舒國名懲艾也(古注)趙注詩魯頌閟宮之篇也膺擊也懲艾也(箋)左傳正義舒楚之與國故連言荆舒朱子訓舒國名蓋本此餘全用趙注

或相倍蓰或相什百或相千萬子比而同之

朱注蓰音師又山綺反倍一倍也蓰五倍也什百千萬皆倍數也比次也（古注）趙注蓰五倍也什十倍也至於千萬相倍（箋）釋文蓰丁音師从竹下徙開元禮文字音義曰蓰謂半倍而益之又音灑山綺切史記作倍灑徐廣曰一作五倍曰蓰比次比也與趙注合皆爲朱子所本也

因徐辟而求見孟子

朱注徐辟孟子弟子（古注）趙注徐辟孟子弟子也（箋）朱子用趙注也

以薄爲其道也

朱注莊子曰墨子生不歌死無服桐棺三寸而無椁是墨之治喪以薄爲道也（箋）此朱子采莊子以注孟子也

則舉而委之於壑

朱注委棄也（古注）趙注舉而委棄之壑中也（箋）朱子約趙氏以爲注也

蠅蚋姑嘬之其顙有泚睨而不視

朱注蚋音汭虆力追反蚋蚊屬或曰螻蛄也嘬攢共食之也顙額也泚

汗出泚泚然也（古注）趙注嘬攢共食之也顙額也泚汗出泚泚然也

（箋）釋文出蜹字注云張音汭一說云蠁姑即螻姑也趙注釋文皆爲朱子所本也

蓋歸反虆梩而掩之

朱注虆土籠也梩土轝也（古注）趙注虆梩籠臿之屬可以取土者也

（箋）釋文虆丁力追切土籠也梩土轝也劉熙注虆盛土籠也均爲朱子所本也

滕文公章句下

陳代曰

朱注陳代孟子弟子也（古注）趙注陳代孟子弟子也（箋）朱子用趙注也

枉尺而直尋

朱注八尺曰尋（箋）周髀曰八尺曰尋方言亦以尋爲八尺均爲朱子所本詳論語子張篇夫子之牆數仞下

招虞人以旌不至將殺之

朱注虞人守苑囿之吏也招大夫以旌招虞人以皮冠（古注）趙注虞

人守苑囿之吏也招之當以皮冠（箋）左昭二十年齊侯田于沛招虞人以弓不進公使執之辭曰昔我先君之田也旃以招大夫弓以招士皮冠以招虞人臣不見皮冠故不敢進乃舍之朱子蓋取義左傳依趙注以立言也

昔者趙簡子使王良與嬖奚乘

朱注趙簡子晉大夫趙鞅也王良善御者也嬖奚簡子幸臣（古注）趙注趙簡子晉卿也王良善御者也嬖奚簡子幸臣也（箋）朱子全用趙注也

吾爲之範我馳驅

朱注範法度也（古注）趙注範法也（箋）朱子用趙注

詩云不失其馳舍矢如破

朱注詩小雅車攻之篇言御者不失其馳驅之法而射者發矢皆中之貫習也（古注）趙注詩小雅車攻之篇也言御者不失其馳驅之法則射者必中之（箋）釋文貫丁音慣習同朱子音用丁氏注本趙氏也

景春曰公孫衍張儀

朱注景春人姓名公孫衍張儀皆魏人（古注）趙注景春孟子時人公孫衍魏人也（箋）朱子此注皆出史記本傳張宜附于公孫衍傳趙注亦本史記也

富貴不能淫貧賤不能移威武不能屈

朱注淫蕩其心也移變其節也屈挫其志也（古注）趙注淫亂其心也移易其行也屈挫其志也（箋）此朱子采用趙注而略變其文也

出疆必載質

朱注質與贄同（箋）釋文引唐張鎰音義云質音贄云義與贄同朱子蓋本張氏也

禮曰諸侯耕助以供粢盛夫人蠶繅以爲衣服犧牲不成粢盛不潔衣服不備不敢以祭惟士無田則亦不祭牲殺器皿衣服不備不敢以祭

朱注盛音成繅素刀反皿武永反禮曰諸侯爲籍百畝冕而青紘躬秉耒以耕而庶人助以終畝收而藏之御廩以供宗廟之粢盛使世婦蠶於公桑蠶室奉繭以示于君遂獻繭于夫人夫人副褘受之繅三盆手

遂布于三宮世婦使繅以爲黼黻文章而服以祀先王先公又曰士有田則祭無田則薦黍稷曰粢在器曰盛牲殺牲必特殺也皿所以覆器者（古注）趙注言惟絀祿之士無圭田不祭牲必特殺故曰殺皿所以覆器者（箋）釋文盛音成繅素刀切皿武永切禮祭義諸侯爲籍百畝冕而青紘躬秉耒以事天地山川社稷又云及大昕之朝君皮弁素積卜三宮之夫人世婦之吉者使入蠶于蠶室奉種浴于川桑于公桑風戾以食之歲既單矣世婦卒蠶奉繭以示于君遂獻繭于夫人夫人曰此所以爲君服與遂副褘而受之又云及良日夫人繅三盆手遂布于三宮之夫人世婦之吉者使繅遂朱綠之元黃之以爲黼黻文章服既成君服以祀先王先公敬之至也王制云大夫士宗廟之祭有田則祭無田則薦又桓公十四年公羊傳注云黍稷曰粢在器曰盛朱子節引禮記公羊傳注以爲注以經解經餘亦采用趙注釋文也

彭更問曰

朱注彭更孟子弟子（古注）趙注彭更孟子弟子（箋）朱子全用趙注也

以傳食於諸侯

朱注傳直戀反（箋）釋文引丁公著手音傳直戀切朱子之音本此

毀瓦畫墁

朱注墁武安反墁牆壁之飾也（箋）按趙注訓墁爲墁滅義異釋文引張氏墁武安切與謾同論語八佾篇云糞土之牆不可圬也王肅注云圬墁也左襄三十一年傳圬人以時塓館宮室注云圬人塗者塓塗也圬墁皆器用以塗牆則塗謂之圬即謂之墁因而塗牆之人即謂之圬人塓即墁一聲之轉朱子因之較趙注爲允

宋小國也今將行王政齊楚惡而伐之

朱注宋王偃嘗滅滕伐薛敗齊楚魏之兵（箋）國策宋於是滅滕伐薛取淮北之地按宋滅滕無滅滕之事滕爲齊所滅漢志可攷朱子采國策之言以爲注證宋之欲霸天下耳

葛伯放而不祀

朱注葛國名伯爵也放而不祀放縱無道不事先祖也（古注）趙注葛夏諸侯嬴姓之國放縱無道不祀先祖（箋）書序湯征諸侯葛伯不祀湯始征之孔安國云葛國伯爵也朱子約孔趙以爲注也

載十一征

朱注載亦始也（古注）趙注載始也（箋）朱子用趙注

有攸不爲臣東征綏厥士女匪厥元黃

朱注有所不爲臣匪與篚同元黃幣也（古注）趙注攸所也元黃謂諸侯執元三纁二之帛（箋）釋文引丁氏匪義當作篚儀禮聘禮云釋幣制元纁束注凡物十曰束元纁之率元居三纁居二趙注蓋詳言之朱子云幣者約言之同本禮經也

孟子謂戴不勝曰

朱注戴不勝宋臣也（古注）趙注不勝宋臣（箋）朱子本趙注

衆楚人咻之

朱注咻讙也（古注）趙注咻之者讙也（箋）釋文出讙字注丁云案玉篇音讙召呼也今釋注意音歡爲便蓋字讙譁同朱子本趙氏丁氏以爲注也

引而置之莊嶽之間數年

朱注莊嶽齊街里名也（古注）趙注莊嶽齊街里名也（箋）左襄二十八年傳得

慶氏之木百車於莊注云六軌之道反陳于嶽注云嶽里名昭十年又敗諸莊六年戰于莊敗注幷同據此則莊是街名嶽是里名朱子依趙注渾而言之耳

段干木踰垣而辟之泄柳閉門而不納

朱注段干木魏文侯時人泄柳魯繆公時人（古注）趙注魏文侯魯繆公有好善之心而此二人距之太甚（箋）史記老子列傳云老子之子名宗宗爲魏將封於段干裴駰集解此云封于段干段干應是魏邑名也而魏世家有段干木段干子田完世家有段干明三人皆姓段干也本蓋因邑爲姓風俗通姓氏注云姓段名干木失之矣魏世家云文侯客段干木過其閭未嘗不軾也趙氏舉魏文侯魯繆公被距不明言而知其爲魏魯人朱子注云魏文魯繆時人注例不同義則一也泄柳詳公孫丑

陽貨先

朱注先謂先來加禮也（古注）趙注是時陽貨先加禮（箋）朱子用趙注也

脅肩諂笑病于夏畦子路曰未同而言觀其色赧赧然

朱注脅肩竦體諂笑强笑病勞也夏畦夏月治畦之人也言爲此者其

勞過於夏畦之人也赧赧慙而面赤之貌由子路名（古注）趙注脅肩竦體也諂笑强笑也病極也言其意苦勞極甚於仲夏之月治畦灌園之勤也（箋）呂氏春秋適音篇云以危聽淸則耳谿極高誘注極病也又權勳篇云觸子苦之高誘注苦病也淮南子精神訓好憎者使人之心勞高誘注勞病也苦勞皆爲病故病亦爲勞朱子義本趙氏及高注也

今有人日攘其鄰之雞者

朱注攘物自來而取之也（古注）趙注攘取也取自來之物也（箋）朱子用趙注

書曰洚水警予

朱注虞書大禹謨也（古注）趙注尚書逸篇（箋）朱子所據者東晉梅賾正義本趙氏不見東晉本故云逸篇

驅蛇龍而放之菹

朱注菹側魚反菹澤生草者也（古注）趙注今靑州謂澤有草爲菹

（箋）釋文菹側魚切文選左太沖蜀都賦劉淵林注引晉綦毋邃注菹作蒩沮澤生草言蒩沮與菹同均朱子所本

沛澤多

朱注沛蒲內反沛草木之所生也澤水所鍾也（古注）趙注沛草木之所生也澤水也（箋）釋文引丁氏云沛蒲內切朱子蓋從趙氏也

書曰丕顯哉文王謨丕承哉武王烈佑啓我後人

朱注書周書君牙之篇丕大也顯明也謨謀也承繼也烈光也佑助也啓開也（古注）趙注書尚書逸篇也丕大顯明承纘列光也言文王大顯明王道武王大纘承天光列佑開後人（箋）書逸篇詳前丕大烈光爾雅釋詁文祭法顯考廟注顯明也爾雅釋詁云謨謀也毛詩秦風不承權輿傳承繼也豳風載纘武功傳纘繼也承訓纘纘訓繼故承可以爲繼也佑通作祐本作右說文右字隸二部口部云助也又部云手口相助也詩保右命之中庸作保佑命之易无妄云天命不佑釋文佑本作祐說文祐助也易繫辭云祐者助也啟與開通書啟明今文尙書作開明均爲朱子所本也

以承三聖者

朱注承繼也（箋）詳前

匡章曰陳仲子豈不誠廉士哉居於陵

朱注匡章陳仲子皆齊人廉有分辨不苟取也於陵地名（古注）趙注匡章齊人也陳仲子齊一介之士窮不苟求者（箋）淮南氾論注陳仲子齊人孟子弟子居於陵唐張說石泉驛詩自注於陵子仲宅漢於陵故城章懷注在今淄州長山縣南此爲朱子所本惟高注陳仲子爲孟子弟子未詳所出故朱子不取也

螬食實者過半矣

朱注螬齊螬蟲也（古注）趙注螬蟲也（箋）爾雅釋蟲蟦蠐螬說文蠹齎蠹也皆朱子所本也

吾必以仲子爲巨擘焉

朱注巨擘大指也（古注）趙注巨擘大指也（箋）朱子全用趙注

則蚓而後可者也

朱注蚓丘蚓也（古注）趙注蚓蚯蚓之蟲也（箋）禮記月令孟夏蚯蚓出仲冬蚯蚓結淮南

時則訓作邱螾單名之則爲蚓爲螾荀子勸學篇云螾無爪牙之利筋骨之彊上食埃土下飲黃泉用心一也螾即蚓與趙注同皆朱子所本

彼身織屨妻辟纑

朱注辟績也纑練麻也（古注）趙注緝績其麻曰辟練麻曰纑（箋）文選張景陽雜詩注引劉熙孟子注云仲子自織屨妻紡纑以易食也緝績其麻曰辟練絲曰纑也與趙注略同朱子故從趙氏也

仲子齊之世家也兄戴盍祿萬鍾

朱注世家世卿之家兄名戴食采於盍其入萬鍾也（古注）趙注言仲子齊之世卿大夫之家兄名戴爲齊卿食采於盍祿萬鍾（箋）朱子折衷趙注以立言也

惡用是鶃鶃者爲哉

朱注鶃鶃鵝聲也（古注）趙注鶃鶃鵝鳴聲（箋）朱子約舉趙注也

出而哇之

朱注哇吐之也（古注）趙注出門而哇吐之（箋）論衡刺孟子篇述此文作出而吐之以吐

代哇是哇即吐也此爲朱注所本

離婁章句上

離婁之明公輸子之巧不以規矩不能成方圓

朱注離婁古之明目者公輸子名班魯之巧人也（古注）趙注離婁古之明目者公輸子魯班魯之巧人也（箋）朱子全用趙注也

師曠之聰不以六律不能正五音

朱注師曠晉之樂師知音者也六律截竹爲筩陰陽各六以節五音之上下黃鐘大簇沽洗蕤賓夷則無射爲陽大呂夾鐘仲呂林鐘南呂應鐘爲陰也五音宮商角徵羽也（古注）趙注師曠晉平公之樂太師也六律陽律大簇姑洗蕤賓夷則無射黃鐘也五音宮商角徵羽也（箋）周禮春官大師掌六律六同以合陰陽之聲陽聲黃鐘大簇姑洗蕤賓夷則無射陰聲大呂應鐘南呂函鐘小呂夾鐘皆文之以五聲宮商角徵羽此六律五音之綱領也趙氏約言之朱子本趙氏兼述陰律也

詩云不愆不忘率由舊章

朱注詩大雅假樂之篇愆過也率循也（古注）趙注詩大雅假樂之篇愆過也（箋）毛詩箋云愆過也率循也與趙注同皆爲朱子所本也

繼之以規矩準繩

朱注準所以爲平繩所以爲直（箋）易繫辭傳易與天地準鄭注準平也祭義推而放諸東海而準注準猶平也莊子天道篇平中準大匠取法焉尚書大傳非水無以準萬里之平漢書律歷志繩直生準準者所以揆平取正也皆爲朱子所本也

上無道揆也

朱注揆度也（古注）趙注言君無道術可以揆度（箋）朱子約趙氏以爲注也

規矩方圓之至也

朱注至極也（古注）趙注至極也（箋）朱子明用趙注

名之曰幽厲

朱注幽暗厲虐皆惡謚也（古注）趙注謚以幽厲以章其惡（箋）朱子義本

趙氏也

三代之得天下也以仁

朱注三代謂夏商周也（古注）趙注三代夏商周（箋）朱子用趙注也

人有恒言

朱注恒常也（古注）趙注恒常也人之常語也（箋）朱子約舉趙注也

不得罪於巨室

朱注巨室世臣大家也（古注）趙注巨室大家也（箋）朱子引申趙注也

涕出而女於吴

朱注女以女與人也（箋）釋文引唐丁公著手音以女妻人曰女朱子葢本此也

其麗不億

朱注詩大雅文王之篇麗數也十萬曰億（古注）趙注詩大雅文王之篇麗億數也（箋）詩毛傳云麗數也小爾雅云十萬曰億朱子葢本此也

侯服于周

朱注侯維也（古注）趙注惟服于周（箋）爾雅釋詁維侯也朱子本爾雅以互爲訓也

殷士膚敏祼將于京

朱注膚大也敏達也祼宗廟之祭以鬱鬯之酒灌地以降神也（古注）趙注膚大敏達也（箋）朱子用趙注也祼詳論語禘自既灌而往句

詩云誰能執熱誓不以濯

朱注詩大雅桑柔之篇言誰能執持熱物而不以水自濯其手乎（古注）趙注詩大雅桑柔之篇誰能持熱而不以水濯其手（箋）朱子用趙注也

滄浪之水清兮可以濯我纓

朱注滄浪水名纓冠系也（箋）水經沔水過武當縣東北注云縣西北四十里漢水中有洲名滄浪洲說文纓冠系也均爲朱子所本

故爲淵歐魚者獺也爲叢歐爵者鸇也

朱注爵與雀同鸇諸延反獺食魚者也鸇食雀者也（箋）釋文鸇諸延切釋名獺形如貓居水食魚者也鸇鷂之屬也能食鳥雀朱子葢本此義也

詩云其何能淑載胥及溺

朱注詩大雅桑柔之篇淑善也胥相也（古注）趙注詩大雅桑柔之篇淑善也胥相也（箋）詩鄭箋淑善胥相與趙氏同均爲朱子所本也

曠安宅而弗居

朱注曠空也（古注）趙注曠空（箋）論衡藝增篇云曠空也與趙注同均朱子所本

太公辟紂

朱注太公姜姓呂氏名尚（古注）趙注太公呂望也（箋）望即尚也後漢琅邪國海曲縣劉昭引博物記注云太公呂望所出齊世家亦云太公望呂尚者趙注約言之朱子詳誌其姓名義則一也

二老者

朱注二老伯夷太公也（箋）李善注文選解嘲引伯夷太公爲二老乃朱子所本

求也爲季氏宰

朱注求孔子弟子冉求季氏魯卿宰家臣小子弟子也（古注）趙注求孔子弟子冉求季氏魯卿季康子宰家臣小子弟子也（箋）朱子全用趙注也

胷中正則眸子瞭焉胷中不正則眸子眊焉

朱注瞭明也眊者蒙蒙目不明之貌（古注）趙注瞭明也眊者蒙蒙目不明之貌（箋）周禮春官眡瞭注瞭目明者說文目部云眊目少精也目少精即不明釋名釋天蒙日光不明蒙蒙然也廣雅釋訓蒙蒙暗也眊蒙一聲之轉故趙氏以眊之不明猶日之蒙蒙也趙氏皆古誼朱子從之

人焉廋哉

朱注廋匿也（古注）趙注廋匿也（箋）朱子全用趙注也

淳于髡曰

朱注純于姓髡名齊辯士也（古注）趙注純于髡齊人也（箋）滑稽傳云純于髡齊之贅壻也長不滿七尺多辯數使諸侯未嘗屈辱朱子故稱爲辯士

權也

朱注權稱錘也（箋）詳論語謹權量句

君子之不教子何也

朱注不親教也（古注）趙注問父子不親教何也（箋）朱子約趙氏以爲注也

則是父子相夷矣

朱注夷傷也（古注）趙注夷傷也（箋）朱子明用趙注

守身爲大

朱注守身持守其身使不陷於不義也（古注）趙注守身使不陷於不義也（箋）朱子引申趙注也

人不足與適也政不足閒也惟大人爲能格君心之非

朱注適音謫趙氏曰適過也閒非也格正也（箋）按今趙注作適過也詩云室人交偏適我閒非格正也朱子蓋明引趙氏而略省其文也釋文引丁氏手音適音謫毛詩邶風傳云謫責也謫與適通方言云謫過也商頌勿予禍適箋

云適過也小爾雅廣言方言皆云間非也方言云格正也與趙氏合均朱子所本

有不虞之譽

朱注虞度也（古注）趙注虞度也（箋）朱子全用趙注

曰昔者

朱注昔者前日也（箋）禮檀弓云予疇昔之夜鄭注昔猶前也爲朱子所本

而以餔啜也

朱注餔博孤反餔食也啜飲也（古注）趙注徒食飲而已謂之餔啜也

（箋）釋文引張氏音義餔博孤切朱子音本此義從趙氏也

孟子曰不孝有三無後爲大

朱注趙氏曰於禮有不孝者三事謂阿意曲從陷親不義一也家貧親老不爲祿仕二也不娶無子絕先祖祀三也三者之中無後爲大（箋）趙注一二三字下均有不孝二字朱子蓋約舉之

舜不告而娶爲無後也君子以爲猶告也

朱注舜告焉則不得娶而終於無後矣告者禮也不告者權也猶告言與告同也（古注）趙注舜懼無後故不告而娶君子知舜告焉不得而娶娶告父母禮也舜不以告權也故曰猶告與告同也（箋）趙注告焉不得而娶用孟子文朱子折衷趙氏以爲注也

瞽瞍底豫

朱注底致也豫悅樂也（古注）趙注底致也豫樂也（箋）爾雅釋言底致也釋詁豫樂也趙注從之均爲朱子所本也

離婁章句下

舜生於諸馮遷於負夏卒於鳴條東夷之人也

朱注諸馮負夏鳴條皆地名在東方夷服之地（古注）趙注諸馮負夏鳴條皆地名負海也在東方夷服之地（箋）孫疏云諸馮在冀州之分此據史記五帝本紀舜冀

州之人而言不能考其所在也史記又云舜就時負夏集解引鄭注云負夏衛地尚書大傳云販於頓丘就時負夏孟子曰遷於負夏是也書序云伊尹相湯伐桀遂與桀戰於鳴條之野鄭康成以爲南夷地名蓋檀弓謂舜葬於蒼梧之野而孟子言卒於鳴條呂氏春秋簡選篇言殷湯登自鳴條乃入巢門淮南主術訓湯困桀鳴條擒之焦門務訓湯整兵鳴條困夏南巢歷山南巢即焦門在今江南巢縣均與鳴條皆貫故鄭意鳴條之在南也經籍皆無確指其地趙注故不詳地之所在而僅言地名朱子亦同此義也

文王生於岐周卒於畢郢

朱注岐周岐山之下周舊邑近畎夷畢郢近豐鎬今有文王墓（古注）

趙注岐周畢郢地名也岐山下周之舊邑近畎夷（箋）漢書地理志大王徙郊文王作酆顏思古注云郊今岐山縣是酆今長安西北界靈臺鄉豐水上是文王生時尚未徙豐岐山在豐西而近於畎夷按武王即位九年上祭于畢馬融曰畢文王墓地名也南越志云郢故楚都在南郡則知畢在郢之地故曰畢郢朱子義本趙氏亦兼采衆說也

其揆一也

朱注揆度也（古注）趙注揆度也（箋）朱子全用趙注也

子產聽鄭國之政以其乘輿濟人於溱洧

朱注子產鄭大夫公孫僑也溱洧二水名子產見人有徒涉此水者以其所乘之車載而過之（古注）趙注子產鄭卿溱洧水名見人有冬涉者仁心不忍以其乘車渡之也（箋）說文引詩溱與洧作潧曰潧水出鄭國洧水出潁川陽城山東南入潁史記注引括地志以爲古新鄭城南洧與溱合水經亦同朱子折衷趙注而亦兼采史記諸書也

徒杠成十二月輿梁成

朱注杠方橋也徒杠可通徒行者夏令曰十月成梁（箋）釋文引唐張鎰音義杠方橋也可通徒人行過者朱子義本張氏周語引夏令曰九月除道十月成梁均爲朱子此注所本

行辟人可也

朱注辟與闢同辟辟除也（古注）趙注辟除人使卑辟尊可爲也（箋）釋文辟丁張并音闢亦如字注辟除同朱子蓋本趙氏也

禮爲舊君有服

朱注儀禮曰以道去君而未絕者服齊衰三月（箋）按儀禮喪服舊君傳云大夫爲舊君

何以服齊衰三月也言與民同也何大夫之謂乎言其以道去君而猶未絶也檀弓正義亦云喪服齊衰三月章爲舊君朱注蓋本禮經也

孟子曰無罪而殺士則大夫可以去無罪而戮民則士可以徙

朱注言君子當見幾而作（古注）趙注言君子當見幾而作（箋）此趙氏章指今本已佚僅見於孫疏之首朱子尙見原本故采輯以爲注詳前

言無實不祥不祥之實蔽賢者當之

朱注或曰天下之言無有實不祥者惟蔽賢爲不祥之實或曰言而無實者不祥故蔽賢爲不祥之實二說不同未知孰是疑或有闕文焉

（古注）趙注凡言皆有實孝子之實養親是也善之實仁義是也祥善當直也不善之實何等也蔽賢之人直于不善之實也（箋）孫疏孟子謂人之言無其實本乃虛妄之言也以虛妄之言言之則或掩人之善或飾人之惡爲人所惡者也故其爲不祥莫大焉與趙注異義朱子前說隱用趙注後說亦采孫疏以孫疏爲僞故別爲或說蓋疑而不敢附之也

盈科而後進放乎四海

朱注科坎也放至也（古注）趙注科坎放至也（箋）朱子全用趙注也

禹惡旨酒而好善言

朱注戰國策曰宜狄作酒禹飲而甘之曰後世必有以酒亡其國者遂疏宜狄而絕旨酒書曰禹拜昌言（古注）趙注宜狄作酒禹飲而甘之遂疏宜狄而絕旨酒書曰禹拜讜言（箋）此朱子引申趙注而徵證加詳耳昌言詳公孫丑禹聞善言則拜下

武王不泄邇

朱注泄狎也（古注）趙注泄狎（箋）釋文丁按注云泄狎也案媟訓狎今注以泄訓狎借聲訓耳趙注蓋假泄爲媟朱子從之

楚之檮杌

朱注檮杌惡獸名（箋）釋文引丁氏云檮杌惡獸名也楚謂春秋爲檮杌者在記惡而興善也此爲朱子所本

五世而斬

朱注父子相繼爲一世三十年亦爲一世斬絕也大約君子小人之澤五世而絕也楊氏曰四世而緦服之窮也五世袒免殺同姓也六世親屬竭矣服窮則遺澤寖微故五世而斬（古注）趙注自高祖至元孫善惡之氣乃斷故曰五世而斬（箋）説文三十年爲一世小雅節南山箋云斬斷也盤庚乃斷棄女傳云斷絕也説文斷截也截斷也斷亦訓截从㡭㡭古文絕是斷之訓絕與訓斷同也楊氏之言即禮大傳文趙氏即本此爲義朱子前説宗大傳後説亦本許書也

予私淑諸人也

朱注淑善也（古注）趙注淑善也（箋）朱子用趙注也

逢蒙學射於羿盡羿之道思天下惟羿爲愈己於是殺羿

朱注逢薄江反羿有窮后羿也逢蒙羿之家衆也羿善射篡夏自立後爲家衆所殺（古注）趙注羿有窮后羿逢蒙羿之家衆也春秋傳曰羿將歸自田家衆殺之（箋）釋文逢丁張幷薄工切羿詳論語南宮适問於孔子章左襄四年傳云將歸自田家衆殺

而亨之以食其子子不忍食死于窮門楚辭注羿信任寒浞使爲國相浞行媚於內施賂於外樹之詐慝而專其權勢羿田將歸使家臣逢蒙射而殺之是左傳所云家衆即逢蒙左傳不詳言其姓名孔氏正義云家衆謂羿之家衆人反羿而從浞爲浞殺羿也均爲朱子所本也

問其僕曰

朱注僕御也（古注）趙注僕御也（箋）朱子全用趙注也

學射於尹公之他

朱注他徒何反（箋）釋文引唐張鎰音義他徒何切朱子蓋本張氏也

抽矢扣輪去其金發乘矢而後反

朱注金鏃也扣輪出鏃令不害人乃以射也乘矢四矢也（古注）趙注故叩輪去鏃使不害人乃以射孺子禮射四發而去乘四也詩云四矢反兮（箋）此朱子折衷趙注而爲言也

西子

朱注西子美婦人也（古注）趙注西子古之好女西施也（箋）管子小稱篇毛

嫱西施天下之美婦人也與趙氏注同趙氏本管子朱子約趙注爲言也

爲其鑿也

朱注務爲穿鑿（古注）趙注而妄穿鑿（箋）朱子本趙氏而略變其文耳

公行子有子之喪右師往弔

朱注公行子齊大夫右師王驩也（古注）趙注公行子齊大夫也右師齊之貴臣王驩字子敖者（箋）朱子約舉趙氏爲注也

匡章

朱注匡章齊人（古注）趙注匡章齊人也（箋）朱子用趙注也

夫章子豈不欲有夫妻子母之屬哉

朱注言章子非不欲身有夫妻之配子有子母之屬哉（古注）趙注夫章子豈不欲身有夫妻之配子有子母之屬哉（箋）朱子全用趙注也

曾子居武城

朱注武城魯邑名（箋）史記仲尼弟子列傳南武城魯邊邑也趙氏武城無注朱子本史記也

盍去諸

朱注盍何不也（古注）趙注盍何不也（箋）朱子明用趙注也

沈猶行曰是非汝所知也昔沈猶有負芻之禍從先生者七十人未有與焉

朱注沈猶行弟子姓名也言曾子嘗舍於沈猶氏時有負芻者作亂來攻沈猶氏曾子率其弟子去之不與其難言賓師不與臣同（古注）趙注沈猶行曾子弟子也行謂左右之人曰往者先生嘗從門徒七十人舍吾沈猶氏時有作亂者曰負芻來攻沈猶氏先生率弟子去之不與其難言賓師不與臣同耳（箋）朱子取用趙注而約言之耳

儲子曰王使人瞯夫子

朱注儲子齊人也瞯竊視也（古注）趙注儲子齊人也瞯視也（箋）朱子

依趙注以立言也

其良人出則必饜酒肉而後反

朱注良人夫也饜飽也（古注）趙注良人夫也（箋）文選注引劉熙曰婦人稱夫曰良人與趙氏同饜篆作猒說文云飽也朱子解良人本趙注饜飽則用許說也

施從良人之所之

朱注施邪施而行不使良人知也（古注）趙注施者邪施而行不欲使良人覺也（箋）朱子用趙注也

卒之東郭墦間之祭者

朱注墦冢也（古注）趙注墦間郭外冢間也（箋）朱子約舉趙注也

施施從外來

朱注施施喜悅自得之貌（古注）趙注施施猶扁扁喜悅之貌（箋）朱子折衷趙氏爲注也

由君子觀之則人之所以求富貴利達者其妻妾不羞也而不相泣者幾希矣

朱注趙氏曰言今之求富貴者皆以枉曲之道昏夜乞哀以求之而以驕人於白日與斯人何以異哉（箋）此朱子全引趙氏以爲注也與斯人何以異哉趙氏作與此良人妻妾何異也朱子葢師其意而斷之耳

四書朱子集注古義箋卷五

四書朱子集注古義箋卷六

長壽李滋然學

孟子

萬章章句上

爲不若是恝

朱注恝無愁之貌（古注）趙注恝無愁之貌（箋）說文心部無恝字忿下云忽也从心介聲

孟子曰孝子之心不若是忿據此知古本孟子作忿忽忘於心卽是無愁與趙氏合今作恝爲俗字段氏玉裁謂忿恝古今字殆亦因經文作恝字而依附其說耳朱子全用趙注

帝使其子九男二女百官牛羊倉廩備以事舜於畎畝之中

朱注帝堯也史記云二女妻之以觀其內九男事之以觀其外又言一年所居成聚二年成邑三年成都（古注）趙注帝堯也（箋）按史記作九男與處

朱子解帝從趙注又引史記以證九男二女之事也

則慕少艾

朱注艾美好也楚辭戰國策所謂幼艾義與此同（古注）趙注艾美好也（箋）戰國策魏牟謂趙王曰王不以予工乃予幼艾高誘注艾美也屈子九歌慫長劍兮擁幼艾王逸注亦以艾爲美好晉語狐突與申生曰國君好艾大夫殆韋昭注以艾爲嬖臣乃指男色之美好者皆與趙注同朱子釋艾而幷引戰國策者義本諸此說文艾老也長也禮記云五十曰艾皆別爲一義

詩云娶妻如之何必告父母

朱注詩齊國風南山之篇也（古注）趙注詩齊風南山之篇（箋）朱子用趙注也

告則不得娶男女居室人之大倫也如告則廢人之大倫以懟父母

朱注懟讎怨也舜父頑母嚚嘗欲害舜告則不聽其娶是廢人之大倫以讎怨於父母也（古注）趙注舜父頑母嚚告則不聽其娶是廢人之大倫以怨懟於父母也（箋）說文云懟怨也爾雅釋言同均與趙義合朱子兼采以爲注也

萬章曰父母使舜完廩捐階瞽瞍焚廩出從而揜之象曰謨蓋都君咸我績牛羊父母倉廩父母干戈朕琴朕弤朕二嫂使治朕棲象往入舜宮舜在牀琴象曰鬱陶思君爾忸怩

朱注弤都禮反忸女六反怩音尼完治也捐去也階梯也揜蓋也按史記曰使舜上塗廩瞽瞍從下縱火焚廩舜乃以兩笠自捍而下去得不死後又使舜穿井舜穿井爲匿空旁出卽其事也象舜異母弟也謨謀也蓋蓋井也舜所居三年成都故謂之都君咸皆也績功也舜既入井象不知舜已出欲以殺舜爲己功也干盾也戈戟也琴舜所彈五弦琴也弤琱弓也象欲以舜之牛羊倉廩與父母而自取此物也二嫂堯二女也棲牀也象欲使爲己妻也象往舜宮欲分取所有舜生在牀彈琴蓋既出卽潛歸其宮也鬱陶思之甚而氣不得伸也象言己思君之甚故來見爾忸怩慙色也(古注)趙注完治也廩倉階梯也使舜登廩屋

而捐去其階焚燒其廩也象舜異母弟謨謀葢覆也都於也君舜也舜有牛羊倉廩之奉故謂之君咸皆績功也象言謀覆於君而殺之者皆我之功干楯戈戟也琴舜所彈五弦琴也弤彫弓也棲牀也二嫂娥皇女英使治牀欲以爲妻也象見舜生在牀鼓琴愕然反辭曰我鬱陶思君故來爾辭也忸怩而慙是其情也（箋）釋文弤都禮切忸女六切怩音尼爾雅釋言掙葢也釋詁咸皆也績功也劉熙釋名釋宮云階梯也如梯之有等差也禮記喪大記云虞人設階注云階所乘以升屋者釋文木部云梯木階也葢階與梯略有別此完廩所用以升屋者則是木階故以梯釋之以別乎東階西階之階也說文手部云掙棄也棄即去也朱子此注除引用趙氏外全本原於史記趙注訓都爲於雖本爾雅釋詁然史記明言舜所居三年成都是以通解謂之都君趙氏謂有倉廩之奉故謂之君按此時舜幷未爲君不得因有牛羊倉廩之賜而遂予以君名不如史記三年成都之說校爲允協朱子故不從之也又按禮記祭義陶陶遂遂如將復入然鄭康成注云思念旣深如覩親將復入也朱注思之甚義葢本此左昭二十九年傳蔡墨曰鬱湮不育杜注鬱滯也湮塞也朱注氣不得伸葢本此此皆朱子采鄭杜之經注而爲之說均爲趙注所未詳其折衷漢學之精可謂至矣

子產使校人畜之池

朱注校音效又音教校人主池沼小吏也（古注）趙注校人主池沼小吏也（箋）釋文校張音效丁音教朱子蓋本趙氏丁張也

殛鯀于羽山

朱注殛誅也（箋）書洪範鯀則殛死釋文本又作極多方我乃其大罰殛之釋文本又作極左昭七年傳昔堯殛鯀于羽山釋文本又作極是殛極通用爾雅釋言云極誅也詩小雅後予極焉箋云極誅也均爲朱子所本

封之有庳

不及貢以政接于有庳

朱注有庳地名或曰今道州鼻亭即有庳之地也未知是否（箋）按有庳之在今永州府零陵縣已成千古定解朱子既引其說而又言未知是否者愈以見朱子集注遵依經文不肎絲毫影附者經文欲常常而見之故源源而來不及待一年之貢期五年之朝期以伸吾親愛之情豈有兄君蒲坂弟居零陵陸阻太行水絕洞庭較驩兜放處尤遠千里之理以趙注之歲歲至京師之說推之比歲一至往返幾將萬里其勞已甚數歲而數至勢必日奔走於道路風霜之中親愛弟者固如是乎準此以推有庳之封必近在帝都另有此名特世遠失傳不可考耳宋類苑云道永二州之間有地名鼻亭窮崖絕徼非人跡可歷舜封象於有庳

蓋此地蓋者疑詞與朱子或曰同例且舜以孝友聖人豈有擇人跡不到之崖徼以封愛弟者朱子引舊說而不敢定以爲是一以經文爲案愼之至也

咸丘蒙問曰

朱注咸邱蒙孟子弟子（古注）趙注咸邱蒙孟子弟子（箋）朱子全用趙注

岌岌乎

朱注岌岌不安貌也（古注）趙注岌岌乎不安貌也（箋）亦朱子全用趙注

堯典曰二十有八載放勳乃徂落百姓如喪考妣三年四海遏密八音

朱注堯典虞書篇名今此文乃見於舜典蓋古書二篇或合爲一爾徂升也落降也人死則魂升而魄降故古者謂死爲徂落遏止也密靜也

（古注）趙注徂落死也遏止也密無聲也（箋）按伏生尚書原只堯典一篇無粤若稽古帝舜二十八字以舊有舜典而其時已亡故東晉梅賾獻尚書孔傳亦無舜典至齊建武年間吳興姚方興於大航頭得孔氏傳古文始分堯典爲二以愼徽五典至末謂之舜典而加二十八字於其中此僞書也朱子以梅書通行已久爲正義定本故不斥言之耳爾雅釋詁遏止也說文

言部謐靜語也一曰無聲也詩周頌夙夜基命宥密禮孔子閒居引此詩注云密靜也均朱子所本

詩云普天之下莫非王土率土之濱莫非王臣

朱注詩小雅北山之篇也普徧也率循也（古注）趙注詩小雅北山之篇普徧率循也（箋）詩毛傳云溥大率循說文日部普日無色也水部溥大也孟子作普是假借詩作溥乃正字也朱子全本趙氏也

舜避堯之子於南河之南

朱注南河在冀州之南其南卽豫州也（箋）史記正義括地志故堯城在濮州鄄城縣東北十五里又有偃朱故城在縣西北十五里濮北臨漯大川也河在堯都之南故曰南河禹貢至于南河是也其偃朱城所居卽舜讓避丹朱於南河之故南處也劉熙云南河九河之最在南者禹貢至于南河指豫州以北之河趙岐注爲遠地南夷與括地志及劉熙之說異朱子故不從趙注也

訟獄者

朱注訟獄者謂獄不決而訟之也（古注）趙注獄不決其罪故訟之（箋）朱子折衷趙氏以爲注也

禹避舜之子於陽城

益避禹之子於箕山之陰

朱注陽城箕山之陰皆嵩山下深谷中可藏處也（古注）趙注陽城箕山之陰皆嵩山下深谷之中以藏處也（箋）朱子全本趙注也

太丁未立外丙二年仲壬四年

朱注趙氏曰太丁湯之太子未立而死外丙立二年仲壬立四年皆太丁弟也太甲太丁子也（箋）此朱子明引趙氏以爲注也

自怨自艾

朱注艾音義艾治也說文云芟艸也（箋）釋文艾音刈治也爾雅釋詁乂治也艾乂字通朱子引證說文亦本爾雅以爲訓也

人有言伊尹以割烹要湯

朱注按史記伊尹欲行道以致君而無由乃爲有莘氏之媵臣負鼎俎

以滋味說湯致於王道蓋戰國時有爲此說者（古注）趙注人言伊尹負鼎俎而干湯（箋）史記殷本紀阿衡欲干湯而無由乃爲有莘氏媵臣負鼎俎以滋味悅湯呂不韋書有本味一篇言有侁氏得嬰兒於空桑之中令烰人養之是爲伊尹湯請有莘爲婚有莘以伊尹爲媵送女尹說湯以至味此爲朱注所本其曰戰國時有此說者蓋斯時已有是說呂氏不韋因而輯之也

伊尹耕於有莘之野

朱注莘國名（古注）趙注有莘國名（箋）朱子全用趙注

繫馬千駟

朱注駟四匹也（古注）趙注千駟四千匹也（箋）此朱子約會趙注而舉一駟而言也與論語齊景公有馬千駟注同

囂囂然曰

朱注囂囂無欲自得之貌（古注）趙注囂囂然自得之志無欲之貌也

（箋）朱子義本趙注而約言之耳

使先知覺後知使先覺覺後覺也

朱注覺謂悟其理之所以然（古注）趙注覺悟也（箋）朱子引申趙氏爲注也

思天下之民匹夫匹婦有不與被堯舜之澤者若己推而內之溝中

朱注內音納書曰昔先正保衡作我先王曰予弗克俾厥后爲堯舜其心愧恥若撻于市一夫不獲則曰時予之辜孟子之言蓋取諸此（箋）釋文內張音納其引書以爲注者見今商書說命篇

伊訓曰天誅造攻自牧宮朕載自亳

朱注伊訓商書篇名今書牧宮作鳴條造載皆始也（古注）趙注伊訓尙書逸篇名載始也（箋）按伏生今文二十九篇無伊訓孔安國古文五十八篇有伊訓次咸有一德典寳之後爲今文所無趙故謂爲逸篇晚出古文伊訓作造攻自鳴條朱子以其爲正義定本故引之

或謂孔子於衛主癰疽於齊主侍人瘠環

朱注癰疽瘍醫也侍人奄人也瘠姓環名皆時君所近狎之人也（古

注）趙注癰疽癰疽之醫也瘠姓環名侍人也衛君齊君之所近狎人（箋）周禮瘍醫掌腫瘍潰瘍之祝藥腫瘍氣聚而不散者潰瘍血溢而將破者雖癰淺于疽而二瘍皆有之詩秦風寺人之令毛傳寺人內小臣也周禮天官序官內小臣奄上士四人是寺人即奄人也合之趙注均爲朱子所本也

主顏讎由彌子之妻

朱注顏讎由衛之賢大夫也史記作顏濁鄒彌子衛靈公幸臣彌子瑕也（古注）趙注顏讎由衛賢大夫彌子彌子瑕也（箋）朱子取證史記幷引申趙氏也

孔子不悅於魯衛遭宋桓司馬將要而殺之微服而過宋是時孔子當阨

主司城貞子爲陳侯周臣

朱注司城貞子亦宋大夫之賢者也按史記孔子爲魯司寇齊人饋女樂以閒之孔子遂行適衛月餘去衛適宋司馬魋欲殺孔子孔子去至陳主於司城貞子（古注）趙注司城貞子宋卿也（箋）朱子所引史記皆出孔子世家蓋節錄之以爲注也司城貞子注本趙氏趙曰宋卿而朱子稱大夫者王制諸侯之上大夫卿卿亦可稱大夫也

晉人以垂棘之璧與屈產之乘假道於虞以伐虢宮之奇諫百里奚不諫

朱注虞虢皆國名垂棘之地所出之璧也屈產之乘屈地所生之良馬也乘四匹也晉欲伐虢道經於虞故以此物借道其實欲并取虞宮之奇亦虞之賢臣諫虞公勿許虞公不用遂爲晉所滅百里奚知其不可諫故不諫（古注）趙注垂棘美玉所出地名屈產地良馬所生乘四馬也皆晉國之所寶宮之奇虞之賢臣諫之不欲令虞公受璧馬假晉道（箋）按左傳杜注虞國在河東太陽縣虢西虢國宏農陝縣東南有虢城裴駰引賈逵注虞在晉南虢在虞南允足爲晉伐虢必假虞道之證朱子此注前半本杜賈注左傳趙氏注孟子以爲義至晉欲伐虢以下則全據僖二年虞師晉師滅下陽左傳及五年冬晉人執虞公左傳也

萬章章句下

接淅而行

朱注淅先歷反接猶承也淅漬米水也（古注）趙注淅漬米也（箋）釋文

淅丁張並音先歷切漬米也說文滰浚乾漬米也引孟子孔子去齊滰淅而行今本滰作接所見本異也當以滰爲正字滰之言竟謂漉乾之也西漢叢語云異聞集引李吉甫南銘曰孟子去齊而滰淅是唐本猶作滰字朱子義同趙氏葢本許書也

北宮錡問曰周室班爵祿也如之何

朱注北宮姓錡名衛人班列也（古注）趙注北宮錡衛人班列也（箋）朱子引申趙氏以爲注也

天子一位公一位侯一位伯一位子男同一位凡五等也君一位卿一位大夫一位上士一位中士一位下士一位凡六等

朱注此班爵之制也五等通於天下六等施於國中（箋）按趙注云謂上公九命及二王後也自天子以下列尊卑之位凡五等諸侯法天子臣名亦有此六等從君下至於士也依經文以立義尙懸舛謬孫疏則猱雜周禮王制之相背馳者牽合以解孟子而眉目不淸矣孜孟子言爵祿之制分見他經而制度相等者厥惟王制禮王制云王者之制祿爵公侯伯子男凡五等王制言王者之制故不數天子孟子數班爵之級故首冠以天子一位也白虎通爵篇云天子者爵稱也爵所以稱天子者何王者父天母地爲天之子也五經異義天子有爵不易孟京說易有周人五號帝天稱一也王美稱二也天子爵號三也大君者與盛行異四也大

人者聖人德備五也是天子有爵白虎通及易孟京諸說與孟子同古周禮說天子無爵同號於天何爵之有與孟子異孟子據爵祿之數言之故不能不首列天子王制以班爵之制出自天子故就所班封之五等爵言之明天子之爵尊無二上不與諸侯等也與孟子之文雖少異而實則同也王制又云諸侯之上大夫卿下大夫上士中士下士凡五等諸侯卽君也王制五等不連諸侯孟子六等連君王制之不連諸侯即不連天子之文例也朱子知之故統注云此班爵之制也云五等通於天下者就畿外之諸侯言之云六等施於國中者孟子之言君一位者統畿內諸侯而言之除天子而外共有此六等也

天子之地方千里公侯皆方百里伯七十里子男五十里凡四等不能五十里者不達於天子附於諸侯曰附庸

朱注此以下班祿之制也不能猶不足也小國之地不足五十里者不能自達於天子因大國以姓名通謂之附庸若春秋郳宜父之類是也

(古注)趙注凡此四等制地之等差也天子封畿千里諸侯方百里小者不得特達於天子因大國以名通曰附庸也(箋)朱子解附庸義本趙氏封地之等差經文全與王制同朱子故不複言之也

天子之卿受地視侯大夫受地視伯元士受地視子男

朱注視比也（古注）趙注視比也（箋）按王制云天子三公之田視公侯天子之卿視伯天子之大夫視子男天子之元士視附庸制度全與孟子同故不另注也又按周禮封建之制與孟子尤爲牴牾諸公五百里以開方之法計之多於孟子王制二十四倍矣諸侯四百里亦多十五倍伯三百里多十七倍四十九分一之二十八子二百里多十五倍男百里多四倍孟子王制之公侯百里伯七十里子男五十里分見羣經傳注取證實緣故何休公羊傳云封地三等大國以百里爲斷說亦全本孟子孟子又云地非不足也而儉於百里是大國不過百里乃周初之制也周禮公封五百里之說經籍子史孤證莫尋蓋西漢劉歆據緯書五等之語衍爲五百里遞減之文證以本書出車卒伍無一可合卽以食田言之上公食者半侯伯三之一諸子四之一律以孟子王制開方之法地皆過於百里惟諸男食者四之一適方五十里又孟子王制三等以公侯爲一等伯一等子男同等周禮三等以上公爲一等侯伯爲一等子男爲一等亦與孟子王制參差鄭君注周禮欲與孟子王制强爲傳合宜其說多違戾也

大國地方百里君十卿祿卿祿四大夫大夫倍上士上士倍中士中士倍下士下士與庶人在官者同祿祿足以代其耕也

朱注十十倍之也四四倍之也倍加一倍也徐氏曰大國君田三萬二

千畝其入可食二千八百八十人卿田三千二百畝可食二百八十八人大夫田八百畝可食七十二人上士田四百畝可食三十六人中士田二百畝可食十八人下士與庶人在官者田百畝可食九人至五人

愚按君以下所食之祿皆助法之公田藉農夫之力以耕而收其租士之無田與庶人在官者則但受祿於官如田之入而已（古注）趙注公侯之國爲大國卿祿居於君祿十分之一也大夫祿居於卿祿四分之一也上士之祿居大夫祿二分之一也中士下士轉相倍庶人在官未命爲士者也其祿比上農夫士不得耕以祿代耕也（箋）按王制云公侯田方百里又云諸侯之下士視上農夫祿足以代其耕也中士倍下士上士倍中士下大夫倍上士卿四大夫祿君十卿祿又曰諸侯之下士祿食九人中士食十八人上士食三十六人下大夫食七十二人卿食二百八十八人君食二千八百八十人與孟子大國分地制祿之典纖微悉合孟子自君卿順序王制自農夫倒序文有繁省義無鉏鋙趙注本王制經文而約言其制朱子引徐氏之語據王制之立法而權算其數耳

次國地方七十里君十卿祿卿祿三大夫

朱注三謂三倍之也徐氏曰次國君田二萬四千畝可食二千一百六十人卿田二千四百畝可食二百一十六人（古注）趙注伯爲次國大夫祿居卿祿三分之一也（箋）王制云伯七十里又云次國之卿三大夫祿食二百一十六人君食二千一百六十人趙氏朱子全本王制經文以解孟子特趙氏略而朱注詳耳

小國地方五十里君十卿祿卿祿二大夫

朱注二卽倍也徐氏曰小國君田一萬六千畝可食千四百四十人卿田一千六百畝可食百四十四人（古注）趙注子男爲小國大夫祿居卿祿二分之一也（箋）王制云子男方五十里又云小國之卿倍大夫祿食百四十四人君食千四百四十人朱趙二氏注例同上

耕者之所獲一夫百畝百畝之糞上農夫食九人上次食八人中食七人中次食六人下食五人庶人在官者其祿以是爲差

朱注獲得也一夫一婦佃田百畝加之以糞糞多而力勤者爲上農其

所收可供九人其次用力不齊故有此五等庶人在官者其受祿不同亦有此五等也愚按此章之説與周禮王制不同蓋不可考闕之可也

（古注）趙注獲得也一夫一婦佃田百畝百畝之田加之以糞是爲上農夫其所得穀足以食九口庶人在官者食祿之等差由農夫有上中下之次亦有此五等若今之斗食佐史除吏也

（箋）王制云制農田百畝百畝之分上農夫食九人其次食八人其次食七人其次食六人下農夫食五人庶人在官者其祿以是爲差也鄭注農夫皆受田於公田肥墽者有五等收入不同也庶人在官謂府史之屬官長所除不命於天子國君者按王制此節經文全同孟子惟一云下士與庶人在官者同祿一云諸侯之下士視上農夫本經立文小異而鄭氏牽合周禮之府史之屬以釋之頗涉影附近儒之襲其説者謂庶人在官有府史胥徒四等其祿以農之五等爲差則爲府者當視上農而史暨胥徒以次視中下之説不特於王制孟子毫無徵證即證之周禮經文亦難貫通蓋周禮之府史胥徒在三士以外而王制明言下士與庶人在官者同祿則下士卽庶人在官者之祿也若又以府史胥徒當之則周禮之下士食祿又居何等乎是以趙氏甯引漢官之斗食佐史以證之不引周禮府史胥徒也朱子集注多宗鄭説而此經注釋除采祿王制之外全用趙注而於王制鄭注絶無牽涉蓋明知周禮多經漢儒增竄與孟子家法各別不可根而一之也又按朱子言此章之説與周禮王制不同蓋不可考今取兩經

證之惟周官制度與孟子實相岐異無一可合至王制一篇而班爵制祿全同孟子其文例之不同者孟子由天子以至子男爵凡六而等則五因子男同一位也王制以公侯伯子男爲五等子男各別不上數天子統天下之封建而言也又畿內之臣孟子以君卿大夫上中下士爲六等諸侯爲天子之卿大夫雖臣也而實兼爲君明天子之臣有此六等也王制就天下之封國言之諸侯之卿大夫士爲臣者實止五等也孟子統言等子男同位故同等子男同等不同爵故由天子下至子男凡五等王制明言王者之制祿爵公侯伯子男分爵故分等爲五也孟子言畿內之臣而首列君一位所以明卿大夫士之五等乃別君而言之此其文例不同而制度相同之故也鄭目錄云名曰王制者以其記先王班爵授祿祭祀養老之法度此於別錄屬制度王制之作蓋在秦漢之際鄭答臨碩云孟子當赧王之際王制之作復在其後盧植云漢孝文皇帝令博士諸生作此王制之書周禮春官內史王制祿則贊爲之以方出之鄭司農鄭康成皆引王制以注之趙氏佑溫故錄云自當以孟子爲正不必與周禮規規求合也與孟子合者惟王制猶不免有不合者由其又在孟子後雜采遺文所致卽孟子亦第言聞其略也鄭康成於王制與周禮不合處輒謂之夏殷制皆求其故而不得從而爲之辭而已卽如百里七十里五十里孟子明言周室得謂之夏殷之制歟于是又以開方之法兩圓之然子二百男百里又何法又豈所謂同一位者歟惟其不必求合而必求合也然則奚其不合也蓋後儒因趙注以周禮司祿一官官無其職爲諸侯去籍之證不知周禮本不完之書屢經竄易司祿之亡猶他官之闕未必去籍獨去此卽去亦其中一端就孟子王制所言之與周禮不合者初非獨此班爵祿事矣是其失與鄭注同不足以定也若謂盡去其合而獨存其不合則是周禮一書已

有不能盡合之失更不足以定也彼其放恣橫議之習已久秦至敢於燔燒三代之書諸侯皆秦也何嫌於竄易一朝之制去者既全去之其姑存者爭以意增損之上下相蒙若爲故然蓋所必至不待劉歆之徒始作俑恐劉歆亦定負此枉於千古也王制乃漢文帝敕令博士諸生采集古時傳記斟酌損益以成其篇制錄爵一節明屬採自孟子時周禮未顯於世諸博士猶不及見之故惟以孟子一書爲本其所以文例周之間微有異同正其斟酌損益之善也故朱子注此章於周禮經文注家絕不引證一語曲爲牽合其以府史胥徒爲庶人在官者乃徐氏之言朱子引其說而類及之未便刪去此語非朱子之本意也

孟獻子

朱注孟獻子魯之賢大夫仲孫蔑也（古注）趙注獻子魯卿孟氏也（箋）魯語孟文子生孟獻子仲孫蔑與趙注同爲朱子所本也

晉平公之於亥唐也入云則入坐云則坐食云則食雖疏食菜羹未嘗不飽蓋不敢不飽也

朱注亥唐晉賢人也平公造之唐言入公乃入言坐乃坐言食乃食也疏食糲飯也不敢不飽敬賢者之命也（古注）趙注亥唐晉賢人也隱

居陋巷者平公嘗往造之亥唐言入乎公乃入言坐乃坐言食乃食也蔬食糲食也不敢不飽敬賢也（箋）太平御覽引皇甫高士傳云亥唐者晉人也與趙注合朱子全本趙注也

帝館甥於貳室

朱注禮妻父曰外舅謂我舅者吾謂之甥堯以女妻舜故謂之甥貳室副宫也（古注）趙注貳室副宫也禮謂妻父曰外舅謂我舅者吾謂之甥堯以女妻舜故謂舜甥（箋）爾雅釋親妻之父爲外舅又云謂我舅者吾謂之甥也爲趙注所本朱子從趙氏實兼採爾雅也

康誥曰

朱注康誥周書篇名（古注）趙注康誥尚書篇名（箋）朱子用趙注也

魯人獵較孔子亦獵較

朱注較音角獵較未詳趙氏以爲田獵相較奪禽獸以祭孔子不違所

以小同於俗也（箋）釋文引唐丁公著手音較音角按趙氏注云獵較者田獵相較奪禽獸得之以祭時俗所尙以爲吉祥孔子不違而從之所以小同於世也朱子音用張氏注則明引趙氏斷以己意而略省其文也

於衛孝公

朱注孝公春秋史記皆無之疑出公輒也（箋）按史記孔子世家孔子自楚反乎衛是歲也孔子年六十三歲而魯哀公六年也是爲衛出公之四年世家又云是時輒父不得立在外諸侯數以爲讓而孔子弟子多仕於衛衛君欲得孔子爲政子路曰衛君待子而爲政云云皆在出公時按衛輒使石曼姑率師距蒯聵于戚公羊傳云固可以距之也輒以王父命辭父命是父之行乎子也以王事辭家事是上之行乎下也以故檀弓正義謂衛輒拒父之而公羊以爲孝子則當時臣下泥于此說竟以孝謚之亦在意中若出公又謚孝公更無足異蒯聵謚莊公漢書古今人表作簡公已有明證是孝公即出公朱子猶作疑詞者以經史均無明文不敢確指其爲是愼之至也

抱關擊柝

朱注柝夜行所擊木也（古注）趙注或曰柝行夜所擊木也傳曰魯擊柝聞于邾（箋）朱子約舉趙注也

孔子嘗爲委吏矣曰會計當而已矣嘗爲乘田矣曰牛羊茁壯長而已矣

朱注此孔子之爲貧而仕者也委吏主委積之吏也乘田主苑囿芻牧之吏也茁肥貌（古注）趙注孔子嘗貧而祿仕委吏主委積倉庾之吏也乘田苑囿之吏也主六畜之芻牧者也牛羊茁壯肥好長大而已茁生長貌也（箋）此朱子折衷趙注而略省其文也

士之不託諸侯

朱注託寄也（古注）趙注託寄也（箋）朱子全用趙注也

摽使者出諸大門之外

朱注摽麾也（古注）趙注摽麾也（箋）朱子明用趙注也

蓋自是臺無餽也

朱注臺賤官主使令者（古注）趙注臺賤官主使令者（箋）朱子全用趙注

庶人不傳質爲臣

朱注質與贄同士執雉庶人執鶩（古注）趙注見君之質執雉之屬也

（箋）釋文引丁氏手音質讀如贄庶人之執鶩趙注不言者執雉之屬統執羔執鴈執鶩而言之也朱子引申趙氏以爲注也

庶人以旃士以旂大夫以旌

朱注通帛曰旃交龍爲旂析羽而注於旂干之首曰旌（古注）趙注旃通帛也因章曰旃旂旌有鈴者旌注旄竿首者（箋）爾雅釋天云注旄首曰旌有鈴曰旂因章曰旃郭注以帛練爲旒因其文章不復畫之周禮司常云交龍爲旂通帛曰旃析羽爲旌鄭注司常云通帛謂大赤從周正色無飾趙氏解旃既云通帛又云因章兼周禮爾雅言之也郭氏注旂云縣鈴於竿頭畫交龍於旒是兼司常交龍言之鄭氏注旌云全羽析羽皆五采繫之於旞旌之上所謂注旄於竿首也是合爾雅注旄首言之趙氏言注旄干首爲旌於爾雅增干字言旌有鈴爲旂於爾雅增旌字蓋旌則注旄於干旂則繫鈴於干以旌明旂謂旂繫鈴於干猶旌注旄於干非謂旣析旂又繫鈴也朱子兼采衆說而實則本周禮交龍爲旂通帛曰旃析羽爲旌爾雅有鈴曰旂注旄首曰旌數語斟酌而略變其文以爲注也

詩云周道如底其直如矢

朱注詩小雅大東之篇底與砥同礪石也言其平也矢言其直也（古

注）趙注詩小雅大東之篇底平矢直（箋）按底詩作砥孔氏正義云砥謂礪之石禹貢曰礪砥砮丹以砥石能磨物使平矢則榦必直砥言周道則其直亦周道也如矢言其直如砥言其平互相通也朱子義本趙氏而折衷毛詩正義引申其所未詳也

又尙論古之人

朱注尙上同（古注）趙注尙上也（箋）朱子用趙注也

則易位

朱注易君之位更立親戚之賢者（古注）趙注則易君之位更立親戚之賢者（箋）朱注本趙氏也按孟子此章之言乃對戰國時君之自恣者痛下鍼砭而語鄰於激即程子所謂孟子有些英氣才有英氣便有圭角英氣甚害事也朱子又云三仁貴戚不能行之於紂而霍光異姓乃能行之於昌邑此又委任權力之不同不可以執一論也信如此章之言是三仁無補於子姓不得謂之忠臣霍光能行於炎劉功可侔乎伊尹何以孔子論世深許微箕之仁後儒評史直比霍光於篡朱子不可以執一論之說與孔子未盡美也之言同一微旨也近世邪說猖多矯託孟子之言而變本加厲事關君臣大義不可不嚴爲之辨也

告子章句上

性猶杞柳也義猶桮棬也

朱注杞柳柜柳桮棬屈木所爲（古注）趙注杞柳柜柳也（箋）按唐丁公著手音亦云杞柳柜柳也釋文引張氏音義桮棬屈木爲之也丁云方言曰海岱之間謂盌爲棬與趙注略同均爲朱子所本也

猶湍水也

朱注湍波流瀠回之貌也（古注）趙注湍者圜也謂湍湍瀠水也（箋）釋文引唐陸善經注湍波流也朱子引申趙陸之義爲注也

搏而躍之可使過顙

朱注搏補各反搏擊也躍跳也顙額也（古注）趙注躍跳顙額也（箋）釋文引唐張鎰音義搏補各切以手擊水朱子本趙張爲注也

酌則誰先

朱注酌酌酒也（古注）趙注酌酒則先酌誰（箋）朱子約舉趙注也

庸敬在兄

朱注庸常也（古注）趙注庸常也（箋）朱子明用趙注也

以紂爲兄之子而有微子啓王子比干

朱注按此文則微子比干皆紂之叔父而書稱微子爲商王元子疑此或有誤也（古注）趙注紂與微子比干有兄弟之親（箋）按商王元子出微子之命今文尚書所無也僞孔傳云微子帝乙元子故朱子疑此有誤又史記微子是紂庶兄皆帝乙之子也比干則但云紂之親戚太史公亦莫知其爲誰子也今讀公都所引文義則是以微子比干爲帝乙之弟而紂於二人爲兄之子也此孟子與史記不同處按史記以微子爲紂庶兄溯其所源乃屬呂氏春秋呂氏言宜難深信殷王兄終弟及者十四其後之轉及兄子惟沃甲一人則凡前王子未嗣立者其孫曾中之嫡系詎不得當元子稱耶箕子稱微子曰王子孟子書兩稱王子比干二人稱謂同或其行輩亦同趙氏謂紂與微子比干皆有兄弟之親亦同史記按書言殷王元子幷未指爲何王僞孔沿史記之說遂注云帝乙元子與孟子遂相岐異孟子所聞必當實于史記讀孟子者似不必因史記而生疑朱子以晚出古文與僞傳俱列爲正經正注不得不發此疑問耳

非由外鑠我也

朱注鑠以火銷金之名（箋）說文金部鑠銷金也國語周語衆口鑠金史記索隱引賈逵云鑠消也皆爲朱注所本

或相倍蓰而無算者

朱注算數也（箋）爾雅釋詁算數也朱子義本爾雅也

詩曰天生蒸民有物有則民之秉夷好是懿德

朱注詩大雅蒸民之篇蒸詩作烝衆也物事也則法也夷詩作彝常也懿美也（古注）趙注詩大雅蒸民之篇言天生衆民有物則有所法則人法天也民之秉夷夷常也常好美德（箋）朱子引申趙氏爲注也

富歲

朱注富歲豐年也（古注）趙注富歲豐年也（箋）朱子本趙注也

今夫麰麥播種而耰之

朱注麰音牟耰音憂麰大麥也耰覆種也（古注）趙注麰大麥也（箋）

釋文麰音牟櫌音憂詩周頌思文正義引孟子云牟麥播種而櫌之音義曰牟字書作麰或作𪍿孟子云𪍿大麥也又韓詩貽我嘉𪍿辟君章句曰𪍿大麥音義謂見孟子說文木部櫌摩田器也論語曰櫌而不輟段氏說文解字注云五經文字曰經典及釋文皆作櫌鄭曰櫌覆種也與許合諸說皆朱子所本段注之所引亦與朱子義同也

則地有肥磽

朱注磽苦交反磽瘠薄也（古注）趙注磽薄也（箋）朱子用趙注也

我知其不爲蕢也

朱注蕢草器也（古注）趙注蕢草器也（箋）朱子全用趙注

不知子都之姣者

朱注子都古之美人也姣好也（古注）趙注子都古之姣好者也詩云不見子都乃見狂且（箋）詩山有扶蘇傳子都世之美好者也朱子蓋約趙氏以爲注也

猶芻豢之悅我口

朱注草食曰芻牛羊是也穀食曰豢犬豕是也（古注）趙注草食曰芻

穀食曰豢（箋）今注疏本趙注無此二句焦氏循孟子正義錄趙注有之禮月令仲秋案芻豢注云養牛羊曰芻犬豕曰豢說文草部芻刈草也飼牛羊以草故卽稱牛羊爲芻樂記云夫豢豕爲酒注云以穀食犬豕曰豢皆朱子所本也

牛山之木嘗美矣以其郊於大國也斧斤伐之可以爲美乎是其日夜之所息雨露之所潤非無萌蘖之生焉牛羊又從而牧之是以若彼濯濯也

朱注牛山齊之東南山也邑外謂之郊息生長也濯濯光潔之貌（古注）趙注牛山齊之東南山也邑外謂之郊息長也濯濯無草木之貌（箋）酈道元注牛山一名南郊山爾雅釋地云邑外謂之郊詩崧高鉤膺濯濯傳云濯濯光明也朱子蓋本毛詩爾雅引申趙氏以爲注也

孟子曰無或乎王之不智也

朱注或與惑同疑怪也王疑指齊王（古注）趙注王齊王也或怪也時人有怪不智而孟子不輔之故言此也（箋）朱子折衷趙氏以爲注也

今夫弈之爲數小數也不專心致志則不得也弈秋通國之善弈者也

朱注弈圍棋也數技也弈秋善弈者名秋也（古注）趙注弈博也或曰圍棋論語曰不有博弈者乎有人名秋通一國皆謂之善弈（箋）弈詳論語陽貨篇不有博弈者乎下餘均本趙氏以爲注也

一豆羹

朱注豆木豆也（箋）爾雅釋器木豆謂之豆朱子蓋本此也

嘑爾而與之行道之人弗受蹴爾而與之乞人不屑也

朱注嘑咄啐之貌行道之人路中凡人也蹴踐踏也乞人丐乞之人也不屑不以爲潔也（古注）趙注嘑爾猶呼爾咄啐之貌也行道之人道中凡人蹴蹋也以足踐蹋與之乞人不絜之（箋）朱子約舉趙注以爲言也

今有無名之指

朱注無名指手之第四指也（古注）趙注無名之指手之第四指也（箋）朱子全用趙注也

拱把之桐梓

朱注拱兩手所圍也把一手所握也桐梓二木名(古注)趙注拱合兩手也把以一手把之也桐梓皆木名也(箋)僖三十二年左傳爾之墓木拱杜注合手曰拱爾雅釋木云榮桐木注云即梧桐又云椅梓注云即楸是也皆與趙注合朱子義本趙氏也

養其小者爲小人養其大者爲大人

朱注賤而小者口腹也貴而大者心志也(古注)趙注小口腹也大心志也(箋)朱子用趙注也

今有場師舍其梧檟養其樲棘

朱注場師治場圃者梧桐也檟梓也皆美材也樲棘小棗非美材也

(古注)趙注場師治場圃者場以治穀圃園也梧桐檟梓皆木名樲棘小棗所謂酸棗也(箋)爾雅釋木櫬梧與榮桐木別槄山榎與椅梓別蓋梧雖與桐異而爲一類故梧亦稱梧桐梓雖與檟異考工記注云梓檟屬以其屬統言之則梧亦桐也檟亦梓也樲棘古皆作樲棗爾雅樲酸棗注引孟子養其樲棗說文用爾雅引孟子

亦作棄今本誤作棘爾雅注宋本不誤此皆爲朱子所本

鈎是人也

朱注鈎同也（古注）趙注鈎同也（箋）朱子用趙注也

以要人爵

朱注要求也（古注）趙注要求也（箋）朱子全用趙注也

詩云既醉以酒既飽以德

朱注詩大雅既醉之篇（古注）趙注詩大雅既醉之篇（箋）朱子全用趙注

亦終必亡而已矣

朱注趙氏曰言爲仁不至而不反諸己也（箋）按今本趙注無此二句見於孫疏山井鼎孟子考文章指首此二句辟前王之臣章

不如荑稗

朱注荑音蹄稗蒲賣反荑稗草之似穀者其實亦可食（古注）趙注荑

稗之草其實可食（箋）爾雅釋草蕛英注蕛似稗布地生穢草說文稗禾別也稗似禾而別于禾之穀朱子故云草之似穀者據爾雅說文以引申趙注也

羿之教人射

朱注羿善射者也（古注）趙注羿古之善射者（箋）詳論語南宮适問於孔子曰章

告子章句下

任人有問屋廬子曰

朱注任國名屋廬子名連孟子弟子也（古注）趙注任國之人問孟子弟子屋廬連（箋）朱子義本趙氏而略變其文也

可使高於岑樓

朱注岑樓樓之高銳似山者（古注）趙注岑樓山之銳嶺者（箋）爾雅山小而高岑趙氏渾岑樓而注之故云山之銳嶺朱子分岑樓而析之故云高銳似山者皆本爾雅詞雖異而義同也

豈謂一鉤金

朱注鉤帶鉤也（古注）趙注一帶鉤之金（箋）朱子義本趙注也

奚翅食重

朱注翅與啻同古字通用施智反（箋）釋文引唐張鎰音義云翅與啻同古字通用施智切朱注葢本張氏也

紾兄之臂

朱注紾音軫紾戾也（古注）趙注紾戾也（箋）釋文引唐張鎰音義紾音軫朱子葢音取張氏而義本趙氏也

而摟其處子

朱注摟牽也（古注）趙注摟牽也（箋）文選嵇叔夜琴賦注引劉熙亦云摟牽也同爲朱子所本

曹交問曰

朱注趙氏曰曹交曹君之弟也（箋）按今趙注作曹交曹君之弟交名也左哀八年傳宋滅曹至孟子時曹亡久矣史記曹世家載曹伯陽十五年宋滅曹執曹伯陽及公孫彊以歸而殺之曹遂絕其嗣則曹此時信亡矣曹交葢另是一人以國爲

氏趙岐注爲曹君之弟恐有誤處朱子注孟子凡地名人名雖明用趙注而多不著明趙氏者如屋廬子季任儲子之類皆其例也此注獨云趙氏曰者蓋已有疑於心而不敢直斥爲誤又以曹交之名別無取證不得不勉從本經師說以爲注也

力不能勝一匹雛

朱注匹字本作鴄鴨也從省作匹禮記匹爲鶩是也（箋）按曲禮庶人之摯匹注云說者以匹爲鶩釋文云匹依注作鶩音木玉篇集韻有鴄字以此通之孟子似匹雛即鶩雛乃鄭云說者謂匹爲鶩者白虎通瑞贄篇引曲禮而解之云匹謂鶩也鄭所云說者止此周禮大宗伯以禽作六摯庶人執鶩用以相準故白虎通以匹爲鶩皆爲朱子所本

然則舉烏獲之任

朱注烏獲古之有力人也（古注）趙注烏獲古之有力人也能移舉千鈞（箋）朱子約舉趙注也

公孫丑問曰高子曰小弁小人之詩也孟子曰何以言之曰怨

朱注高子齊人也小弁小雅篇名周幽王娶申后生太子宜臼又得褒姒生伯服而黜申后廢宜臼於是宜臼之傅爲作此詩以敘其哀痛迫

切之情也（古注）趙注高子齊人也小弁小雅之篇伯奇之詩也怨者怨親之過故謂小人（箋）朱子解高子宗趙注解小弁則主毛詩毛詩序云小弁刺幽王也太子之傳作焉正義云以此述太子之言太子不可作詩以刺父自傳意述而刺之其首章民莫不穀我獨于罹傳云幽王取申女生太子宜臼又說褒姒生子伯服立以爲后而放宜臼將殺之末章我躬不閱遑恤我後傳云念父孝也引孟子此文趙注以爲伯奇之詩見琴操尹吉甫愛後妻子而棄其適子伯奇者或以爲韓詩說蓋趙注言詩往往從韓如引標有梅之標作莩解以御于家邦之御爲享與毛異趣以鵙鴟詩爲刺邪君並違尚書孫氏音義間有證明而此獨闕第觀注云父虐之其辭甚輕則亦與母不安其室者均爲人子所遭之不幸不足深較大小適足以見所傳之不確此毛詩所以單行至今而三家多放失也按琴操云履霜操者尹吉甫之子伯奇所作也吉甫周上卿也有子伯奇伯奇母死吉甫更娶後妻生子曰伯邦乃譖伯奇於吉甫曰伯奇見妾有美色然有欲心吉甫曰伯奇爲人慈仁豈有此也妻曰試置妾空房中君登樓而察之後妻知伯奇仁孝乃取毒蜂綴衣領伯奇前持之於是吉甫大怒放伯奇於野伯奇編衣荷而衣之采楟花而食之清朝履霜自傷無罪見逐乃援琴而鼓之太平御覽引韓詩云黍離伯封所作也曹植令禽惡鳥論云昔尹吉甫信後妻之讒而殺孝子伯奇其弟伯封求而不得作黍離之詩此伯奇之事而不言其爲小弁之詩漢書中山靖王勝傳云斯伯奇之所流離比干所以橫分也詩云我心憂傷惄焉如擣假寐永歎惟憂用老心之憂矣疢如疾首臣之謂也此上言伯奇下引小弁之詩乃中閒以比干則未必以小弁爲伯奇所作惟論衡書虛篇云伯奇放流

首髮早白詩云惟憂用老則或者當時有伯奇作小弁之說也朱子說詩宗毛故不曲從趙氏也

凱風

朱注凱風邶風篇名衛有七子之母不能安其室七子作此以一責也

（古注）趙注詩邶風凱風之篇也（箋）按毛詩序云衛之淫風流行雖有七子之母猶不能安其室朱子之義葢本此

不可磯

朱注磯水激石也（古注）趙注磯激也（箋）說文新坿磯大石激水也廣韻云大石激水朱子云水激石本此義而變文以爲注也

孔子曰舜其至孝矣五十而慕

朱注趙氏曰生之膝下一體而分喘息呼吸氣通於親當親而疏怨慕號天是以小弁之怨未足爲愆也（箋）今趙注無此文山井鼎孟子攷文補遺載有此注朱子明引趙氏以爲注說詳前梁惠王

宋牼將之楚孟子遇於石丘

朱注宋姓牼名石丘地名（古注）趙注宋牼宋人名石丘地名也（箋）朱子用趙注也

先生將何之

朱注趙氏曰學士年長者故謂之先生（箋）朱子明引趙氏爲注也

曰吾聞秦楚構兵我將見楚王說而罷之楚王不說我將見秦王說而罷之二王我將有所遇焉

朱注按莊子書有宋鈃者禁攻寢兵救世之戰上說下教强聒不舍疏云齊王時人以事考之疑卽此人也（箋）按莊子天下篇云墨子眞天下之好宋鈃尹文子聞其風而悅之作爲華山之冠以自表見侮不辱救民之鬬禁攻寢兵救世之戰以此周行天下上說下敎雖天下不取强聒而不舍者也楊倞荀子注云宋鈃宋人與孟子尹文子彭蒙愼到同時孟子作宋牼牼與鈃同音口莖反朱子蓋約舉莊子之言耳

季任爲任處守

朱注季任任君之弟任君朝會於鄰國季任爲之居守其國也（古注）

趙注季任任君之弟任君朝會於鄰國季任爲之居守其國也（箋）朱子全用趙注

儲子爲相

朱注儲子齊相也（古注）趙注儲子齊相也（箋）朱子全用趙注也

書曰

朱注書周書洛誥之篇（古注）趙注尚書洛誥篇曰（箋）朱子本趙注也

公儀子爲政子柳子思爲臣

朱注公宜子名休爲魯相子柳泄柳也（古注）趙注公宜休爲執政之卿子柳泄柳也（箋）泄柳詳前此亦朱子全用趙注也

昔者王豹處於淇而河西善謳緜駒處於高唐而齊右善歌華周杞梁之妻善哭其夫而變國俗

朱注王豹衞人善謳淇水名緜駒齊人善歌高唐齊西邑華周杞梁二人皆齊臣戰死於莒其妻哭之哀國俗化之皆善哭（古注）趙注王豹衞之善謳者淇水名緜駒善歌者也高唐齊西邑緜駒處之故曰齊右善歌華周華旋也杞梁杞殖也二人齊大夫死于戎事者其妻哭之哀城爲之崩國俗化之則效其哭（箋）左襄二十三年傳齊襲莒杞植華還載甲夜入且于之隧宿於莒郊明日先遇莒子於蒲侯氏莒子重賂之使無死華周對曰貪貨棄命亦君所惡也昏而受命日未中而棄之何以事君莒子親鼓之從而伐之獲杞梁齊侯歸遇杞梁之妻於郊使弔之辭曰殖之有罪何辱命焉齊侯弔諸其室檀弓亦載此事言杞梁妻迎柩於路而哭之哀是華周即華旋杞梁即杞殖旋與還同乃皆言杞梁死之杞梁之妻哭按左傳載華周之言則用志在死決矣趙氏言稍詳朱子省約其詞也

孔子爲魯司寇不用從而祭燔肉不至不脫冕而行

朱注按史記孔子爲魯司寇攝行相事齊人聞而懼於是以女樂遺魯君季桓子與魯君往觀之怠於政事子路曰夫子可以行矣孔子曰魯今且郊如致燔于大夫則吾猶可以止桓子卒受齊女樂郊又不致燔

俎于大夫孔子遂行（箋）此朱子節錄孔子世家以爲注也

五霸者三王之罪人也

朱注趙注曰五霸齊桓晉文秦穆宋襄楚莊也三王夏禹商湯周文武也丁氏曰夏昆吾商大彭豕韋周齊桓晉文謂之五霸（箋）釋文引唐丁氏手音云按先儒說五霸不同有以夏伯昆吾商伯大彭豕韋周伯齊桓晉文爲五霸今此注以齊桓晉文秦穆宋襄楚莊爲五霸今按五伯之說有四白虎通號篇云五霸者何謂也昆吾氏大彭氏豕韋氏齊桓公晉文公此一說也爲丁氏所本荀子王霸篇齊桓晉文楚莊吳闔閭越句踐此又一說也或曰五霸謂齊桓公晉文公秦穆公楚莊王吳王闔閭也此又一說也或曰五霸謂齊桓公晉文公秦穆公宋襄公楚莊王也此又一說爲趙氏所本也趙氏本于春秋說丁氏本于白虎通朱子明引以爲注也

則有慶

朱注慶賞也益其地以賞之也掊克聚斂也（古注）趙注慶賞也（箋）釋文引唐丁氏手音云掊聚斂也朱子引申趙氏兼采丁氏以爲注

摟諸侯

朱注摟牽也五霸牽諸侯以伐諸侯不用天子之命也（古注）趙注五霸强牽摟諸侯以伐諸侯不以王命也（箋）朱子引申趙注也

葵邱之會諸侯束牲載書而不歃血初命曰誅不孝無易樹子

朱注按春秋傳僖公九年葵丘之會陳牲而不殺讀書加于牲上壹明天子之禁樹立也已立世子不得擅易（古注）趙注桓公與諸侯會于葵丘束縛其牲但加載書不復歃血樹立也已立世子不得擅易也（箋）春秋穀梁傳文朱子本之餘亦採用趙注也

無曲防

朱注不得曲爲隄防壅泉激水（箋）按趙注云無敢違王法而以己曲意設防禁是專指王法而言謂王法不禁而己曲意以禁之致穀梁僖九年傳葵丘之會首曰無壅泉管子大匡及霸形篇管仲之對桓公均言無曲隄蓋防即隄也謂曲設隄防障遏水泉使鄰國受水旱之害與穀梁傳同朱子以經解經校趙岐爲有根據

無有封而不告

朱注不得專封國邑而不告天子也（箋）孫疏亦云無有封而不告者言不得私自封賞而不告天子也惟趙注云無以私恩擅有所封賞而不告盟主也與朱子異義穀梁傳云桓公之會葵丘壹明天子之禁蓋其義重在尊王也僖公二年城楚邱左傳云諸侯城楚邱而封衞焉公羊傳云曷爲不言桓公城之不與諸侯專封也諸侯之義不得專封此言不得專封謂不待天子之命也說者謂五命之告若指告天子則桓公封衞轉是自犯其禁故趙氏以爲不告盟主不知五霸假仁義以籠絡諸侯所令反所好者隨在有之原不期其必行也朱子從三傳以立義經有明徵較趙氏之望文生義者爲確

此則滑釐所不識也

朱注滑音骨滑釐慎子名（古注）趙注滑釐慎子名（箋）釋文引唐張鎰音義滑音骨朱子蓋本趙張二氏也

白圭曰吾欲二十而取一

朱注白圭名丹周人也林氏曰按史記白圭能薄飲食忍嗜欲與童僕同苦樂觀時變人棄我取人取我與（古注）趙注白圭周人也節以貨殖欲省賦利民（箋）按史記貨殖傳白圭周人也當魏文侯時李克務盡地力而白圭樂觀時變故人棄我取人取我與

能薄飲食忍嗜欲節衣服與用事僮僕同苦樂趨時若猛獸鷙鳥之發朱子此注采趙氏而亦節錄史記爲文也

夫貉五穀不生惟黍生之

朱注北方地寒不生五穀黍早熟故生之（古注）趙注貉在北方其氣寒不生五穀黍早熟故獨生之也（箋）朱子約趙氏以爲注也

白圭曰丹之治水也愈於禹

朱注趙氏曰當時諸侯有小水白圭爲之築隄壅而注之他國（箋）按今趙注云當諸侯時有小水白圭爲治除之因自謂過禹也與朱子所引微有異同朱子蓋引趙注而復申以己意也

是故禹以四海爲壑

朱注壑受水處也（古注）趙注以四海爲溝壑以受其害水（箋）朱子約趙氏以爲注也

君子不亮

朱注亮信也與諒同（古注）趙注亮信也（箋）爾雅釋詁亮信也說文言部云諒信也諒即亮

也朱子本此爲義也

則人將曰訑訑

朱注訑訑自足其智不嗜善言之貌（古注）趙注人之言訑訑者自足其智不嗜善言之貌（箋）朱子全用趙注也

孟子曰舜發於畎畝之中傅說舉於版築之間膠鬲舉於魚鹽之中管夷吾舉於士孫叔敖舉於海百里奚舉於市

朱注舜耕歷山三十登庸說築傅巖武丁舉之膠鬲遭亂鬻販魚鹽文王舉之管仲囚於士官桓公舉以相國孫叔敖隱處海濱楚莊王舉之爲令尹百里奚事見前篇（古注）趙注舜耕歷山三十徵庸傅說築傅巖武丁舉以爲相膠鬲殷之賢臣遭紂之亂隱遁爲商文王於鬻販魚鹽之中得其人舉之以爲臣也士獄官也管仲自魯囚執於士官桓公舉以爲相國孫叔敖隱處耕於海濱楚莊王舉之以爲令尹百里奚亡

虞適秦隱於都市繆公舉之於市而以爲相也（箋）朱子全注皆本趙氏特文有繁簡之不同耳

曾益其所不能

朱注曾與增同（箋）釋文引唐張鎰音義曾與增同朱子蓋本張氏爲注也

人恆過然後能改困於心衡於慮而後作徵於色

朱注衡與橫同恆常也橫不順也徵驗也（古注）趙注衡橫也徵驗（箋）爾雅釋詁恒常也考工記弓人注云衡古文橫假借字也大戴禮曾子大孝篇衡之而衡於四海注衡猶橫也皆爲朱子所本

入則無法家拂士

朱注拂與弼同拂士輔弼之賢士也（古注）趙注輔弼之士（箋）朱子用趙注也

然後知生於憂患而死於安樂也

朱注則知人之生全出於憂患而死亡由於安樂矣（箋）釋文引唐陸善經注言憂

患者以生全安樂者得死亡也朱子義本陸氏也

予不屑之教誨也者

朱注屑潔也（古注）趙注屑絜也（箋）朱子用趙注

盡心章句上

孟子曰求則得之舍則失之是求有益於得也求在我者也求之有道得之有命是求無益於得也求在外者也

朱注趙氏曰言爲仁由己富貴在天如不可求從吾所好（箋）今趙注無此文見孫疏而無如不可求二句山井鼎孟子攷文補遺錄章指言爲仁由己富貴在天故孔子曰如不可求從吾所好與此注所引同朱子不言孔子曰者省文耳

反身而誠

朱注誠實也（古注）趙注誠實也（箋）朱子全用趙注

孟子曰人不可以無恥無恥之恥無恥矣

朱注趙氏曰人能恥己之所無恥是能改行從善之人終身無復有恥辱之累矣（箋）朱子明引趙氏爲注也

孟子謂宋句踐曰

朱注宋姓句踐名（古注）趙注宋姓也句踐名也（箋）朱子全用趙注也

人知之亦囂囂人不知亦囂囂

朱注趙氏曰囂囂自得無欲之貌（箋）朱子明引趙氏爲注也

附之以韓魏之家如其自視欿然

朱注欿音坎附益也韓魏晉卿富家也（古注）趙注附益也韓魏晉六卿之富者也（箋）釋文引唐張鎰音義欿音坎朱子音從張氏義本趙氏也

以佚道使民

朱注程子曰播穀乘屋之類是也（古注）趙注若亟其乘屋之類也（箋）朱子引程子與趙注同本毛詩也

驩虞如也

朱注驩虞與歡娛同（箋）釋文丁云義當作歡娛古字通用耳朱子蓋本丁氏也

利之而不庸

朱注庸功也（古注）趙注庸功也（箋）朱子全用趙注也

夫君子

朱注君子聖人之通稱也（古注）趙注君子通於聖人（箋）朱子本趙注而略變其文也

孩提之童

朱注孩提二三歲之間知孩笑可提抱者也（古注）趙注孩提二三歲之間在襁褓知孩笑可提抱者也（箋）釋文引唐丁氏手音注在襁褓知孩笑可提抱者也朱子兼用趙氏丁氏以爲注也

舜之居深山之中

朱注居深山謂耕歷山時也（古注）趙注舜耕歷山之時（箋）朱子本趙注

睟然見於面盎於背施於四體四體不言而喻

朱注睟音粹見音現盎烏浪反睟然淸和潤澤之貌喻曉也（古注）趙注睟然潤澤之貌也（箋）釋文睟丁音粹盎張烏浪切陸云盎於背如負之於背朱子注本趙氏音用丁張喻曉本說文詳大學而能喻諸人者下

文王之民無凍餒之老者此之謂也

朱注趙氏曰善養老者教導之使可以養其老耳非家賜而人益之也（箋）按今趙注所謂無凍餒者教導之使可以養老者耳非家賜而人益之也朱子明引趙氏而稍易其詞耳

易其田疇

朱注易治也（古注）趙注易治也（箋）朱子全用趙注

楊子取爲我拔一毛而利天下不爲也

朱注楊子名朱列子稱其言曰伯成子高不以一毫利物是也（古注）

趙注楊子楊朱也（箋）朱子所引今見列子楊朱篇餘亦采用趙氏也

墨子兼愛摩頂放踵

朱注墨子名翟兼愛無所不愛也摩頂摩突其頂也放至也（古注）趙注墨子墨翟也兼愛他人摩突其頂（箋）釋文引唐丁氏手音放至也趙氏前篇放於瑯琊注放至也朱子蓋本之也

子莫執中

朱注子莫魯之賢者也（古注）趙注子莫魯之賢人也（箋）朱子用趙注也

柳下惠不以三公易其介

朱注柳下惠進不隱賢必以其道遺佚不怨阨窮不憫直道事人至於三黜是其介也（箋）朱子引四書本經惠之佚事以爲注也

掘井九軔

朱注軔音刃與仞同八尺曰仞（古注）趙注軔八尺也（箋）釋文引丁氏手音軔

音刃義與仞同借用耳先儒以七尺爲仞按論語夫子之牆數仞朱注七尺曰仞此依趙注八尺曰仞與注論語異詳論語子張篇及序

詩曰不素餐兮

朱注詩魏國風伐檀之篇（古注）趙注詩魏國伐檀之篇也（箋）朱子用趙注也

王子墊問曰

朱注墊齊王之子也（古注）趙注齊王子名墊也（箋）朱子用趙注也

猶棄敝蹝也竊負而逃遵海濱而處

朱注蹝草履也遵循也（古注）趙注蹝草履可蹝者也按閩監毛三本作屣草履也此依廖本孔本韓本考文古本（箋）文選孔稚圭北山移文注引劉熙云蹝草屨可履趙氏云草履可蹝可蹝猶可履也均爲朱注所本

孟子自范之齊

朱注范齊邑（古注）趙注范齊邑（箋）朱子明用趙注也

呼於垤澤之門

朱注垤澤宋城門名也（古注）趙注垤澤宋城門名也（箋）垤澤即襄十七年築者謳曰之澤門杜氏注宋東城南門是也趙注因之朱子義亦本此也

孟子曰食而弗愛豕交之也愛而不敬獸畜之也

朱注食音嗣畜許六反（箋）釋文唐丁公著手音食音嗣又引唐張鎰音義畜許六切皆朱子所本

是猶或紾其兄之背

朱注紾戾也（古注）趙注紾戾也（箋）朱子用趙注也

王子有其母死其傅爲之請數月之喪

朱注按儀禮公子爲其母練冠麻衣縓緣既葬除之疑當時此禮已廢或既葬而未忍卽除故請之也（箋）趙注此節云王之庶夫人死迫於嫡夫人不得行其喪親之數與朱子異義按儀禮喪服傳云疏衰裳齊牡麻絰冠布纓削杖布帶疏屨期者父在爲母此子之禮也今公子厭於父爲其母練冠麻麻衣縓緣既葬除之注云子厭於父爲母不得伸權爲制此服不得奪其恩也無厭於嫡母之說厭嫡母誤自趙岐沿於孔疏朱子此注以經解經於義最合故不曲從趙說也

有私屬艾者

朱注淑善也艾治也（古注）趙注淑善也艾治也（箋）朱子用趙注也

君子引而不發

朱注引引弓也（古注）趙注謂於射則引弓彀弩而不發（箋）說文弓部云引開弓也淮南子說林訓引弓而射高誘注引張弓也引爲張弓故趙氏即以彀弩釋引弓引弓不發即猶張弩不發故云引弓彀弩而不發朱子折衷諸說而約言之故第曰引引弓也

滕更之在門也

朱注趙氏曰滕更滕君之弟來學者也（箋）按今趙注作來學於孟子者也此朱子明引趙氏以爲注也

滕更有二焉

朱注二謂挾貴挾賢也（古注）趙注滕更有二焉接貴接賢（箋）按趙注云挾接也說文手部云挾俾持也楚辭天問何馮弓挾矢王逸注挾持也廣雅釋詁云接持也是挾與接義同也儀禮鄉射禮兼挾乘矢大射儀

挾乘矢注並云方持弦矢曰挾古文挾皆作接是挾與接字通也挾爲俾持接爲方持義有不同而爲持則同古今文之微別也趙注從古文故改挾爲接朱子從今文故依經文以爲訓也

放飯流歠而問無齒決

朱注放飯大飯流歠長歠不敬之大者也齒決齧斷乾肉不敬之小者也（古注）趙注放飯大飯也流歠長歠也齒決斷肉置其餘也於尊者前賜飯大飯長歠不敬之大者齒決小過耳（箋）禮曲禮云毋放飯毋流歠又云濡肉齒決乾肉不齒決注云去手餘飯於器中人所穢大歠嫌欲疾決猶斷也乾堅肉宜用手孔氏正義云放飯飯於手就器中取飯飯若粘著手不得拂放本器中者去手餘飯於器中人所穢也當棄餘於篚無篚棄餘於會會謂簋蓋也毋流歠者謂開口大歠汁入口如水流則欲多而速是傷廉也濡肉齒決者濡溼也溼軟不可用手擘故用齒斷決而食之乾肉脯屬也堅脯不可齒決斷之故須用手擘而食之按趙氏以流歠爲長歠與鄭同而以放飯爲大飯與鄭異朱子全從趙氏爲注也

盡心章句下

革車三百兩虎賁三千人

朱注兩車數一車兩輪也千書序作百（古注）趙注三百兩三百乘也

【箋】按毛詩召南百兩御之傳云百兩百乘也孔疏云謂之兩者風俗通以車有兩輪馬有四匹故車稱兩馬稱匹書序云武王戎車三百兩虎賁三百人與受戰于牧野今按三百人當爲三千人司馬法曰革車一乘士十人徒二十人樂記曰虎賁之說劍然則虎賁士也一乘十人三百兩則三千人矣戰國策蘇秦說魏曰武王卒三千人革車三百乘又說趙曰武王之卒不過三千人車不過三百乘而爲天子呂氏春秋仲秋紀武王虎賁三千人簡車三百乘以要甲子之戰言皆與孟子合當以孟子爲正書序作三百人者誤也皆爲朱子所本也

舜之飯糗茹草也

朱注飯食也糗乾糒也茹亦食也（古注）趙注糗飯乾糒也【箋】方言茹食也吳越之間凡貪飲食者謂之茹郭璞注今俗呼能麤食者爲茹大雅蒸民篇云柔則茹之剛則吐之是食謂之茹也朱子釋糗宗趙注解茹亦本方言術

被袗衣鼓琴二女果

朱注果說文作婐袗畫衣也二女堯二女也果女侍也（古注）趙注袗畫也果侍也以堯二女自侍【箋】說文婐侍也與趙同朱子蓋本許趙爲注也

諸侯危社稷則變置

朱注諸侯無道將使社稷爲人所滅則當更立賢君（古注）趙注諸侯爲危社稷之行則變更立賢諸侯也（箋）朱子引申趙注也

祭祀以時然而旱乾水溢則變置社稷

朱注祭祀不失其時而土穀之神不能爲民禦災捍患則毁其壇壝而更置之亦年不順成八蜡不通之意（古注）趙注祭祀社稷常以春秋之時然而其國有旱乾水溢之災則毁社稷而更置之（箋）按禮郊特牲云年不順成八蜡不通穀梁大祲之歲鬼神有禱無祀皆變置社稷之意朱子故援引以證趙注

而況於親炙之者乎

朱注親炙親近而熏炙之也（古注）趙注況於親見勳炙者乎（箋）詩大雅雲漢憂心如熏傳云熏灼也孔氏正義云熏灼俱焚炙之義音義出勳炙云字與熏同是勳熏通用趙注本毛傳故朱子因之也

孟子曰君子之戹於陳蔡之間無上下之交也

朱注君子孔子也戹與厄同君臣皆惡無所與交也（古注）趙注君子孔子也其國君臣皆惡上下無所交接故戹也（箋）釋文戹或作厄同朱子折衷趙氏音義以爲注也

貉稽曰稽大不理於口

朱注趙氏曰貉姓稽名爲衆口所訕理賴也今按漢書無俚方言亦訓賴（箋）漢書季布傳其畫無俚之至方言俚賴也此朱子明引趙氏以爲注又據漢書方言以證之也

士憎茲多口

朱注趙氏曰爲士者益多爲衆口所訕按此則憎當從土今本從心轉寫之誤（箋）今本趙注作凡人而爲士者益多口與朱子所引小異爾雅釋言云增益也趙氏以憎爲增之假借故以益釋之朱子斥爲誤字據增益之本字爲訓也

詩云憂心悄悄慍于羣小孔子也肆不殄厥慍亦不隕厥問文王也

朱注詩邶風柏舟及大雅緜之篇也悄悄憂貌慍怒也隕墜也問聲問

也（古注）趙注詩邶風柏舟之篇曰憂心悄悄憂在心也大雅緜之篇肆不殄厥慍殄厥慍怒也言文王不殄絕昆夷之慍怒亦不能殞失文王之善聲問也（箋）詩柏舟毛詩傳云慍怒也悄悄憂貌大雅緜傳云隕墜也朱子蓋本毛詩折衷趙氏以爲注也

孟子謂高子曰山徑之蹊間句介然用之而成路句爲間不用則茅塞之矣

（箋）趙氏以介然屬上句與朱子異讀按山徑之蹊謂小道叢雜處介然用之謂力闢除之荀子修身篇云善在身介然必有以自好也介楊倞注介然堅固貌易曰介如石焉漢書律歷志云介然有常注介然特異之意說文八部炙畫也介蹊無一定之跡則不可以成路蓋山嶺廣闊原可散亂而行縱橫旁午不相沿踐今介然專行一路而特不散自畫而不亂此蹊間所以能成路蹊間之成路全在特行而不旁踰此介然二字定屬下用之即荀子律歷志之介然專行一路所以有常而堅固也方言云用行也介然用之即是介然行之爲間不用卽是爲間不行必如此解而經讀乃順朱子從之以定經讀校趙氏爲允也

以追蠡

朱注豐氏曰追鐘紐也蠡者齧木蟲也（古注）趙注追鐘鈕也（箋）說文

蜙部蠡蟲齧木中也朱子注雖引豐氏實則義本許書趙注也

城門之軌兩馬之力與

朱注軌車轍迹也兩馬一車所駕也城中之涂容九軌車可散行故其轍迹淺城門惟容一車車皆由之故其轍迹深（箋）按周禮攷工記匠人營國國中九經九緯經涂九軌注云軌謂轍廣乘車六尺六寸旁加七寸凡八尺是謂轍廣此爲朱子所本也

國人皆以夫子將復爲發棠

朱注先時齊國嘗饑孟子勸王發棠邑之倉以賑貧窮（古注）趙注孟子嘗勸王發棠邑之倉以振貧窮（箋）朱子全本趙注也

虎負嵎

朱注山曲曰隅（箋）說文𨸏部隅陬也陬阪隅也隅即嵎朱子蓋本許義也

浩生不害

朱注趙氏曰浩生姓不害名齊人也（箋）朱子明引趙氏爲注也

既入其苙又從而招之

朱注苙闌也招罥也羈其足也（古注）趙注苙欄也招罥也（箋）釋文罥謂羈其足也聲類云罥以繩係取鳥獸也音義云羈其足者即此朱子蓋本趙氏而亦采音義也

有布縷之征粟米之征力役之征

朱注布縷取之於夏粟米取之於秋力役取之於冬（箋）按趙注言征賦也國有軍旅之事則橫興此三賦也布軍卒以爲衣也縷紩鎧甲之縷也粟米軍糧也力役民負荷廝養之役也與朱子異今按布縷之征宅征也粟米之征田征也力役之征丁征也皆定賦所當出粟米之征於秋力役之征於冬經皆有明文惟布縷之征經傳不著其時朱子以爲夏者蓋據月令收繭稅之文校趙氏爲足據也

盆成括

朱注盆成姓括名也（古注）趙注盆成姓括名也（箋）朱子用趙注也

孟子之滕館於上宮有業屨於牖上

朱注館舍也業屨織之有次業而未成者（古注）趙注館舍也業織之

有次業而未成也（箋）朱子全用趙注也

是以言餂之也

朱注餂探取之也（古注）趙注餂取也（箋）釋文引唐丁氏手音注云餂取也今案字書及諸書幷無此餂字郭璞方言注音忝謂挑取物也其字從金今此字從食與方言不同蓋傳寫誤也本亦作餂與趙注同均朱子所本

說大人則藐之

朱注趙氏曰大人當時尊貴者也藐輕之也（箋）按今趙注作大人謂當時之尊貴者也釋文引唐丁氏手音藐之藐然輕易之貌此朱子明引趙注兼本釋文

榱題數尺

朱注榱楚危反榱桷也題頭也（箋）釋文引唐丁氏手音榱楚危切爾雅曰桷謂之榱題也今爾雅釋宮桷謂之榱說文桷榱也桷訓榱故榱亦可訓桷均爲朱子所本也

曾晳嗜羊棗

朱注羊棗實小而圓又謂之羊矢棗（古注）趙注羊棗棗名也（箋）爾雅

釋木云遵羊棗郭璞注云實小而圓紫黑色今俗呼之爲羊矢棗說文棗羊棗也此皆朱子所采用也

膾炙

朱注肉聶而切之爲膾炙炙肉也（箋）禮少儀牛羊與魚之腥聶而切之爲膾詩小雅楚茨云或燔或炙傳云炙炙肉也箋云炙肝炙也朱子蓋本毛詩禮記也

獧者

朱子獧音絹注云獧作狷（箋）釋文引唐丁公著手音獧音絹與狷同爲朱子所本

如琴張曾皙

朱注琴張名牢字子張子桑戶死琴張臨其喪而歌事見莊子季武子死曾皙倚其門而歌事見檀弓（箋）琴張詳論語子罕篇牢曰下莊子大宗師篇云子桑戶孟子反子琴張三人相與友子桑戶死未葬孔子聞之使子貢往侍事焉或編曲或鼓琴相和而歌曰嗟來桑戶乎嗟來桑戶乎而已反其眞而我猶爲人猗子貢趨而進曰敢問臨尸而歌禮乎二人相視而笑曰是惡知禮意即朱子所謂臨喪而歌之事也禮檀弓季武子寢疾蟜固不脫齊衰而入見曰斯道也將亡矣士唯公門脫齊衰武子曰不亦善君子表微及其喪也曾點倚其門而歌點即皙也禮鄭注云點曾參父名皙朱子蓋

引之以證其狂也

曰其志嘐嘐然曰古之人古之人夷考其行而不掩焉者也

朱注嘐嘐志大言大也重言古之人見其動輒稱之不一稱而已也夷平也掩覆也言平考其行而不能覆其言也（古注）趙注嘐嘐志大言大者也重言古之人欲慕之也夷平也考察其行不能掩覆其言是其狂也（箋）此朱子引申趙氏而略變其文也

欲得不屑不潔之士

朱注屑潔也（古注）趙注屑潔也（箋）詩邶風谷風篇不我屑以傳屑潔也均爲朱子所本也

行何爲踽踽涼涼

朱注踽踽獨行不進之貌涼涼薄也（箋）說文足部踽疏行也詩曰獨行踽踽水部云涼薄也朱子全本許書也

惡莠恐其亂苗也

朱注莠似苗之草也（古注）趙注莠莖葉似苗（箋）詩小雅大田不稂不莠傳稂童粱也莠似苗也御覽引韋昭問答云甫田維莠今何草答曰今之狗尾也夏小正四月秀幽國策魏西門豹云幽莠之幼也似禾皆爲朱注所本也

君子反經而已矣

朱注經常也（古注）趙注經常也（箋）朱子用趙注也

孟子曰由堯舜至於湯五百有餘歲

朱注趙氏曰五百歲而聖人出天道之常然亦有遲速不能正五百年故言有餘也（箋）按今趙注作言五百歲聖人一出天道之常也亦有遲速不能正五百歲故言有餘歲也字句微有異同此朱子明引趙氏以爲注也

萊朱

朱注趙氏曰萊朱湯賢臣或曰即仲虺也爲湯左相（箋）按今趙注作萊朱亦湯賢臣也一曰仲虺是也春秋傳曰仲虺居薛爲湯左相與朱子所引小異朱子蓋節引以爲注也

若孔子則聞而知之

朱注子貢曰文武之道未墜於地在人賢者識其大者不賢者識其小者莫不有文武之道焉夫子焉不學此所謂聞而知之也（箋）今此文見論語子張篇朱子以經注經也

近聖人之居若此其甚也

朱注林氏曰鄒魯相去又近（古注）趙注鄒魯相近魯擊柝聞於邾近之甚也（箋）釋文引唐陸善經注云鄒魯相鄰故曰近聖人之居與趙注同朱子此注引林氏蓋依趙氏爲義兼本陸氏

四書朱子集注古義箋

四書朱子集注古義箋卷六終

四書擢鮮録（孟子）十四卷

清 吴懋清著

清光緒九年吴川吴氏鈔本

四書推解録序

吴川吴迥溪先生四書推解録如干卷其書博采衆説而一以古義折衷之如大學格物先生謂格當訓明如書西伯戡黎格人元龜大誥矧曰其有能格知天命之格即舜明於庶物之意其説甚新論語為政篇子張問十世可知先生以世為世官世禄世守指父子相纘而言非謂易姓受命述而篇子所雅言先生謂當從舊注作正其音讀不必依坿朱注學者就此等處救正即是朱子功臣先進篇由也喭之喭先生謂喭即諺字之省文古文尚書無逸篇乃諺既誕蔡邕夏侯毋劮殘碑作乃憲既延據爾雅釋訓憲憲制法則也謂强出意見自制法則延為誕字之省合諸説參之蓋謂强出議論不守成法耳朱子粗俗之

訓竊恐未協孟子滕文公篇百官族人可謂曰知先生謂趙岐注本讀可字絶句謂百官族人商議政務以為可世子則謂曰知是世子能行未有命戒之禮朱子謂疑有闕誤非也離婁篇無然泄泄泄泄猶沓沓也先生據爾雅釋訓憲憲洩洩制法則也音義洩本作泄避唐諱改謂自出聰明更張成法與下文言則非先生之道合告子篇士無世官先生謂當指諸侯國選舉班之公士大夫爵雖為公實僅比王朝之二命與三公八命不同命止及身不世襲故曰士無世官趙注改士為仕謂仕為大臣不得世官賢臣乃得世祿者誤先生又謂中庸一書本自禮記中錄出當就禮制言之始覺貼切凡此皆釐然有當不為苟異而亦不為苟同撮舉數條可以見先生著書之大旨矣先生

撰述甚富其為學也不務立漢宋之名而實事求是實與漢氏之學相近惟生平不信周禮以為穆王時書又以不信偽古文而謂康成所見古文亦張霸所偽則未免主持太過爲鄭學者病之若是編之詳審精密博而能通無鑿空之談無門户之見信乎為治四書者之大宗雖欲不傳弗可得也已光緒十有三年歲次丁亥秋八月錢唐汪鳴鑾

吳迴溪先生家傳

遂溪陳喬森撰

迴溪先生姓吳氏諱懋清字澄觀高州吳川人世居水潭鄉以避海氛奉母遷茂名之赤嶺橫塘鄉其郡人謂之橫塘先生父諱光禮有隱德事載邑乘先生年十二能誦十三經稍長益肆力於箋注義疏漢唐以來作者皆搜剔纂錄以為生古人後讀書始得如是三十四中副榜越三年中式舉人辛未會試不第館京師於時海康陳公昌齊定安張公岳崧連平顏公伯燾與邑人林公召棠皆推重之名籍都下先生容質樸偉其學巨儲而約舉喜深湛之思其為文扶經源道滙於古人之法其沛乎獨得則又置身今人之上而不茍隨故卒無所遇癸未再報罷遂浩然歸着書自娱既林公召棠亦告養歸以女妻其子士彬蓋

始終尊其德也所居重巒窈壑蔚薈數里而長子方翺號聰明彊記日執花竹撿圖書瀹茗侍有以自樂故暮年雖病目精思不衰其教人以敦行為本稽古為先言動必遵繩墨時出所著誘後進學者以列弟子籍為榮道光癸卯年七十矣以老不赴銓例得京職授中書科中書銜明年方翺没又次年先生以疾卒先生家素貧及稍贍念母喜惠戚族常儲錢帛食物以需遇父忌日輒隕涕置祭田築廟妥塋自禰以上其伯父有足疾侍養如父弟樾基亦舉於鄉屢困禮部試出為校官代教子治家二十年又割產與貧姊舅氏為從子姪失所者婚娶畫恒業歲饑則罄囷賑距鄉二里許鑑江漲發常購櫕瘗流屍先是左右鄉多訟鬬自先生情禦而理喚之咸退讓而謹良焉是以知不

知皆謂先生篤行君子也余不及見先生先生没十六年始與士彬為同年生屢造其廬獲次其遺書凡先生所著有尚書解五卷尚書古今文測七卷尚書三文訂譌六卷今古文尚書問答二卷尚書訂定古本七卷詩經解五卷詩經測九卷毛詩訂本七卷毛詩復古録六卷周官測七卷周官鄭注訂譌十二卷儀禮測八卷禮記測十三卷春秋傳注訂譌一卷纂輯十三經注疏十九卷四書解十二卷四書摧解十卷論語考八卷孟子考八卷朱文公儀禮通解串一卷國語韋註訂譌四卷地理雜著十八卷天問測一卷詩賦雜文十三卷論曰

國朝學尚根柢故多通經致用之儒即或不見知猶抱殘守闕不自悔也先生其一矣嘗過其游息之地手所植松萬樹謖謖

煙水間鄰里莘聚其下言其盛德先生苟得志此非徒獨善明
乃遂不得施設惜哉

皇清敕授徵仕郎中書科中書吳君碣銘幷序

蘄州黃雲鵠撰

粵東陳頤山孝廉計偕來都出所為吳迴溪家傳見示曰是吾粵篤學楙行君子也歿二十五年矣銘幽之言未有所屬若宜為文張之俾後儒有考焉乃次其家狀證以傳而文其碣曰君諱懋清字澄觀晚號迴溪學者稱迴溪先生高州吳川縣人先世由江南遷粵復由茂名遷吳川嘉慶間辟海氛奉母還茂名赤嶺鄉家焉世有隱德考溥淵公諱光禮善行載吳川志生二子長即君季甬峯學正名懋基君生而孝友學行冠一時自幼

學汔壯且老日扶剔經傳有心得輒筆之學既博且勤為文粹然一澤於古年二十四補縣學生二十六居溥淵公憂服闋食餼試輒冠曹三十四中丁卯副榜三十七領庚午鄉薦辛未會試不第夏課京師與粵中先達陳觀樓張翰山顏魯輿林芾南諸君子交善因以求天下賢者學益廣大四試不第遂歸養不復出惟潛心著述自十三經國語離騷諸子史及形家言皆有纂録一書輒四五易藁合所為詩賦雜文為卷二百一十有四晚得目疾猶矻矻不止其講學務以身教時出所自著誘掖後進所成就多篤行通經士君毋冼孺人性嚴顧樂施予君先意儲錢物以待或不怡則下氣卑容陳說古今可喜事宛轉動聽得歡笑乃已與弟甪峰友愛篤至誼兼師友自始遷祖以下及

禰塋地修之祠宇葺之墓田增之譜牒釐之家塾恆產培之族媰無告者衣食畀之少孤者教育之里林孝廉歿於都病醫餌之卒厚斂而歸藏之歲歉輒散穀貧者館金不足則出其家釵珥繼之流殍為櫘瘞之赤嶺故健訟自君還居後鬭者質君輒解久之退讓成俗諺云桃李不言下自成蹊喻誠之必孚也君於鄉可謂孚已戴記曰君子博學而孱守之微言而篤行之君於學行可謂博且篤已道光癸卯歲屆銓期以老援例授中書又明年春正月二十六日疾卒距乾隆三十九年二月初七日生辰得年七十二咸豐三年七月日葬於茂名金釵嶺之原配易孺人武進士中孫女武舉業富女有婦德側室三人黃陳宋子男四人方翺甲午優貢生取鄭先君卒易孺人出士彬辛酉

拔貢生取林即芾南女宋出士彥廩生取孫士參庠生取李俱
陳出孫二宣崇廩生宣綸曾孫三同治七年其嗣不遠七千里
介陳子乞為墓誌予曰君歿久志墓無及已為碣銘可銘曰
士騖聲利經術滋荒君務績古闡存葺亡世薄經生迂蹇寡用
君修於鄉誠至物動説經紛綸考行則否君不其然應有均有
我有至友朅來海濱於世鮮可為予誦君君歿有年得五則世
即令弗傳後生何識伐海濱石爰揭斯文石其勿泐斯君子墳

四書摧解録卷目

卷二十二　萬章篇下

卷二十三　告子篇上

卷二十四　告子篇下

卷二十五　盡心篇上

卷二十六　盡心篇下

右四書推解録先祖中書府君所撰也　宣宗繕校既畢謹識其後曰府君生平潛心經術年四十成論語孟子典考各八卷閱十年復成四書解十二卷逮至暮齡乃即三書删繁補略滙為是編十卷顧編帙太繁今釐為二十有六卷夫經學之源流至我

朝昌明極矣鴻儒碩學接迹代興莫不竟委窮源實事求是

我府君留京之日承教於座主何文安公淩漢胡墨莊先生承珙及同時諸先達得其緒論而又窮年矻矻博採旁搜自壯迄老以成此編皆徵據古籍折以心得者也惟其中有與先儒牴牾者如古文尚書以為梅賾所獻即漢張霸僞撰之篇因謂注疏所傳馬融本康成本均霸所竄改者孔安國所得孔壁古文傳之司馬遷史記所引十六篇即壁中文也周公作周禮即高堂生之儀禮若今之周禮乃穆王所作故編中曰張霸古文曰壁文曰穆王周禮職此之故又府君徵引書籍往往出自臆記與原書參差且所解閒有前後互異者諸先生命宣崇芟汰異說纂歸一律宣崇竊念古人著書各抒己

見本不必依傍門戶人云亦云徐楚金説文繫傳所引多與原書不符鄭康成注禮箋詩互異者亦不少瑜瑕不掩乃為真玉宣崇又何敢以譾陋之腹輕為塗改致失是書之真面目哉府君自言生平得力在竹書紀年逸周書山海經故編中徵據多本三書而以先秦古籍証明之至歷代儒先注疏則各取其長而無偏主漢宋之見此則是書之大略也顧是書原稿塗改再三藏度多年蟲蠹不少間有字體殘駁者末學淺陋不敢是正此則宣崇之罪竊願讀是書者釐而訂之幸甚光緒九年長孫宣崇謹識

四書推解録卷十三

吳川吳懋清迴溪著

梁惠王篇上

孟子見梁惠王。按紀年稱魏惠成王惠成王以周考烈王之六年辛亥即位周顯王四年丙辰夏四月徙邦于大梁是嗣位六年即遷都孟子據其現在所都稱之謂之梁自春秋至戰國謚法漸增如檀弓所載公叔文子謚貞惠文子左傳論語止稱文子孟子倣論語但稱惠王節去成字。全氏十一經問答謂見當音現下見上曰現孟子受聘而至則有臣見君之禮愚謂孟子一生以師道自任齒德俱尊梁惠齊宣皆稱為夫子趙岐題辭亦謂孟子為諸侯師所以自來無讀見作現者全氏說誤。朱注引史記惠王三十五年卑禮厚幣以招賢者而孟子至梁據紀年是惠王在位共五十二年因三十六年秦惠文侯加冠稱王諸侯聞之會於徐州六國並稱王魏既稱王因改三十六年為元年與文王受專征伐之命改稱元年同後元十七年當周慎靚王之二年惠王始薨史遷作記時紀年未出誤以改元之年為襄王元年因謂改元後追尊其父為惠王將後元十六年孟子至梁移之三十五年也未幾惠王薨襄王立孟子一見之後知不足與言則飄然遠去矣讀孟子者首將此條改正則七篇可迎刃而解也

王曰叟不遠千里而來節。按叟者長老之號凡選舉班年老

受聘而出周禮謂之鄉老齊語謂之爹老爹即叟字據孟氏譜謂孟子生於周定王三十七年己酉據紀年周貞定王元年癸酉止二十八年再歷考烈王十年始得己酉計至惠王後元十六年壬寅孟子年五十四稱之為叟說頗近之參曹氏寅谷說若如史記謂惠王三十五年至梁年纔三十七安得以叟稱之說者謂自魯至梁無千里閻百詩據孟子當在宋也予將有遠行或先遊齊不受其金自齊之宋自宋之梁計其屈曲行則有千里說似得之

王曰何以利吾國節。按趙岐舊註千乘百乘指兵車言誤千乘之國者謂公侯中國得立二軍一軍一萬二千五百人每革車一乘衛以百人二軍共得兵車二百五十乘每乘配以輜重車三乘為七百五十乘合為公車千乘也據此止得二萬五千人詩云公徒三萬者田穰苴司馬法云周十五人而輦是輜重三輦每輦挽以五人七百五十乘用三千七百五十人合上二萬五千共為二萬八千七百五十人并廝養卒計約三萬餘人言三萬者舉成數也然則百乘之家止兵車二十五乘合輜重七十五輦共為百乘若萬乘之國據周禮推之六鄉出六軍才得七萬五千人為兵車七百五十乘輜重車三之合為三千乘宣王之中興也詩云于彼中鄉方叔涖止其車三千與周禮六鄉出六軍合似無萬乘矣不知離王城百里為六鄉鄉即遂郊百里離王城二百里為六遂據費誓稱魯人三郊三隧是三郊即鄉兵三隧即遂兵也離王

城三百里爲州州則有家稍在焉離王城四百里爲小都五百里爲大都都則有王子弟在焉據左傳稱晉作州兵周禮夏官職之末有家司馬掌州兵者也左傳稱戒都車夏官之末有都司馬掌都兵者也據此是鄉兵三千乘合遂兵州兵都兵可出萬乘矣趙註又云上千乘當言國而言家者諸侯以國爲家亦以避萬乘稱國故稱家君臣上下之辭説最圓通

孟子見梁惠王王立於沼上二節○趙註王好廣苑囿大池沼與孟子遊觀乃顧視禽獸之衆多以爲娱樂誇咤孟子曰賢者亦樂此乎按惠王初徙大梁苑囿池沼皆經其營造趙氏此註切中惠王意想

詩云經始靈臺節○音義出歡樂云本亦作勸樂臧氏琳曰左傳昭九年註衆民自以子義來勸樂為之正義云衆民自以子成父事而來勸樂而早成之知晉唐時本皆作勸樂焦氏循曰漢書王莽傳詩之靈臺師古註始立此臺兆民自勸就其功作是唐時本作勸樂按勸樂比歡樂較貼切也○按三輔黃圖謂靈囿在長安西南十二里靈沼在縣西三十里括地志謂辟雍靈沼今悉無復處惟靈臺孤立高二丈周回一百二十步是靈臺至唐時猶存閻氏釋地今鄠縣東三十里正漢地志所謂文王作豐有鄠杜竹林南山檀柘號為陸海者是此作邑於豐時事非初治岐時事豐去岐山三百餘里漢武建元年中舉籍盩厔鄠杜除為上林苑屬之南山即其

處也按釋地此條最明確據戴氏震謂古銘識有王在雝上宮周鼎銘有王在辟上宮謂在西周辟池上建宮（按辟池即詩滮沱北流池本作沱音佗水名）西雝澤上建宮皆文王離宮為延羣臣接賓客之所及漢儒作王制乃傅會為太學名辟雝耳（此戴氏東原說）至緯書又傅會文王作靈臺稱王乾鑿度謂文王二十九年伐崇作靈臺受赤雀丹書含神霧謂作邑於豐起靈臺太公六韜謂文王既出羑里周公旦為築靈臺淮南子謂文王為玉門築靈臺（謂因困於玉門而築靈臺）公羊傳謂天子有靈臺以候天地諸侯有時臺以候四時白虎通謂天子靈臺所以考天人之心察陰陽之會揆星辰之證驗為獲福無疆之元直以靈臺為文王僭制一大公案於是援經文以證成其說者謂虞芮質厥

成為稱王之元年蹶然生起王號謂六師及之為僭用王者六軍制謂瑟彼玉瓚黃流在中為用天子圭瓚謂禴祀烝嘗于公先王為用天子四時祭因以伐崇作靈臺為文王受命之第六年與紀年不符愚考得大小雅凡稱文王者皆周公七年制作時所作惟采薇以下三篇為文王時作稱自天子所王事靡盬謂帝乙殷王也二南採之文王時稱君子稱父毋皆謂文王惟王室如燬謂紂王據左傳秦伯獲晉惠舍諸靈臺又衛侯為靈臺於藉圃見左哀廿五年是諸侯時臺亦名靈臺之證可以息漢儒之喙矣

湯誓日時日害喪節○音義害如字張音曷○按趙註時是也日乙卯日也害大也言桀為無道百姓皆欲與湯共伐之湯

臨土衆誓言是日桀當大喪亡我與女俱往亡之按趙岐不信古文書據殷本紀述壁文湯誓云有衆率怠不和曰是日何時喪予與女皆亡夏德若茲今朕必往趙訓時為是偕為皆與本紀合訓日為乙卯日與伏生大傳不合大傳曰伊尹入告于王曰大命之去有日矣王僩然歎啞然笑曰天之有日猶吾之有民也日亡則吾亦亡矣是以伊尹遂去夏適湯湯言桀之有衆率怠玩不和指日而斥之曰是日何不喪予願及女皆亡可見人心解體無輔之者伐之無不勝趙讀害如字訓為大誤僞古文以曷易害據毛詩害澣害否害原文曷為通用字當作害為正

梁惠王曰寡人之於國也節。按趙註魏舊在河東後為强國兼得河内也據漢地志河東郡即古魏國惠王當時北有南屈皮氏絳邑曲沃汾陰蒲坂皆屬河東地謂在龍門西河之東不言河外時河外已入於秦也其河内地為故衛地在春秋衛靈公時已入於晉至惠王時則懷城故殷獲澤宿胥口頓邱肥鄉皆河内地不言河南時以大梁為都凡白馬津成皐圃田鴻溝酸棗范臺鄄城皆為河南地自誇其遠地能賑濟則近在畿甸不言可知○按移民移粟法見周禮地官云荒政十有二一曰散利二曰薄征若大荒則令邦國移民通財舍禁弛力薄征緩刑廩人職云若食不能人二鬴則令邦國移民就穀遺人職云鄉里之委積以恤民之艱阨縣都之委積以待凶荒倉人職云若穀不足則止餘法用有餘則藏

之以待凶而頒之皆周禮救荒法實本之周書文王糴匡解

大匡解糴匡云大荒有禱無祭國不稱樂稱舉也刑罰不修即緩

刑舍用振窮君親巡方卿參告糴以上二句見左傳臧文仲引稱為古之制本此餘

子倅運謂令卿太大夫之餘子運粟救民開廩同食移民就粟開廩令同食大匡云藏

不粥糴糴不加均又曰外食不贍開關通糧據此是移民就

倉食粟或移備荒之粟往各處賑民此云移其民移其粟是

移民間之粟令往糴之真不濟事

不違農時節○周書大聚解禹之禁春三月山林不登斧以成

草木之長夏三月川澤不入罔罟以成魚鱉之長且以并農

力執成男女之功男功謂農功女功謂桑麻功夫然則有生而不失其宜

按此篇是武王時初政依文王法遵用夏禹制孟子說本此

五畝之宅節○趙註廬井邑居各二畝半以為宅各入保城二畝半故為五畝也○鄭氏遂人註孟子所云五畮之宅樹之以桑麻者也按戴師疏引閭師疏引皆依鄭註增麻字據下文但言衣帛不及布知康成所加

狗彘食人食而不知檢節○鹽鐵論水旱章引孟子曰野有餓殍不知收也狗彘食人食不知檢也○漢書食貨志贊曰孟子亦非狗彘食人食而不知斂野有餓莩而不知發○鶴林玉露曰孟子云狗彘食人食而不知檢檢字一本作斂蓋狗彘食人食粒米狼戾之歲也法當斂之塗有餓莩凶歲也法當發之孟子集疏曰常平蓋古法孟子言狗彘食人食而不知檢班氏作斂是也夫豐歲不斂饑歲不發豈所謂常平乎

周禮司稼視年之上下出斂法正謂此耳○按食貨志載李悝為魏文侯作盡地力之教云糴甚貴傷民甚賤傷農民傷則離散農傷則國貧必謹觀歲有上中下孰上孰其收自四餘四百石中孰自三餘三百石下孰自倍餘百石小飢則收百石謂百畝之田止得穀百石中飢七十石謂百畝止得七十石大飢三十石謂百畝止收得三十石故大孰則上糴三而舍一謂大熟糴三百入倉舍一百散之民間中孰則糴二中熟糴二百入倉散一百下孰則糴一下熟糴一百入倉散一百使民適足價平則止小飢則發小孰之所斂小熟所斂一百也中飢則發中孰之所斂中熟所斂二百也大飢則發大孰之所斂而糶之大熟所斂三百也故雖遇飢饉水旱糴不貴而民不散取有餘以補不足也按此條是魏文侯所得常平法至惠王用白圭專貯積以罔利

故孟子及之○音義莩皮表反或作芆或作殍皆同丁氏音孚○按漢志引作餓莩○音義云芆讀蔈有梅之蔈以票為聲取漂落之義毛詩作摽有梅又寤辟有摽與悄小少韻當皮表反後漢書仲長統傳註引孟子作餓殍揚雄大僕箴作餓殕丁公著引韓詩作莩有梅凡孚聲音聲應讀方九反音義云丁音孚或殍字之譌皮表方九兩讀凡雙聲字義並通

梁惠王曰寡人願安承教章○檀弓孔子謂為明器者知喪道矣按士喪禮是周公所作有送葬明器一車備物而不可用也哀哉死者而用生者之器也謂春秋有用生人之器送葬者不殆於用殉乎哉殆近也謂近於用人殉葬其曰明器神明之也謂名為明器取神明自能變化之義不必與生人同塗車芻靈自古有之明器之道也謂殉葬之車其制小以白土塗為飾芻靈謂重也重即童字謂送葬之童人以木作

之器似人形以芻草束為腹以葦席為衣以竹篾為帶使挑兩鬲飯送葬時則導柩先行及葬畢則埋於冢旁之小壙以殉詳見士喪禮下篇孔子謂為芻靈者善謂為俑者不仁孟子所引正孔子嘗日所云之辭檀弓失載不殆於用人乎哉謂創為俑者為啟用人殉之漸淮南子魯人以偶人葬而孔子嘆見所始則知所終言後起必有用人為殉者高誘註偶人桐人也按淮南謂偶人殉葬起自魯人非也其來久矣高註謂偶人即桐人偶俑二字雙聲同用重童二字古通士喪禮之重即童人檀弓重汪踦左傳作僮汪錡法言桐子即童子然則桐人即童人據周禮冢人職有鸞車象人殉葬之車飾以鸞鈴與塗車止塗以白土異矣名俑為象人則酷似人形與重但衣以葦束以篾異矣始作俑當起於周穆王時故孟子直以象人釋之埤雅謂取其能跳踴以踊

訓侗非

梁惠王曰晉國天下莫强焉節。按戰國時之晉在絳與魏近考烈王命魏趙韓為諸侯韓趙遷晉桓公於屯留其絳地為魏所得故惠王冒稱為晉國當時三國以魏為最强其次為趙韓時未敢稱王也

及寡人之身東敗於齊三句。紀年惠王二十五年穰疪帥師穰疪魏將名及鄭孔夜鄭謂韓改國號曰鄭孔夜韓將名戰於梁赫梁赫謂梁之赫邑鄭師敗逋與齊田盼田盼齊臣名時孫臏為主謀戰於馬陵馬陵在濮州鄄城縣東北設伏殺魏將龐涓二十七年五月齊田盼及宋人伐我東鄙圍平陽平陽梁之東境與宋外黃近時太子申將兵為齊所殺九月衛鞅伐我西鄙西鄙梁之西境在梁都之西十月邯鄲伐我北鄙北鄙趙時都邯鄲故稱邯鄲戰北鄙魏之北境趙與魏世仇會齊秦來攻

王攻衛鞅我師敗逋王親攻鞅用公子卬為先鋒為鞅所敗按紀年為魏史記魏事最確鑿足據東敗於齊謂田肦及宋伐梁東鄙太子申領軍與戰為齊所殺也一據國策魏太子自將謂太子申也六國表惠王九年秦虜魏太子趙世家云秦虜魏太子痤非申也過宋外黃時宋與齊共伐魏故太子領兵由宋外黃過外黃徐子曰臣有百戰百勝之術太子能聽臣乎今太子自將攻齊大勝并莒時齊以莒為別都則富不過有魏而貴不益為王若戰不勝則萬世無魏此臣百戰百勝之術也太子曰請必從公之言而還客曰彼利太子之戰攻而欲滿其意者衆太子雖欲還恐不得矣太子上車請還其御曰將出而還與北同謂與敗北同不如遂行與齊人戰而死一據國策蘇代說齊閔王曰昔魏稱王齊人伐魏殺其太子覆其十萬之衆按國

策此兩條皆言東敗於齊事至史遷魏世家云魏三十年（應作二十五年）魏伐趙趙告急於齊（按二十五年是韓為魏所敗韓告急於齊二十七年是趙約齊共伐魏史遷合兩年兩事為一事誤）齊宣王（應作威王）用孫子計救趙擊魏魏遂大興師（即穰庇之師與戰馬陵）使龐涓將而令太子申為上將軍（此誤合二年為一事）也與齊人戰敗於馬陵齊虜魏太子申殺將龐涓軍遂大破

按紀年韓請救於齊齊用孫子計攻魏所必救馬陵在大梁之東南穰庇因分兵救馬陵命龐涓將之為齊伏兵所殺是二十五年事次年趙與齊合攻魏齊與宋攻東鄙趙攻北鄙魏命太子申救東鄙為齊所殺是二十七年事因兩事相連遷合為一時事遂至謬誤魏世家又云三十一年齊趙秦共伐我（即二十七年齊伐東鄙趙伐北鄙秦伐西鄙也）秦將商君詐我將軍公子

卬而襲奪其軍破之商君列傳云齊敗魏軍於馬陵（此二十五年事）虜其太子（此二十七年事誤移上廿六年）殺將軍龐涓其明年（此二十七年事誤移下三十一年）秦孝公使衛鞅將伐魏魏使公子卬將而擊之軍既相距鞅遺魏將公子卬書與公子相見盟樂飲而罷兵鞅伏甲士而襲虜公子卬因攻其軍盡破之據紀年是王親領兵與戰據孟子是大敗將復之又驅其所愛子弟以殉之是驅之使爲先鋒爲鞅所殺也兩軍對壘斷無與盟飲酒事史遷說誤以上專據紀年證東敗於齊爲惠王二十七年事

西喪地於秦七百里句○紀年魏惠成王六年四月甲寅徙邦於大梁（魏世家註徐廣引作九年水經渠水註引作六年與今本合從之此可證史遷世家謂因敗兵於秦而徙都誤）至後元之五年龍賈及秦師（龍賈魏將名）戰於雕陰我師敗逋

六年秦取我汾陰皮氏年表列於襄王六年云取我汾陰皮氏焦汾陰皮氏在河東括地志陝縣有故焦城在河西　八年秦歸我焦曲沃按年表多一條云七年我盡入上郡於秦秦降我蒲陽八年秦歸我焦曲沃　十六年秦取我曲沃平周年表列之襄王十三年　按自史遷以惠王改元後之十六年移屬襄王則喪地於秦絕無證佐朱註據史記解之一據魏世家公子卬被虜之後秦用商君東地至河而齊趙數破我安邑近秦按安邑即夏陽戰國時名少梁於是徙治大梁一據商君列傳虜公子卬之後魏惠王兵數破於齊秦國內空日以削恐乃使割河西之地獻於秦以和而魏遂去安邑徙都大梁按此兩條皆因移惠王後元之年為襄王之年乃傳會徙都為惠王末年事朱註據之謂秦取魏少梁後魏又數獻地於秦蓋沿史遷之誤當依紀年改正

南辱於楚四句○紀年惠王十年入河水於圃田又為大溝而引圃水按圃田澤在大梁城之西北引黃河水入圃田即漢浪蕩渠也又為大溝而引圃水即鴻溝也引圃田水繞大梁城之西南下合官渡至宿遷為清河惠王十二年當周顯王十年楚師出河水以水長垣之外龍賈帥師築長城於西邊據國策是楚師決白馬口將長垣及成皋一帶盡為浸沒乃於大梁城之西築土城捍之此算是一辱於楚至後元十二年楚敗我襄陵年表列之襄王十三年楚世家云楚使柱國昭陽將兵伐魏破之於襄陵得八邑國策云昭陽伐魏得八城移兵伐齊陳軫說之而止朱註作七邑七字誤按南辱於楚惟此兩條近之朱註取後一條用紀年最確并可證孟子至梁當在後元十六年若依史記三十五年即至梁則無敗於襄陵事矣○焦循孟子正義曰廣雅釋詁云比代也洒洗古通說文洒滌也音義云洒丁音洗謂洗雪其恥也按朱註訓比為為亦可通

孟子見梁襄王句○按紀年於後元十七年書魏惠成王薨次年癸卯書今王元年至今王二十年止世本云惠王嬰生襄王嗣襄王生昭王是今王即襄王也史記以惠王之後元為襄王因以哀王為紀年今王與世本不符誤據周霄章言君子之難仕是後元十六年至梁十七年惠薨至襄王元年孟子見梁襄王之後未幾則去梁矣據景春章稱公孫衍張儀為大丈夫是惠王末年公孫衍張儀皆用事於魏景春震而驚之即此可見

七八月之間旱至末○按朱註周七八月夏五六月也龔用趙註孟子一書皆經孟子手著其志在繼孔子作春秋因用周正據晉語及紀年皆晉史用夏正之證周公作七月亦用夏

正令聽者易曉今對襄王遽言七八月恐聽者亦不曉據此亦可證是孟子自作○音義沛字亦作霈由與猶通按初學記兩引孟子皆作霈朱註謂由當作猶古字借用後多做此

齊宣王問曰齊桓晉文之事節○按今刻紀年多脫闕據索隱所引紀年與孟子書合一引紀年齊威王十四年田肦伐梁戰馬陵齊世家列之齊宣二年田肦作田忌殺魏將龐涓當梁惠王二十八年按八字當作六一引紀年梁後元十一年韓昭侯與魏惠王會齊威王於平阿齊世家列之齊宣王七年誤平阿作平阿南一引紀年後元十三年魏惠王會齊威王於甄齊世家列之齊宣王八年誤一引紀年後元十三年四月齊威王封田嬰於薛齊世家列之齊湣王三年誤一引紀年後元十五年齊威王薨據此是梁後元之十六年當周慎靚王之元

年歲在辛丑為齊宣王之元年亦即燕子噲之元年以此推燕齊事蹟無不符合與趙氏舊註孟子先游齊乃適梁亦合何也蓋先適齊齊䰟以兼金一百而不受謂齊威王之末年至齊也於宋子將有遠行謂路由宋適梁也及適梁見惠王未幾惠王卒復見襄王周旋三載復返於齊是襄王之元年為齊宣王之三年也據紀年訂之則史記之誤可置之不論矣

仲尼之徒三句○荀子仲尼篇仲尼之門人五尺之豎子言羞稱乎五伯是何也曰然彼誠可羞稱也齊桓五伯之盛者也前事則殺兄而爭國內行則姑姊妹之不嫁者七人閨門之內般樂奢汰以齊之力奉之而不足（據齊語齊桓論齊襄公尚不至此而桓反甚耶）

不可信外事則詐邾襲莒并國三十五其行事也若是其險汚淫泆也彼曷足稱乎大君子之門哉若是而不亡乃伯何也曰夫齊桓公有天下之大節三焉夫孰能亡之倓然見管仲之能足以託國也是天下之大知也安忘其怒出忘其讎遂立以為仲父是天下之大決也按仲父者古稱其卿大夫之恒辭非以此為號也荀說誤立以為仲父而貴戚莫之敢妬也與之高國之位而本朝之臣莫之敢惡也據齊語有高子國子之鼓是高國仍為上卿及王封仲以上卿仲仍受下卿之禮而還與此不合與之書社三百而富人莫之敢距也朱子據此解奪伯氏駢邑三百即左傳郱邑貴賤少長莫不秩秩然從桓公而貴敬之是天下之大節也諸侯有一節如是則莫之能亡也桓公兼此數者夫何可亡也其伯也宜哉非幸也數也謂有大節數端仲尼之門人羞稱

乎五伯何也曰然彼非本政教也非致隆高也非綦文理也非服人心也鄉方畧審勞逸畜積修鬥謂畜積糧食修戰鬥之具而能顛倒其敵者也詐心以勝矣以與己通彼以讓飾爭依乎仁而蹈利者也小人之傑也曷足稱乎大君子之門哉彼王者則不然據此句無以則王乎王字應讀平聲致賢而能以救不肖致強而能以寬弱謂寬容弱國戰必能殆之殆危也而羞與之鬥委然成文以示之天下謂安頓成文章示之為天下法而暴國安自化矣謂安所儆而化為暴乎有災繆者然後誅之謂名災繆亂然後誅之故聖王之誅也綦省矣謂被誅者少文王誅四謂玁狁混夷密須崇侯武王誅二謂誅紂伐奄周公卒業至於成王則安以無誅矣文王載百里地而天下一按載訓始訓才皆可通桀紂舍之厚於有天下之勢而不得以匹夫老故人主不務得道而廣

有其勢是其所以危也○朱註以已通用按朱子訓以為已謂必欲言之無已則王天下之道乎讀王去聲趙註謂無以三皇五帝為問則當問王道不當問霸事讀王平聲按大意謂無以霸為法則當問王道似趙註讀平聲得之

將以釁鍾○趙註引天府上春釁寶鍾及寶器校勘記云當依周禮作釁寶鎮趙引作寶鍾或所見誤本據釁廟以羊釁夾室及門以雞見大戴釁廟篇釁軍器以羊釁龜著以雞見周禮未聞釁鍾以牛者獨叔孫豹為鍾欲享大夫以落之亦不過殺牲以釁因飲酒焉張大其事未必殺牛或戰國時其鍾制以千石計遂至用牛亦未可定

君子之於禽獸也六句○大戴保傅篇曰於禽獸見其生不食

其死聞其聲不嘗其肉故遠庖廚所以長恩且明有仁也。賈子新書禮篇曰禮聖人之於禽獸也見其生不忍見其死聞其聲不忍嘗其肉故遠庖廚仁之至也。翟氏曰保傅篇自賈子採錄而文小異何以賈子原書亦稱為禮蓋君子遠庖廚本禮玉藻文孟子述之加是故二字賈氏或因此一語遂并引孟子文皆憶為禮耶

而不足以舉一羽。爾雅羽本謂之翮按一雁得六翮謂翼羽之健者此以羽下翎简為翮一羽謂之箴十羽謂之縳百羽謂之緷又地官羽人職凡受羽十羽為審百羽為摶十摶為縳按穆天子傳郭註引周禮作十羽為箴百羽為縳十縳為緷廣韻註引周禮下兩句與郭註同與今刻周禮異康成謂一羽有名非也是爾雅一

字當作十字周禮審字當作箴爾雅十字當作百百字當作

十周禮摶字當作縛縛字當作縳縳當音團縳當音細

挾太山以超北海句。墨子兼愛篇挈太山以超江河生民以來未嘗有也。閻氏釋地云蘇秦説齊宣王曰齊南有太山北有渤海皆取齊境内之地設譬耳

為長者折枝。毛氏四書賸言云趙註折枝案摩折手節解罷枝此卑賤奉事尊長之節内則子婦事舅姑問疾痛疴癢而抑搔之鄭註抑搔即按摩屈抑枝體與折義正同後漢張皓王龔傳論云豈同折枝於長者以不為難乎劉熙註按摩不為非難為可驗按枝肢古通承為長者言比折木枝之説較順蓋亦反其本矣。物觀考文補遺云足利本葢作盍。校勘記

云閩監毛三本作葢孔本韓本足利本作盍周氏廣業云孔子世家夫子葢少慭焉檀弓子葢慎諸並以盍為葢王氏引之經傳釋詞云凡言盍亦以亦為語助左僖廿四年盍亦求之左昭元年子盍亦遠績禹功而大庇民乎吳語王其盍亦鑑於人與孟子盍亦反其本矣同

則盍反其本矣。韻會引孟子作葢正韻引亦作葢字義總略曰葢盍二字古通用。翟氏考異曰葢與盍未應通用上云葢亦猶帶疑辭此云則盍乃是決辭一層轉進一層未可輕信近代字書漫為移易

四書攡解録卷十四

吳川吳懋清迴溪著

梁惠王篇下

暴見於王王語暴以好樂。韓非子宣王使人吹竽必三百人南郭處士請為王吹竽王悅之廩食數百宣王死湣王立好一一聽之處士逃。國策王斗造門欲見宣王王之謁者延入王斗曰斗趨見王為好勢王趨見斗為好士使者還報王因趨而迎之門與入曰寡人奉先君之宗廟守社稷聞先生直言正諫不諱斗對曰斗生亂世事亂君焉敢直言正諫宣王忿然作色有間斗曰昔先君桓公好馬（按桓公田午也宣王之祖）王亦好馬先君好狗王亦好狗先君好酒王亦好酒先君好色王亦好色先君好士而王不好士王曰寡人憂國憂民固願得士以治之斗曰王之憂國憂民不若愛尺縠也王使人為冠不使左右便辟而使主者為能之也今王治齊非左右便辟無使也臣故曰不如愛尺縠也宣王謝曰寡人有罪於是舉士五人任官齊國大治說苑亦襲此數衍之呂氏春秋侈樂篇夏桀殷紂作為侈樂大鼓鐘磬管簫之音大鼓猶云大奏以鉅為美以衆為觀俶詭殊瑰耳所未嘗聞目所未嘗見務以相過不用度量宋之衰也作為千鍾呂覽千鍾作千秋齊之衰也作為大呂按大呂本調名據國語編鍾三十斤謂之鈞鍾鎛鍾一百二十斤顏斶對齊宣則曰建千石鍾萬石簴天下之士皆為役處其侈可知又狐援說齊湣王曰無使齊之大呂陳之廷又樂毅書

曰齊器設於寍臺大呂陳於元英故鼎反於磨室是齊大呂後為燕所得宣王所好世俗樂當指大呂言

王嘗語莊子以好樂○四書釋地莊暴齊臣君前臣名禮也暴對孟子猶三稱名而孟子於王前不一斥其名而曰莊子此為記者之誤按齊宣稱孟子為夫子莊暴對孟子安得不稱名孟子以師道自居對王尚不名何必代莊子稱名此書經孟子手著不容有誤也

由古之樂也○按捫蝨新語謂王語暴以好樂與獨樂樂與衆樂樂皆當讀為悅樂之樂惟鼓樂讀為樂釋地引左傳古而無死則古之樂也證古之樂今之樂應讀作洛按傳古之樂非君之樂謂前人之樂非今景公之樂然前人之樂宣王安

得而好之不可通翟氏引鄉射禮請以樂樂賓釋文下音洛以此證樂樂二字上樂字音岳與舊註合比諸說為優

舉疾首蹙頞。音義丁云舉猶皆也屬下句焦氏循正義云舉俱音近假借與俱同故猶皆左傳註漢書集註荀子註莊子註史記索隱多如此訓丁氏特標屬下句然則當時固有讀屬上者。說文頞鼻莖也或從鼻曷廣雅頞頞也疏證云頞為鼻頞之頞通作準服虔云準音拙說文解字云鼻謂之準鼻直莖謂之頞史記唐舉相蔡澤曰先生曷鼻巨肩魋顏蹙齃既言曷鼻又言蹙齃則蹙齃是言鼻莖齃即頞字焦氏正義按頞入聲為曷準入聲為拙

齊宣王問曰文王之囿兩節。按揚雄羽獵賦云文王囿百里

氏尚以為小齊宣王囿四十里民以為大後漢書楊賜傳任芝樂松等云昔文王之囿百里人以為小齊宣五里人以為大註引孟子文王之囿方七十里寡人之囿方四十里此云與孟子不同至邵武士人所撰之孟子疏引傳曰天子之囿方百里大國四十里次國三十里小國二十里惟毛詩傳有天子囿百里諸侯四十里二句周禮敘官閽人疏引白虎通與此疏引傳文同今白虎通無此文似皆不足據參翟氏考異說閻氏釋地謂文王由方百里起是初居岐時事文王之囿方七十里是遷豐時事鄠杜一帶皆其囿也其說最圓通與靈臺詩亦合

臣始至於境節。曲禮入竟而問禁入國而問俗入門而問諱

閻氏釋地云集註引入國而問禁此句少錯原文入竟而問禁竟者指分界處言入國而問俗國者都城之内也與孟子國字殊不同孟子國字指齊言

齊宣王問曰交鄰國有道乎節。金仁山集註考證小事大大字小春秋傳凡兩出孟子並作事而集註解事小為字小本古語也

是故湯事葛。漢地理志今梁國寧陵有葛鄉裴駰史記註亳都在梁國故云為鄰。閻氏釋地云寰宇記亳城在穀熟縣西南三十五里左莊十二年宋公子御說奔亳孟子云湯居亳與葛為鄰今寧陵十五里有葛城相去八十里。按亳地甚廣據紀年桀十五年商侯履遷於亳謂蒙城為亳都也桀

二十五年湯會諸侯於景亳謂近景山故稱為景亳湯以此為東郊猶西周以成周為東郊與梁國近周初徙此故為葛所欺且遺之牛羊往為之耕貢祀物焉故謂之事詳見與葛為鄰章

文王事昆夷○音義混丁音昆校勘記閩監毛三本作昆音義石經廖本孔本韓本並作混按繇詩混夷兑矣皇矣箋患夷即混夷與此經合音昆非也○按紀年殷帝乙三年（當文王初嗣位之第五年）王命南仲起西周之兵西拘昆夷城朔方據詩出車以下三篇言薄伐西戎城彼朔方棫樸詩言六師及之烝徒楫之謂由涇水進兵征金城一帶之昆侖夷昆侖當讀作混頡此文王初年事至帝辛三十四年（當文王受專征伐命之第二年）昆夷侵周

三十五年周大饑遷於豐以避之三十六年始伐昆夷是未伐昆夷之前皆事昆夷據皇甫謐世紀謂文王受命之四年周正月丙子朔昆夷侵周一日三至周之東門文王閉門修德而不與戰按世紀四字誤當作二年及四年則伐昆夷矣詩言肆不殄厥慍亦不隕厥問謂雖不絕昆夷之慍文王亦不廢其往來聘問之禮（朱子詩傳觧問為聲聞謂文王不隕其聲聞誤）及四年伐昆夷則柞棫拔行道兌昆夷駾矣惟其喙矣驚走避周而遠遁矣事昆夷當指受專征命第四年以前言不隕其聘問之禮即孟子所謂事也

故太王事獯鬻○吳越春秋古公積德行仁為狄人所慕薰鬻戎姤而伐之註曰薰鬻孟子作獯鬻史記作薰育漢書匈奴

傳作篳粥音同詳見下滕小國也章

句踐事吳○史記越世家越王句踐其先禹之苗裔據韋昭吳語註引鄭語曰芈姓夔越又引世本越芈姓與楚同為祝融裔史記誤二十餘世至允常據越語范蠡曰昔吾先君固周室之不成子也謂周室封之不滿五十里允常之時與吳王闔廬戰而相怨伐按事見左定五年乘吳入楚於越乃入吳越與楚同姓故入吳報之子句踐立是為越王元年吳王闔廬聞允常死乃興師伐越越使死士挑戰三行至吳陳呼而自剄吳師觀之越因襲擊吳師敗於檇李射傷吳王闔廬且死按事見左定十四年是越靈姑浮以戈擊闔廬傷將指取其一屨還卒於陘去檇李七里非由射傷謂其子夫差曰必無忘越句踐聞夫差日夜勤兵且以報越欲先吳未發往伐之按夫椒之敗據左哀元年云報檇李也是吳兵先發范蠡諫曰不可臣聞兵者凶器也戰者逆德也爭者事之末也陰謀

逆德好用凶器試身於所末上帝禁之越王曰吾已決之矣遂興師吳王聞之悉發精兵擊越敗之夫椒（按吳語作敗之五湖夫椒為五湖之小別地名自是以兵追句踐直逼越都）越王乃以餘兵五千人保棲於會稽吳王追而圍之越王謂范蠡曰為之奈何蠡對曰持滿者與天定傾者與人節事者以地卑辭厚禮以遺之不許而身與之市句踐曰諾乃令大夫種行成於吳膝行頓首曰君王亡臣句踐使陪臣種敢告下執事句踐請為臣妻請為妾吳王將許之子胥言於吳王曰天以越賜吳勿許也種還以報句踐句踐欲殺妻子焚寶器觸戰以死種止句踐曰夫吳太宰嚭貪可誘以利請閒行言之於是句踐乃以美女寶器令種閒獻嚭（按吳語謂越飾美女二人遺嚭）嚭受乃見大夫種於吳王種頓首言

曰願大王赦句踐之罪盡入其寶器不幸不赦句踐將盡殺其妻子燔其寶器五千人觸戰必有當也嚭因說吳王曰越已服為臣若將赦之此國之利也卒赦越罷兵而歸越王句踐反國乃苦身焦思置膽於坐坐臥則仰膽飲食亦嘗膽也曰女忘會稽之恥耶身自耕作夫人自織食不加肉衣不重采折節下賢人厚遇賓客振貧弔死與百姓同其勞欲使范蠡治國政蠡對曰甲兵之事種不如蠡鎮撫國家親附百姓蠡不如種於是舉國政屬大夫種而使范蠡與大夫柘稽行成為質於吳二歲而吳歸蠡按柘稽吳語作諸稽郢吳語曰然後卑事夫差宦士三百人於吳其身親為夫差前馬韋註哀元年棲會稽哀四年入吳五年歸越是事吳凡二歲句踐自會稽歸七年拊循其士民士民欲用以報吳大夫逢同諫曰摯鳥之擊

也必匿其形為越計莫若結齊親楚附晉以厚吳吳之志廣必輕戰是我連其權三國伐之越承其弊可克也句踐曰善居二年吳王將伐齊子胥諫曰未可吳有越心腹之疾齊與吳疥瘲也願王釋齊先越吳王弗聽遂伐齊敗之艾陵按在左哀十一年虜齊高國以歸按左傳止獲國書高無丕免讓子胥乃使子胥於齊聞其託子於鮑氏王乃大怒曰伍胥果欺寡人使人賜子胥屬鏤劍以自殺報使者曰必取吾眼置吳東門以觀越兵之入也於是吳任嚭政吳王北會諸侯於黃池吳國精兵從王獨老弱與太子留守按左傳吳太子名友句踐問范蠡范蠡曰可矣乃發習流二千按習流謂習於水性能徙其戰船者教士四萬人謂經教訓者君子六千人謂卿大夫之子弟選為君子班者諸御千人謂衆侍御臣伐吳按見左哀十三年吳

師敗遂殺吴太子吴告急於王王方會諸侯於黄池懼天下聞之乃祕之吴王已盟黄池乃使人厚禮以請成越自度亦未能滅吴乃與吴平其後四年越復伐吴吴士民罷弊輕鋭盡死齊晋（按無與晋戰事）而越大破吴（按左傳是魯哀十七年復伐吴敗之於笠澤是自十三年至十七為四年）因而留圍之三年吴師敗（按左傳是魯哀二十年十一月越復圍吴至二十二年十一月丁卯日乃滅吴據紀年是魯哀二十三年乃滅吴史記云留圍之誤）越復棲吴王於姑蘇之山使人謂吴王曰吾置王甬東君百家吴王謝曰吾老矣不能事君王遂自殺乃蔽其面曰吾無面以見子胥也越王乃葬吴王而誅太宰嚭（按左傳嚭復事越亦用事史記誤）范蠡遂去○據紀年是巳巳年滅吴再四年為癸酉於越徙都瑯琊再三年丙子句踐卒子鹿郢立據越世家自棲會稽之年至伐吴殺太

子友始克報吳是事吳十三年後又十年始滅吳也

詩云畏天之威二句。按詩序云我將祀文王於明堂也是周公營東都建明堂作此詩以頌之因寓警誡成王之意謂知畏天威之不可測於是則能保之矣後作君奭篇亦言其作意曰我亦不敢寧於上帝命不令幼主遠念乎天威也孟子引此隱見德不如湯文惟畏天乃可保國耳

詩云王赫斯怒五句。毛詩音義斯如字鄭音賜盡也按斯如字讀平聲鄭音賜讀入聲據禹貢析支一作賜支是賜讀同析之證義皆訓為盡。毛詩音義按本又作遏皆訓止也按按讀入聲則為遏音義並通。孔氏經學卮言毛詩作以按徂旅毛傳旅地名不訓為軍旅駁朱註訓旅為衆之誤韓非子謂文王

侵盂克莒路史謂盂即邘謂鄠里莒即此旅廣雅疏證謂簇即莒字衆經音義謂莒即簇字是莒與旅音通。按國語密康公游於涇上涇即涇州陰密故城阮即今固原州共即虞公所奔之共池穆王時為共公利國是密人侵阮之後直引兵伐共一路向東北行康成釋詩謂阮徂共三邑皆文王侵之誤為莒即文王當日所克之莒已收服為文王所轄地謂密須先侵伐阮疆侵阮之後又帶兵由莒經過而東往伐共文王則赫然盡怒爰整其軍旅以遏止其往共之兵於莒詩言莒本為我周所轄地無得放矢於我陵我陵為我之邱阿無得飲馬於我泉我泉為我之滂沱據紀年帝辛三十二年密人侵阮西伯率師伐密三十三年為文王受專征命之元年密人降於周師皇甫謐世紀謂文王侵阮徂共

誤是密人侵阮非文王侵阮也

書曰天降下民八句。按此所引書本紀所述壁文及伏生今文俱無之趙岐不信張霸古文故云尚書逸篇也趙從寵之絶句極確在察也謂天降生下民作之君命之為諸侯以主之作之師命之為將軍以衛之惟曰其能助上帝以安民故寵任之四方有罪無罪惟我為天子得察之天下曷敢有踰越其志而作惡者東萊張霸杜撰為泰誓三篇塗改此文以為誓師之辭作天佑下民作之君作之師惟其克相上帝寵綏四方有罪無罪予曷敢有越厥志託言出於孔壁用古字寫之康成所得張春祖本已易為今字即衛敬仲古文官書本其字體異者一篇不過數字後又有偽古文更不足據齊宣王見孟子於雪宮二句。朱註雪宮離宮名按襄趙岐註李吉甫元和郡縣志曰齊雪宮故址在臨淄縣晏子春秋所謂齊侯見晏子於雪宮翟氏考異曰今晏子春秋無此語當因下文述晏子事遂訛孟子為晏子。按一統志又謂青州府城内城隍廟西有雪宮遺址閻氏釋地謂臨淄縣即齊故都東北六里與一統志云在青州城内又不符近説皆謂雪宮是齊之離宮王特館孟子於此以師道尊禮之因往就見孟子於此趙氏佑説與上下文語氣皆合存之

有人不得句。趙氏註曰有人不得人有不得志者也不責己仁義不自脩而責上之不用己此非君子之道人君適情縱欲獨樂其身而不與民同樂亦非在上不驕之義也是正文

作有人不得趙註則解為人有不得但趙註以人貼臣言朱註以人貼民言據下文應兼民解之合兩說方備

昔者齊景公問於晏子曰節○趙註轉附朝儛皆山名也又言朝水名也僞疏云梁時顧野王釋云潍水名出南陽恐誤潍為儛○太平寰宇記轉附在萊州掖縣左思齊都賦轉坿朝舞奇觀所悅又晏子春秋景公謂曰吾欲遊轉附朝舞循海而南是也左思附作坿○閻氏釋地趙註琅邪齊東南境上邑漢郊祀志作在齊東北非也今諸城縣東南一百五十里有琅邪山山下有城即其處予曾徧考轉附朝儛二山杳不知所在惟趙氏德南宋人有轉附附作坿屬萊州之說殊無依據意此二山當在海之東盡頭如成山召石山之類登之可

以觀海然後回轍循海濱而行以南至於琅邪亦可以觀海焉如秦始皇過黃腄窮成山登之罘立石頌秦德之為也○按閻說亦未確顧野王謂潕水出南陽說文謂潕水出南陽舞陰縣東入潁水經謂潕水出潕陰縣西北扶予山東過西平縣又東過郾縣又東過潁縣東入汝按夫子山音與鮒魚山相近山海經謂漢水出鮒魚山漢字或潕字之譌中山經云朝歌之山潕水出焉東南流注於滎按古滎字作泂潁字亦以頃為聲滎即潁也郭璞註潕水今在南陽舞陽縣據此則朝儛者合朝歌潕水以為名也得此三書作證是朝儛為陳地據左襄十四年傳有魚陵杜註在南陽犨縣西北即魚齒山屬鄭地南陽在潕陰之西北或魚陵即鮒魚為轉鮒之別

名據左僖四年齊桓伐楚次于陘時楚地至漢陽陘在漢水北後退次于召陵杜註召陵在潁川縣屬陳國境陳轅濤塗恐兵由陳鄭而反多供億之費約鄭申侯勸齊桓觀兵於東夷循海而歸齊桓許之後申侯見齊桓曰師老矣若出於東方而遇敵懼不可用也鄭顧供其資糧屝屨齊桓乃執轅濤塗以為不忠而伐陳今齊景欲傚齊桓召陵之役觀兵於楚歷陳鄭二國游轉鮒朝潕諸名勝循淮海而南東放於琅邪時越雖未都琅邪亦東南一輻輳處也然則附字當依左思賦作鮒儛字當依中山經作潕似為得之至偽管子作猶軸轉斛偽晏子作轉附朝舞皆襲孟子不可信

一遊一豫二句○左昭二年季子有嘉樹韓宣子譽之服虔註

譽遊也宣子遊其樹下夏諺曰一遊一譽為諸侯度按趙註引左傳作豫惠氏棟左傳補註曰孫子兵法云人效死而上能用之雖優游暇譽今猶行也外傳作暇豫李善曰譽與豫古通

從流下而忘反節。趙註或浮水而下樂而忘反謂之流若齊桓與蔡姬乘舟於囿之類也見左僖三年傳連引也使人徒引舟船上行而忘反以為樂故謂之連書曰罔水行舟丹朱慢遊是好無水而行舟豈不引舟於水上而行乎此其類也從獸無厭若羿之好田獵無有厭極以亡其身故謂之荒亂也樂酒無厭若殷紂以酒喪國也故謂之亡

蓋徵招角招是也。趙註徵招角招其所作樂章名也按招與

韶古通孔子在齊聞韶齊當時本有韶樂韶樂九成即周禮之九夏子合丑為王夏寅合亥為肆夏辰合酉為昭夏午合未為納夏申合巳為章夏戌合卯為齊夏再進高一律子復合丑為族夏寅復合亥為祴夏辰復合酉為驁夏王夏為正宮調肆夏為正徵調昭夏為正商調納夏為正羽調章夏為正角調齊夏為變宮族夏為變徵祴夏為變商驁夏為變羽四變調謂之四清聲此用肆夏徵調應乎寅律寅者敬也肆筵相接以敬也用章夏角調應乎申律申者申誠也申試以屛藩民則也特用此兩調合其所作樂章以招之音節播之其詩曰畜君何尤四句○王氏念孫廣雅疏證云說文⿰女畜媢也孟康註張敞傳云北方人謂媢好為詶畜畜與⿰女畜通故媢好

謂之畜相悦亦謂之畜又謂之好孟子畜君者好君也本古聲相近畜君何尤即好君何尤祭統云孝者畜也順於道不逆於倫是之謂畜釋名云孝好也愛好父母如所悦好也畜孝好聲並相近。阮氏元毛詩王欲玉女解云許氏説文全玉之玉無一點其加一點者解云朽玉也從王有點讀若畜牧之畜民勞篇王欲玉女王字專是加點之玉詩言玉女者畜女也畜女者好女也好女者臣悦君也召穆公言王乎我正欲好女畜女不得不用大諫也孟子之畜君與召公之玉女無異也。按朱註訓畜為止不如上兩説之雪亮存之

齊宣王問曰人皆謂我毀明堂兩節。考工記周人明堂度九尺之筵東西九筵南北七筵五室凡室二筵堂崇一筵。按

古席皆長一丈但夏用咫尺以周尺準之得八寸一丈得八尺是夏席八尺筵亦席也殷用璧尺以周尺準之得九寸一丈得九尺是殷筵九尺也周建明堂度以殷九尺之筵南北之深七筵餘二筵為堂後之室中間以疏屛間之是南北亦深九筵與東西之廣九筵成為方形其堂基之高一筵作階九級每級一尺以周尺計之九區成井形共方二十七丈。大戴明堂篇凡九室一室有四戶八牖三十六戶七十二牖以茅蓋屋上圓下方明堂所以明諸侯尊卑。按考工云五室指中宮後室及四正堂四後室言此云九室指畫為九區言每區開四戶每戶左右作兩疏窗得八牖共計戶應三十六兩牖應七十二候以茅蓋屋左傳謂之蒲宮謂壇坫上用蒲草蓋之其形穹窿像天上圓壇形四方像地下方此兩句兼壇坫言之謂壇坫亦如明堂制也明諸侯之尊卑指明堂之位言詳見下○御覽引周書明堂解云既克紂六年而武王崩成王嗣幼弱未能踐天子之位周公攝政君天下弭亂六年而天下大治乃會方國諸侯於宗周謂成王七年營都後會諸侯也大朝諸侯謂會諸侯朝成王天子之位負斧扆南面立中宮堂後有室用疏屏間之即斧扆率公卿士侍於左右謂三公九卿統名為卿士十二人三公之位中階之前北面東上中階三成之階在前面者也諸侯之位阼階之東西面北上阼階之東三成階在堂之東者諸伯之位西階之西東面北上西階之西三成階在堂之西者此兼壇坫時之位言之諸子之位門內之東北面東上諸男之位門內之西北面東上門指前庫門言壇坫亦有四門其南亦名庫門子男同一位立於三公之後近庫門

四書攉解錄　卷十四　十三

九夷之國東門之外西面北上此兼壇坫四門外言之八蠻之國南門之外北面東上六戎之國西門之外東面南上五狄之國北門之外南面東上此四門是會同時三百步之宮作四門東應門南庫門西皐門北雉門取名與外朝同四塞九采之國世告至者應門之外北面東上四塞九采世一來王者皆在應門外舉一門以賅四門舉南方以賅四面是隱括法宗周明堂之位也制禮作樂頒度量而天下服萬國各致其方賄七年致政於成王按此篇當周書遺文魯儒撰明堂位襲此為之康成註謂周公為天子誤據此可證。又御覽引周書云明堂方百一十二尺高四尺階廣六尺三寸室居中方百尺室中方六十尺戶高八尺廣四尺東應門南庫門西皐門北雉門東方曰青陽南方曰明堂西方曰總章北方曰元堂中央曰太廟左為左介右為右介。按此據覲禮壇坫制以言明堂也覲禮壇廣十二尋則明堂亦深十二尋八尺為尋十二尋為堂深九十六尺并室深二尋得十六尺堂室并計共方一百一十二尺也高四尺者堂高一尺階三級三尺自堂至地為深四尺也與覲禮云亦合階廣六尺三寸當作階廣八尺云室居中方百尺當作堂居中深九十六尺云室中方六十尺當作室中深十六尺合堂室共方一百一十二尺與上文方相應故知其誤東應南庫西臯北雉在壇壝宮方三百步之外與天子外朝之四門同名餘見明堂月令篇左右个作左右介介者四隅之交界也比月令作个為得存之。覲禮諸侯覲天子為宮方三百步四門壇十二尋深四尺司儀職云為壇三成宮旁一門。

按覲禮言會同壇坫之制倣明堂爲之爲宮方三百步謂爲壇壝宮以八尺爲步共方三百步廣二百四十丈四門謂宮旁一門即東應南庫西皐北雉四門壇上廣十二尋得九十六尺下築三成階謂之三階王會觧名三臺每成高一尺上階廣十四尋中階廣十六尋下階廣十八尋是每階各方各出一尋也三階高三尺并堂高一尺共深四尺也據此可知壇坫亦倣明堂爲之率諸侯祀文王於明堂以配上帝則在明堂行禮月朔布政亦就明堂行之若行會同禮萬國來朝明堂不能容則在南郊倣明堂築壇坫宮三百步之外必餘地極廣方可容四夷於四門外也若平時朝覲在外朝行禮亦倣明堂南一面爲之外朝在雉門之外門外仍有屏其左通

宗廟者名應門石通社壇者名皐門雉門外一門名大門亦名庫門外朝前亦有三重階與明堂相倣合此五書參之則明堂之制可定紛紛諸說多不足據也○按諸儒據封禪書謂武帝初封太山太山東北址古時有明堂處此古時未詳為秦為周其必有所因矣朱註依之愚謂自穆王改巡狩四嶽為巡狩殷國令天下皆有車轍馬跡焉則不巡太山久矣若諸侯祭其封內山川不過望祭之如齊人有事於太山必先有事於配林魯郊猶三望皆設壇望祭之證季氏旅太山或親至其處亦未可知據書大傳謂周公祀太山太公為尸愚謂此是周公居東都時代成王攝祀太山亦設壇望祭太公是太嶽之裔以其祖不正重配享故用其子孫為尸漢儒誤

信明堂位之説謂周公朝諸侯坐明堂并移東都事屬之魯與御覽所引明堂解不符誤

昔者文王之治岐也○按雍錄謂岐周在鳳翔府西五十里路史謂鳳翔府岐山縣西北有岐故城以山之岐得名岐山一名箭筈嶺愚謂岐故城在白水鄉離箭筈嶺尚三十里據山海經岐山淢水出焉據毛詩云築城伊淢作豐伊匹謂古公築城惟近淢水淢水卽漢人所謂白水文王作豐近灃水與岐邑相比匹釋詩者不曉淢為水名依韓詩作洫以溝洫解之誤

耕者九一○趙註謂八家耕八百畝其百畝者以為公田及廬井故曰九一也按趙依漢志就公田中除二十畝為廬舍公田止得八十畝是什分外税一不得云九一朱註謂畫井為九

區八家各受私田百畝而同養公田百畝按不除廬井不將九分稅一乎愚謂兩註皆滯孟子之文而不得其意也一據告宋以行王政謂什一去關市之征是賦法以什分取一為王政此鐵板注腳也一據告滕以行王政謂請野九一而助國中什一使自賦謂都鄙以井授九夫各授以一百畝而什分助一鄉遂以十家授十家各授一百畝亦什分賦其一但都鄙用殷步百畝止得周步五十畝當稅其五畝鄉遂用夏步百畝止得周步二十五畝當稅其二畝半如此方算是其實皆什一自康成以野九一與國中什一通融為二十而稅二遂至內外異法唐宋以後遂無能解此者

仕者世祿。按自有虞以至三代皆世祿與選舉並行世祿班之子若弟必經庶子官教導果有孝德俊才乃許世襲選舉班之父兄必有功德大命以世祿乃得襲職據立政今文云文王惟厥度心乃克立茲常事司牧人以克俊有德謂文王惟其先相度於心乃克立此常任事人及常伯司牧人以能得其俊而有德者無仕者盡許以世祿之理因戰國時多用游說之士齊宣又無世臣故舉此以告之

關市譏而不征○按穆王作周禮設司關司市等職征收最重凡貨不由關門出入者沒其貨并罰其人其市征有廛舍稅落地稅及犯禁等稅最為煩擾惟凶荒無征戰國時當更加甚不得信周禮為周公作也故孟子舉此告之

澤梁無禁○按此禁字作厲禁解謂監守而征其稅也據周禮

澤虞掌國澤之政令此政字當讀作征為之厲禁厲禁謂羅列而監守之川衡以時舍其守舍其守謂居其地而守之犯禁者執而罰之令陂池魚梁之利盡入之官文王制與穆王周禮異

罪人不孥。按周禮司厲職男子入於罪隸女子入於舂稾此是穆王虐法文王視民如傷有罪者罰止及身妻子皆免

老而無妻曰鰥四句。按伏生梓材大傳云老而無妻謂之矜按矜與鰥古通老而無夫謂之寡幼而無父謂之孤老而無子謂之獨行而無資謂之乏居而無食謂之困說文引周書作至于嫋婦愚推得梓材今文書作至于矜寡孤獨困乏至于嫋婦合由以容張霸古文改為至于鰥寡至于屬婦合由以容此是周公誨成王告康叔監多士於殷墟之辭周公告武王作

大聚鮮日聞之文考老弱疾病孤子寡獨惟政所先與孟子説合又周公作毋佚稱文王懷保小民惠于矜寡（漢石經作惠于矜寡張古文作惠鮮鰥寡）墨子云文王不為衆庶侮鰥寡不為暴勢奪穡人黍稷狗彘是以老而無子者得終其壽連獨無兄弟者（連讀同蹇）有所襍於生人之閒少失父母者有所依而長按此卽惠于鰥寡之義疏也

昔者公劉好貨○朱註公劉后稷曾孫此依本紀為説誤據紀年堯五十八年命后稷放帝子朱於丹水此稷卽棄也山海經云稷有弟台璽生叔均又云稷之孫叔均始教民牛耕周祀之為田祖據此稷弟台璽是棄之子農繼為稷官其弟名台璽也稷孫叔均是棄之孫名叔均周升棄配天因以叔均

配社為稷也國語稱我先世后稷及棄稷不務我先人不窋乃自竄於戎翟路史謂戎翟即尉李城俗呼不窋城據紀年少康三年始復田稷是不窋失官在后羿寒浞時非棄子明甚據紀年命高圉在祖乙時命亞圉在盤庚時公劉又在高圉前是公劉不得為不窋孫亦不得為棄之曾孫

詩云古公亶父節。朱註太王公劉九世孫按朱子依本紀為説誤本紀云公非卒子高圉立世本作公非卒辟方立辟方卒高圉立多辟方一代本紀云高圉卒子亞圉立世本作高圉卒侯年立侯年卒亞圉立多侯年一代本紀云亞圉卒子公叔祖類立祖類卒子古公亶父立世本作亞圉卒雲都立雲都卒太公組紺諸盩立多雲都一代據紀年推之則世本之說是國語王子晉稱周十五王而文始平之指前代之有功者言之自稾至文王歷唐虞夏殷將近千年斷不止十五世也○釋地本紀云遂去豳渡漆沮踰梁山止于岐下（此漆沮指北洛水言梁山指大河旁梁山言）將自豳抵岐東南二百餘里登山涉水敘次如畫然程大昌雍錄謂渭水實在梁山下之南循渭西上又與漆沮無涉似益精密矣○按近說謂此梁山當指乾州之梁山路徑始直非枕河之梁山也去豳踰乾州之梁山循渭水之北厓而西上至於岐山下之白水鄉即周原也岐山乃周原發脉處此說自王氏引之發之比釋地為得

孟子謂齊宣王曰王之臣章○按趙註以不能治獄觧不能治士本自明白朱註謂其屬有鄉士遂士之官士師皆當治之

按周禮之鄉士遂士方士謂六鄉六遂及各方之士理刑獄者皆送案上王朝三公定其獄朱註欲貼切士字反不如趙註之說確

國人皆曰可殺五句○按本紀述甫刑云簡信有衆惟訊有稽無簡不疑共嚴天威謂以簡策採信於衆惟三訊羣臣羣吏萬民皆有可稽考若無簡而絶無可疑然後對衆定罪共懔天討之可畏矣王制作三刺有旨無簡不聽稽字誤作旨張古文改作惟緢有稽（緢字見說文）緢即藐字後又藐字誤作貌據周禮以三刺訊羣臣訊羣吏訊萬民然後蔽罪即與國人殺之之義

齊宣王問曰湯放桀○按諸書言伐桀事多未確惟紀年得之

據紀年夏桀居斟鄩桀三十年商師征昆吾冬聆隧災按昆吾城在濮陽時桀與昆吾合兵於濮陽大神回祿降於聆隧燬昆吾城之西北隅桀三十一年商自陑征夏邑克昆吾大雷雨戰於鳴條夏師敗績按陑音近嬽即大巻也一作大坰屬漢權縣自權縣起師征夏邑乘火災攻克昆吾城遇大雷雨戰於定陶之鳴條亭夏師敗績昆吾與夏同以乙卯日亡桀出奔三朡商師征三朡戰於郕獲桀於焦門放之於南巢三朡即鬷川郕即左莊八年齊所降之郕焦門未詳南巢即廬江六縣居巢城謂桀東奔至鬷川湯與戰於郕擒桀并其將推移大犧乃放之居巢城按呂氏春秋簡選篇云壬子戰於郕遂擒推移大犧孔誘註謂桀多力能推移大犧襲淮南主術訓作註不可通墨子明鬼篇作禽推哆大戲呂氏春秋當染篇謂桀染於干辛推哆干辛任威陵轢諸侯弌干辛即昆吾氏之名又云推哆大戲手別虎兕指畫殺人然則推哆即推移大戲

卽大犧皆桀勇將并為湯所擒也

聞誅一夫紂矣二句。荀子議兵篇誅桀紂若誅獨夫故太誓曰獨夫紂此之謂也又正論篇誅暴國之君若誅獨夫湯武非取天下也修其德行其義興天下之同利除天下之同害而天下歸之也天下歸之之謂王天下去之之謂亡故桀紂無天下而湯武不弑居由此效之也按說與孟子合

孟子謂齊宣王曰為巨室章。呂覽行論篇齊宣王為大室大益百畝新序益作蓋堂上三百戶以齊之大具之三年而未能成羣臣莫敢諫王春居問於宣王曰新序作香居誤荆王釋先王之禮樂而樂為輕新序作為淫樂而敢問荆國為有主乎王曰為無主賢臣以千數而莫敢諫敢問荆國為有臣乎王曰為無臣今王

為大室其大益百畝堂上三百戶以齊國之大具之三年而弗能成羣臣莫敢諫敢問王為有臣乎王曰為無臣春居曰臣請避矣趨而出王曰春子春子反何諫寡人之晚也寡人請今止之遽召掌書曰書之寡人不肖好為大室春子止寡人按新序亦襲之

雖萬鎰。趙註二十兩為鎰朱註依之。焦氏正義喪大記朝一溢米註二十兩為溢於粟米法一溢為米一升二十四分升之一既夕禮註平準書孟康註張良傳服虔註晉語韋昭註並云二十兩為一鎰惟文選李善註賈公彥既夕疏作二十四兩為鎰誤羨四字按孫子算經云稱之所起起於黍十黍為一絫十絫為一銖二十四銖為一兩十六兩為一斤三

十斤為一鈞四鈞為一石石一百二十斤以每斤十六兩通
之是一石為一千九百二十兩一斗為一百九十二兩一升
為一十九兩二錢古以二十四銖為兩不以十錢為兩以一
十九兩二錢乘二十四銖得四百六十銖零八絫於四百八
十銖減去四百六十銖零八絫餘一十九銖零二絫置一升
四百六十銖零八絫以二十四除之確得一十九銖零二絫
是一升二十四分升之一為四百八十銖即是二十兩甄鸞
五經筭術云置一斛米重一百二十斤以十六乘之為積一
千九百二十兩以溢法二十兩除之得九十六溢為法以米
一斛為百升為實實如法得一升不盡四升與法俱再半之
名為二十四分升之一此不用銖法而用石法以九十六溢

除百升每溢一升除去九十六升尚餘四升故曰不盡四升半其四升為兩升再半其兩升為一升半其九十六為四十八半其四十八為二十四二十四分升之一即九十六分升之四以九十六分升之四約為二十四分升之一所謂可半則半之術也以此知二十四兩為鎰之四為衍字

齊人伐燕勝之章。按紀年齊人伐燕勝之當周隱王元年丁未（史記隱王作赧王）即齊宣王之七年也據孟嘗君傳索隱引紀年云梁惠王後元十三年齊威王封田嬰於薛十四年薛子嬰來朝十五年齊威王薨十六年辛丑為周慎靚王之元年即齊宣王元年（年表謂此年亦燕王噲元年）二年梁惠王薨三年為梁襄王元年六年慎靚王薨次年丁未為隱王元年燕子之殺公子平不克齊師殺子之醢其身索隱引此數條與孟子及國策並合足以證史記之誤矣。燕策蘇秦之在燕也與其相子之為婚而蘇代與子之交蘇秦死於齊齊宣王復用蘇代燕噲三年子之相燕代為齊使燕燕王問宣王何如按因齊宣初立故噲不相知而問之對曰必不霸不信其臣代欲以激燕王以厚子之也於是燕王大信子之子之遺蘇代百金聽其所使毛鹿壽說燕王以國讓子之毛鹿壽蘇代所使也子之南面行王事而噲老不聽政退處為老顧為臣顧猶反也反若為子之臣子之三年燕國大亂百姓恫怨是子噲立三年則讓子之行王事三年共六年儲子謂宣王因而仆之破燕必矣宣王令人說太子平太子平因數黨聚衆燕世家作要黨要字比數字妥将軍市被攻子之不克反攻太子平按紀年是燕子之殺公子平不克此反攻太子平謂子之反攻太子平不能克也燕世家謂市被及百姓反攻太子平太子平無理年表謂太子平亦死誤搆難數月百姓離意燕世家此下有孟軻謂齊王曰今伐燕此文武之時不可失也是史遷妄爲增入校國策者亦依世家增之誤齊宣王因令章子將五都之兵以因北地之衆北地之衆即太子平所聚之黨以伐燕燕士卒不戰城門不閉燕王噲死齊大勝燕子之亡。按此篇與孟子紀年並合獨與年表不合年表謂蘇秦潛死王時與世家亦不符。齊策張儀以秦魏伐韓據紀年齊宣六年有鄭侯獻地於魏事鄭侯即韓侯也梁襄王時張儀最用事因齊不救故獻地齊王曰韓吾與國也秦伐之吾將救之田臣思曰王之謀過矣不如聽之子噲與子之國百姓不戴據此可證百姓無助子之攻太子平事世家誤諸侯弗與秦伐韓楚趙必救之是天下以燕賜我也王曰善因起兵攻燕三十日而舉燕國。按此三十日當五十日之訛宣王使人說太子平令與子之相攻已因坐而受其斃蓋欲取之久矣田臣思臨時著急蓋為齊宣所瞞也。朱子或問或問伐燕之事孟子以為宣王史記荀子以為湣王通鑑從孟子蘇氏古史從史記荀子曰此無他可考或湣王後來做得不好門人為孟子諱故改為宣王翟氏考異曰先儒舍本經明文漫信子史即子史亦未深究而堅斷伐燕者必是湣王今考荀子惟王霸篇云齊閔南足破楚西足詘秦北足敗燕中足舉宋及以燕趙起而攻之若振槁然註閔湣同此外無及齊湣王處則荀但言敗燕而已並未言因何事敗之七雄時攻戰不息湣王四十年中宜別無敗燕事齊策言司馬穰苴為齊閔王却燕晉便足當之矣荀卿此語殊不足印證孟子明言湣王伐燕噲獨一史記耳○按瞿氏此條駁或問最透亮史遷時紀年未出其年表一書正為漢武時造厤所作與壽王所作厤不同攻擊不已史遷自護年表因將梁惠後元之年屬之襄王宣王事屬之湣王一因紀年未出二則傅會年表與世家合見其厤之可信今以紀年為據則諸說之誤不辯自明矣

齊人伐燕取之節○按紀年今王五年今王梁襄王也燕子之殺公子平不克齊師殺子之醢其身趙召公子職於韓立以為燕王○按趙世家亦云王召公子職於韓立以為燕王徐廣註云紀年亦云爾使樂池送之世家多樂池送之一句當時子之與太子平相攻搆難數月百姓離意百姓平日受子之之害自不附子之太子不能殺子之致互相攻擊傷害必多此百姓所以離

意而屬意於外國救援也及齊因北地太子黨之衆聲言將出兵救百姓所以得士卒不戰城門不守及醢子之而齊反據燕為已有斯時太子平如鳥在籠中此趙所以召公子職於韓韓亦與謀可知立職為王以為兵主使樂池送之即諸侯謀救燕之一證也然齊已據其要害無能為力再二年燕國人始畔共立太子平為王亦見燕世家但年表謂平已死故人不敢謂昭王即平疑其為職不知惟其為平因為齊所欺後來用樂毅所以報之者亦重是七十城之失守雖由湣王實齊宣作孽有以貽之禍矣自是之後孟子丁毋憂奉柩歸葬至齊宣九年孟子始脱服反齊適遇燕人畔王甚慙於孟子為不聽其置君而去之之計也今依孟子書之次第尚

有可考之跡如此

書曰湯一征自葛始三句。按本紀述壁序云湯征諸侯葛伯不祀湯始伐之作湯征今湯征壁文共存十四句是湯征諸侯其當時號令有如此所引書曰湯一征自葛始當是湯征傳之文天下信之句是孟子釋書之辭下引書曰葛伯仇餉當是征葛篇遺文張霸作仲虺之誥竄入此數句杜撰

東面而征西夷怨一段。荀子王制篇云周公南征而北國怨曰何獨不來也東征而西國怨曰何獨後我也又公羊僖公四年傳云古者周公東征則西國怨西征則東國怨又後漢書班固奏記古者周公一舉則三方怨曰奚為而後已按班固作藝文志已載古文經五十八篇則東征西國怨一段張

巳竄入仲虺誥矣而班固仍用荀子公羊説與豳風周公東征四國是遑之義合四國指奄徐熊盈四國徐即徐州屬淮夷熊即嬴姓戎熊嬴古通周公東征當有書載之一曰徯我后后來其蘇喜王師來救已一曰徯我后后來其無罰喜成王赦已罪遷之九畢言各方顧望不同也張竄入仲虺之誥移周書作商書此誤之甚者。大戴主言篇孔子曰明主之所征必道之所廢也彼廢道不行然後誅其君致弔其民故曰明王之征也猶時雨也則民悦矣按孟子此解蓋本之孔子并記於此

遷其重器。戰國策望諸君報燕書曰樂毅封望諸君奉令擊齊大勝之輕率鋭兵長驅至國齊王逃遁走莒僅以身免珠玉財寶

車甲珍器盡收入燕齊器設於寍臺（謂齊之珍器設於燕之寍臺）大呂陳於元英（謂齊之大呂樂陳於燕之元英宮）故鼎反於磨室（磨室一作歷室謂齊宣所遷燕鼎今已反於歷室）薊丘之樹植於汶篁（燕屬薊州地謂齊宣所移燕樹今已植於汶篁）據此書是齊宣當日遷其鼎移其樹之證後昭王二十八年始報復之

郰與魯閧節。閻氏釋地郰即邾春秋時呼邾為邾婁合二字呼之即郰也孟子是魯陬邑人據自齊葬於魯可為為魯人之證按此章當齊宣七年孟子奉母柩歸葬三虞而卒哭主祔於寢脫喪服換練服乃受穆公之聘設帳於郰適遇此事故穆公問之。焦氏正義云音義閧張胡弄切云鬭聲從門下者下降切義與巷同此字從鬥丁豆切與門不同劉熙云

閧構也構兵以鬭也王氏廣雅疏證云字亦作閧呂春秋慎
行篇崔杼之子相與私閧高誘註閧鬭也閧讀近鴻
孟子對曰凶年饑歲節。賈誼新書有云鄒穆公有食鳧鴈者
必以粃毋得以粟於是倉無粃而求易於民二石粟得一石
粃吏以為費請以粟食鴈穆公曰粟人之上食也奈何以養
鳥也君者民之父母取倉中之粟移之於民此非吾子粟乎
粟在倉與在民與我何擇鄒民聞之皆知私積之與公家為
一體也按新序亦襲之新書又云穆公食不重味衣不雜采自刻以
廣民親賢以定國親民如子鄒國之治路不拾遺臣下順從
若手之投心故以鄒子之細魯衛不能輕齊楚不能脅穆公
死鄒之百姓若失慈父行哭三日四境之鄰於鄒者士民嚮

方而巷哭期年而始復故愛出者愛入福往者福來按新序亦襲之○新序穆公以美女二人妻死事之孤○周氏廣業云據此三條與孟子所云上慢而殘下者迴異豈壅於上聞罪固専在有司而孟子一言悟主乃側身修行發政施仁以致此與

滕文公問曰滕小國也閒於齊楚章○春秋釋例云滕自叔繡至公卯二十一世為秦所滅按公卯在沛郡滕縣屬兗州府寍陽縣隋曰龔邱與鄒為鄰寍陽在府北五十里文公之滕屬徐州故滕縣在兗州府東南一百四十里非春秋之滕也據紀年晉烈公四年於越朱句滅滕五年滅郯朱句踐曾孫杜預謂秦滅滕誤元和郡縣志云滕縣為古滕國在縣西南四十里有滕故城此與薛為鄰者為周懿王子王子錯之裔

後為齊所滅自來解者皆叔繡之滕與王子錯之滕分析不清詳見下滕文公篇

滕文公問曰齊人將築薛章。按左傳薛仲居薛為夏車正後遷於下邳至戰國時薛為齊所有梁惠王三十一年邳遷於薛改名曰徐州徐當讀同舒齊威王時騶忌為相封於下邳號為成侯田忌為將即田肦鎮守徐州騶忌稱之為城北徐公是也見國策田肦有戰馬陵殺龐涓伐梁東鄙敗太子申功騶忌妬之用公孫閈計遂走田忌事見國策田肦不得入齊亡而之楚騶忌恐田肦以楚權復於齊乃使杜赫説楚封田肦於江南而止之亦見國策及梁後元二年楚圍齊於徐州欲逐嬰於齊圍齊於徐州猶言圍齊之徐州時嬰相齊嬰懼使張丑説楚曰王戰勝徐州田肦不用也肦有功於國百姓樂為之用田嬰不善而用申縛（謂申縛誤因申縛守徐州）申縛者大臣弗與百姓弗為也故王勝之也今逐嬰肦必復用不便於楚矣楚因弗逐嬰事見國策（世家以為宣王時誤）及梁後元十三年齊威始封其子嬰于薛十月城薛似齊威已為嬰築城但未足禦寇郭靖君將城薛（田嬰封郭）（靖君此當屬宣王時）薛客多陳戒謁者勿通客有進海大魚之喻者曰君失齊雖崇薛之城到於天猶無益也乃輟城薛事見國策及嬰卒其子田文封為孟嘗君孟嘗君在薛荊人攻之淳于髡為齊使荊反過薛孟嘗君迎之至於齊王曰何見於荊對曰荊甚固而薛亦不自量其力王曰何謂也對曰薛不自量其力而為先王立清廟荊固而攻之清廟必危齊王和其顏

色（此齊宣王也）曰謹先王之廟在焉疾興兵救之亦見國策據此推之孟子初在薛受其餽當田嬰時此當齊宣時或嬰或文未可知參以國策當屬田嬰因海大魚之諫而止

滕文公問曰滕小國也竭力以事大國章○尚書大傳畧說狄人將攻太王亶甫名耆老而問焉曰狄人何欲耆老對曰欲得菽粟財貨太王亶甫曰與之每與而攻不免太王亶甫贅其耆老而問之（按贅與綴通連屬也）曰狄人又何欲乎耆老對曰欲君之土地太王亶甫曰與之耆老曰君不為社稷乎太王亶甫曰社稷所以為民也不可以所為民者害民也耆老對曰君縱不為社稷不為宗廟乎太王亶甫曰宗廟吾私也不可以吾私害民也遂策杖而去過梁山邑岐山國人束脩奔走而

從之者三千乘一止而成三千户之邑按莊子讓王篇與孟子大體皆同不詳錄

魯平公將出章○按魯世家云哀公卒子悼公立名寍年表謂在位三十六年據紀年悼公卒於周考王十二年是三十九年悼公卒子元公立名嘉元公卒子穆公立世家名顯系本名不衍穆公卒子共公立世家名奮據紀年魏武侯十三年觴諸侯於范臺國策云魯恭侯進禹戒旨酒之說至梁惠王十四年魯恭侯及宋衛朝魏共公卒子康公立名屯康公卒子景公立名匽景公卒子平公立名叔系本作名旅按周赧王之元年紀年作隱王即齊宣取燕之年當齊宣七年時孟子自齊歸葬平公未曾識面故聽樂正子之言欲見孟子也

樂正子入見○按樂正氏也孟獻子時有樂正裘曾子弟子有樂正子春韓非子謂孔子之後儒分為八陶淵明謂樂正氏

傳春秋為道為屬辭比事之儒今春秋不見有樂正氏說大傳略說謂宣王問孝弟之義於子春子春曰昔者衛閒之樂正子一本作春子按作春子或即國策之春居為齊宣時人衛或春居名若曾子弟子不得與宣王問答且非齊人

前以三鼎二句。按特牲禮用三鼎謂豕一鼎魚一鼎兔腊一鼎為三鼎少牢禮用五鼎謂羊一鼎豕一鼎魚一鼎麋腊一鼎膚一鼎為五鼎今考士喪禮遣奠及月朔殷薦皆用五鼎此為加禮盡孝子之心非常禮也王朝之士三命必諸侯之三命卿方得用特牲士禮諸侯之四命冢卿方得用少牢大夫禮孟子前當父喪為諸侯之士用三鼎為遣奠後為師賓於齊是未命之卿為諸侯之大夫用五鼎為遣奠正為合禮

皆應主喪奠言前以士後以大夫謂祭用生者之祿也

曰否謂棺椁衣衾之美也節。按喪大記君大棺八寸屬六寸椑四寸共三重上大夫棺八寸屬六寸下大夫大棺六寸屬四寸共二重士棺六寸但一重按孟子言中古棺七寸椁稱之是約上大夫八寸下大夫士六寸而舉其中數或孟子所見禮别有所據與大記言周禮不同也。喪大記君衣百稱大夫衣五十稱士衣三十稱小斂君錦衾大夫縞衾士緇衾皆一衾十有九稱大斂二衾君大夫士一也按葬用死者之爵獨孟子葬母棺椁衣衾皆從其美正救墨教薄葬桐棺三寸衣衾三領之失大記所言是周禮孟子是從其美者非僭稱數之也

四書摧解錄卷十五

吳川吳懋清迴溪著

公孫丑篇上

公孫丑問曰夫子當路於齊節。齊乘人物篇公孫丑滕州北公村有墓（按三遷志謂鄒境內城西北十里有公孫社一統志謂鄒縣北有公孫丑墓齊乘不符）韓非子謂孔子之後儒分為八有公孫氏之儒陶淵明謂公孫氏傳易為道為潔靜精微之儒漢人謂公孫段傳易未詳是否董子繁露篇引公孫之養氣曰禮義泰實則氣不通泰虛則氣不足云云出於公孫丑耶

或問乎曾西節。趙註曾西曾子之孫朱註因之按經典序錄謂曾申字子西曾參之子劉向謂左邱明作傳以授曾申陸

德明謂子夏以詩傳曾申檀弓曾子疾病曾元曾申坐於足大戴記作曾元抱首曾華抱足說苑與大戴同韓詩外傳曾子喪妻不改娶人問其故曰以華元善人也檀弓穆公之毋卒使人問於曾子曰如何對曰申也聞諸申之父孔氏廣森謂申字誤為華因之大戴外傳亦相沿作華王伯厚謂申為西方支楚鬥宜申公子申皆字子西則曾西為曾子子趙註誤

○音義蹵蹴同按趙註蹵然猶蹵踖也是蹵蹴同字說文引作曾西⿰尗允然按從尗得聲從允即古欠字取久義謂斂容也

曾西艴然不悅○音義丁音勃張音拂○按論語色勃如也說文一引作孛如孛為勃之省一引作艴如艴為張霸古論義通而音異秦策秦王悖然而怒淮南道應訓攸非瞋目教然

皆勃字之異體楚策王怫然作色言作色是艴為作色貌當
依張鎰音拂
曰管仲曾西之所不為也節。按辨疑謂自子誠齊人也至而
子為我願之乎皆孟子言爾何曾比予於是之下不當又有
曰字經傳釋詞云此述古語既畢而更入今事如呂春秋驕
恣篇李悝述楚莊王之言曰此霸王之所憂也而君獨伐之
文義與此同按此說與朱註合
由湯至於武丁賢聖之君六七作。按朱註指湯太甲太戊祖
乙盤庚武丁言止得六作無七作近趙氏佑温故録欲將祖
甲補之但祖甲即帝甲亂之七世而隕者且在武丁後不可
通當依紀年及書序以沃丁補之紀年云沃丁即位命卿士

咎單八年祠伊尹書序云伊尹卒旣葬伊尹於亳咎單遂訓伊尹事作沃丁是沃丁亦能聽順於伊尹咎單乃訓伊尹事誨沃丁沃丁從之使配享於廟遂爲商家率祀明德一代故典商頌稱實維阿衡實左右商王是外丙仲壬太甲沃丁四代皆倚伊尹爲左右也特沃丁篇不傳後人無從考質耳

武丁朝諸侯有天下二句。文選枚乘上書註引孟子曰武丁有天下猶反掌也按文選註畧加割截竄改遂與孟子語意迥殊武丁初年是仁慈之主鬼方大彭豕韋多并吞小國及雉雊示異武丁乃奮厥武討平而封建之另立中州二伯統外八州八伯皆爲上公得建龍旂十乘大糦是承令諸侯皆隨上公來助祭也所以朝諸侯有天下猶運之掌指其聲靈

之赫濯言之

紂之去武丁未久也四句○按大戴記孔子曰武丁卒九世乃有末孫紂謂自武丁祖庚祖甲馮辛庚丁武乙文丁帝乙至紂為九世自武丁之卒計至紂之立依紀年相去九十餘年國語云帝甲亂之七世而隕謂帝甲重作湯刑變亂先王之法度除武丁祖庚止得七世朱註謂自武丁至紂為七世者依本紀祖甲為祖庚弟同世庚丁為馮辛弟同世減去兩世為七世與大戴語異而事同

又有微子微仲○呂春秋仲冬紀紂之同毋三人其長曰微子啟次曰仲衍次曰受德受德乃紂也紂之毋生微子啟與仲衍也其時尚為妾已而為妻而生紂按呂氏此説極無理古

聘則為妻奔則為妾聘者行六禮親到而迎之也所聘止嫡女一人其女娣女姪黃昏時肅肅宵征隨嫡女車而行則謂之奔非私奔之謂也所以妾字從立女謂夙夜在公侍立於側安得先為妾而後可為妻之理如魯公子荆之毋嬖有若以妾斥之哀公無以應謂魯人以妻我此之謂强辭奪理史遷亦襲呂氏說謂微子為紂同毋庶兄既謂之同毋矣又謂之為庶兄不可通微子為文丁之子非帝乙元子辯已詳論語微子篇矣至微仲之非衍更不可不辯京相璠云微子國在東平壽張三十里有微鄉路史云徐州沛縣東南有微山有微子冢據左傳魯莊公所築之郿公羊傳作微古眉目字通作微是魯侵宋微地而城之猶魯侵薛地而臺之謂之築

臺於薛也微子都微宋公稽乃由微遷於宋至微仲之封在潞縣東北有微故城寰宇記謂微子城在潞縣東北三十里由鄭康成不知河南為殷之故畿謂封王子弟必在畿內乃以微仲所封之在潞縣者指為微子采故寰宇記亦相沿而誤然凡弟分封而同稱為微者猶文王弟二虢虢仲封東虢為鄭桓所取之虢虢叔封西虢為晉獻所滅之虢也史遷作世家過信呂氏說謂微子立其弟仲衍亦合微仲與微衍為一人據紀年紂在位五十三年武王得天下六年成王七年滅武庚之後封微子為上公令白馬來賓時微子年當七八十安得有此老年之弟嗣其位耶據檀弓文王舍伯邑考而立武王微子舍其孫腯而立衍文王元妃姜氏娶於洽陽止生

伯邑考一人後妃姒氏娶於河南鄭前之莘乃篤生武王而邑考已卒非舍長而立少也微子年已老長子已卒舍其孫腯而立其長子之同母弟衍是衍非微子弟亦明甚然則微仲與微子皆在邶都輔紂及紂晚年更潰裂發出使往去微仲乃歸其潞縣之微微子亦歸其壽張之微也至紂不名受德亦有可考者一據立政今文篇云其在紂德昏惟羞刑暴德之人謂紂之性情勉強惟進用刑餘暴德之人與上文桀德惟乃不作往任是惟暴德罔後謂桀之性情不作往世任賢人是惟用暴德人遂至罔後桀德與紂德同解張古文始改紂作受據克殷解尹逸筴曰殷末孫受句德迷先成湯之明侮滅神祇不祀殷本紀述此作殷之末孫季紂按季字是史遷所增

取合紂為微仲季弟之說殄廢先王明德侮滅神祇不祀可知德字當屬下讀讀克殷解者以德字上屬為句故謂受德為紂名其實紂為今文受為古文兩字本一字也然則諸說之誤其初起於呂氏春秋繼沿於史遷宋世家及本紀卒成於張霸微子之命及僞孔傳其貽誤也久矣

王子比干○按說已詳論語微子篇今再伸之凡稱王子皆先王之子惟同嫡母者稱母弟稱國子據微子今文太師庇三稱微子為王子牧誓璧文稱遺其王父母弟不用王父母之弟謂紂稱文丁為王父母是微子為文丁之弟比干時已諫而死不合言不用然則比干亦文丁之庶子為保氏職王諫王過者屈子天問云彼王紂之躬孰使亂惑何惡輔弼讒諂

是服比干何逆而抑沉之雷開何順而賜封之古之所謂輔弼疑丞即左師氏右保氏前疑後丞謂之四輔皆王朝四命大夫也酒誥云祇保越怨不易謂比干為可敬之保氏至怨諫其酒過不肯改易微子今文云吾家保于喪謂吾家保氏比干於是喪命是紂為雷開所炫惑反獲賜封比干為雷開所讒被沉抑至死與論語諫而死三字甚脗合是前時仍用比干為輔弼及晚年始不受諫也亦可證微子偽孔傳謂比干為少師之誤矣括地志謂比干墓在衛州汲縣十里路史謂比干食采在沘按沘近沘水毛詩作邶紀年作邲邶沘庇比皆一字

箕子膠鬲○按屈子天問云何聖人之一德卒其異方梅伯受醢箕子佯狂謂梅伯不受辱為紂所醢箕子則受辱聽紂髡

其髮為紂所奴也杜預謂太原陽邑縣有箕城路史謂即左
僖三十年晉敗狄於箕之箕為箕子原封子爵據洪範武王
訪疇稱為箕子是子爵之説可信微子今文謂微子問於太
師疵少師彊張古文改太師作父師偽孔傳謂問於父師箕
子少師比干何以武王訪疇不以師稱之愚謂箕子在殷朝
本為中下大夫四命及出封於箕加一等為五命子爵至被
囚為奴已革職為罪員矣。音義鬲丁隔歷二音路史引孟
子作膠鬲謂膠即齊之膠東地近海素掌魚鹽文王舉而進
之紂説頗近理晉語謂妹喜有寵於是與伊尹比而亡夏妲
已有寵於是與膠鬲比而亡殷謂伊尹膠鬲雖賢無救於女
戎之亂自内作是比肩之比非比黨之比韓非子謂周有玉

版紂令膠鬲索之文王不與費仲來求因與之是膠鬲賢而費仲無道也大意謂文王不欲膠鬲成君之惡故不與及費仲來求乃與之呂氏春秋貴因篇謂武王至鮪水（按鞏縣北枕太河有丙穴出王鮪因名鮪水）殷使膠鬲候周師武王見之膠鬲曰西伯將何之無欺我也武王曰將以甲子至殷郊子以是報矣膠鬲行天雨日夜不休武王因疾行不輟以救膠鬲之死也又呂氏誠廉篇謂武王使叔旦就膠鬲於次四內而與之盟曰加富三等就官一列三書同辭血之以牲埋一於四內皆以其一歸此戰國時薄湯武之謗不可信

雖有鎡基不如待時二句○音義鎡或作茲○按漢書樊酈滕灌傳贊引語曰雖有茲基不如逢時月令疏引孟子作鎡錤

周禮薙氏注萌之者以兹其並古通説文云欘齊謂之鎡錤廣雅云鉏也按考工記欘字從木云其倨句謂之欘即今之鉏柄斤柄入鉏或斤令句向内也爾雅作斪斸謂之定定謂鉏題也題首以木為之題背以鐵為之令句向内易於入土謂之斪斸又云斫謂之鐯謂用以斫地其鐵背名鐯言能著地齊人則謂之兹基兹基之合音讀入聲則為鐯

夏后殷周之盛二句。按夏崈伯鯀原封在陽城崧山南三十里及禹受禪移都於密即鄭之櫟邑山海經稱青要之山謂之密都即漢陽翟縣在崧山之東南北至伊雒昔為夏畿度邑解謂為有夏之居是也西北至虢之夏陽啟封武觀於西河即此後帝厪夏后昊亦居此名為西邑夏東至斟鄩太康仲康帝相及桀皆都此東西長南北短約方千里殷契原封在伊水西之商邱及湯則以西亳大蒙城為都北亳太卷為東郊在河南者六在河北邶鄘衛者四詩稱景員維河謂景山之幅幀跨大河南北約方千里周后稷原封在有邰及周公營東都約計西周方八百里八八積得六十四同東都方六百里六六積得三十六同共百同東西通為畿合為邦畿千里見作雒解其餘以封諸侯故云地未有過千里者

而齊有其地矣○國策蘇秦說齊王曰是齊威王齊南有泰山東有琅邪西有清河北有渤海此所謂四塞之國也齊地方二千里帶甲數十萬○按孟子云海內之地方千里者九齊集有其一指其可開作田畝者言計其實數蘇秦云方二千里為

方千里者四井山川林麓加以修言之故云方二千里

孔子曰德之流行二句○呂覽上德篇三苗不服禹請攻之謂苗頑不即土功禹勸帝念及思所以處之舜曰以德可也謂廸以朕德是即女土功則叙用之行德政三年而三苗服謂舜以德化之行德政三年則三苗丕序矣孔子聞之謂孔子讀書至此聞其事也曰通乎德之情則孟門大行不為險矣謂通乎德化之實則冀州東孟門西太行尚不為險何況三苗故曰德之速疾乎以郵傳命按郵過也傳車所經過謂之郵謂德教流行之速疾乎以郵車傳命周明堂金在其後有以見先文後武也謂周祀文王於明堂先升歌文王詩於堂上及合樂乃金奏九夏獻太武舜取先文德後武功之義舜其猶此乎

按此條當出皋陶謨古書傳孔子論贊之辭如此呂氏引之得其詳孟子但截取其二語王良掌郵車名無郵左傳以其官稱之謂之郵無邮漢以後乃分馬遞曰置步遞曰郵其實

置郵即以郵置猶設也郵即馬車遞送也作實字解者非

公孫丑問曰夫子加齊之卿相三節○呂春秋必已篇孟賁過於河先其伍船人怒而以楫虓其頭顧不知其孟賁也中河孟賁瞋目而視船人髮植目裂鬢指船中之人盡揚播入於河使船人知其孟賁弗敢直視涉無先者又況於辱之乎此以不知故也正義引揚子曰請問孟軻之勇曰勇於義而果於德不以貧富貴賤生死動其心於勇也其庶乎按此說得之○朱註告子名不害按襲趙舊註○曹氏擴餘說告子名不害見趙岐註亦見國策註陳琳為曹洪與魏文書曰有子勝斐然之志註引墨子書二三子復於子墨子曰告子勝仁子墨子曰未必然也告子為仁猶跂以為長偃以為廣不可

久也王厚齋謂勝葢告子名至浩生不害趙註本云齊人僞孫奭疏誤合為一人○按墨子在孟子前墨子書所云之告子勝未必即孟子所與論性之告子猶墨子弟子之禽滑釐未必即孟子書之滑釐當分别觀之

北宮黝之養勇也節○淮南子主術訓握劍鋒以離北宮子司馬蒯蕢按蒯蕢即衛太子蒯蕢鐵之戰郵無卹初識為婦人後執戈退敵自誇為車右之上非司馬也文士弄筆不必皆實事不使應敵操其觚招其末則庸人能以制勝高誘註北宮子齊人孟子以為北宮黝○國策趙威后問齊使曰北宮之女子嬰兒子無恙乎則齊亦有北宮氏按趙岐註謂北宮黝衛人主衛訓之蒯蕢亦衛人韓非子顯學篇漆雕之議不色橈不目逃行曲則違於臧獲行直則怒於諸侯世主以為廉而禮之○崔氏

考異韓非所稱漆雕之議上二語與此文同下二語與曾子謂子襄意似其漆雕為黝字與抑子襄出於漆雕與韓非言儒分為八有漆雕氏之儒漢志儒家有漆雕子十二篇其書久亡無能按驗矣。音義橈字從木作橈奴效切五經文字枉橈之橈女效反俗從手者撓擾之撓火刀反

孟施舍之所養勇也節。趙註孟姓舍名施發音也施舍自言其名則但曰舍朱註因之。釋地凡聲發在首如吳曰句吳越曰於越若在中則語助辭多用之字未聞以施字者且孔子時魯有少施氏安知孟施非少施一例乎。翟氏考異古人二字名或稱一字紂名受德稱受曹叔振鐸國語但稱叔振晉文公重耳左傳但稱晉重魯仲孫何忌春秋定六年但

書忌孟施舍卽不脫字亦不嫌其自稱舍也

然而孟施舍守約也○石渠意見守約蓋守氣之誤觀下文孟施舍之守氣又不如曾子之守約可知不然舍旣守約又守氣而又不如曾子之守約與○按李安溪謂守約二字不與守氣作對黝之守氣務在勝人焉能必勝施舍所恃惟在己無懼其所守比黝爲約權在己也無懼爲主亦是硬把膽氣制住不如曾子主理其所守更約安溪說得之

昔者曾子謂子襄節○音義丁本惴作遄音揣○按趙註惴懼也吾不惴焉謂不當輕驚懼之朱註惴恐懼之也亦襲趙註釋之近閻百詩說謂不豈不也猶經傳中敢爲不敢如爲不如王氏引之說謂不語辭不惴惴也言雖被褐之夫吾惴焉比

舊註似為得之至丁公著本作遄即胡不遄死之遄速也其字從辵亦兼遄征之義謂吾不敢速往焉吾不遄焉與下吾往矣作對文當依丁本作遄音專爲長

告子曰不得於言勿求於心節。按告子此四句趙註不可通朱子說得之不如李安溪說之透亮安溪謂告子似後世禪教不得於言勿求於心如經義有所未通是不得於言也專用心推測心有流注想偏向一路去落入理障只要將心把持到定本體圓滿自然六經皆我注脚不得於心勿求於氣到底是心不能作主故氣得妄動所以此說尚可而前說則斷斷不可君子有精義集義工夫自然知言若只靜養待其了悟在禪教則有之欲成己成物終用不著此輩人故儒教

入手首在格物禪教入手首在除理障

志壹則動氣四句。按趙註訓壹爲壹鬱之壹志有所鬱則動氣故志要疏通氣有所鬱則動志故氣要善養似亦可通朱註訓爲專一不可偏廢所以要相配朱子説較亮

其爲氣也至大至剛以直節。趙岐讀至大至剛以直句伊川謂至大至剛以直三者闕一不可以字作與字解甚妥朱子謂程子以直字絶句則養字全無骨肋將以直屬下讀近説依之

其爲氣也配義與道三句。李安溪謂配如妻之配夫五人帝之配五天帝以道義爲主而氣足以配之也

是集義所生者節。趙註訓集爲雜未協朱註謂集義猶言積

善據古文書用克達殷集大命令文作用克通殷就大命毛詩是用不集韓詩作不就就與咎韻謂是就義所生者非一事合義可襲而掩取之也行有不慊於心則餒矣慊與嗛通齊策齊桓公夜半不嗛高誘註嗛快也按一穀不熟謂之歉或作嗛嗛即穀不足不足則心不滿快慊字從心行有不滿於心則餒矣趙從慊絶句朱從心絶句朱說較順

必有事焉而勿正三句。按朱註謂必以集義為事而勿預期其效以預期訓正字最得趙註謂而勿正但以為福按勿正為福即勿期其效但語意欠亮翟氏考異據趙註中十見福字疑舊本有作必有福焉誤。程子遺書呂與叔東見二先生語曰論心術無如孟子也只謂必有事焉而勿正心又謝顯道記語曰鳶飛魚躍與必有事焉而勿正心之意同活潑潑地（按引禪語作證走入虛靈一派未免雜入禪教）又伊川文集載周孚先問曰孟子謂必有事焉而勿正心勿忘勿助長也若正心若助長便是忙也並以心屬上句。又侯世與曰明道先生與某講孟子云二哥以必有事焉而勿正爲一句心勿忘勿助長爲一句亦得。楊時南都語録事説勿正則可心説勿正則不可某嘗疑勿正心似非聖賢語及見正叔先生以必有事焉而勿正爲一句乃知正叔讀書直是不草草地。朱子偶讀漫記曰東坡手書引孟子曰心勿忘勿助長知前輩讀此皆依古註勿正爲句（謂趙註）非獨程先生也（謂伊川）作正心者其始於王氏乎然文勢亦或有之未可直以爲非故予於集註兩存

之

孔子曰聖則吾不能一段○呂氏春秋尊師篇子貢問孔子曰後世將何以稱夫子子曰吾何足以稱哉勿已者則好學而不厭好教而不倦其惟此耶按似本孟子為之

行一不義四句○荀子王霸篇行一不義殺一不罪而得天下仁者不為也又儒效篇同○三國志註引孟子曰殺一不辜而得天下仁者不為也晉書刑法志王肅引孟軻曰殺一不辜而取天下仁者不為也翟氏考異謂以荀子竄孟子愚謂或孟子本作仁者後傳刻錯落誤合仁者二字為皆字

智足以知聖人三句○趙註孟子曰宰我等三人之智足以識聖人汙下也言三人雖小汙不平亦不至阿其所好以非其

事阿私所愛而空譽之朱註假使汙下必不阿私所好而空譽之亦襲用趙註〇朱子語錄曰汙字當屬上讀按其説未詳〇蘇洵嘉祐集有三子知聖人汙論容齋隨筆老蘇作一句讀故作三子知聖人汙論謂三子之智不足以及聖人高深幽絶之境徒得其下焉者耳此説竊謂不然夫謂夫子賢於堯舜生民未有可謂大矣猶以爲汙下何哉〇按汙者地之不平者也三子之智皆足以知聖人然持論出三人之口自然不平豈無窪凸之不同然斷不至阿其所好而過譽之汙字當一就屬下讀

見其禮而知其政節〇趙氏温故録李文貞讀孟子劄記曰夫子所以超於羣聖者以其祖述堯舜憲章文武使先王之道

傳之無窮也宰我子貢有若推尊之意葢皆以此而子貢獨顯言之知能言夏殷之禮知韶武之盡善告顔子爲邦之類皆所以爲禮之政爲樂之德等百王而弗違者也孟子引之以是爲孔子所以異者葢聖人同德孔子則神明天縱有以考前王而不繆俟後聖而不惑非列聖所可同也愚按趙註云見其制作之禮知其政之可以致太平也聽聞其雅頌之樂而知其德之可與文武同也制作之禮雅頌之樂指周禮周樂貼孔子知之言與安溪説合朱註貼子貢知之言似未甚協宜商

湯以七十里二句○平原君列傳毛遂曰遂聞湯以七十里之地王天下文王以百里之地臣諸侯○荀子仲尼篇文王載

百里地而天下一[按載才也始也]韓詩外傳客有說春申君曰湯以七十里文王以百里皆兼天下一四海並與孟子合如七十子之服孔子也。按文王作人之化與孔子同且壽年復高當時疏附奔奏之才悉由振作養成之後卒得其力以成三分有二之業孟子引以為比最為切喻

詩云自西自東四句。按紀年帝辛三十六年[當文王受專征伐命之第四年]諸侯朝於周[古有朝方伯禮]西伯使太子發營鎬[是文王命發建之]三十七年[當文王受命五年]作辟雍[古鼎銘有辟上宮有雍上宮謂於辟池水上作宮於西雍澤上作宮非辟雍學之謂]四十年[當文王受命八年]作靈臺據詩云考卜維王宅是鎬京維龜正之武王成之謂稽考吉卜由文王居是鎬為京師維龜先正之太子發承文王命作成之是文王時之聲教四方無

實不服者思塞也塞實也及九年暮春文王將終在鎬命太子發見文傳解諸儒不信紀年亦不能解此詩矣

詩云迨天之未陰雨節。按毛詩作桑土韓詩作桑杜字林作桑徹皆桑根皮也方言云東齊謂根為杜徹與撤古通今此下民毛詩作令女據詩序謂周公捄亂也捄即救字據紀年成王元年周公避不利於成王之謗出居於東謂居於河南之邕邱城至二年秋七月奄人徐人及淮夷入於邶助武庚作叛周公探聽既真乃歸西周請兵征之待命於郊作此詩以貽王自言己氣力微弱與鴟鴞同曰迨天之未陰雨先徹彼桑根皮綢繆我巢之牖户防備既周令女巢下之民有敢侮予者乎孔子讀詩至此曰為此詩者其知道乎能治其國

家誰敢侮之者趙註謂刺邠君不能如此爲誤

詩云永言配命二句。按文王篇是周公所作詠文王之德因以誡嗣王也謂嗣王進用之諸臣可無念爾祖聿修其德乎延長我德配卜年七百之命在自求多福耳口中是誡諸臣意中實誡嗣王即君奭篇我引導使思維文王德則可以延長歷數之意

太甲曰天作孽六句。按緇衣引作天作孽可爲也自作孽不可以𨁎張霸撰古文太甲篇改𨁎作逭謂足部與走部通。音義活如字丁依尚書音換離婁篇同按𨁎音換去聲讀入聲則爲活𨁎逃也不可逃自然不可活以聲分淺深而義實相通猶璧文子與女皆亡孟子讀皆作偕之比

市廛而不征節。按趙註云廛市宅也當以什一之法征其地而不征其宅按什一之法句未協凡園地廛皆二十而稅一見載師職朱註謂或賦其市地之廛而不征其貨或治之以市官之法而不賦其廛蓋逐末者多則廛以抑之少則不必廛也按朱註不分官廛民廛亦未協若是官建市宅自當收其邸舍之稅若市民自建則不當稅其廛如王都前朝後市多由官建則收其廛而不征其貨若民間之市其廛多由民建但治以市官之法而不稅其廛。大聚觧云商賈趣市以合其用外商資貴物益賤資賤物出貴物以通其器夫然則關夷市平財無鬱廢商不乏資百工不失時無愚不教則無窮之又曰關市平商賈歸之按此條是武王初政專在通工來商不見有征商法穆王周禮廛人職有絘布廛布罰布質布總布征法甚多惟凶荒札喪則無征非周公所制之周禮明矣陳君舉說言之頗詳君舉曰王荆公嘗言周禮一書理財居其半自有周禮以來劉歆輔王莽專為理財至荆公熙寧亦專理財所以先儒多疑之今細考之誠有可疑且以廛人一官論之所謂絘布者鄭氏謂列肆之稅即令之房廊錢按穆王初遷南鄭創為市次以布為之令排物於地者得所廛故其字從糸作絘而收其絘稅後代民間所建房廊亦收其錢所謂廛布者鄭謂諸物邸舍之稅即令之白地錢廛布者官創為廛舍與來商貯貨收其廛稅後代民自建舍亦收其白地錢又有罰布者賣買不平之罰按賣買不平古但撻以鞭即官治市法也穆王制則罰使出錢質布者質人巡考犯禁之罰即令之搭地錢按質布者凡有交易則有質劑質人用印記之以為憑信穆王收其印稅鄭解為犯禁後

代則収搭地錢為又有總布者子春謂無肆立持之稅若熙寍間不係行錢按總布者市官將有餘之錢貸與民貸與人種園廛則収其二十分之一貸與民種田則収其什之一杜子春是劉歆弟子用歆法解之後代謂之不係行亦収其錢凡屠者斂皮革筋骨入於玉府即今之納筋骨稅斂珍異之滯於市者入於膳府周禮是官斂之而償還其本錢以供一人之玩好者德宗宮市之弊宮市亦自穆王創其初只教官與民交易後乃用宦者為使買之多不償其本錢熙寍不係行錢鄭俠奏議謂負水拾髮擔粥提茶皆有免行然則廛人之弊安得不至於此其他自山虞以至澤虞卝人以至掌炭又有上項征稅如此其未至市者在川則有川禁澤則有澤禁金玉鉛錫則有禁齒革羽毛則有禁絺葛薪炭則有禁所以取民者無一不備與夫司市犯禁之財司關舉貨

之罰巾車之車折則入齋馬質之馬死則物更先王所以不與民爭利者全不見於此書所以王莽用周禮遂有五均六斡列肆市區無不征之荆公用周禮遂有市坊河渡白地房廊搭罰六色免行市例之類無所不有周家之法果如是耶抑用之失其實耶按此篇議論最痛快無能知其原者愚考得周公作周禮令所傳止髙堂生十七篇周公作周官令不傳所傳乃張霸偽造之周官篇竊穆王周官為之穆王所創之周官為周家變制之始傳至靈王時多將厲王之重征厚斂附入其中其書始出令尚有周書序可考也及劉歆輔莽皆假張霸古文與穆王周官以欺罔愚蒙莽敗之後一切苛政東漢亦不能盡革所以劉歆之徒杜子春等仍依歆説釋

之鄭康成又在杜之後亦沿杜説及漢制證成之又加甚焉王荆公用周禮是用康成所註之周禮安得不亂天下孟子得孔門之傳其論政獨不取周禮因戰國時承春秋之末習多用穆王法而加厲趙岐及朱子註多依違周禮而不敢盡信孟子之説是為劉歆康成所誤疑周禮為周公作也今特取陳君舉説著之於此餘可類推

關譏而不征節○趙註言古之設關但譏禁異言異服耳不征税出入者也故王制曰古者關譏而不征（按王制是漢儒所作）周禮太宰曰九賦七曰關市之征司關曰國凶札則無關門之征猶譏王制謂文王以前也文王治岐關譏而不征周禮有征者謂周公以來（用劉歆康成説謂周禮為周公作）孟子欲令復古之征使天下

行旅悦之也○按大聚解云乃令縣鄙商旅曰能來三室者與之一室之禄闢關修道五里有郊謂離城五里設為郊館以接客行郊勞禮於此十里有井二十里有舍地官遺人作三十里有廬并上十里有井言之遠旅來者關人易資舍有委市有五均早暮如一惠民曰河間獻王所傳樂元語其論五均事天子取諸侯之士以立五均則市無二價四民常均強者不得困弱富者不得要貧則公家有餘恩及小民矣送行逆來振乏救窮按此條是武王初政行於道路者不云有關門之征穆王周禮乃設關門之征凡貨不由關門出入者官沒其貨并罰其人苛甚戰國時為關者將以為暴蓋用穆王法行之矣

耕者助而不稅節○趙註助者井田什一助佐公家治公田不横征賦若履畝之類按朱註襲之誤孟子論助法有兩說讀

者不詳考合而為一非也孟子謂治地莫善於助莫不善於貢助是隨年出斂法貢是酌中數有定額因引詩以證之詩云雨我公田遂及我私觧之曰惟助為有公田由此觀之雖周亦助也按此詩是周公所作祭藉田之樂章成王七年營東都乃於東都之南郊設藉田天子藉田千畝與諸侯藉田百畝異藉田百畝如孟子說不過田一井八家耕之公收其中公田百畝以為粢盛若藉田千畝必設田萬畝百家耕之詩稱百室盈止是也每家三人當工周禮言甸徒三百人是也其中有廬舍芻場焉凡所出之穀與芻皆按年之豐歉為斂法必田萬畝詩云十千維耦十千即萬畝也什分收一取其千畝之租謂之藉田千畝積之神倉以為粢盛而芻亦獻

之皇祖此周家用周尺十尺為步步百為畝丈量藉田每家授以百畝百家共耕萬畝天子止收其千畝之租依年之豐凶出斂法與助法同故曰雖周亦助也謂亦借民力耕公田之意至授民田鄉遂用夏步丈量每夫百畝折以周步百步實得五十步五五得二十五畝每夫貢二畝半都鄙用殷步丈量每家一夫授以百畝九夫同一井折以周步百步實得七十二步七七得四十九畝算作五十畝每夫稅其五畝依年之豐歉收之孟子欲人不論鄉遂都鄙皆依殷法以歲定之故云耕者但用助法而不用貢法例為定額以稅之是趙註朱註以助耕公田解之並誤周禮井田法用九夫耕一井本無公田即藉田中亦不分中一塊為公四旁為私作詩者

謂雨我公家之田遂因得澤及我私家非秩然有界限也讀書家多按圖索驥謂一里必畫爲井字遂至執著不可通

廛無夫里之布一節○音義氓或作甿萌皆音盲校勘記按作萌最古漢人多用萌字經典内萌多改氓改甿如説文引周禮以興耡利萌是也○載師職云凡宅不毛者有里布凡田不耕者出屋粟凡民無職事者出夫家之征謂給以夫一廛使爲里居建宅舍共地五畝有餘地則令種桑麻桑麻利少但依其五畝之地税二十分之一而已穆王時布縷上市又有布縷之征其宅不種桑麻者既収其五畝地税又罰出錢一百二十文凡田不耕者未嘗免田税但無粟米上市入罰之出屋粟夫三爲屋或出粟或折以錢三夫罰出錢三百六十

文凡民有職事者自派其身當役有力役之征無職事謂轉移無常職為人傭賃工作者也一夫無職又罰出夫征錢一百二十文一家三夫俱無職又罰出家征錢三百六十文又閭師職云凡無職者出夫布夫布即夫征征收其每夫錢一百二十文也孟子謂每夫授以五畝為一廛但收其五畝二十而取一之稅別無布縷之征宅不毛者亦不罰出里布民為人傭賃者別無力役之征亦不罰出夫布正是駁戰國時用穆王法之苛康成註載師謂宅不毛者罰以一里二十五家之泉一家出錢三百六十一里二十五家共罰出錢九千空田者（即田不耕者）罰以三家之征以供吉凶二服及喪器謂罰出三百畝稅民雖有閭無職事者（以轉移執事之民為無職事誤）猶出夫稅

家稅夫稅百畝之稅家稅出士徒車輦給徭役據此雖鬻妻
賣子捶楚至死亦不能供至解閭師職凡無職者出夫布止
出錢一百二十文解之曰載師之無職者惰農也載師主任
地有田不耕故罰重（合田不耕與無職事為一條誤）此主任民則無職者謂
游手也故罰輕然則載師之無職非游手乎何以罰以夫征
又罰以家征圖通其說謂宅不毛是以地起亭臺者田不耕
是以田作池沼者然則無職事謂富貴家之子弟不任職自
放者何以載師職主任民忽又使之治官耶是朱子亦信周
禮為周公作故依趙注就康成註解之疏矣

孟子曰矢人豈不仁於函人哉節。按矢人函人巫匠四職皆
見周禮及考工獨不見有作棺之匠惟鄉師職及葬執纛與

匠師御廬而治役及窆執斧以涖匠師左襄四年定姒薨匠慶請木皆主作棺者漢書刑法志引諺曰鬻棺者欲歲之疫非憎人欲殺之利在於人死也說與孟子同

仁者如射節。禮記射義射者仁之道也求正諸己正己而後發發而不中則不怨勝己者反求諸己而已矣。按孟子之學得之子思之門人中庸有失諸正鵠反求諸其身之諭孟子本之為此說賈誼作射義襲孟子非孟子襲射義也

禹聞善言則拜。趙註尚書曰禹拜讜言。按此句是孟子約皋謨之辭本紀述壁文作禹拜美言下作女亦昌言爾雅昌當也謂女亦應進言也張霸古文亦依下昌字改作禹拜昌言并下句亦不可通矣趙所引當伏生今文作禹拜讜言據

周書祭公觧拜手稽首黨言張子平碑黨言允諧劉寬碑對策嘉黨黨言即美言黨從言傍為黨之俗字伏生令文應作黨黨亦美也善也

大舜有大焉節○意林引尸子曰見人有善如已有善見人有過如已有過此虞氏之盛德也按尸子此條似本中庸隱惡而揚善為説或古籍猶有存者著諸此

自耕稼陶漁以至為帝節○本紀舜耕歷山歷山之人皆讓畔漁雷澤雷澤上人皆讓居陶河濱河濱之器皆不苦窳一年所居成聚二年成邑三年成都○呂春秋慎人篇夫舜遇堯天也舜耕於歷山陶於河濱釣於雷澤天下説之秀士從之人也舜之耕漁其賢不肖與為天子同其未遇時也以其徒

屬掘地財取水利編蒲葦結罘網手足胼胝不居其遇時也登為天子賢士歸之萬民譽之丈夫女子振振殷殷無不載說（按載古戴字）韓非子歷山之農者侵畔舜往耕焉期年甽畝正河濱之漁者爭坻舜往漁焉期年而鮫人遜齒而讓長東夷之陶者器苦窳舜往陶焉期年而器牢仲尼嘆曰耕漁與陶非舜官也而舜往為之者所以救敗也舜其信仁乎乃躬耕處苦而民從之。尸子舜之田歷山荷彼耒耜耕彼南畝與四海皆有其利旱則為耕者鑿瀆險則為獵者表虎故光若日月天下歸之若父母。歷山括地志蒲州河東縣雷首山一名中條山亦名歷山亦名首陽山此山西起雷首東至吳阪凡十一名歷山南有舜井。路史雷首臨河與太華對峙即為歷觀揚雄所云登歷觀以逕望者按史記舜冀州人又有溈水汭水舜少年時不應遠離其父母當此為是○九域志歷山有三一濟南（曾子固云舜東夷之人歷山在歷城圖說謂齊之南山為歷山故其城名歷城今為濟南府）一濮陽（今山東東昌府濮州晉名濮陽隋為雷澤縣寰宇記歷山在雷澤縣西北十六里路史云今濮之西北六十里有小山孤立謂之歷山舜所耕處）一河東○虞幕為樂正食采於虞瞽瞍世襲樂正當有圭田五十畝不離虞采為近是○河濱伏生大傳舜陶於河濱括地志陶州在河東縣北三十里即舜所都也南去歷山不遠元和志古陶城在河東縣北四十里（按河濱者陶州西面枕大河似為得之）皇甫謐云在濟陰定陶西南陶邱是也正義云舜於曹州河濱作瓦器○按主定陶之說者欲附合東夷之人未詳然否據有虞氏尚陶太尊瓦甒經其手

造當不僅無苦窳而已也○雷澤鄭康成云雷澤兗州澤今屬濟陰正義云雷夏澤在濮州雷澤縣郭外西北此説欲附合東夷之人○墨子舜漁於濩澤路史云陽城漢濩澤縣墨子言舜漁在此澤今在陽城西北十二里按濩澤即紀年梁惠王十九年晉所取之濩澤廣輿記山西蒲州境有雷澤在首陽山下相傳舜漁於此○按墨子書頗近古其言舜漁濩澤離蒲州不遠似為得之

四書摧解録卷十六

吳川吳懋清迴溪著

公孫丑篇下

孟子曰天時不如地利節。荀子王霸篇上不失天時下不失地利中得人和。趙註天時謂時日干支五行王相孤虛之屬也朱註因之。太元元數篇五行用事者王王所生相故王廢勝王囚王所勝死。淮南地形篇木壯水老火生金囚土死火壯木老土生水囚金死土壯火老金生木囚水死金壯土老水生火囚木死水壯金老木生土囚火死。論衡難歲篇立春艮生震相巽胎離没坤死兑囚乾廢坎休王之衝死相之衝囚王相衝位有死囚之氣。按今五行家以甲丙庚壬四陽干生在亥寅巳申壬在卯午酉子乙丁辛癸四陰干生在午卯子酉壬在寅亥申巳分陰陽順逆説見淮南子○史記龜筴列傳日辰不全故有孤虛集解六甲孤虛法甲子旬中無戌亥戌亥則為孤辰巳則為虛甲戌旬中無申酉申酉為孤寅卯為虛甲申旬中無午未甲午旬中無辰巳甲辰旬中無寅卯甲寅旬中無子丑皆同此推○按近法又排出年孤虛月孤虛方位孤虛皆以背孤擊虛為吉如甲子旬中無戌亥空在河魁河魁即戌孤在天罡天罡即辰宜背天罡擊河魁別無奥義○按今所傳六壬法以天盤加地盤排出三傳四課將天體分作六段强立六神之名考其所出始見吳越春秋託之范蠡國語序范蠡事甚詳並不及此未可

憑信人有奇門遁甲云出張子房分為陰陽二遁共成十八局取法於洛書九宮其九星等名與醫書靈樞經合其超神接氣約為板例與靈樞專用風角定太一到宮之時刻是用活法與九宮板法不同如五陽干年氣有餘先到五日五陰干年氣不足後到五日其到宮之時刻必有風雨護送因作風角分為八方以管候之畜與緹室以葭灰候氣同法如太一在卯風從酉來為最忌為與太一對衝也其遁九星法則順行坎艮震巽穿入中宮逆行乾兑坤離復歸中宮與九宮法依九數而行者艮坤兩宮皆互易微有不同然其說較順與北斗相應所謂天乙貴人即太一下游之神其例以戌為魁辰為標亥酉在上子申次之丑未居中寅午次之卯巳次

之十干則以丁丙乙己甲戊庚辛壬癸為序丁丙貴在上乙己次之甲戊在中庚辛次之壬癸次之與奇門乙丙丁逆而上行為三奇甲子戊以下順而行為六儀法頗相似不過要貴人到位而已此書出於戰國比奇門家尚為近古據左傳所論則古人所占專重歲星謂之龍德貴人其龍度天門法詳見左傳疏逆行十二宮即今七政之木星以冬至日初昏驗其歲星所在即以此為歲之雌神其對宮即為雄神如雌在子雄必在丑雌在亥雄必在寅之類兆令厤家專指年神所在為太歲也歲之所在其國有福武王伐紂歲在鶉火即此歲也建在斗柄牽牛之初即月建也以律呂六合法合天文之十二宮取其宮與時令鬬會者用第七律吹之并可以

止雨其說比諸家為有據至甘氏石氏星經亦傳自戰國為太史占星遺法所謂天時不過此數家而已○趙註地利險阻城池之固也朱註因之○孫子九地篇用兵之法諸侯自戰其地為散地謂路徑熟各顧其家入人之地而不深者為輕地我得則利彼得亦利者為爭地我可以往彼可以來者為交地諸侯之地三屬先至而得天下之衆者為衢地衢謂通衢輻輳處入人之地深背城邑多者為重地山林險阻沮澤凡難行之道者為圮地圮敗也所由入者隘所從歸者迂彼寡从可以擊我之衆者為圍地疾戰則存不疾戰則亡者為死地是故散地則無戰輕地則無止爭地則無攻交地則無絕衢地則交合重地則掠圮地則行圍地則謀死地則戰又地形篇地形有通

者有掛者有支者有隘者有險者有遠者我可以往彼可以來曰通通形者先居高陽利糧道以戰則利可以往難以返曰掛掛形者敵無備出則勝之敵若有備出則不勝難以返不利我出而不利彼出而不利曰支支形者敵雖利我我無出也引而去之令敵半出擊之利隘形者我先居之必盈以待敵若敵先居之盈而勿從不盈而從之險形者我先居之必居高陽以待敵若敵先居之引而去之勿從也遠形者勢均難以挑戰戰而不利此六者地之道也又曰兵形象水水之形避高而趨下兵之形避實而擊虛水因地而制流兵因地而制勢。按孟子專就城郭言舉一以賅其餘

孟子將朝王節。趙註孟子雖仕於齊處賓師之位以道見敬

或稱以病未嘗趨朝而拜也○據孟子云天子不名師而況諸侯孟子分明以師道自任謂之賓師者以賓主禮相見未嘗自屈也邠卿此註必有所承斷非自造朱子未詳其所出不信而刪之淺人不能解以國策之客卿釋之客卿者掌接客之卿非賓師之位謂必如邠卿此註然後通章語意始得分明○按爾雅如適之逝往也如就見謂以弟子之禮往就見亦以師道之禮尊孟子但不當因疾而欲名見之故孟子亦託疾以辭焉

明日出弔於東郭氏節○趙註東郭氏齊大夫家也朱註因之○焦氏正義史記平準書東郭咸陽索隱引風俗通東郭牙齊大夫咸陽其後也是齊有東郭氏○按左傳東郭偃云君

出自丁謂崔杼出齊丁公裔臣出自桓是東郭氏出自桓公偽管子有東郭牙為桓公臣本出杜撰齊有東郭書東郭賈並桓公之後姜姓與田齊無涉因其以氏稱故趙意其為大夫家

孟仲子對曰節。趙註孟仲子孟子之從昆弟學於孟子者也朱註依之。按維天之命篇毛傳引孟仲子曰大哉天命之無極而美周之禮也按此篇是周公制儀禮告成於文王之詩言天命之流行不已文王則作為成儀之則以定其命令日集成之嗣王又能篤行之孟仲子說得之閟宮篇毛傳引孟仲子曰是禖宮也按謂詩之閟宮是言姜嫄當日祈子之禖宮孟仲子說得之康成謂魯立姜嫄廟非是詩譜引子思論詩於穆不已孟仲子曰於穆不似按惠定宇謂易明夷文王以之鄭氏本皆作似似續也不似猶言豈不續也是字異而義通以上三條皆孟仲子傳詩之證據陸德明釋文序錄引徐整曰子夏傳詩曾申申傳魏人李克克傳魯人孟仲子孟仲子傳根牟子（根牟魯地）根牟子傳趙人孫卿子孫卿傳魯人大毛公（大毛公名亨）又引徐整一説子夏授高行子高行子授薛倉子薛倉子授妙帛子妙帛子授河間大毛公據孟子稱高叟之為詩是高行子為孟子前輩毛傳引高子曰此靈星之尸也是高子有詩説之證孟仲子有詩説孟子又素長於詩仲子既學於孟子安知其説不授於孟子乎雖不敢斷為必一人亦無由知其非一人

不得已而之景丑氏宿焉。翟氏考異曰漢藝文志有景子三篇列儒家者流此下稱景丑為景子其言父子主恩君臣主敬及引禮文名君名諸文頗有見於儒家大意或即著書之景子亦以氣誼稍合往焉。按未可懸斷

禮曰父名無諾三句。曲禮父名無諾先生名無諾玉藻父命呼唯而不諾走而不趨凡居名以三節二節以走一節以趨在官不俟屨在外不俟車

宜與夫禮若不相似然。音義與字丁音餘。按趙註與朱註合偽疏云令子固將欲自朝於王而聞王命以遂不果行亦宜與夫禮若不相似然以其有逆此禮也是疏依丁音從與為句誤王氏經傳釋詞曰宜猶殆也左成二年宜將竊妻以逃者也公孫丑篇宜與夫禮若不相似然滕文篇宜若小然又宜若可為也離婁篇宜若無罪焉盡心篇宜若登天然皆與殆同義朱註云似與此禮之意不同朱以下似字移於上非宜字之訓

曾子曰晉楚之富一段○大戴曾子制言篇曾子曰君子以仁為尊天下之富何為富則仁為富也天下之貴何為貴則仁為貴也按語氣與此相類○朱註慊恨也少也或作嗛廣雅疏證說文歉食不滿也穀梁廿四年一穀不升謂之嗛范註不足貌韓詩外傳作鎌周書武稱解爵位不謙田宅不虧並字異而義同

天下有達尊三節○按大司徒鄉老職其國三老給以公銜六鄉大夫給以卿銜即上大夫五州長稱五更蔡邕謂更為古叟字如嫂字作嫂之比給以中大夫銜黨正給以下大夫銜鄉老一職通計三百六十人度邑解云登進天民三百六十夫指此途由選舉出身者言士冠禮記云繼世以立諸侯象賢也以

官爵人德之殺也繼世謂之象賢言子孫能象其祖父之賢世祿班亦同此意以官爵人謂選舉班給以官之虛銜分為公卿大夫士各爵示德有大小爵有降殺非實任責臣也鄉飲酒禮云若有遵者遵當讀為尊謂鄉老之稱鄉先生鄉君子皆齒德俱尊者及行賓興則坐於鄉師主人之右皆西面戰國時賓興之禮不行孟子時年六十外齒德俱尊景子言禮孟子亦與之言禮故特舉此言之下乃伸已所以辭其名之意

故將大有為之君節○尚書大傳宣王問於子春曰按樂正子春是曾子弟子宣王時不應有子春當必有誤寡人欲行孝弟之義為之有道乎子春曰昔者衛聞之樂正子曰文王之治岐也五十者杖於家六十

者杖於鄉七十者杖於朝見君揖杖康成註朝當作國揖當作去八十者

杖於朝見君揖杖君曰趣見容毋俟朝以朝乘車輲輪御為

僕送至於家九十杖而朝見君建杖君如欲有問明日就其

家以珍從。按欲有謀焉則就之隱見不就見即是慢其尊

者

故湯之於伊尹六句。按天問云成湯東巡有莘爰極何乞彼

小臣而吉妃是得按湯都在偃師伊尹耕於莘即鄭前之莘

近伊水伊尹名摯摯與勢通戰國時因勢字傅會伊尹為湯

妃媵臣見呂氏春秋屈原駁之曰成湯當日東巡有莘之野聿至

為求賢起見聘摯為臣耳何以乞小臣於有莘有莘反以女

嫁湯而使摯為媵耶正駁俗説之妄又荀子引仲虺之言曰

諸侯自為得師者王得友者霸得疑者存自為謀而莫己若者亡此出仲虺誥舉湯行事以訓諸侯之辭是湯師於伊尹之證桓公學於管仲詳見齊語

陳臻問曰前日於齊章○趙註鎰二十四兩也校勘記廖本孝文古本孔本韓本並作鎰二十兩閩監毛三本誤作二十四兩解見上○按此章序次先齊次宋次薛似齊威之末年孟子曾自魯至齊不受其餽後齊威卒齊宣立立第三年乃復由梁至齊

當在宋也節○按宋世家謂宋剔成立四十一年弟偃攻襲剔成剔成敗奔齊偃自立為宋君十一年改號稱王據年表宋偃自立之年當魏襄王之元年後在位四十七年始滅使果

剔成之弟偃不將壽百零歲耶世家索隱云辟公辟兵立紀年作宋剔成旰廢其居壁而自立一作廢桓侯璧兵而自立據此是史遷誤以剔成事屬之其子偃也據紀年惠王三十六年諸侯會於徐州相王因秦惠文侯是年加冠稱王於是梁惠王趙肅王燕易王齊威王楚威王一時並稱王韓即鄭也其國尚小止稱鄭侯至梁襄之七年鄭宣始稱王然則宋偃稱王年表謂在魏襄之十二年據紀年應為魏惠後元之十二年亦倣秦惠文王例加冠稱王諸侯十五則加冠孟子在宋而將有遠行是由宋之梁也孟子以梁惠之末年至梁之宋在之梁之前是以後元十四五年至宋也孟子惟與戴不勝戴盈之語且以教少主法告之是宋偃加冠年方十五

加冠後二三年不過十七八尚未用事孟子已窺見其氣質之不善知一薛居州無如宋王何矣

當在薛也節。趙註時有惡人欲害孟子孟子戒備朱註依之。風俗通云孟子絶糧於鄒薛困殆甚按應劭說未詳何據邠卿註亦未見其然愚考得孟子之薛在田嬰時薛當時被楚侵伐屢遭兵燹郭靖君不能以兵護送但餽贐使僱人自衛其饋亦甚矣詳見上將築薛章

孟子之平陸。閻氏釋地六國表齊康公貸十五年魯敗我平陸徐廣曰東平陸縣余謂漢東平國為古厥國孔子時為魯中都地爾時屬齊即今汶上縣是張守節云唐兗州縣即中都在大梁東界。周柄中辨證云漢書郊祀志云蚩尤在東

平陸監鄉齊之西境水經註汶水又西逕東平陸故城北應劭曰古厥國又西南逕致密城郡國志云須昌有致密城古中都漢省平陸入須昌遂合而為一耳○按此章是孟子將反齊偶到平陸後乃見於王而告之

謂其大夫曰子之持戟之士四句○趙註持戟戰士也一日三失其行伍則去之謂殺之戎昭果毅朱註襲之○釋地商居列傳持矛而操闟戟者（按闟戟謂兩戟對執合於前）旁車而趨聶政列傳韓相俠累方坐府上持兵戟而侍衛者甚衆因悟孟子持戟之士亦然戰國時多姦細治邑大夫亦曰陳兵自衛孟子即所見以為喻郝京山曰伍班次也失伍不在班也去之罷去也亦指守衛言○按此舊註為得

王之為都者。左莊二十八年凡邑有宗廟先君之主曰都無曰邑趙註取之。釋地云都與邑雖有大小古多通稱如商邑翼翼作邑于豐此都稱邑之明徵也趙良云君何不歸十五都孟子曰王之為都者此邑稱都之明徵也。按國策令章子將五都之兵是齊明有五都孟子所知僅五人未必即為此五都者閻氏說最為圓通

孟子謂蚳鼃曰。焦氏正義楊桓六書統引石經孟子作䨟鼃周氏廣業孟子逸文考云此石經當是蜀中所刻說文蚳字重文有三其籀文作𧖅疑䨟為𧖅字之譌。按周禮有蠯醢蠃醢蚳醢蠯即今蚌字蠃即今螺字蚳貝之屬謂水中互物之細者儀禮蠃醢作蝸醢康成據夏小正傳以蟻子釋之

誤此蠹讀同蝸音是蚳蝸皆螺屬

子之辭靈邱而請士師○釋地趙世家敬侯二年敗齊於靈邱六國表敬侯九年魏武侯九年韓文侯九年因齊喪共伐之至靈邱又趙世家惠文侯十六年樂毅將趙秦韓魏燕攻齊取靈邱明年燕獨深入取臨淄實不知其所在趙别有靈邱以葬武靈王得名註史記者以趙之靈邱為齊之靈邱敬侯在武靈王前此時趙安得有靈邱胡三省註齊靈邱又以漢清河郡之靈縣當之抑出臆度○江氏永羣經補義云胡三省注通鑑謂即漢清河郡之靈縣今之高唐夏津皆其地疑此說是楚魏皆嘗伐齊至靈邱正是清河郡今之東昌府地也于欽齊乘則云今滕縣東三十里明水河之南有靈邱故

城未知何據

我無官守四句。趙註今我居師賓之位進退自由豈不綽綽然舒緩有餘裕乎按朱註襲之依上將朝王章倒作賓師之之位。焦氏正義賓師之位者學記云君之所不臣於其臣者二當為師則弗臣也呂春秋高義篇墨子曰若越王聽吾言用吾道翟度身而衣量腹而食比於賓萌未敢求仕按賓客也萌氓也謂比於來賓及外來民莊子徐無鬼篇徐無鬼見武侯武侯曰先生居山林食芧栗以賓寡人久矣孟子威德為諸侯師以賓客禮相接故賓師師賓皆可通

孟子為卿於齊二句。按孟子為卿於齊以本書之次序推之當是齊宣九年孟子喪畢反齊始為臣而受卿職也出弔於

滕是弔滕定之喪設帳於鄒時世子曾訪喪禮故承命往弔
之季本圖譜謂弔滕文之喪曹氏撫餘說從之未必然
王使蓋大夫王驩為輔行○趙註王使以治蓋之大夫王驩為
輔行輔副使也王驩齊之諂人有寵於王後為右師孟子不
悦其為人雖與同使而行未嘗與之言行事不顧與之相比
也○按趙謂治蓋大夫即周禮治甸之大夫故可使人代而
用為副使不必如閻百詩說治其邑必盡食以為祿也閻疑
王驩與陳戴分食蓋邑之祿不知凡公邑編定為祿者皆治
邑大夫代為收租而給之如漢封萬戶侯皆官收給送其家
陳戴世家住止在臨淄食蓋祿萬鍾漢一井田可出穀一千
三百五十鍾萬鍾不到八井乃兩邑耳九夫為井四井為邑四邑為邱見周禮

豈泰山蓋縣正八井田耶

公孫丑曰齊卿之位節○朱註王驩蓋攝卿以行故曰齊卿○近陳組綬燃犀解引徐伯聚曰經文明言孟子為卿驩為大夫公孫丑所言之卿蓋孟子也焦氏循曰此說是也孟子以卿為正使驩以大夫副之副使原不必攝卿按聘禮凡使卿聘則大夫為上介上介即輔行且卿遂可與言大夫遂不可與言乎凡為輔使宜聽命於正使乃驩則自專而行丑問夫子以卿為正使位不為小何得聽其自專孟子言其專知自善而不諂於人予復何言哉按此依趙氏註以朱註為非愚謂齊卿指孟子此說誠是出弔原無甚事公孫此問即是加齊卿相疑必動心之舊見孟子答以夫既有治之亦無用言趙註不如朱註能貼合

語氣也

齊滕之路不為近矣。釋地全仁山云滕國今徐州北一百九十里所屬之滕縣有古滕城余考自臨淄抵滕不滿五百里路不為遠而一往一還將千里路亦不為近朝暮接焉未一及使事故丑以為疑

孟子自齊葬於魯。釋地考今孟母墓碑墓在鄒縣北二十里馬鞍山陽却非魯地疑古為魯地猶魯聊邑今亦在鄒縣界内二國密邇左傳云魯擊柝聞於邾是也。按摭餘說據自齊葬於魯句斷孟子為魯國聊邑人不然不應有鄒人與楚人戰至自卑其本鄉此說亦是愚謂此句是為充虞之問序原田歸葬於魯在齊宣七年三年喪畢將返齊在齊宣九年

此章是記将返齊時路中問答為當時尚墨教習為薄葬而發也

反於齊止於嬴充虞請曰○釋地左桓三年公會齊侯于嬴註今太山嬴縣按嬴縣故城在萊蕪縣西北四十里汶水之北去齊都臨淄三百餘里郝氏謂歸而葬反於齊者拜君賜也其止於嬴者何也禮衰經不入公門至齊境上為壇位成禮於嬴畢将遂反也然安有拜君賜於三百里之外者乎且衰經不入公門未聞不入國門為壇位而哭乃出亡禮非喪者所用以論匠事於止嬴日故繫止於嬴猶公孫丑論不受祿於居休日故繫以居休豈必别有義乎按充虞或嬴縣人故孟子兩次經過皆以充虞問見書法嬴及平陸亦一路所經也然則葬後宜終喪於家曷為而遽反於

齊余曰終三年復至齊耳非遽也果爾則何以為前日辭余曰孟子之書有以昔與今對言昔似在所遠而亦有指昨日者昔者辭以疾是也以前日與今日對言前日似在所近而亦指最遠者前日願見而不可得是也夫孟子久於齊而後去去齊之日上溯其未遊齊之日猶目之為前日安在僅三年者而不目以前日耶孝子之喪親言不文今也援古論今幾於文矣三年之喪言而不語後魏孝文帝以與公卿往復追用慟絶曰朕在不言之列不應如此喋喋豈孟子顧出孝文下耶故充虞問答斷在免喪之後為得其實也

使虞敦匠事嚴虞不敢請四句○趙註敦匠厚作棺也事嚴喪事急以使虞敦匠為句事嚴為句朱註云嘗董治作棺之事

者也以事字屬上讀。翟氏考異韻書敦字凡十二義未嘗有以董治訓者孔廣森經學卮言謂敦治也讀為敦商之旅之敦。按厚作棺在下文木若以美然見之此不必訓為棺厚據詩王事敦我政事一埤遺我謂王事厚責成於我政事一埤遺與我謂前日不知虞之不肖使虞厚責成以理匠事斂期太急又不敢請令願竊有請所用棺木若太美然此木在[或]齊預蓄之或病猝起多費財買得之時薄葬之風大行故虞亦蓄疑因有此問也

古者棺椁無度節。據喪大記自君至上大夫皆棺八寸下大夫至士皆棺六寸是周公制孟子舉其中數謂自天子達於庶人皆用七寸是無度為上古有度為中古亦大槩言之據

大記及莊子皆在屬椑之重數多少分尊卑亦不專在棺之寸數分貴賤據左傳鐵之戰趙簡子誓曰桐棺三寸不設屬辟鄭註引作不設屬椑改辟作椑與大記合下卿之罰也孔子制於中制於中都四寸之棺五寸之椁專為庶人言此是下古制墨教以桐棺三寸葬其親直是罰其親與禮教皆不可為訓

得之為有財○集註或曰為當作而○集註考證為當一讀謂禮制所得為也不必改作而○按得之當一讀及為而又有其財可知此本是在齊時極廢財乃得之○考異曰檀弓子思與柳若論喪禮曰吾聞有其禮無其財君子弗行也有其禮有其財無其時君子弗行也孟子言此卽受於子思者

於人心獨無恔乎○音義恔音效丁音皎○廣韻恔字云胡教

切出孟子蓋以恔為快○焦氏正義方言云逞曉恔苦快也自關而東或曰曉或曰逞江淮陳楚之間曰逞宋鄭周洛韓魏之間曰苦東齊海岱之間曰恔自關而西曰快戴震方言疏證云孟子恔字趙氏註云快也義本此

沈同以其私問曰○按沈同趙註齊大臣朱註改為齊臣朱說得之伐燕之謀據燕策考之其發謀實起於宣王因燕有釁使人說太子平誘之令與子之相攻鷸蚌相持已得起而乘其斃此齊宣詭計不敢商之孟子者迨平中其計攻擊數月至百姓離意望救於外援早在齊宣意計中滿朝未之知也及請救頻仍田臣思著急齊宣故為意欲救韓遲疑不發意在吞燕未遽發兵也乃密使孟子不經意之人沈同素領教

於孟子者但以私情問燕有可伐之罪否凡云伐者謂聲其罪而伐之既服其罪則立其賢者而去之齊宣意在取欲借以為名則在罪之可伐不可伐是問伐非問取也及舉燕之後乃與孟子商取耳自孟子歸葬三年一旦反齊不久即遇燕人擁立太子平之事守燕諸將必盡為所廹逐并歸怨於孟子者有之據此章語氣是孟子返齊後當宣王之九年十年時所記外註林氏謂此書記事錯出無先後之序亦未細詳其意矣

有仕於此○論衡刺孟篇引仕作士○鄭厚藝圃折衷引亦作士○按四書辯疑謂此仕字當作士為傳寫之差翟氏考異謂仕士二字古通未必傳寫之譌愚謂有仕於此謂有仕於沈

同家下句而子悅之方可接此仕字不當改作士下夫士也猶云此士也仕於大夫家之士并可證沈同是大夫非齊大臣

彼然而伐之也。趙註謂同以孟子言可因歸勸王伐燕按趙注誤以同為齊大臣故為此說不知齊宣使同探信同以吾說為然齊宣亦以為然自在言下朱子語類亦疑此章誠有未盡合更說是弔民伐罪不行殘害之主方可以伐之如此方善此是朱子前說及作集註則云史記亦謂孟子勸齊伐燕蓋傳聞此說之誤此是朱子後說合兩說皆疑孟子不透底說明故後來傳聞得歸過於孟子也豈知齊宣先誘太子平攻子之因從中取利至感動北地之衆請救頻仍此時孟子昂勸止勿伐豈能遏其行哉且使沈同私問止問有可伐之罪否孟子直指出其罪見伐不爲過沈同承王意而來聽到此便止且告辭而去矣倘久坐長談别生議論豈王託問之旨耶使依孟子之説行之一援立太子平前誘之以相助者既不失其信後頻仍望救克拯之於水火之中不堂堂然王者之師哉乃齊宣設計在取儲子又勸因而仆之田臣思謂秦魏伐韓楚趙必救值五國皆有事是天下皆以燕賜我之時此齊宣所以決意取之不僅伐之矣既取之後孟子告以取之而燕民不悦則勿取齊宣聞而不納及諸侯之謀起再告以置君而去亦置若罔聞是齊宣負孟子非孟子誤王也但孟子於事後伸説只到半截便止亦自引爲已過不肯

盡諉過於王所謂居子之所為衆人固不識學孔子而得其似者也於心實無所慙齊宣雖深以為慙却又不肯明明認錯彼然二字口是説沁同意卻是指齊宣可以意會也

燕人畔王曰吾甚慙於孟子○朱註齊破燕後二年燕人共立太子平為王○按朱註此條最確齊破燕後之二年即是伐燕後之第三年據紀年是慎靚王元年齊宣立隱王元年為齊宣七年燕子之殺公子平不克齊師殺子之醢其身趙名公子職於韓立以為燕王使樂池送之按太子平為齊所困故立職以為兵主及齊宣九年為破燕後二年燕策及燕世家皆云燕人共立太子平與紀年合獨年表謂子噲及太子平子之皆死誤也知其誤者燕策云齊既破燕燕昭王卑身厚幣以招賢者欲將

報讐往見郭隗先生曰齊因孫國之亂而襲破燕孫極知燕小力少不足以報然得賢士以共國以雪先生之恥孫之願也謂為齊宣所欺聲言往救卒據為己有隱忍三年燕人乃立太子平盡逐齊監守諸人當依孟嘗君傳索隱引紀年齊威卒於梁惠王後元十五年齊宣立於後元十六年當慎靚王之元年則通鑑移世家宣王之年後退十年與諸儒信史遷之說疑宣王當為湣王者皆可不辯自明矣

陳賈曰王無患焉節。按陳賈謂周公使管叔監殷管叔以殷畔兩句皆出傳會愚考得管叔監殷是武王使之以殷畔者是蒲姑君誘二叔使流言令周公見疑乃激武庚脇三叔以畔也一據紀年武王十二年滅殷之後立受子禄父是為武庚命監殷遂狩於管按管即河南之管州一據周書克殷解立王子武庚命管叔相一據大匡解惟十有三祀王在管管叔自作殷之監東隅之侯咸受賜于王王乃旅之以上東隅孔晁註東隅自殷以東旅謂也各使陳其政事者也○按以猶與也與上陳東隅政事者王皆誡勅之如下文所云也用大匡順九則八宅六位按謂用法大匡正之令順九則八宅六位下文乃列九則八宅六位之目一據文政解惟十有三祀王在管管蔡開宗循孔晁註管管叔之邑二叔開其宗族循鎬京之政言從化也王禁九慝昭九行濟九醜尊九德止九過務九勝傾九戒固九守順九典按王字當屬上讀謂管蔡二人武王皆開導其宗親令循王法九條下文乃詳列九條之目一據作雒解武王克殷乃立王子祿父俾守商祀孔註封以鄭祭成湯○按鄭即邢邱也戰國時韓遷於邢邱改國號曰鄭武庚滅後乃封周公子於邢為邢侯諸儒不知此謂以河北地盡封武庚非也建管叔于東按東謂鄘也邢邱之東有地名鄘令管叔鎮守此以監武庚

建蔡叔霍叔于殷俾監殷臣按蔡叔原封上蔡霍叔原封近霍山殷謂邶也邶為紂舊都建蔡霍於邶使監殷之舊臣武王乃歸據上五條皆武王使管叔監武庚於邢邱所以誡勑之者極詳盡與周公無涉也至以殷畔之人一據紀年成王元年秋王加元服按謂加冠也武庚以殷畔周文公出居于東按謂避不利王之謗出居於河南之鄭卯城二年奄人徐人及淮夷入于邶以叛謂三國亟徙入邶助武庚作亂也秋大雷雨以風王逆周文公于郊遂伐殷按謂伐邢及邶三年王師滅殷殺武庚祿父遷殷民于衛按謂另委康叔監殷遺民遂伐奄滅蒲姑按謂蒲姑居勸武庚叛時逃於奄遂執殺之一據作雒解武王崩周公立相天子三叔及殷東徐奄及熊盈以略孔晁註云謂為宰攝政也殷祿父徐戎奄謂殷之諸侯○按殷東謂蔡霍所監殷管叔所監東並叛也徐奄及熊盈謂徐人奄人及淮夷之熊及盈四國人人入邶助亂肆行劫略也周公名公內弭父兄外撫諸

侯元年夏六月葬武王於畢二年人作師旅臨衛政殷按謂由衛進兵攻殷原文作政殷一本作攻攻字妥殷大震潰降辟三叔王子祿父北奔管叔經而卒按謂自縊死乃囚蔡叔于郭淩孔註郭淩地名囚拘也一據金縢大傅武王殺紂立祿父使管叔蔡叔監祿父武王死成王幼周公盛養成王管叔蔡叔疑周公流言于國曰公將不利于王按此是蒲姑君誘之流言令周公避位遠去此管叔之愚也奄君蒲姑鄭註元疑爲蒲姑齊地非奄君名○按鄭註未亮古奄地甚廣北自蒲姑城南至魯奄中皆是此奄君即蒲姑城之奄經武王所伐尚逋逃未獲者特勸祿父作亂也謂祿父曰武王既死矣今王尚幼矣周公見疑矣此世之時也請舉事然後祿父及三監叛也周公以成王之命殺祿父一據成開解成王元年大開告用孔註周公大開告道成王用之也周公曰嗚呼余夙夜之勤令商孽競時逋播以輔余何循何

循何慎王其敬天命無易天不虞孔註言商餘紂子祿父競求是逋播逃越之人以自輔當敬天命備不度者也○按逋播之人其首惡即蒲姑君也大誥云肆予以爾東征于伐殷逋播臣謂武王伐蒲姑其君尚逋逃未獲至是又勸武庚叛即金縢所謂罪人也據上四條皆蒲姑君誘三叔使流言令周公被謗為成王所疑不得不遠去然後勸武庚舉事及周公居東二年探信既真知其致叛之由皆起於蒲姑君盡得其真情乃歸報成王請兵征之是以殷叛者武庚而而使之叛者蒲姑君也引四國匪人聚於殷都肆行刦略三叔既播流言自然不敢歸周武庚乃脇之同叛謂三叔同叛則可謂管叔能以殷叛則不可自陳賈此議出古今皆信之孟子亦不與之辯甚矣佞人之口可畏也今特詳於此孔叢子儒服篇述孔穿為齊將與燕戰而敗其對齊君之辭亦竊

陳賈此數句為文飾潛夫論釋難篇子庚問潛夫曰周公知管叔之惡以相武庚使肆厥毒從而誅之何不仁也若其不知何不聖也二者之過必處一焉亦述陳賈說為論難是自來無知其出於傅會者

周公弟也管叔兄也○趙註周公惟管叔弟也故愛之管叔念周公兄也故望之按趙註以管叔為周公弟○朱註言周公乃管叔之弟管叔乃周公之兄按朱註以管叔為周公兄○按管蔡世家武王同母兄弟十人其長子曰伯邑考次曰武王發次曰管叔鮮次曰周公旦是管叔為周公兄列女傳母儀篇太姒生十男長伯邑考次武王發次周公旦次管叔鮮是管叔為周公弟白虎通姓名篇文王十子引詩傳云伯邑

考武王發周公旦管叔鮮説與列女傳同高誘註淮南氾論訓云管叔周公兄及註呂氏春秋開春篇察微篇又云管叔周公弟二説並陳不主一説依孟子文氣當以朱説為順凡事之難考及譌言妄傳者孟子一言皆據理直斷不瑣瑣與之辯武王使管叔監殷誰不知之孟子亦不置辯但謂周公過則能改又何論其孰兄孰弟耶

且古之君子過則改之節。按左傳言管蔡事有兩説一云成王殺管叔而蔡蔡叔祝佗則云周公殺管叔而蔡蔡叔據作雒解云降辟三叔管叔經而卒按辟卽立政令文之辟人古文改作準人謂降執法之官令執三叔將議其罪管叔自媿先自縊死據屈原天問云伯林雉經維其何故何感天抑地夫誰畏懼按伯林當地名雉繩也維思也謂管叔繩縊於伯林亦思其何故乎因毀謗周公無面相見乃自經死何周公作詩可以感天之風雷制禮何以抑地之社稷夫何所畏懼竟敢謗之耶（王逸註謂申生自經於新廟誤）及後周公作棠兄弟之詩謂死喪之威兄弟孔懷原隰裒矣兄弟求矣痛管叔縊於伯林仍求其尸而収葬之蓋吊二叔之人力孤單不能咸輔因封建親戚以屏藩周兄弟之國十六同姓五十異姓百五十（杜預註謂夏商二叔世兄弟不和誤）無殺兄之事可知張霸撰蔡仲之命改降辟三叔作致辟三叔改金縢令文我之弗避作我之弗辟（見說文）似周公親剸及於其兄古文書之不可信如此

孟子致為臣而歸節○按致為臣謂此次返齊始受卿職因王

不肯改過乃繳還印綬而歸其室趙註得之前日願見而不可得謂歸葬守制三年也得侍側人肯受職同朝甚為可喜可知前次是為師賓不受職矣俗讀得侍為句非（參孔氏廣森說）

他日王謂時子曰○薛應旂人物考齊大夫時子（趙註時子齊臣朱註因之）古今姓纂齊有賢人時子著書見孟子新論按未詳

辭十萬而受萬二句○按趙註朱註皆以受萬為受養弟子之萬鍾似皆未協下文正譏子叔疑欲使其子弟長富貴孟子豈肯因循為養弟子之萬鍾而留乎然則辭十萬而受萬者孟子返齊受卿職二年應得祿十一萬鍾退而有去志止受其萬辭其十萬也據漢斛田百畝可出穀百五十鍾此鍾字據李悝說一鍾作一石斛左傳言卿備百邑四井為邑一邑

出穀五百四十鍾百邑出穀五萬四千鍾久於齊為兩年應
得十萬八千鍾予僅受其萬豈為欲富予不欲富肯為養弟
子之萬鍾留中季孫所譏耶可知齊宣餌弟子以萬鍾欲弟
子或代為挽留時子亦知王意因其弟子陳臻而告之
季孫曰異哉子叔疑節○趙註謂季孫子叔二人為孟子弟子
朱註謂季孫子叔疑不知何時人○按左傳季孫氏是莊公
同母弟季友之後世為上卿子叔氏是宣公之母弟子叔肹
之後世為小卿書名於春秋之策叔肹子為子叔嬰齊與季
孫行父同時嬰齊子為叔老叔老子為叔弓卽子叔敬子與
季孫宿同時叔弓子為叔輒叔鞅輒字伯張輒卒鞅嗣鞅子
為叔詣公穀作叔倪與季孫意如同時定公時有叔還弓之曾孫

與季桓子同時哀公時有叔青與季康子同時子叔疑不見春秋之策當在悼公之世此時世襲之卿為季氏所黜矣周氏廣業謂郎子叔倪音與疑近未必然

有私龍斷焉○音義丁云龍與隆聲相近隆高也葢古人之言耳如脊須之類是也張云斷如字斷如字音段或讀如割斷之斷非也陸善經云龍斷謂岡龍斷而高者如陸之釋則龍音壟按朱註音壟○翟氏考異曰列子湯問篇說愚公移山事曰自此冀之南漢之陰無隴斷焉可為陸說之確證

孟子去齊宿於晝○校勘記作晝各本同孔本韓本晝作畫當是采用舊說不必有本子也廣韻四十九宥晝字下云又姓晝邑大夫之後因氏焉出風俗通孟子晝不當改作畫字○

史記田單傳燕初入齊聞畫邑人王蠋賢令軍中曰環畫邑三十里無入索隱畫胡卦反正義引劉熙曰畫音獲括地志澅邑蠋所居卽春秋棘邑因澅水為名○困學紀聞水經註澅水出時水東去臨淄城十八里所謂澅中也水經註臨淄澅水西北入沛集註考證語錄謂齊有畫邑又有畫邑路史云畫邑在西安城畫邑在臨淄○翟氏考異分畫畫為二邑者以路史為據然後漢紀敘耿弇進軍畫中史有明文云西安距臨淄三十里弇引營居臨淄西安閒卽畫是也畫去臨淄十八里去西安則十二里於兩邑皆相近安得漫援為畫畫不同之據

隱几而卧○按古几長三尺約高一尺與今炕桌相似生人左几設於席左以優尊者坐則雙膝著地兩足屈於後尻在蹠

上直其膂為跪開兩膝為横肱為箕踞倦則左肘憑几莊子云南郭子綦隱几而坐是也弟子請業則起當跽而直其膂令容坐而言便是不執禮追欲起而去乃留之復坐非如後世之曲木抱膂狐蹯鵲膝之形也

弟子齊宿二句。按齊宣稱夫子淳于髡稱夫子此客安得不稱弟子齊戒越宿自言其誠

昔者魯繆公三句。魯世家繆公名顯（按系本作名不衍二字合音即顯字）哀公曾孫元公子也立三十三年卒。檀弓穆公問於子思曰為舊君反服古與子思曰古之君子進人以禮退人以禮故有舊君反服之禮也今之君子進人若將加諸膝退人若將隊諸淵毋為戎首不亦善乎又何反服之禮之有。按喪服傳

有為舊君齊衰三月何得云無此子思因事獻規見禮從義起不當執此以責人○呂氏春秋子思居衛魯穆公卒縣子使乎衛（按武即檀弓之縣子瑣）聞喪而服謂子思曰子雖未臣魯父毋之國也先君家廟在焉奈何不服子思曰吾豈愛乎禮不得也（縣子謂為庶民亦有三月服不知子思已臣衛也）臣而去國君不埽其宗廟則為之服（此埽字作毀字解喪服傳作洒埽解不同）寄公寓於是國而為國服（亦齊衰三月）吾既無列於魯而寄在衛吾何服哉是寄臣而服所寄之君則舊君無服明不二君之義也縣子曰善哉○據孟子是子思仕衛在魯則為繆公師未嘗為之臣今齊宣欲留孟子不親使人留而客欲為王留行殊不著痛癢

泄柳申詳三句○集註考證泄柳雜記作世柳世泄古語四聲

之訛也魯繆公史並作穆〇雜記泄柳之母死相者由左泄柳死其徒由右相由右相泄柳之徒為之也〇按此泄柳即閑門而不納之泄柳為魯儒宗及其徒乃失之註者疑即子柳誤〇檀弓子柳之母死子碩請具鄭註子柳者叔仲皮之子子碩之兄〇按鄭註誤子柳者叔仲皮之父子碩之兄叔孫氏之裔世為魯大夫與泄柳異子柳曰何以哉子碩曰請粥庶弟之母子柳曰如之何其粥人之母以葬其母也不可既葬子碩欲以賻布之餘具祭器子柳曰不可吾聞之也君子不家於喪請班諸兄弟之貧者按此即淳于髡所云子柳子思為臣者又叔仲皮學子柳鄭註訓學為教以學為斆字誤學子柳謂學於其父子柳叔仲皮死其妻魯人也衣衰而繆絰鄭註謂魯人為鈍人改衣衰作齊衰並誤〇按謂仲皮之妻魯國人服齊衰用麻絞成為睘經衣讀去聲叔仲衍以告請繐衰而環絰鄭註謂衍是皮之弟見時人尚輕細

告子柳曰汝妻何為著非禮之服子柳以為然乃請於衍令妻繐衰而環絰○按鄭註誤衍是皮之子告其母請用其繐衰而環絰繐衰者以葛為衰此大夫為天子七月之服環絰者以葛布為帶環其腰也曰昔者吾喪姑姊妹亦如斯末吾禁也退使其妻繐衰而環絰鄭註謂昔者衍大答辭也○按鄭註不可通曰者衍之毋答其子之辭也昔者吾喪姑姑即子柳妻皮妻稱為姑凡姊妹皆如此服吾舅子柳最知禮不吾禁也衍不知禮竟令其妻繐衰而環絰不從毋教按據鄭註是子柳極不知禮與不家於喪之子柳迥若兩人據愚說是子柳及其子皮與皮之妻皆知禮至其孫衍乃失其家風據左傳是叔孫之裔别為叔仲氏世本云魯桓公生叔牙牙生武仲休休生惠伯彭彭生皮按彭即宣公時之叔仲彭生子柳與子思同時不論仲皮為柳之父柳之子自惠伯彭至仲皮當脱五六代因世本錯落故鄭註誤斥柳為皮子據此推之知子柳為皮父世

為魯臣斷不可附合泄柳為一人○朱註申詳子張之子也按朱子襲鄭禮記註誤檀弓子張病召申詳而語之曰君子曰終小人曰死吾今日其庶幾乎鄭註申詳子張子○按鄭註誤子張名申詳與曾子名門弟子同不然豈父當大漸子待名之始至耶又曾子曰小功不為位也者是委巷之禮也子思之哭嫂也為位婦人倡踊申詳之哭言思也亦然鄭註言思子游子申詳妻之兄弟也○按此曾子當是曾申故引其同時人為證按史記弟子傳子張姓顓孫據左莊二十二年陳完與顓孫奔齊顓孫自齊來奔是顓孫氏為陳國人魯之有顓孫氏自此始據說苑載曾子時魯有顓孫子莫疑即孟子所稱執中之子莫當子張之裔康成傳會申與顓孫周秦之聲相近豈知申姓為魯望族安可謂為即顓孫應改正

孟子去齊充虞路問曰章○按充虞當太山嬴縣人孟子反齊及歸魯路皆經此故特下路字可證上章充虞請曰是服滿反齊在路中請教矣

其間必有名世者○趙註名世次聖之才物來能名正於一世者生於聖人之間也按名字之上須增物來能三字解之方可通朱註名世謂其人德業聞望可名於一世者按名字之上亦增德業聞望四字解之似皆未順○漢書劉向傳贊引傳曰聖人不出其間必有命世者焉○三國志荀攸傳註引傅子曰孟軻稱五百年而有王者興其間必有命世者○文選西征賦杖命世之英藺註亦引孟子其間必有命世者○按三引皆作命世名命二字古通呂刑乃命三后墨子引作

名金縢名之曰鴟鴞壁文作命此當作命世命訓解云大命世小命身謂受大命者得世襲受小命者命止及身不得世襲如伊尹是選舉班後伊陟亦世襲宰輔是也謂其間必有輔成王業命以世襲者當作命世為得

由周而來七百有餘歲矣。江氏永羣經補義云孟子去齊在燕人畔之後蓋周赧王三年己酉愚推得孟子返齊在赧王三年去齊在赧王五年孟子言由周而來七百有餘歲邵子皇極經世金吉甫通鑑綱目前編考之武王伐殷己卯距赧王己酉八百一十一年與孟子言不合蓋周初自共和庚申以前有誤衍之年其誤衍始於劉歆厤譜也共和庚申以前之年史遷不能紀惟魯世家自考公以下有其年考公四年煬公六年幽公十四年魏公五十年厲公三十七年獻公三十二年眞公三十年眞公之十四年厲王出奔彘共和行政爲共和前年己未自考公至眞公十四年凡一百五十七年魯公伯禽史記未著卒年厤譜謂成王元年爲命魯公之歲魯公四十六年至康王六年而薨以四十六加一百五十七則成王元年至厲王己未二百單三年耳而厤譜累推七十六年之朔旦冬至數諸公之年謂世家煬公卽位六十年是得史記誤本以六年爲六十年也又謂獻公卽位五十年是又誤以三十二年爲五十年也煬公衍五十四年獻公衍十八年共衍七十二年則自成王元年至厲王己未有二百七十五年令經世之書成王立於乙酉至厲王己未二百七十五年正承劉歆之誤也

前計武王己卯至赧王己酉八百一十一年除去七十二年實得七百三十九年正與孟子語七百有餘歲合矣否則孟子生於周豈不知其年數乃缺去七十餘年邪。按紀年以庚辰為武王元年沈約大字註謂殷厤終於戊寅以己卯為武王元年如江氏慎修說自武王己卯計至赧王三年己酉為七百五十一年依愚說孟子以赧王五年去齊增入二年為七百五十三年與孟子七百有餘歲亦合武王元年本庚辰沈約以為己卯者亦用劉歆說附合張霸古文改泰誓十一年冬出兵伐紂為十三年大會於孟津也并附記於此

孟子去齊居休。釋地孟子致為臣而歸按趙註謂歸于家最得謂辭去官守家居不復上朝也與釋地說異歸於鄒也中間經過地名休者少憩焉與丑論

在齊事故曰居休故休城在今兖州府滕縣北一十五里距孟子家約百里○按此說最確一路由瀛經休序次如畫然

公孫丑曰仕而不受祿二句○按仕而不受祿謂受卿職兩年止闕俸萬鍾以後俱不受未明其故故問之

曰非也於崇吾得見王節○按宋本趙註作崇齊地近刻作崇地名實未詳所在○愚推得齊宣九年孟子返齊必再伸其前說謂燕人不悅宜援立太子踐其前約齊宣想亦口許而因循不發及燕人共立太子平變起倉猝齊宣自然抱慚難於見面所以孟子至崇纔得一見王仍戀之不舍不肯改過此孟子所以退而有去志齊宣對陳賈亦肯認為甚慙於孟子也自是決志不受祿為辭職計矣

繼而有師命節○趙註朱註皆主有師旅之命愚謂師命即使為諸大夫國人師之命與任氏啟運約旨說同為師之所以不可請者據致為臣而歸則不入朝朝見矣宣王謂可以繼此而得見乎孟子對以不敢請耳謂本分不敢請見王欲見而命之見固所願也謂繼而有為國人師之命分不可以請見故久留於齊待其就見因得以陳諫而志則欲去之久矣所以不受禄也

四書摧解録卷十七

吴川吴懋清迴溪著

滕文公篇上

滕文公爲世子。趙註古紀世本録諸侯之世滕有考公麋與文公之父定公相值其子元公宏與文公相值似後世避諱改考公爲定公以元公行文德故謂之文公也。按趙註恐誤漢藝文志春秋二十三家有世本十三篇杜預註左皆依用之杜作春秋釋例云滕自叔繡至公邱二十一世爲秦所滅據世本爲説是滕侯薛侯來朝之滕在沛國之龔邱與鄭爲鄭杜謂爲秦所滅秦字誤據紀年晋烈公三年當周烈王九年滕鄭皆爲朱句所滅句踐末年徙都瑯邪與滕鄭逼處

 一

朱句為句踐之曾孫也至定公之滕為周懿王子王子錯之裔與薛為鄰與春秋之滕與郯為鄰者一南北地既不同開國之祖亦異定公之滕安得有世本豈可據叔繡之世本謂考公麋與定公相值元公宏與文公相值耶據漢地理志沛郡公邱註云故滕國周懿王子錯叔繡所封三十一世為齊所滅按叔繡所封二十一世為越所滅懿王子錯所封三十一世為齊所滅齊即薛也班固考之不詳遂合二滕為一合子錯與叔繡為一邠鄉因左傳魯成公時有滕文公疑其避諱改文為元抑知周公為文王子亦謚為文古人原不以同謚為嫌趙引世本謂為相值不可信朱子削之甚協

將之楚過宋而見孟子○愚據紀年推得孟子在宋將有遠行

當是由宋適梁在梁惠後元之十六七年世子見孟子於宋又在未適梁前特提出道性善稱堯舜為孟氏一生教人宗旨見與滕有緣也○閻氏釋地是時楚地久廣至泗上十二諸侯者宋魯滕薛邾莒在淮泗之上國滕南與楚鄰苟有事於楚一舉足已入其境何必迂而西南行三百五十餘里過宋都乎以孟子在焉往也如是返也如是不憚假道於宋之勞其賢可知○周氏辨正楚頃襄王二十一年始徙都陳是時楚都于鄀在今湖北襄陽府宜城縣西南九十里宋都商邱在今河南歸德府商邱縣滕在今兗州府滕縣西南十四里自滕之楚取道商邱路稍回遠謂非迂道固謬謂一舉足已入其境亦未明悉

成覸謂齊景公曰○音義覸古莧切一音閑○焦氏正義古莧切是瞯字說文云江淮之間謂眂曰瞯王使人瞯夫子是此字也音閑則當作覸說文云很視也齊景公之勇臣有成覸者廣韻覸人名淮南子齊俗訓作成覸為荆猶考工記故書頎或作牼也漢書廣川王傳其殿門有成慶畫短衣大袴長劍師古云成慶古之勇士事見淮南子是成荆即成慶趙策鄭同曰內無孟賁之威荆慶之斷鮑彪註荆成荆史記范雎傳成荆孟賁王慶忌夏育之勇焉而死集解引許慎云成荆古勇士是荆慶覸三字古音通汗簡覸字見古春秋或因齊景是春秋時人故云見古春秋○按朱註依古莧切音瞰當音閒為得閒荆肩雙聲同用

顏淵曰舜何人也二句。鹽鐵論引作顏淵曰舜獨何人也回何人也。孔叢子居衛篇孟軻問子思曰堯舜之道可力而致乎子思曰彼人也我人也惡有不至者乎。按孔叢是西漢成帝時張霸所撰孟子與子思時世不相接此援孟子文撰為是說亦無意義不足據

公明儀曰文王我師也二句。按檀弓子張之喪公明儀為志焉公明儀為志謂儀長於喪禮請儀相其喪事題其銘旌儀依殷士禮行之周公所制禮天子諸侯用周禮其餘大夫士許用夏殷禮此條亦見儀精於禮教之一端又祭義公明儀問於曾子曰夫子可為孝乎是儀為曾子弟子之證説苑有公明宣問於曾子或儀之族人

書曰若藥不瞑眩二句○音義瞑眩莫甸切下音縣又作眠眴音同○按楚語白公子張引書曰以余正四方恐余德之不類（類善也）茲故不言又曰若金用汝作礪若津水用汝作舟若天旱用汝作霖雨啓乃心沃朕心若藥不瞑眩厥疾不瘳若跣不視地厥足用傷與孟子所引合但其書不傳故趙註云書逸篇也東萊張霸撰古文說命篇將楚語所引竄改為之作若藥不眄眩（此句見說文引）厥疾不瘳改瞑為眄二字音義不同及偽古文出謂丏為古不字與弗通顏師古信之作隸古定本改作若藥弗瞑眩厥疾弗瘳其眄字依鄭本作瞑至音義又作眠眴之本今無考據司馬相如大人賦視眩眠而無見兮揚雄甘泉賦目冥眴而無見眠眴即瞑眩音義通

滕定公薨節○據紀年推得孟子返齊在齊宣九年底十年初是滕定公薨在齊宣九年孟子設帳於鄒尚未解館及返齊為卿則出弔於滕近説皆謂弔滕文之薨非也然則與言於宋是述其前七八年時事

然友之鄒問於孟子○焦氏正義史記正義云鄒今鄒縣去徐州滕縣四十餘里盖往返不過大半日故可問而後行事

曾子曰生事之以禮四句○據論語此四句是孔子荅樊遲語據下文述所聞與檀弓所記合是曾申述曾參語則此四句亦曾子嘗舉以教人者非孟子臆誤也

吾嘗聞之矣三年之喪六句○檀弓穆公之母卒使人問於曾子曰如之何對曰申也聞諸申之父哭泣之哀齊斬之情饘

粥之食自天子達。集註考證禮為父斬衰為母齊衰若疏衰則又次于此今滕定公薨文公當為斬衰之服而云齊疏似可疑上文吾嘗聞之矣則此三句亦古語昔魯繆公問於曾子曾子所對數語與此正同蓋古語傳誦之訛孟子引之爾實當作齊斬之服。按孟子云諸侯之禮吾未之學此是實語自穆王改造周禮言及喪服皆用葛從服諸臣亦用葛與穆天子傳盛姬之喪合據大夫聘於天子遇王喪用繐衰繐為葛之細者與周禮合曾申對穆公云齊斬之情齊斬以麻布言情則以其慘切之情言謂其情如其服之黯黑未必責以用麻也自春秋至戰國大槩皆遵穆王制孟子直云未學其所學聞之曾申者三代共之之制明甚意重在行三年之喪諸在所略與不能三年之喪而緦小功之察同意故不云齊斬之情而云齊疏之服猶論中古棺七寸椁稱之亦不以喪大記為據故言中古言自天子達意在矯枉言齊疏之服言三代共之意在反之以漸不得如金氏集證武斷為孟子傳誦之訛也

飦粥之食○檀弓釋文饘本作飦按亶與干雙聲似可兩讀義同○喪大記君之喪子大夫公子衆士皆三日不食（按謂不食疏食）止食粥連下讀）食粥納財朝一溢米暮一溢米食之無算（按財與才通即今纔字溢一升又二十四升之一）士疏食水飲食之無算（按此士謂鄉老之公士為衆臣者與上衆士為貴臣者異）夫人世婦皆疏食水飲食之無算大夫之喪（此有士之大夫）主人室老子姪皆粥衆士疏食水飲妻妾疏食水飲士亦如

之既葬主人疏食水飲不食菜果婦人亦如之君大夫士一
也○按孟子明云飦粥之食鄭註謂三日皆不食誤曾子水
漿不入口七日是賢者之過子思謂水漿不入口三日杖而
後能起則不禁人食粥矣近説皆疑一溢米太多不知廾甚
小古以一指之廣為一寸豆廣四寸深二寸可容四廾與今
味碟子無異小可知矣
然友反命定為三年之喪節○按喪服篇周公所制與士喪禮
士虞禮並傳頒行天下者時至春秋多廢閣不行孔子特表
章之授之子夏而為之傳凡子為父臣為君妻為夫皆斬衰
三年三十七月而禫踰月而禘始用樂此三綱之理懸諸日
月而不刊者也天子七月而葬九虞而卒哭諸侯五月七虞

而卒哭大夫三月士踰月葬而虞虞而作主卒哭而祔然後脱麻服易以成布之練服諸侯七月而練天子九月而練自是一期十三月而小祥祥必祭再兩期三十七月而大祥據紀年舜之於堯禹之於舜成王之於武王康王之於成王莫不皆然時至春秋有不盡然者矣一據隱公三年其毋聲子卒至四年九月考仲子之宫初獻六羽是十六月禫十八月用樂之證莊公八月卒至閔二年五月吉禘是二十月禫二十二月用樂之證僖公十二月卒至文二年八月大事於太廟是十九月禫二十一月用樂之證及禘用樂則脱練服用吉服矣春秋上半部已不行再期二十五月之喪矣據左傳鄭請禘祀而從命晉對諸侯亦云以寡君之未禘祀不然不

敢忘據此兩條安知其不卒哭而祔即蒸嘗禘於廟乎宰我在聖門亦習孔子所傳喪服篇者曰舊穀既沒是一年新穀既升是兩年又加以鑽燧改火是兩年二十四月加以三月一改火共為二十七月期已久矣是直以二十七月期為已久期可以止此期讀其音不讀期音也孔子以子免於懷告之子必四歲足三十七月然後可免於懷特漢儒過信荀卿三年問篇謂聖人立中制節以再期二十五月為三年因疑宰我欲以父母三年之喪下同於為世父為兄弟之期年宰我雖愚當不至此然則滕之父兄百官謂魯是禮教之國尚莫之行吾先君亦莫之行皆係實語在春秋經確有證佐者也杜元凱癖於左傳取張霸古文偽孔傳訓諒陰為信默二

字傳會為天子信默三年因解斬衰三年為心喪三年引左傳作證為當時一代定制此司馬温公斥為緣飾經術附合人情其疏漏固不待言近毛西河又臆斷此為殷制周制無之其誤首起於戴德以荀卿三年問入禮記其次由於古文僞孔傳以二十五月為三年喪正解其後成於康成禮記註古今遂無知三年為三十七月者噫其傳訛也久矣

孔子曰君薨聽於冢宰。按此兩句是述孔子荅子張語截去三年字不提因世子已定為三年喪不必復言三年但告之以居倚廬禮當聽於冢宰而已

百官族人可句謂曰知。朱註可謂曰知疑有闕誤或曰皆謂世子之知禮也按趙註云未有命戒居喪不言也異姓同姓

之臣可句謂曰知世子之能行禮也謂百官族人商議政務以為可世子則謂之曰知是世子能行未有命戒之禮也趙原從可字斷句及郃武士人作偽孫疏不曉趙讀法以可謂曰知為句朱子誤依其讀遂疑其有闕誤非也今特正於此

滕文公問為國○按朱註文公以禮聘孟子孟子至滕下文子力行之朱註子指文公諸侯未踰年之稱以愚考之或孟子出弔於滕適當定公下葬親見其顏色之戚哭泣之哀記之詳且悉如此安葬既畢之後因請問為國故以子稱之及孟子去齊後再復之滕館於上宮則有為神農之言者自楚至此屬後一次事類記於此不得謂兩章皆一時之言

夏后氏五十而貢四句○按夏以六尺為步其所用者八寸咫

尺六八得四尺八寸夏步百步合之周步得四十八步准作方五十步算五五得二十五畝而貢其二畝半殷以八尺為步其所用者九寸璧尺八九得七尺二寸殷步百步合之周步得七十二步准作方七十步算七七得四十九畝以其溢出兩面各二步計之尚多三畝零約得五十畝而助其五畝周人以十尺為步其所用者羨尺將璧九寸羨而長之長一面得十寸為周尺横一面縮短八寸為夏尺斜一面仍九寸為殷尺周以十尺為步步百為畝惟丈量藉田方用之至授民田鄉遂用夏六尺之步通折以周步而貢其二十五畝什之一都鄙用殷八尺之步通折以周步而収其五十畝什之一所謂徹也葢鄉遂人居稠密開鑿之久地皆可為田分為

三等不易之地年年有收者家授百畝此家指有夫有婦為一家實一夫也一易之地兩年一收者家授二百畝再易之地三年一收者家授三百畝合三夫為一屋折以周步共得七十五畝也都鄙人居疏曠田之外兼有萊今之開墾上地田百畝兼萊五十畝中地田百畝兼萊百畝下地田百畝兼萊二百畝亦分三等但上地多萊五十畝耳鄉遂以夫授三夫為屋共得七十五畝都鄙以家授一家止折得五十畝似為不均不知都鄙亦兼授餘夫田一家有一弟一子亦授以殷步二十五畝合兩餘夫得五十畝是正夫得百畝兩餘夫得五十畝折以以周兩畝算一畝亦得七十五畝與鄉遂同康成謂野九夫稅一國中十夫稅一合為二十而稅二謂之皆什一如此則

是內外異法九而稅一豈得謂之皆什一乎其實由康成不
知三代異尺異步也古今言及尺者獨蔡邕獨斷謂夏以十
寸為尺殷以九寸為尺周以八寸為尺與愚説頗相反愚據
周禮及考工皆謂周璧羨以為度謂將九寸璧羨而長之如
鵝卵形為審法度之度凡制禮制樂及定法皆起於此此周
用十寸尺之明證也則殷九寸夏八寸夫復何疑據殷建重
屋皆以尋計八尺為尋是八尺為步也夏建世室皆以步計
考工言耒長六尺與步相中田穰苴司馬法謂夏步六尺並
與愚説合且井田與封建相表裡子男方五十里伯方七十
里公侯方百里亦分三等與授田同此愚積思三十年而始
通其解者識者詳之

徹者徹也二句○按徹之義為通通之法謂不論夏步殷步通折以周步十取一為率故哀公問有若年饑用不足如之何有若對曰盍徹乎曰二吾猶不足如之何其徹也是一提徹字哀公便知是十取一則非通力合作計畝均分之謂矣故曰徹者徹也通以什取一為率也助法謂依年之豐凶出斂法而不勒為定額令必出若干石故曰助者藉也借民力以耕田豐凶只聽之天也周禮都鄙用助皆九夫授以一井依年之上中下出斂法並無公田朱註說誤下引龍子說乃詳之

龍子曰○列子仲尼篇龍叔嘗謂文摯曰子之術微矣吾有疾子能已乎文摯乃令龍子背明而立文摯自後向明而望之

既而曰嘻吾見子之心矣方寸之地虚矣幾聖人也子心六孔疏通一孔不達今以聖智為疾者或由此乎○按莊列書多寓言孟子所引之龍子當春秋時人未必與醫人文摯同時○尚書大傳子張曰堯舜之主二人刑而天下治（一本作一人不刑而天下治謂四凶但放流之不用刑也）何則教誠而愛深也一夫而被此五刑子龍子未可謂能為書（按謂龍子有尚書傳解甫刑其上備謂將其所犯各罪備列之而上於朝）孔子曰不然也五刑有此教（孔子謂不是如是一夫被此五刑也非兩罪並發從重論之義此解一夫有作惡多而法未至死則備列而上之朝將來納之圜土今依此五刑而教之果多罪皆能改然後免之非龍子誤解尚書）○按伏生此條是龍子有尚書解其人在孔子前子張亦讀其書矣獨史記以公孫龍當之誤史記謂公孫龍其受業聞見於書傳者三十五人世疑即孔子弟子公孫龍字

子石者又兩見說苑及孔叢家語等書愚考得公孫龍為臧三耳之辯與孔臧同時與作書傳之龍子在春秋時迥異且公孫氏不應但稱為龍子此龍子當是龍叔應分別為兩人

治地莫善於助○考工記鄭註引此句及上文七十而助皆作莇說文引作商人七十而耡○按孟子以藉訓助康成改助作莇從艸叔重因周禮合耦于耡又改助作耡皆出傳會不可從

樂歲粒米狼戾○鹽鐵論未通章引作樂歲粒米粱糲張之象註本依孟子改作狼戾○焦氏正義引淮南覽冥訓孟嘗君為之增欷歍唈流涕狼戾不可止高誘註猶縱横也廣雅釋詁狼盭也盭即戾狼戾一聲之轉燕策趙王狼戾無親漢書

嚴助傳狠戾不仁以其遺棄不甚愛惜故又為不仁無親之名

使民盻盻然。音義盻說文五禮切亦四莧切丁作肹肹然許乙切。按說文謂盻字以兮為聲五禮切又撰為盻字訓目黑白分四莧切因訓盻為恨視貌趙注盻盻為勤苦不休息之貌此是丁本盻字之訓盻與抏通許一切僞孫疏解為盻盻相顧是誤肹為盻與趙註不符盻字左從肉右從兮亦或從兮與盻從目易於相混當依趙註改作肹為得

又稱貸而益之。周禮聽稱責以傅別按責即今債字羣經音義云取于人曰貸他得切與之曰貸他代切按貸字與忒忒貳並通皆他得切此獨他代切謂生息富家粟以完賦

夫世祿滕固行之矣○趙註古者諸侯卿大夫士有功德則世祿賜族者也官有世功者其子雖未任居官得世食其父祿賢者子孫必有土之義也滕固知行是矣言亦當恤民之子弟閔其勤勞者也○按朱註謂世祿與助法相表裡此句甚是又謂因孟子嘗言而已行之則未必然又謂世祿者授之土田使之食其公田之入用康成說釋之亦非凡除爲祿田者皆令民耕之田在鄉遂則司祿收之分給各官田在家稍都鄙則治邑之大夫收之分送各家皆就所耕什取一以爲祿無公田也倘遇歉歲所收者少各官所得亦薄周禮法本是如此

詩云雨我公田節○按說詳公孫丑篇耕者助而不稅節此詩

見小雅大田篇即周禮所謂豳雅周公於成王七年營東都之後奉成王命再留都三年其食采在河南之豳邱城故作七月迎寒暑謂之豳風其報田祖兩篇列之周頌謂之豳頌其祈田祖兩篇列之小雅謂之豳雅皆周公食采於豳時所作以豳之籥管吹之其所作詩即籥章也諸侯藉田百畝在東郊為之謂之東田天子藉田千畝在南郊為之謂之南畝周公營雒即在雒之南郊設藉田故詩稱南畝大田多稼大字亦應讀作泰猶天子學稱太學王倉稱太倉云爾據詩云于三十里謂南郊平坦耕者甚多極一望三十里而耕藉田者止百室作雒解云都鄙不過百室以便野事詩云百室盈止此用百家耕之證也甸師職云甸徒三百人者謂每家

出三人當工百家則得三百人一家給以周步百畝百家共為田萬畝詩云十千維耦十千即一萬也而什取其一藏之神倉以為粢盛止收其千畝之租謂之藉田千畝是別無界限畫中一塊為公田之明證詩云公田者公收其千畝之租百室皆盈共分其九千畝故祈於田祖謂雨我公田遂因以及我私家此先公後私之義因以百家計與鄉遂授田以五家為鄰兩鄰為聯同法不能畫井令八家耕一井也而孟子必云公田者近說據夏小正正月農及雪澤按澤與釋古通謂雪釋為耕候初服于公田傳云古有公田焉者古言先服其公田而後服其私田也然則夏禹初創制時或如此故公羊傳亦本之為說其實周制已不用此但存公田之名而已孟子所論多古

制所以滕文亦不曉使畢戰再問之藉田藉字亦當讀同借據左傳仲尼告冉求曰田出不過藉言田所出祖不過藉民力耕之依年豐凶收其什之一季氏不當勒為定額按田賦之也

設為庠序學校以教之節。按夏曰校三句漢書儒林傳孔臧奏議引說文引皆顛倒錯亂獨史記儒林傳蔡邕獨斷述此三語與孟子合解此者惟李安溪先生說為得之先生謂三代立學一代詳一代夏則鄉為設校據左傳子產不毀鄉校萬二千五百家為鄉是鄉得設校之證也校主於教取教鄉以三物之義殷則州為設序據小司徒職云射於州序為證二千五百家為州取習射之義周則黨為設庠據學記黨有庠為證周禮黨正索鬼神以禮屬民而正齒位則用飲酒禮迎賓於庠門是周五百家為黨亦設庠行正齒位禮取養老之義若太學則三代共之同設於國西郊如五點梅形以五位配五德五倫亦名五學皆謂太學也校序庠皆指鄉學言惟學獨指國學言最為確鑿為約其說而伸之如此

使畢戰問井地○趙註作問井田○匠人註引孟子作文公問井田詩甫田疏引作使畢戰問井田按田與地雙聲同用平聲讀田去聲讀甸雙聲則轉為地故漢儒作王制皆改地作田天地之地古讀天如吞讀地如鮀以它為聲如天問云何勤子屠母而死竟分坨毛詩載寢之地與瓦韻本不與井地之地同音漢以後亂之耳

請野九一而助二句○朱註此分田制祿之常法所以治野人使養君子也野郊外都鄙之地也按此句甚協九一而助為公田而行助法也按為公田三字未協九一謂制以井法九家各授以一依年之豐什取一以為稅國中郊門之內按周鄭註指遠郊百里言謂在百里內為鄉遂鄉遂之地也按此句甚協田不井授但為溝洫使什而自賦其一蓋用貢法也按但為溝洫使什而自賦其一此兩句未協溝洫是板法當云但使五家為鄰兩鄰為聯以什為法每家各授以一而使自賦貢之於上也謂用貢法甚協周所謂徹法者蓋如此按此句得之以此推之當時非惟助法不行其貢亦不止什一矣按自穆王制周禮皆什稅其二朱子未細考○趙註九一者井田以九頃為數而供其什一按此兩句得之謂以九為法而稅取什之一國中什一者周禮園廛二十而稅一時行重賦責之什一國中從其本賦二十而稅一以寬之也按此五句皆未協誤○按朱註

以野貼都鄙用助國中貼鄉遂用貢此兩句最確但解九一什一徼誤九一二字相屬什一亦然都鄙以井授故都鄙溝洫皆畫如井形九夫一井四井為邑四邑為邱四邱為甸派出兵賦九一謂九夫各授以殷步一百畝也鄉遂依鄰里各家授之五家為鄰兩鄰為聯二十五家為里四里為族五族為黨派出鄉兵編為什伍皆依乎此什一謂什家十人為什十家各授以夏步一百畝也均之用助用貢皆以周步折算而稅其十分中之一至鄉遂溝洫圖及都鄙溝洫圖此是板法姑不過作此為起例如鄉遂以夏步授田方百步止得周步方五十步僅周百畝四之一田甸甚窄約十家閒一溝行水自東至西排五家南北列二十五家再推廣之至百家則

用一洫行水此以伍什為法也都鄙以殷步授田方百步止得周步方七十步僅周百畝之半田畝稍寬約九家開一溝行水必要廣二尺深二尺自四井為邑四邑為邱四邱為甸甸五百六十四家則用一洫行水必要廣二尋深二尋方可容之然不順地之勢水不能行不因地之高低以為田田畝亦不能平溝洫之尾不比溝洫之首倍寬倍低水亦不行愚謂此是教人作田法亦是算法用弓步折算而授之安得一地平如掌而開之如方罫形乎據大禹初制為五服豈不中外秩然及後建都不同便不能方如碁枰如湯都偃師西亳以景亳為東郊武都雍州鎬京周公乃營東都為周郊畿甸尚不能方況於民田乎且人民日多安所得田而授之自漢

至唐凡經大亂之後議授田者有矣不過授露田四十畝不久則止勢不能多給也諸儒拘板法謂開田必如井字其不能方一里成井者則令勿開此謂書癖不可與語世務者矣

卿以下必有圭田三句。按卿以下必有圭田合以惟士無田則亦不祭趙註謂古者卿以下至於士皆受圭田五十畝所以供其祭祀是也凡得行祭禮者必得建廟所以士喪禮有耒耜蕢笠殉葬明生時躬耕圭田死不敢忘所有事也郊卿用康成說以載師之士田當之誤士虞禮之士是三命士得建始祖祖禰三廟必諸侯三命卿始得用王朝上士制諸侯稱藉田卿以下稱圭田載師之士田是就近郊給與居國宅之士為祿養者與賈田給與在官之官賈同朱子謂世祿常

制之外又有圭田所以厚君子是也愚謂與之圭田令躬耕所以教孝也

餘夫二十五畝。按遂人職上地田百畝萊五十畝餘夫亦如之中地田百畝萊百畝餘夫亦如之下地田百畝萊二百畝餘夫亦如之按鄭司農説賈公彦説陳祥道説皆用孟子餘夫二十五畝解之謂合四餘夫亦如正夫授田百畝兼受萊令之開墾也趙註引王制夫圭田無征謂夫圭田田皆無征非也王制是漢儒作不合引為典據

死徙無出鄉節。大聚解以邑為鄉按都鄙大夫所治者稱邑每邑亦以居鄉法聯絡之以鄉為閭鄉法二十五家為里必立里門邑中亦用鄉法立閭門備防守合閭立教謂合一閭立為教條如下文所云飲食相約興彈相庸謂有興耡利民之事則相助有犯法之事則相彈彈誠勅

也禍災相恤耦耕共耘男女有婚墳墓相聯民乃有親按武王初政與孟子所言合與周禮大司徒職亦合

方里而井節○按此條是述初造井田法井田之法相傳起於黃帝畫九州無可憑信首見經籍者惟夏小正有公田據諸侯藉田百畝止設一井田令八耕家耕之八家皆私其百畝以中為公田其所出皆歸之公供粢盛之用謂之藉田百畝不得如漢志又除二十畝為廬井也若不除廬井是九分取一若除廬井是十分之外取一皆與什一法不合愚據豳雅豳頌及周禮考得周家藉田方千畝實不分外九千畝為私中千畝為公又據都鄙夫受一廛為居止不用向公田除之九夫耕一井亦無公田然後知孟子是言其初立制之大意

在分別君子野人非是教畢戰必可畫井方許開壟亦非謂井授必以中百畝為公田也所謂大畧者如此若如書癖必按圖為之寸步不能行矣

有為神農之言者許行。漢書藝文志農家者流神農二十篇六國時諸子疾時怠於農業道耕農事託之神農（按此說得之）顔師古曰劉向別録云疑李悝及商君所説北堂書鈔引尸子曰神農氏並耕而食以勸農也太平御覽引尸子曰神農氏夫負妻戴以治天下堯曰朕之比神農猶旦之與昏也商子畫策篇神農之世公耕而食婦織而衣刑政不用而治焦氏循曰尸佼魯人（按魯陽人）其書屬雜家商鞅師之其言並耕而治與許行同許行之學葢出於尸佼（按此說得之）呂春秋愛類篇神農之教曰士有當年而不耕者則天下或受其飢矣女有當年而不織者則天下或受其寒矣故身親耕妻親織所以見致民利也鼂錯引神農之教曰有石城十仞湯池百步帶甲十萬而無粟弗能守也集註考證金仁山曰太史公六家同異無農家班固志分九流始有農家者流集註遷所謂農家者流蓋偶誤未及改余按志言農家者流蓋出於農稷之官播百穀勸耕桑以足衣食故八政二曰貨孔子曰所重民食此其所長也及鄙者為之以為無所事聖主欲使君臣並耕誖上下之序蓋即指許行其人。按農書最古者如呂氏春秋所述上農任地辯土審時四篇託始於后稷其義皆取諸周公所作豳雅豳頌諸篇漢趙過為搜粟都尉亦倣此行之漢志所謂出於農稷之官指此至戰國兩淮及故許魯陽皆為楚有許行當許國後素習於夷商鞅封商邱與許近創為神農篇者當起自尸佼商君傳之為神農之言趙岐訓為為治謂讀其書傳其教也金仁山謂許行創之未必然

捆屨織席以為食○音義捆從才從木者誤也張作稇○集韻引作捆履織席○按履與屨別左傳供從者之屝屨即今布屨薄底者喪服傳疏屨菅蒯之屝也即今草屨方言麄者謂之屨又謂之不借說文捆織也趙謂欲其堅故叩之以叩釋捆

負耒耜而自宋之滕○考工記車人為耒庛長尺有一寸按庛音摯即今之犂鑱入耜金者中直者三尺有三寸今名犂身上句者二尺有二寸

令名犂尾反而向外人所執處古以此為犂首自其庛緣其外以至於首以弦其内六尺有六寸與步相中也按緣循也自庛循其外邊至首共長六尺六寸因將中直與下庛扭曲如弓用一木長六尺入之如弓之弦中用一植木支之其弦木六尺與夏步六尺相應堅地欲直庛柔地欲句庛直庛則利推句庛則利發庛觜直宜于推此三推九推之推謂易於入土庛壁句宜於發發即墢字謂反土使覆也倨句磬折謂之中地倨謂犂尾反而外出句謂犂身犂觜曲而向内磬謂二尺二寸向外三尺三寸向内三分取二與磬折同法中地謂合用也○按中者得也平聲讀中入聲讀得中地謂與地相得與步相中謂與步相得康成謂夏步六尺與弦六尺相應據叔均始教民牛耕叔均為棄孫與禹同時則作犂當創自叔均愚謂稷降嘉種是棄農殖百穀是叔均兼兩代有功者言之○匠人職耜廣五寸二耜為耦一耦之伐廣尺深尺謂之甽按耜犂觜全也從㠯像形今名下尖

者為犂背上廣而立者為犂壁伐與垡通又作墢起土也○一犂來一犂去為耦畮古畝字犂背廣五寸兩犂共一尺

夏小正正月寅月農緯厥耒緯者束也按農農官也耒體曲用横木六尺植木約三尺如十字用物束之與耒合而為犂用則聲畟畟然束其耒云爾者用是見君之制亦有耒也謂君亦秉耒祭立春節勸耕初歲祭耒始用暢也按暢古鬯字謂將復藉田必先饗醴用鬯祭制耒之神見國語不優千畝篇

賢者與民並耕而食節○音義本集疏本飱字並從夕作飧○說文飧字從夕食言人旦則食飯飯不可停夕則食飧○翟氏考異古字書飧字皆從夕其從歹者乃自毛氏增韻誤起○按朝饔夕飧之飧當從夕若饔餼九牢飱五牢之飱飱從粲省謂具白粲與死牢也與飧字別○按厲民古音讀與賴通謂賴民以自養不當訓病硬坐以病民於語欠順

許子以釜甑爨以鐵耕乎。按釜鬴二字古通粟氏職之鬴即與之釜之釜量器也毛詩維錡及釜漑之釜鬵炊器也陶人職作甑甗盆三器俱實二鬴容米一石二斗八升但甑底有七穿用以蒸飯是釜甑二者陶冶並有耕器用鐵謂耜及鎡基之屬

且許子何不為陶冶二句。朱註舍字或讀屬上句。張南軒孟子說舍字屬上句。按舍屬上讀謂何不為陶冶室皆取諸其宮中而用之據趙註訓舍為止屬下讀謂止皆取諸其宮中不須外求不如訓作釋謂捨去交易皆取諸其宮中而用之可省紛紛之勞語意較順

故曰或勞心或勞力。左襄九年知武子曰君子勞心小人勞

力先王之制也○魯語公父文伯毋曰君子勞心小人勞力先王之訓也

舉舜而敷治焉○據紀年是堯七十年使四嶽錫舜命令襲樂正職九男事之在此年七十一年命二女嬪於虞慎徽五典在此年七十二年納于百揆為后土卒致地平天成之效賅後日言之七十三年受終七十四年代堯巡七十五年命司空禹治河是七十年時方舉舜七十二年納百揆即任舜以治洪水及代堯巡始知鯀湮遏隄防之害乃黜鯀而興禹

舜使益掌火○按周禮凡為山澤之虞必兼掌火禁惟春獀得用火獘截禽獸走路在常時則禁焚萊據堯典是舜為帝後方命益作朕虞據皋陶謨暨文禹曰洪水滔天予陸行乘車

水行乘舟泥行乘橇山行乘檋行山栞木與益子衆庶稻按子即與字是命禹治水由舜薦於堯并命益隨行凡治水所經山澤必須虞人帶領也所以一路行山隨栞隨焚其澤地可耕兼教之焚萊開墾與以衆稻種使種之特尚書未悉載耳及舜稱帝乃命之為虞衡盡掌天下之山澤益乃請朱虎熊羆二人土以佐理諸儒疑授益以火官非

禹疏九河○據禹貢壁文道河句積石至于龍門南至于華陰東至于砥柱又東至于盟津東過雒汭至于大伾北過降水至于大陸北播為九河同為逆河入于海按降鄭音供逆當讀平聲作迎一徙駭此大河身也胡朏明云水經所載漳水皆古徙駭故道因宿胥口既塞在定王五年河徙之後而漳水有源自然不

絶水經注云漳水自鉅鹿縣北逕南宮縣北逕堂陽縣長蘆水出焉東北逕扶柳縣北逕昌成縣西梁縣東北逕桃縣北逕鄡縣石逕下博縣西逕樂鄉縣引葭水注之東北逕阜城縣武邑郡武強縣武隧縣東逕武邑縣與滹沱河會又東北濊水出焉郎天津鎮大直沽又東北逕章武縣西平舒縣南東入于海漢許商云徒駭在成平最北今德平樂陵齊河濟陽慶雲海豐界中有土河志以為徒駭妄也二太史三馬頰四覆釜胡朏明云據爾雅次序以許商言參之當在成平之南東光之北太史河自來無考明一統志謂在南皮縣北此臆說也馬頰河在平原郡界郡即德州治安德所領有蓨縣蓨音滌寰宇記云馬頰河逕蓨縣界是也然唐有馬頰河出檀州

新豐縣界東北流至平昌縣與篤馬河合流通典云即馬頰河是也唐之馬頰為久視二年開決新河與九河無涉而篤馬為馬頰舊河無可疑也覆釜河通典云在平原縣界安德縣是也滄州志云覆釜在慶雲縣南二十里即鉤盤北派亦未可信惟齊乘云太史等河在漳南清滄之間庶幾得之五胡蘇許商云胡蘇在東光今東光甯津南皮滄州慶雲海豐界中並有胡蘇河漢志及水經註皆云東光縣西有胡蘇亭齊乘以滄州大連澱為胡蘇河得之六簡七潔八鉤盤胡朏明云據爾雅次序以許商言參之鬲在東光之南鬲津之北史記正義云簡在貝州歷亭縣界歷亭縣即東昌府恩縣簡河在此則出鬲津之南矣謬誤甚輿地廣記云簡潔在臨津

金志云南皮有潔河今塩津北與南皮接界謂簡潔在此理亦有之齊乘云滄州大連澱南至西無棣縣百餘里間有大沙河即簡與潔也蔡沈書傳合簡潔為一河與孟子集註不合一鉤盤河按漢志平原有般縣般縣故城在今德平縣東北縣南二十里有般河公孫瓚破黄巾於槃河即此通志云古鉤盤在樂陵縣東南元和志云信陽縣四十里有鉤盤河金志云將陵縣有鉤盤河近志云陵縣德平樂陵商河武定海豐信陽霑化縣界中並有鉤盤八枝自鬲津外此最為有據齊乘云東無棣縣北有陷河濶數里疑即鉤盤今按此河分為兩派南派由海豐經霑化至久山鎮入海北派經慶雲抵土河口入海今海豐縣北盤河村尚以此為名也九鬲津許商曰在鬲縣居諸河

之南差有考據今德州北有鬲津枯河東逕陵縣德平縣樂陵縣慶雲縣東北逕鹽山縣海豐縣而齊乘以濱州士傷河為鬲津則與徒駭相距裁五十餘里恐太狹矣要之九河所在後人率多傅會其名為九河者未必即九河不名九河者未必非古之九河酈道元云城池並存川瀆多亡斯為實錄

○按禹貢一篇為成則三壤成賦中邦告成功之書其治河法當有書載之令不傳禹貢之叙九河也於兖州止九河既道一句其導九川也於導河止播為九河同為逆河兩句是既經疏導之後從上流滌其水源說起為濬畎澮距川記盡力乎溝洫之功耳想當日洪水橫流首因河身逼塞東由孟門決入冀州西決入雍州由龍門窄逼使然及流至兖州已

就平地一望散漫故治河當自兗州起先疏為九河使有所分泄然後鑿龍門闢伊闕使無壅塞乃濬其原而致之各川今欲從禹貢濬原之書求禹當日初開鑿之法不可得矣

淪濟漯而注諸海○音義漯他合反作濕誤也○按孟子作漯與世家所述壁文合作濕者毛詩其耳濕濕濕他市反毛傳謂牛耳動搖是也朱子詩傳誤訓為燥濕未協㬎省作累猶漢碑顯省作顯之比濕即漯字說文乃撰為濕字謂與濕通另撰溼為燥溼字據壁文當作漯為正○集註考證謂濟當作泲按說文謂出於常山房子者為濟出於河東垣縣者為泲據毛詩周禮並作泲漢地志濟泲錯出亦無分別說文未確據世家所述壁文作濟與孟子合當從之○按禹貢道沇水東流為濟

入于河為一截此尊濟入大河也泆為滎為一截按漢志作軼今文作泆古文改作溢非謂水脉至河南復泆出為滎澤即滎水既豬也職方稱滎川穆天子傳稱滎水其豬處左傳稱滎澤紀年作洞澤毛詩洞篇左傳訓為阿澤皆濟再出之脉也自梁惠王引河水入圃田蒗蕩渠一開遂淤塞為平地酈道元謂大禹塞滎澤誤東出于陶邱北又東至于荷為一截古文改荷作菏與壁文不合謂導阿澤東出于陶邱北又東至于荷一名湖陵由此可以通泗通淮為南來貢道自荷又東北會于汶又北東入于海謂濟瀆東北行由琅槐入海也此為滿濟注海之解若漯水禹貢壁文止沇州浮于濟漯通于河一見漯字胡朏明據河渠書云禹導河至大陸以為河所從來高水湍悍數為敗乃厮二渠

以引其河厮溝洫志作灑謂分之也其一出貝邱西南南折者則河經流也其一則漯川近說考得上自委粟津為漯川之首上承大河入東武陽界至千乘縣入海自唐來皆云濟漯不相通唐高宗與許敬宗說近說謂臨邑縣西接漯陰故城其東南為濟陽縣離濟不遠當有枝津相通胡朏明說於貢道始便存之

決汝漢。按爾雅一條云汝為濆此詩鋪敦淮濆之濆謂汝水分出下合濆水南注於淮也一條云汝有濆魯詩作遵彼汝濆今作墳即毛詩遵彼汝墳之墳李巡云汝旁肥美之地劉昭續漢志註引地道記云汝南郡汝陰縣有陶邱鄉詩所謂汝墳也。山海經汝水出天息山在河南梁縣勉鄉西南入淮極西北郭注今汝水出南陽魯陽縣大孟山東北孟音近猛一本作孟盂誤至河南梁縣東南經襄城穎川汝南至汝陰褒信縣入淮淮極地名一云汝水東南逕奇雒城西北濆水出馬又名大㶁水括地志云汝出汝州魯山縣西伏牛山按淮南地形訓云汝出猛山水經注汝出宏農郡盧氏縣還歸山博物志汝出燕泉山地理志汝出髙陵山即大盂山又名猛山又一云天息山至豫州郾縣一名濆水○按禹貢不見有決汝之績曹氏摭餘說欲於上流之波水徵之不為無見據滎波既豬謂滎水聚為滎澤波水聚為廣成澤也康成合滎播為一水誤播即古波字音通職方云其川滎雒其浸波溠是滎雒為川波溠為浸水勢不同水經注云波水自霍陽西川大嶺東谷謂之歇馬嶺霍陽故縣在汝州東南二十里即應劭所謂孤山波水所出也馬融廣成頌云浸以波溠其水南逕蠻城下又南分三川於白亭東俱南入溠水章懷

注波出歙馬嶺在汝州魯山西北州西四十里有廣成澤一名黃陂按今為縣周百里有灌溉之利後漢於其地置廣成苑爲游獵之所澤水出狼皋山東南流合溫泉水波水自西來注之又東南合溵水入于汝據上游之自波而溵而汝由汝而入于淮之上游又排淮之上游使之入江則可以解孟子矣

○按漢水據禹貢壁文嶓冢導瀁漢書瀁作養張古文改作漾東流爲漢按荊州沔縣甯羗衛金牛峽嶓冢山為東漢水所出與經文合漢志及水經以隴西西漢水釋之補所未備實相去六百里也須知又東爲滄浪之水自南鄭縣至武當縣之滄浪洲過三澨至于大別南入于江近說考得大別在安豐歷引漢地志及左傳皆合漢水至安豐觸入大別山乃南回而入于江比宋人於漢陽縣北求大別而不得者相去甚遠知大別即雩婁之靈山其

上游之九江當指潯陽不得指洞庭下游之東陵當指廣陵在金蘭縣西北不得指鄂州之巴陵安豐以西則名漢不得指漢口以西矣此參阮氏芸臺說

排淮泗口　按淮水據禹貢導淮自桐柏東會于泗沂東入于海胡氏雖指引水經云淮水出南陽平氏縣胎簪山山海經淮水出餘山在朝陽東義鄉西東北過桐柏山其沂水則入于泗泗入于淮而言會者二水均敵從朝宗並稱江漢之例也全氏謂淮出桐柏初甚湧復潛流三十里然後東馳亦尚淺其深處為十四潭至并汝潁而始大自桐柏至海凡千七百里又引水經注淮自平氏縣至原鹿縣南汝水從西北來注之至壽春縣東潁水從西北來注之至當塗縣北沙水注之之按蒗蕩渠所引之河水今注于

此至下邳淮陰縣西泗水從西北來注之又東逕淮陰縣北中瀆水出白馬湖東北注之又東至廣陵淮浦縣入于海按以上皆淮自入海不注之江也○按自來不能解孟子淮泗注江之文因謂吳王夫差自廣陵城東南築邗城城下掘深溝謂之邗溟溝自江東北通射陽湖西北至末口入淮按此由江通淮非由淮注之江又名山陽瀆自左哀九年開邗溝通江淮又闕溝於商魯之間按商即宋在宋魯交界作溝魯之巨鹿近大鹿之野即北屬之沂西屬之濟為會于黃池之道黃池即陳留封邱縣孟子是戰國人誤指此為禹蹟按此從江開溝北通淮非能令淮水注之江也與孟子說不合

○按泗水禹貢壁文徐州止淮沂其治一句言沂不言泗泗濱浮磬一句言磬不言水浮于淮泗通于荷兩句方序由淮

入泗由泗入荷由荷入濟為南來貢道即泗流入淮之道然導淮自桐柏東會于泗沂東入于海不入江也水經注云泗水出魯卞縣故城東南桃墟西北（杜預云卞縣東南有桃墟有澤方十五里澤西際為嫣亭山西北聯岡四十餘里岡之西得泗水之原博物志云泗水出陪尾即此阜矣一說合四水為一故名為泗）西南逕魯縣北分為二（今曲阜縣治即古魯故城）北為洙瀆南為泗水（洙泗之間孔子設教處）泗水又南逕魯西南合沂水又南逕方與縣東荷水西來注之（原文荷作菏）又東南逕下邳故城西又東南沂水注之又東逕角城北而東南流注淮今其故道自徐城以南悉為黃河所占矣

決汝漢排淮泗而注之江○按焦氏正義引孫氏蘭輿地隅說云淮發原胎簪千餘里會泗至清江浦入海揚州地勢散漫

不能約束淮流禹則開清江一渠堰其下流入揚之處一自清江浦入海其餘枝之流散不盡者在淮之上游一導之由廬州巢湖胭脂河以入江一導之由天長六合以入江所謂排淮泗者也久而入江之口漸淤今故蹟猶存也或曰高堰始於陳登是不然若禹不築堰則下流散漫何以入海葢高堰創於神禹修補或登耳近陽湖孫氏星衍作分江導淮論大略與蘭同而加詳其言曰孟子言排淮泗而注之江今不得其解或以為誤或以為據吳溝通江淮後言之不知揚州已云沿于江海達于淮泗解者又謂沿江入海自淮入泗按壁文作均江海通淮泗此偽孔之言本不足信貢道迂回海運古無是法又有泥四瀆各獨入海以為淮必不注江者不知各獨入海

言其入海處與江分道不謂上游支流也孟子言排者通其上游支流以殺淮之勢水經注淮水與泚水泄水施水合泄水注濡須口施水受肥東南流逕合肥縣城又東注巢湖謂之施口而應劭漢書註並以夏水為出城父東南至此與肥合故曰合肥合肥壽春之間有芍陂船官湖東臺湖逍遙津見於水經注王象之輿地紀勝云古巢湖水北合於肥河故魏規江南則循渦入淮自淮入肥由肥而趨巢湖吳人撓魏亦必由此又引貨殖傳合肥受南北湖令史記湖誤作潮也歐陽忞輿地廣記王存元豐九域志合肥有肥水淮水宋時廬州有鎮淮樓蓋肥合於淮淮感則被於肥此淮水至合肥之證叔孫敖時開芍陂當因舊蹟為渠方輿勝覽引合肥舊

志肥水北支入淮南支入巢湖合於爾雅歸異同出之説合肥城在四水中故梁韋叡堰水破城近世水利不修淮肥斷流然巢湖之水夏間猶至合肥古蹟可尋也且古說大别在安豐為今霍邱縣地禹蹟至此排淮故導江有至於大别之文此又淮流與江通之證矣然則夏時貢道正可由巢湖湖施泄肥水之流通淮達於菏澤菏澤合濟泗之流故曰達于淮泗從此達河則至禹都矣江淮泗通流不必在吳王溝通之後也又云淮自桐柏而東在上則汝頴沙渦等水入之在下則泗挾沂入之以一淮受諸水泗口以東地勢散漫難於專流入海故在上則決之在下則排之趙岐以壅觧排義為至精何謂壅於泗口之下築隄以東之不使其流漲洩於樊

良射陽之間推抵之逼令東入於海而不致南漲於江矣而汝潁諸流之水則於泗口決之使注於江決汝入淮在淮之上游而汝則自入江也以令推之汝至汝寍鳳陽之間汝口入淮至霍邱西決出會於巢湖入江淮決即汝決而汝入淮之勢減矣又東則潁水自潁上縣入淮沙水渦水自懷遠入淮而淮勢又盛至盱眙又決出由天長六合入江而淮諸水又減矣又東沂泗乃自宿遷入淮而淮勢又盛遂不決之入江轉壅入江之路排之使專由安東注海此參焦氏循說○按汝漢淮泗四水注之江惟此說近之愚謂孟子是論禹治水之次第自北而南自西而東非與人談禹貢文字也孟子時當有古書傳載之甚詳故能一一剖析如此禹當日首疏大河之

下流由碣石入海次淪濟由琅槐入海次淪漯由千乘入海三處入海不同然自北及南要皆注諸海也自是至豫州首決汝水由潁注淮次決漢水由安豐大别注江次排淮之上游一由合肥注江一由天長六合注江次排泗入淮之下游由揚州注江因三處注江不同然自西及東要皆注之江也自戰國梁惠王引大河入圃田中州變為巨浸衝決不一於是陳登乃築高堰令淮口自入海世遂不知江淮有相通之貢道并認陳登所築堰為禹所築矣然既言注江則不必復言注海此是省文法若謂四瀆必獨自出海何以大河分三口出海漢但注江不必自入海耶愚謂兩孫之説可通存之

禹八年於外三過其門而不入○按夏本紀謂居外十三年過

家門不敢入本紀註謂鯀治水九載與禹乘四載合為作十有三載乃同不知此作謂耕作必耕十三年賦始可同於他州且言禹居外又合鯀言之傳會四載為四年皆不可通吳越春秋無余外傳謂禹勞身焦思以行七年聞樂不樂過門不入又非八年據紀年堯七十五年命司空禹治水至八十六年司空入覲贊用元圭除入覲之年不計止十一年亦不合列子謂唯荒土功子產不字過門不入以過門不入屬啟呱呱泣時言之與皋陶謨合此應依孟子謂八年勤勞於外聞啟呱呱泣曾三過其門而不入當出古書傳或指辛年娶壬癸甲三年曾三過其門但今不傳無可指證耳

后稷教民稼穡二句。皋謨壁文云以決九川致四海浚畎澮

致之川與稷子衆庶難得之食按子古與字據山海經言幽
國産膏黍膏稷各異種帝命播是種於民卽難得之嘉種也
呂氏春秋有上農辨土等四篇論后稷教稼法甚詳皆本周
公所作祭社稷之詩為説為農書之祖宜細考之
放勳曰○音義曰丁音馹或作曰誤○校勘記石經閩監毛三
本韓本作曰孔本作日○路史陶唐紀拼契司徒拼也使教以
人倫于日勞之徠之匡之直之輔之翼之○焦氏正義云按
孔本作放勳日他本俱作曰作日是也言旣命益禹稷契而
不自已也日日勞來匡直輔翼所以然者使自得之也而未
已也又從而振德之日字與又字相應不然徒使益禹等勤
勞放勳轉有所暇矣而暇耕乎四字正從日字一貫○按勞

之來之五句不像書辭路史所述亦作日不作曰當依丁公著讀爲得

以有若似聖人二句。史記弟子傳孔子既沒弟子思慕有若狀似孔子弟子相與共立爲師師之如孔子時也他日弟子進問有若默然無以應弟子起曰有子避之此非子之座也。按檀弓是有若之言似夫子非狀似也據曾子所議是言孔子作人之化非他人所能及明是會議未成無撤座事史遷說誤

江漢以濯之三句。五經文字暴捕沃反曬也暴恭捕報反今經典通用之。趙註曾子以爲聖人之潔白如濯之江漢〻〻之秋陽秋陽周之秋夏之五六月盛陽也皜皜白甚也。按白言以

濯之以暴之指孔子濯人暴人言取湅帛為喻言孔子變化人才如江漢最清之水以濯之如夏日最盛之陽以暴之被其化者皜皜乎潔白不可復加朱註依趙註指聖人潔之意尚隔一層

令也南蠻鴃舌之人二句○音義鴃丁音決又古役切○趙註令此許行乃南楚蠻夷其舌之惡如鴃鴃鳥耳鴃博勞也詩云七月鳴鴃應陰而殺物者也○按趙引詩作鴃毛詩作鶪鴃鶪字異聲轉古通夏小正作鶪據周月鶪是五月第二候鶪始鳴至七月尤鳴離騷云恐鵜鴂之先鳴兮百草為之不芳謂秋風下則鳴尤甚趙以應陰殺物比許行之惡與言則非先王之道句緊相照應謂託言神農非二帝三王之道也

戎狄是膺二句。音義出膺擊云丁本作應。史記建元以來侯者年表引詩作戎狄是應荊荼是徵。按爾雅應當也毛詩傳膺當也是應膺舒荼徵懲並古通。歐陽脩詩本義云詩所謂戎狄是膺荊舒是懲者如孟子說豈僖公事耶荊楚也僖公時楚方彊盛非魯所能制僖之四年從齊桓伐楚而齊以楚彊不敢進乃退盟於名陵此豈魯僖得以為功哉六年楚伐許又從齊救許力不能勝而許降於楚十五年楚伐徐又從齊救徐力又不能勝而楚取其婁林之邑舒在僖公之世未嘗與魯通惟三年徐人取舒一見蓋舒為徐取之矣由是言之則詩之所謂皆與春秋不合朱註此詩為僖公之頌而孟子以周公言之亦斷章取義也。按詩所謂戎者據僖十一年王子帶召揚拒泉皋伊雒之戎同伐京師十三年為戎難故魯同諸侯戍京師所謂狄者左閔二年狄入衛僖二年諸侯城楚邱而封衛魯雖後至不書亦與會焉十二年又城楚邱郛亦為狄也所謂荆舒者僖三年徐黨於齊取舒舒為楚與國是年會陽穀謀伐楚次年次於召陵以伐楚僖十五年楚復伐徐以報之魯公孫敖及諸侯救徐所謂荆舒是懲不過如是而已下章復云淮夷蠻貊及彼南夷莫不率從魯侯之功指十六年會（諸）侯於淮為淮夷病鄫（故）凡舒姓等夷如舒鳩舒蓼舒龍舒庸皆在淮之南時齊桓已卒不過借其餘威以耀武耳是魯頌所言多冒齊桓攘夷之功認為己功而孟子云周公者謂陳良之徒陳相學陳良之學則應知周

公仲尼之道仲尼道在作春秋戎狄雖大曰子周公道在兼夷狄故云周公方且膺之子是之學亦為不善變矣非謂此詩為周公作也

或相倍蓰或相什伯○音義蓰丁音師云從竹下徙又音灑山綺切史記作倍灑○甫刑璧文其罰倍灑張古文改作倍差誤倍者如本數三十倍之為六十灑者就三十中三分灑去其一止得五十趙註謂蓰五倍也未協說文從竹作簁與丁本合

巨屨小屨同賈○趙註巨粗屨也小細屨也如使同賈而賣之人豈肯作其細者哉○按趙訓屨大小同以尺寸言訓巨小以精粗言朱註謂其精粗猶其有大小也若大屨小屨同價

則人豈肯為其大者哉今不論精粗使之同價是使天下之人皆不肯為其精者而競為濫惡之物以相欺耳朱說與趙註同

墨者夷之。漢書藝文志墨家者流蓋出於清廟之守按謂其說創於守明堂之吏茅屋采椽是以貴儉養三老五更是以兼愛選士大射是以上賢宗祀嚴父是以右鬼順四時而行是以非命以孝治天下是以上同此其所長也及蔽者為之見儉之利因以非禮謂專尚薄葬并斥禮教厚葬之非推兼愛之意而不知別親疏此本孟子為說共六家尹佚二篇田俅子三篇我子一篇隨巢子六篇胡非子三篇墨子七十一篇隨巢胡非皆墨子弟子我子為墨氏之學。按墨子七十一篇有貴儉兼愛尊賢右鬼非命上同等篇目班氏一一推其所出謂出於清廟明堂之守據呂氏春秋謂魯惠公使宰讓請郊禘之禮於周周使史角往後留於魯傳為墨氏學是太史角創為此說當有書傳為墨教開山之祖後流入宋墨翟乃衍其說廓而大之稱之為墨經史角之子孫在魯世襲史職至魯僖時佐僖公郊天禘廟并制魯頌四篇以揚其僭孔子嘆周公其衰其祖傳為墨教者亦為孟子所闢知大聖大賢同一家法使宰讓請郊禘事亦見竹書紀年孔子脩春秋凡書郊書禘皆貶辭但讀者未察耳○韓非子顯學篇世之顯學儒墨也儒之所至孔子也墨之所至墨翟也自孔子之死也有子張之儒按子張書未見據齊語古論皆二十一篇有兩子張一子張第十九一子張第二十一或堯曰篇及子張問仁以下分為兩篇皆子張所傳據說苑稱顓

孫子莫是子莫執中傳子張所作堯曰篇之教耶有子思之儒按當中庸上下兩篇是有顏氏之儒未詳有孟氏之儒即孟子七篇有漆雕氏之儒漢儒謂漆雕氏傳書為道有仲梁氏之儒毛詩傳引仲梁氏說有公孫氏之儒論衡謂公孫尼子有論性情書漢儒謂公孫段傳易為道有樂正氏之儒未詳自墨子之死也有相里氏之墨有相夫氏之墨有鄧林氏之墨故孔墨之後儒分為八墨離為三取舍相反不同而皆自謂真孔墨。莊子相里勤之弟子五侯之徒按此相里氏名勤其徒有五侯諸人南方之墨者苦獲已齒鄧陵子之屬俱誦墨經按苦獲已齒二人鄧陵子即鄧林氏陵林古音通墨經即墨子七十一篇而倍譎不同倍即偝字相謂別墨以堅白同異之辯相訾以觭偶不忤之辭相應以巨子為聖人皆願為之尸按巨子猶儒家稱大賢尸主也。焦氏循曰呂氏春秋墨者有鉅子腹䵍居秦又墨者孟勝為東方

之墨者謝子淮南子墨者有田鳩亦見韓非子馬驌繹史謂田鳩卽田俅子論衡墨家之役纏子皆傳墨教者

墨者之治喪也以薄為其道也○墨子有節葬三篇上中亡下篇尚存其言曰古聖王治為葬埋之法曰棺三寸足以朽體衣衾三領足以覆惡以及其葬也下毋及泉上毋通臭壟若參畊之畝則止矣又曰衣食者人之生利也然且猶尚有節葬埋者人之死利也夫何獨無節於此乎子墨子制為葬埋之法曰棺三寸足以朽骨衣三領足以朽肉掘地之深下無菹漏氣無發洩於上壟足以期其所則止矣按期字恐誤哭往哭來反從事乎衣食之財佴乎祭祀按爾雅佴貳也此副貳之貳謂屢屢祭之以致孝於親按此以厚祭為薄葬解故曰子墨子之法不失生死之利者此

也○莊子天下篇不侈於後世不靡於萬物按靡與劘通謂不切劘乎萬物不暉於度數暉明也謂不別白乎度數之多寡以繩墨自矯而備世之急謂救世之急古之道術有在於是者墨翟禽滑釐聞其風而悅之為之太過已之太循此句難解作為非樂命之曰節用按非樂節用皆墨子篇名生不歌死無服墨子汎愛兼利而非鬬謂以戰鬬為非其道不怒又好學而博不異不與先王同按不異卽尚同篇不與先王所說同然毀古之禮樂古之喪禮貴賤有儀上下有等天子棺椁七重諸侯五重大夫三重士再重按重謂屬也椑也以一寸為一重今墨子獨生不歌死無服桐棺三寸而無椁以為法式以此教人恐不愛人以此自行固不愛己未敗墨子之道謂末世敗其道不行也歌而非歌哭而非哭樂而非樂是果類乎其生也勤其死也薄其道太觳觳通迫也

使人憂使人悲其行難為也恐其不可以為聖人之道反天下之心天下不堪墨子雖獨能任奈天下何離乎天下其去王也遠矣謂離遠乎天下之人心非天下歸往之王道也墨子稱道曰昔禹之湮洪水決江河而通四夷九州也名山三百支川三千小者無數禹親自操槖耜而糾雜天下之川按路史作九雜集韻作鳩衆御覽作九滌腓無胈脛無毛沐甚風櫛疾雨置萬國禹大聖也而形勞天下如此故後世之墨者多以裘褐為衣以屐蹻為服日夜不休以自苦為極曰不能如此非禹之道也不足以為墨○韓非子墨者之葬也冬日冬服夏日夏服桐棺三寸服喪三月世主以為儉而禮之儒者破家而葬服喪三年大毀扶杖世主以為孝而禮之夫是墨子之儉將非孔子之侈也是孔子之孝

將非墨子之戾也今孝戾侈儉俱在儒墨而上兼禮之安得無亂乎○汪氏中曰古者喪期無數黄帝堯舜垂衣裳而天下治則五服精粗之制立矣放勲徂落百姓如喪考妣其可見者也夏后氏三年之喪既殯而致事則禹之為父三年矣禹崩三年之喪畢則夏之為君三年矣士喪禮兼用夏祝使夏后制喪三月祝豈能習其禮以贊周人三年之喪哉若夫陵死葬陵澤死葬澤此為天下大水不能具禮者言之荒政殺哀周何嘗不因於夏禮以聚萬民哉墨子者蓋學焉而自為其道者也曰墨子制為節葬之法是墨子自制之故曰墨子之治喪以薄為其道也

蓋上世嘗有不葬其親者四句○易繫辭古之葬者厚衣之以

薪葬之中野。翟氏曰此云上世乃上古也故與易所言古事不同兩事相因自有虆梩之掩遂漸成衣薪葬野之世

蠅蚋姑嘬之。音義出蠅蜹姑三字云蜹張音汭諸本或作蟵誤也丁云蟵未詳所出或以蟵與蝣同謂蜉蝣也音由又一說云蟵姑即螻姑也。按凡腐物多招蠅蜹蜹誤作蟵耳若訓蟵為蜉蝣蜉蝣即蜹屬若以蟵屬姑訓為螻蛄即今之土狗未聞土狗嘬腐也姑訓語助聲亦覺未順阮氏芸臺據左僖二十八年晉侯夢楚子伏已而盬其腦姑盬音近方言云盬且也且即咀字咀與姑同音謂蠅蜹盬嘬之可通

其顙有泚。趙註泚汗出泚泚然也。按考工記車人職鄭司農註庛讀如其顙有疵之疵誤泚為疵毛詩新臺有泚亦指

媿汗言毛傳及說文作玼訓鮮明貌誤近說欲依疵字本訓為疾首不可通

反虆梩而掩之。音義虆或作蔂。集韻作塿。趙註虆梩籠臿之屬。按虆省作蔂或從土旁蓋蓧之屬可以盛土者趙以籠釋之據小司馬法輦一斧一斤一鑿一梩是梩為鍬鍤之屬與趙註合孫奭音義訓梩為土轝朱註取之與司馬法不合恐誤

夷子憮然為間。趙註憮然猶悵然也。焦氏循曰一切經音義引三蒼云憮失意貌後漢書禰衡傳劉表嘗與諸文人共草章奏並極其才思時衡出還見之開省未周因毀以抵地表憮然為駭爾雅憮撫與敉敹通以意猜摹未遽言也

樸學遺書 四書拾解卷十七

四書摧解錄卷十八

吳川吳懋清迴溪著

滕文公篇下

陳代曰不見諸侯二句。按此云不見諸侯下第七章云古者不為臣不見當是在宋時語孟子始終無與宋王偃問答也且志曰枉尺而直尋。尸子引孔子曰詘寸而信尺小枉而大直吾為之也文子上義篇老子曰屈寸而申尺。按尸佼為商鞅師其人在孟子前穀梁傳嘗引其言安知陳代所引志尸佼不見之因撰此語架之孔子乎文子是偽書襲尸子語非尸子襲文子也。翟氏考異隸釋議郎元賓碑進退不枉尺直挦用孟子尋作挦按平排十指為尺伸兩手為尋尋字從手可通昔齊景公田節○左昭二十年十二月齊侯田于沛水經註濟水西北入沛離臨淄不遠招虞人以弓不進公使執之辭曰昔我先君之田也旃以招大夫弓以招士皮冠以招虞人臣不見皮冠故不敢進乃舍之仲尼曰守道不如守官君子韙之按家語正論解亦襲之○

按左傳云招虞人以弓孟子云招虞人以旌不合一傳云旃以招大夫孟子云庶人以旃大夫以旌不合二傳云弓以招士孟子云士以旂不合三不謂左傳記錯即孟子說錯矣愚謂不然據左傳引詩云翹翹車乘招我以弓豈不欲往畏我友朋弓即弧韣也諸侯建龍旂旂上有弧張之弧形如弓謂之弓其下有羽毛為飾謂之旌建於車上則翹翹然飛動也知弓指旂之弧韣言毛詩云孑孑干旌在浚之郊孑孑謂德

車結旌孑孑然収斂上有弓張之又謂之弧旌見考工左傳云招虞人以弓又云弓以招士孟子云招虞人以旌又云士以旂知弓即旂觸亦即弧旌也魯頌云其旂茷茷無小無大從公于邁此以旂招士相從往泮宮之證非左傳以弓問子貢及好以大屈之弓也左傳云旃以招大夫巾車職大赤謂之旃爾雅通帛為旃謂通幅絳帛用赤染之而畫以龍謂之龍旜旜旃古通諸侯之上大夫得建龍旜凡有聘問事則庶人在官者從之行故諸侯以旃招大夫大夫則以旃招庶人名之往役也是左傳孟子並合至皮冠之制上如布冠形若益屋下如皮弁形三面有冑周禮謂之冠弁田獵用之衛侯不釋皮冠而與之語為不敬大臣招虞人則以所有事名之

志士不忘在溝壑三句。韓詩外傳二卷巫馬期謂子路曰吾嘗聞之夫子勇士不忘喪其元志士仁人不忘在溝壑。按巫馬期謂聞之夫子朱註謂孔子美虞人之言據左傳仲尼曰守道不如守官君子韙之韙偉也猶壯也壯其能守死不往似此兩句即當日韙之之辭

昔者趙簡子使王良與嬖奚乘。左哀二年鐵之戰郵無卹御簡子衛太子為右太子曰吾救主於車退敵於下我右之上也郵良曰我兩靷將絶吾能止之我御之上也駕而乘材兩靷皆絶。國語趙簡子如晉陽見壘怒欲殺尹鐸郵無正諫簡子悅賞尹鐸尹鐸以其賞如伯樂氏。按左哀二年稱郵良郵掌傳車官名當姓王名無卹字子良後簡子之子亦名

無卹改名無正為伯樂氏雜説家分王良伯樂為二人淮南子云孫無政為趙簡子御死而托精於天駟王良星是也按星書出於宋子韋及甘石二家假善御之名以名星烏可盡信也

曰吾為之範我馳驅九句○音義範我或作范氏范氏古之善御者○後漢書班固傳范氏施御註引孟子王良曰吾為范氏馳驅終日不獲一為之詭遇一朝而獲十按此註所引作范氏馳驅○文選東都賦田基發射范氏施御弦不失禽轡不詭遇李善註引孟子王良曰不可吾為範我馳驅終日不獲一焉為之詭遇一朝而獲十按李註引作範我馳驅○按左傳范宣子曰昔匄之祖在夏為御龍氏括地圖云夏德盛二龍降之禹使范氏御

之以行經南方路史謂范成大為禹御龍以通南方水源愚謂此龍或為真龍至范氏由食采於晉之范邑因以為氏不得援括地及路史解此范氏也○穀梁昭八年傳艾蘭以為防（按蘭從廿卽令闌芟字謂芟草為獵場廣百步直三百五十步與大司馬戰場合）置旃以為轅門以葛覆質以為槷（按葛當依別本作褐）流旁握御轚者不得入（按轚音計謂挂礙不得行也）車軌塵（謂塵不汎軌）馬候蹄（謂馬發蹄不參差）揜禽旅御者不失其馳然後射者能中過防弗逐不從奔之道也面傷不獻不成禽不獻○車攻詩傳曰一曰乾豆二曰賓客三曰充君之庖故自左膘而射之達於右腢為上殺達左耳本次之射左髀達於右髃為下殺○王氏廣雅疏證云王者以四時畋以奉宗廟因簡戎事艾草為防敺而射之不題禽不詭遇不捷

草越防不追題禽謂迎禽面而射之傷其額也垝遇謂旁射也說苑修文篇不抵禽不詭遇東都賦弦不睼禽轡不詭遇題與抵睼通詭與垝通皆謂非禮射御○按或本作范氏馳驅王良以晉人學逐禽左法於晉范氏未嘗不可通此為孫奭所見本趙岐本作範我馳訓範為法卽防範之範亦通詩云不失其馳舍矢如破御車者逐禽必令車當禽之左乃可由左膘達於右腢謂之上殺公曰左之舍拔則獲是范氏御法卽古逐禽左法也故王良特引車攻詩以明之

景春曰○趙註景春孟子時人為縱橫之術者○按焦氏循據漢藝文志兵陰陽家有景子十三篇疑卽景春未必然趙註謂為縱橫之術者因其震衍儀之名撰為此解似亦近之據

衍儀並用事於魏孟子由宋之梁景春魏人以大丈夫推之故為孟子所駁

公孫衍○趙註公孫衍魏人也號為犀首嘗佩五國相印為從長秦王之孫故曰公孫○按史記謂陰晉人犀首為大良造未詳何官陰晉鮑彪謂時為韓地李氏鍇作尚史據魏策云衍之為魏孰與其為韓斷為韓人為韓之公孫此說得之趙謂秦王孫誤司馬彪謂犀首官名猶後代之虎牙將軍按魏將有犀武然則犀首亦非號也○史記魏襄王二年據紀年是梁惠王後元二年史記誤楚圍齊於徐州按徐州卽薛也衍謂魏王曰當是惠王何不陽與齊而陰結於楚二國恃王必戰齊戰勝楚而與乘之必取方城之外楚戰勝齊而與乘之則太子之讐報矣按時田嬰相齊使中

縛守徐州為楚所敗田嬰使人說楚楚乃伐於越○國策衍與張儀將相張儀魏將相張儀衍弗利令人謂韓公叔曰張儀已合秦魏矣其言曰魏取南陽秦攻三川韓氏必亡且魏王所以貴張子者欲得韓地也子盍少委焉謂少割韓地與衍獻魏也以為衍功則秦魏之交廢廢儀收韓而相衍公叔以為然果委之衍以為功果相魏據紀年或梁襄王六年韓使韓辰歸晉陽及向事○國策陳軫為秦使於齊過魏見衍曰公惡事乎何為飲食而無事衍曰不能得事軫曰請移天下之事於公衍曰奈何軫曰魏使李從以車百乘使於楚史記作田需使楚公可居其中而疑之謂魏王曰燕趙數令人召臣曰無事必來令臣無事請謁而往王必無辭以止公公得行因言於庭曰臣急使燕趙衍謁見魏王王許之諸侯客聞之皆使人

告其王曰李從以車百乘使楚公孫衍以車三十乘使燕趙齊王聞之恐後天下得魏以事屬衍魏王止其行燕趙聞之亦以事屬衍楚王聞之亦倍李從而以事屬衍衍遂主天下之事據此是陳軫之說計在公孫衍之上○國策齊王將見燕趙楚之相於衛約外魏魏王懼以告衍衍曰王與臣百金臣請敗之衍先至衛間齊行人以百金先見齊王因久坐從容談三國之相怨謂齊王曰王與公孫衍談是謀三國也約事遂敗○國策魏令衍請和於秦秦毋恢教之曰無多割和成固有秦重不成後必莫能以魏合於秦者矣大意謂若欲合秦必多割復使衍○國策衍欲得齊魏之兵以伐趙魏王齊王不欲衍曰請國出五萬人不過五月而破趙田肸曰按田肸齊名將齊威王時已走楚不知何時返齊公言破趙太

易衍曰公之不慧也夫二君者固已不欲矣又言難以懼之是趙不伐而謀困也夫搆難而兵結二君見其危安敢釋卒不我與乎田盻遂勸兩君聽衍衍遂得二國之兵兵未出境兩君恐其敗也悉起兵從之大敗趙氏（按趙肅王二十三年趙將與齊魏戰死於桑卯據紀年當梁惠王後元之九年史記謂魏襄王八年誤以後元之年為襄王年也）○國策義渠君朝魏（按義渠在秦之西北）衍聞張儀復相秦害之謂義渠君曰中國無事於秦秦且燒焫君之國有事於秦秦且輕使重幣事君之國居無幾何五國伐秦（按五國攻秦在魏襄元年）秦王因以文繡千匹好女百人遺義渠君義渠君致羣臣而謀曰此公孫衍之所謂也因起兵襲秦大敗秦人於李帛之下○國策魏相需田（田需齊人）衍為將與田需不善見魏王曰（此魏襄王也）臣盡力竭智為王廣

士取尊名田需從中敗之需亡臣將侍需侍臣請亡王曰需寡人之股掌臣今為子外之令毋入子之事入子之事吾為子殺之亡之衍許諾於是東見田嬰與之約結召田文而相之魏身相於韓蘇代為田需說魏王曰請問文之為魏孰與其為齊王曰不如齊衍之為魏孰與其為韓王曰不如韓此衍為韓人之證代曰不如舍需於側以稽二人之所為王曰善果厝需於側○季子為衍謂魏王曰不見夫服牛驂驥乎不可以行[曰]百步今王以衍為可將故用之而聽相之計相謂田需是服牛驂驥也牛馬俱死而不能以成功王之國必傷矣願王察之○國策史舉非衍於王衍欲窮之謂張儀曰請令王讓先生以國王為堯舜矣而先生弗受亦許由也衍因令王致萬邑

於先生張儀悅因令史舉數見衍王聞之弗任也史舉不辭而去○又田需周霄相善欲罪衍衍患之謂魏王曰今所患者齊也嬰子言行於齊王（田嬰為齊威王子封于薛嬰之子為田文）王欲得齊胡不召田文而相之彼必務以齊事王王曰善因名田文而相之以倍田需周霄衍後入秦秦惠文王死衍欲窮張儀李讐謂衍曰（李讐秦人）不如召甘茂於魏名公孫顯於韓名樗里疾於國三人者皆張儀之讐也公用之則諸侯見張子之無秦矣甘茂果相秦秦武王愛衍與之間有所立因自謂之曰寡人且相子甘茂之吏聞之茂入見曰王得賢相敢再拜賀王曰焉聞之對曰衍告臣王怒衍之泄也乃逐之衍復事魏昭王（襄王之子）秦與魏戰於伊闕殺犀武魏令衍割地以請於秦（按疑郎綦）

毋恢教之毋多割事○按戰國策公孫衍用事在梁惠後元時甚顯景春以大大夫稱之孟子斥為妾婦周霄以仕晉勸之孟子斥為踰牆據兩章類記則邠卿謂景春為從横之術與周霄為伍不為過矣

張儀○史記張儀魏人也始與蘇秦事鬼谷先生學術秦自以為不及儀儀從楚相飲已而楚相亡璧執張儀掠笞數百不服釋之其妻曰嘻子毋讀書游説安得此辱乎儀曰視吾舌尚在否其妻笑曰舌在也儀曰足矣蘇秦已説趙得相約從親恐秦攻諸侯敗約念莫可使於秦者乃使人感張儀使之趙求見不為通又不得去已而見之賜僕妾之食并數讓之儀怒念諸侯獨秦能苦趙乃遂入秦蘇秦乃使舍人陰奉以車

馬金錢遂得見秦惠王以為客卿舍人乃辭去儀始知之曰為吾謝蘇君蘇君之時儀何敢言儀既相秦為文檄告楚相曰汝善守汝國吾且盜而城○國策楚攻魏謂秦王曰不如與魏而勁之魏戰勝復聽於秦必入西河之外不勝魏不能守王必取之用儀言取皮氏（按紀年取皮氏在梁惠後元六年）卒萬人車百乘以與魏犀首（時衍為梁惠王將）戰勝威王（楚威王）魏兵罷敝畏秦果獻西河之外（據紀年後元六年秦取汾陰皮氏焦三邑）○史記秦使公子華與儀圍蒲陽降之儀請復與魏（據紀年後元七年秦降我蒲陽八年秦歸我焦曲沃）而使公子繇質於魏儀說魏王曰秦遇魏甚厚不可以無禮魏入上郡少梁謝（據紀年後元五年龍賈及秦師戰於雕陰我師敗逋雕陰疑即陰晉亦即少梁似秦早得少梁陰晉地史記謂至此始獻之未必然）秦乃以張儀為相更名少梁曰夏陽（按夏陽即左傳

虢之下陽西邑夏在此史記云秦更名非相秦四歲立秦惠王為王按梁惠王後元元年秦惠侯加冠稱王諸侯會於徐州因之並稱王史記謂稱王在降蒲陽之後錯亂之甚居一歲取陝按括地志陝縣有故焦城陝即焦也取焦在後元六年築上郡塞○史記秦使儀與齊楚之相會齧桑東還而免相相魏以為秦欲令魏先事秦魏王不聽秦怒伐魏取曲沃平周按紀年惠王後元十六年秦取曲沃平周復陰厚張儀益甚儀慙無以歸報留魏四年而魏襄王卒據紀年取曲沃平周之後一年梁惠王卒史記謂襄王卒誤甚○國策張儀為秦連衡說魏襄王王於是背從約而請成於秦張儀復歸相秦三歲而魏復倍秦為從秦攻魏取曲沃按取曲沃是魏惠王後元十六年事此屬之襄王誤○國策楚許魏六城與之伐齊而存燕按紀年當在魏襄五年齊宣七年之後儀欲敗之謂魏王曰當是魏襄齊畏三國之合必反燕地以下楚楚必聽之而不與魏

六城是王失謀於楚而樹怨於齊秦也伐齊之事遂敗○國
策秦欲伐齊齊楚之交善秦王患之儀南見楚王曰王能閉
關絶齊臣請使秦王獻商於之地方六百里（按商於地近武關與楚接壤）
楚懷王大悦陳軫謂楚王曰臣見商於之地不可得而患必
至也必受欺於張儀楚王曰吾事善矣子其無言楚王使人
絶齊張儀反秦使人使齊齊秦之交陰合楚因使一將軍受
地於秦張儀稱病不朝楚復使人往詈齊王張儀知楚絶齊
也乃出見使者曰從某至某廣從六里使者反報楚王大怒
欲興師伐秦秦與齊合韓氏從之楚兵大敗於杜陵（以下史記）殺
屈匄遂取丹陽漢中之地楚又復發兵襲秦至藍田大戰楚
大敗於是楚割兩城以與秦平秦要楚欲得黔中地欲以武

關外易之楚王曰不願易地願得張儀而獻黔中地秦欲遣之口弗忍言儀乃請行曰臣奉王之節使楚楚何敢加誅假令誅臣而為秦得黔中之地臣之上願遂使楚以下國策楚王拘張儀將欲殺之靳尚為儀謂楚王曰拘張儀秦王必怒天下見楚之無秦也楚必輕矣又謂夫人鄭褎曰子亦自知且賤於王乎張儀者秦王之有功臣也秦欲出之秦王有愛女而美又簡宮中佳麗習音者從之資之金玉寶器奉以上庸六縣為湯沐邑欲因張儀而納之楚王惑於虞樂必厚親愛之子益賤而日疏矣子何不急言王出張子鄭褎遂說楚王出張儀張儀為秦破從連衡說楚楚從儀去楚遂之韓說韓韓效宜陽儀歸報秦封儀五邑號武信君使儀東說齊說趙說

燕皆聽以下史記張儀歸報未至咸陽而秦惠王卒武王即位武王自為太子時不悅張儀諸侯聞之皆畔橫復合從○國策秦武王元年左右惡張儀未已而齊讓又至儀謂武王曰為秦社稷計者東方大變然後王可以多割地今齊王甚憎儀儀之所在必舉兵伐之故儀願乞不肖之身而之梁齊必舉兵伐之齊梁之兵連於城下不能相去王以其間伐韓入三川出兵函谷而無伐以臨周祭器必出挾天子按圖籍此王業也王曰善乃具革車三十乘納之梁齊果舉兵伐之梁王大恐儀曰王勿患請令罷齊兵乃使其舍人馮喜之楚藉使之齊因請齊王曰王甚憎張儀雖然厚矣王之託儀於秦也齊王曰儀之所在必舉兵伐之何以託儀也對曰是乃王之

託儀也儀之出秦與秦王約曰東方有大變然後王可以多割地今果伐之是内自罷而伐與國廣鄰敵以自臨而信儀於秦王也此臣之所謂託儀也齊王乃止後公孫衍以梁與齊戰於承筐而不勝儀謂梁王曰不用臣以危國梁王因相儀按紀年相魏在魏襄六年史記謂魏哀誤相魏一歲卒於魏按紀年儀卒於魏襄七年卒後魏相田需○按紀年張儀初相魏在梁惠後元十二年再相魏在梁襄六年孟子初至梁當在梁惠後元之十六七年宜乎景春當時震而驚之也

丈夫之冠也父命之○集註考證冠恐當作娶字與下文嫁字對士昏禮父醮子而命之曰往迎爾相若冠則賓醮而命之字父不親命也○按丈夫之名由冠起必加冠後棄爾幼志

順爾成德始成其為丈夫命之字者賓也而請賓加布於其首則由乎父故曰父命之正文冠字不得錯至命之往迎爾相屬冠後事不當移以解此

女子之嫁也母命之六句○士昏禮父命之曰戒之敬之夙夜無違舅命母施衿結帨曰勉之敬之夙夜無違宮事主人不降送（按家無二主專指父一人言）庶母送及廟門內施鞶申之以父母之命命之敬恭聽宗爾父母之言夙夜無愆視諸衿鞶○穀梁桓三年傳禮送女父不下堂（此句與主人不降送合）母不出祭門（謂母及庶母皆降送）父戒之曰敬謹從爾舅之言母戒之曰敬謹從爾姑之言○按此父命女在先母命在後孟子止言母命亦行文從省法往送之門往字一就送門謂送出已廟門非送至壻門

也

周霄問曰。趙註周霄魏人朱註襲之。據國策及孟子言出疆必載贄以周霄是齊人仕魏者。國策魏文子按文子田嬰子田文也後仕於魏此魏字當自為句田需周霄相善二人皆齊人素相善欲罪犀首犀首公孫衍也韓人時衍為魏將需霄忌之犀首患之乃勸魏王名文子而相之以倍田需周霄按事詳上公孫衍考。國策周肖謂宮他曰按周肖當為周霄之譌請子為肖謂齊王曰當是齊威肖願為外臣令齊資我於魏宮他曰不可是示齊輕也夫齊不以無魏者以害有魏者不為魏用是無魏為魏所用是有魏故公不如示有魏公曰王之所求於魏者臣請以魏聽齊必資公矣是公有齊以齊有魏也。據此是周霄為齊人仕魏者後田需相魏田文繼之未見周霄相魏事據其初資

齊以仕魏由官佗之教是急於求仕而操術甚拙者此以難
仕感孟子欲為之勸駕孟子以穴隙踰牆答之真不直一哂
矣
諸侯耕助四句。趙註諸侯耕助者躬耕勸率其民收其藉助
以供粢盛按助者藉也耕助即耕藉諸侯藉田百畝藉當音借。祭統天子親耕於南
郊以共齊盛王后蠶於北郊以共純服諸侯耕於東郊亦以
共齊盛夫人蠶於北郊以共冕服
犧牲不成四句。穀梁成十七年傳宮室不設不可以祭衣服
不脩不可以祭車馬器械不備不可以祭有司一人不備其
職不可以祭
惟士無田二句。曲禮無田祿者不設祭器。漢儒作王制大

夫士宗廟之祭有田則祭無田則薦。按古薦必於寢祭必於廟寢則左右無兩廂設壇坐主焉廟則於寢外建之左右有兩廂依其命數三命三廟一命一廟但遷當祀者之衣冠藏焉行祭時祝先請神就位於輿無主也

晉國亦仕國也。趙註魏本晉也周霄曰我晉人也亦仕而不知其急若此君子何為難仕君子謂孟子何為不急仕也。按故晉地為魏所得可稱晉國趙於章首註周霄為魏人故此補我晉人也句說頗支離愚據國策推得周霄為齊人仕於晉者因知趙註之誤

彭更問曰節。音義出傳食云丁直戀切言轉食也。按傳食謂如傳車所經過之路站則就宿而食其飯也

毀瓦畫墁○趙註言但破碎瓦畫地則復墁滅之此無用之為也○按瓦謂完成之瓦而毀碎之墁謂以朽墁灰使滑澤即白盛也而畫破之方與朱註無功而有害之義合趙註微誤

此章當是由宋至梁時語故類記於此

萬章問曰宋小國也今將行王政節○宋世家偃自立為宋君按世家以偃父剔成廢君自立事屬之王偃誤說見公孫丑篇君偃十一年自立為王據孟子說使齊人傳諸是偃年尚幼之證秦惠文以加冠年稱王諸侯會於徐州並稱王是偃十一年當惠王改元稱王之年也東敗齊取五城南敗楚取地三百里西敗魏君乃與齊魏為敵國盛血以韋囊懸而射之命曰射天按此殷武乙事為雷震死世家屬之偃淫於酒婦人按此夏桀事世家屬之偃羣臣諫者輒射之於是諸侯皆曰桀宋宋其復為紂所為不可不誅告齊伐宋王偃立四十七

年齊湣王與魏楚伐宋殺王偃遂滅宋三分其地○朱註宋王偃嘗滅滕伐薛敗齊楚魏之兵欲霸天下疑即此時也○按國策謂宋康王滅滕伐薛取淮北之地滅滕事無考伐薛薛為齊附庸伐薛即敗齊之一也取淮北地時淮北皆屬楚即取楚地三百里也西敗魏惟齊湣九年有與齊攻魏敗之觀澤皆宋偃晚年事閻氏釋地謂朱註言之太早是也此不過萬章於去宋之後設辭為問不得如朱註認為實事也

湯居亳與葛為鄰○按紀年桀十五年商侯履遷於亳此西亳在偃師即大蒙城後二十八年會諸侯於景亳此北亳近景山湯居亳當指北亳言與葛密邇方能往為之耕亦因新遷偶為所欺若是西亳恐相去太遠不能饋食矣

書曰葛伯仇餉。趙註書尚書逸篇也仇怨也言湯所以伐殺葛伯怨其害此餉也。按張霸撰仲虺之誥竄此句於虺誥朱註信之獨趙岐謂此為逸篇最得

湯始征自葛載四句。據紀年桀二十一年成湯七年商師征有洛克之按周書史記解云宮室破國昔者有洛氏宮室無常池囿廣大工巧日進以後更前民不得休農失其時饑饉無食成湯伐之有洛以亡卽此事遂征荆荆降按平聲讀荆入聲讀葛荆葛古通越絶書吳內傳云湯敬鬼神而天下歸之荆伯不從湯乃餙犧牛以事荆伯卽饋牛羊事因征洛征葛屬一時事故統謂之始征二十六年成湯十二年商滅温按河內温縣二十八年成湯十四年遂征韋商師取韋按路史謂今滑縣之韋城有故韋城遂征顧按路史謂今濮之西南二十八里有古顧城卽詩韋顧旣伐是也三十年成湯十六年商師征昆吾三十一年成湯十七年商師自陑征夏邑克昆吾大雷雨戰于鳴條夏師敗績桀出奔三朡商

師征三朡戰於郕獲桀於焦門放之於南巢。按紀年征有洛征荆荆即葛征温征韋征顧征昆吾征夏邑征三朡止得八征或并鳴條郕焦門計共十一征耶路史謂商始弱密須氏得密須氏則知所以服桀矣未詳所出存之趙註附一説以載字屬下讀謂載與再通再十一征凡征二十二國按惠王篇引書曰湯一征自葛始此復伸之作湯始征自葛載以始釋一以載釋始何得更為異讀且再十一征不成文法愚謂當截而無敵於天下為一節見湯事葛是行仁政十一征而無敵於天下語意已完東面而征以下接引周公征四國事不得信古文書認此為湯事也説見下

東面而征西夷怨節。廖本北狄作北夷甚妥謂淮北諸夷也

○按說詳梁惠王篇下

救民於水火之中○音義救字或作捄○按毛詩鴟鴞序周公捄亂也捄為古救字愚據紀年推得此節是武王十六年因蒲姑不稱臣故武王率兵東征滅蒲姑之辭謂有所不思臣服者武王率師東征之蒲姑君聞風逃竄國中散亂其士女未婚娶者武王令其早婚以安之其卿大夫以篚承其帛求周臣作介紹引謁我周王以得見而為喜思臣附於大邑周此征蒲姑篇經文也若改為征紂欲紂稱臣便不可通矣其書傳則曰其卿大夫選舉班之君子實元黃于篚以迎周君子其庶民之小人簞食壺漿以迎周小人因受蒲姑氏之虐武王救民於水火之中取其殘者除之而已矣後以其地封

太公故說文引周書賓元黄于匪又引傳簞食壺漿或伏生書大傳尚有其文今本失傳也未必斥孟子為傳張霸自撰武成篇漢厤志三引武成共八十二字皆見世俘解卽古武成也改作共天成命不可云欲紂稱臣故改此句肆予東征增肆予二字綏厥士女惟其士女增此句篚厥元黄劉我周王改紹作劉今文易以昭字古通天休震動改見作天增震動二字用附我大邑周改惟臣作用改於作我移為武王伐紂之辭據鄭鹿鳴詩箋引書曰篚厥元黄卽引古文武成劉炫等揑撰鄭氏禹貢註引允征曰篚厥元黄證今允征篇無此句為真書郭璞註爾雅引逸書劉我周王逸書卽徐邈所註尚書逸篇取張霸劉我周王之古文也偽古文又改征作延篚作棐黄作㚇更奇怪不經矣

太誓曰我武惟揚節○趙註太誓古尚書百二十篇之時太誓也按古有是說張霸則取書序傳會為古文書百兩篇合中候十八篇共為百二十篇附合此說我武王用武之時惟鷹揚也合詩時惟鷹揚解之侵紂之疆界則取于殘賊者以張殺伐之功也民有簞食壺漿之歡合上節解之誤比于成湯伐桀為有光寵美武王德優前代也今之尚書太誓篇後得以充學今本紀所述及書大傳所引皆在馬融康成所註今文太誓篇中頗不同為趙所見本故不與古太誓同諸傳記引太誓皆古太誓也○按所引五句以揚疆殘張光為韻皆太誓論贊之辭見伐紂是取其殘證上伐蒲姑亦取殘之義與左傳引維彼陶唐五句皆韻語為無若丹朱敖一段贊辭張霸不曉另撰太誓三篇改作我武惟揚侵于之疆取彼凶殘改則取于作取彼凶我伐用張改殺作我于湯有光是誓

師未戰先誇于湯有光得毋過於自矜乎自鄭康成將張霸古文五十八篇删去其自撰之二十五合舜典於堯典止存古文經三十二篇附入後得太誓一篇共為三十三自是張自撰之廿五篇遂廢擱不行如趙註孟子韋昭註國語杜預註左傳皆絕不引及至東晉之末梅賾姚方興乃復傳出蔡氏沈作書傳行之誤矣

孟子謂戴不勝曰○趙註不勝宋臣朱註襲之○荀子解蔽篇唐鞅蔽於欲權而逐載子楊倞註載讀為戴按載戴二字古通如毛詩載弁俅俅即戴弁全滕令文載璧秉圭易林引作戴璧戴不勝使薛居州傳王者見孟子或曰戴子戴驩也○按戴驩為太宰見韓非內儲篇勝讀平聲驩字不勝取義亦合太宰為宋官屢見左傳操政權者

僞孫疏謂不勝字盈之閭氏釋地信之誤當作戴驩字不勝宋太宰也方合○呂氏春秋宋王謂相唐鞅曰（按驩為太宰即戰國策所謂國老也時逐驩用鞅為相）寡人所殺者衆矣而羣臣愈不畏何也鞅曰王之所罪盡不善者也罪不善善者故不畏不若無辨其善不善而時罪之則羣臣畏矣無何宋君殺鞅（按此條正逐戴驩奪其權後為偃所殺之事）○國策宋康王罵國老諫臣（按宋世家謂羣臣諫者輒射之）為無顏之冠以示勇○按所謂國老謂同姓老臣不勝及盈之皆是諫臣當薛居州其一也孟子至宋時其年尚少據孟子以欲其子之齊語曉之早窺見其蒙養失宜生質之乖戾矣

引而置之莊嶽之間數年○趙註莊嶽齊街里名朱註因之○

顧氏曰知録莊是街名嶽是里名左襄二十八年得慶氏之

木百車於莊（杜註六軌之道）反陳於嶽（杜註嶽里名）左昭十年又敗諸莊左哀六年戰於莊（閻百詩說同）

公孫丑問曰不見諸侯何義○按此不見當作不會面解觀上下兩章皆與宋臣語無與王對答則不為宋臣之志決矣後復言廹斯可以見隱見宋偃無求教之誠又引孔子見陽貨謂見之亦不妨即磨不磷涅不淄之意皆孟子善學孔子處

段干木踰垣而辟之○後漢書陳元傳論作踰牆○魏世家正義作踰牆避之○呂覽段干木晉之大駔儈也（按駔即今法馬謂木初為市儈）學於子夏為天下名士顯人以終其壽又文侯往見段干木立倦而不敢息及見翟璜踞於堂而與之言翟璜不悅文侯曰段干木官之則不肯祿之則不受今汝欲官則相位欲

祿則上卿旣受我賞復責我禮毋乃難乎居無幾何秦興兵欲攻魏司馬唐且諫曰段干木賢人也高士傳文小異○魏世家魏桓子之孫曰文侯斯文侯受子夏經藝客段干木過其閭未嘗不軾也

大夫有賜於士三句○玉藻大夫親賜士士拜受又拜於其室敵者不在拜於其室○全祖望經史問答曰據玉藻則大夫有賜無論在與不在皆當往拜若不得受而往拜者乃敵體之降禮陽貨若以大夫之禮來尚何事瞰亡正以敵體之禮故不得不出此苦心曲意耳孟子引尚書論語及諸禮文互異者甚多此節文或亦隨筆偶遺所以有失○按陽虎為陪臣誰不知之孟子稱大夫有賜於士不曾引禮正謂虎為家

大夫孔子為國士當用敵體禮趙註謂虎為魯大夫魯字誤當作家全氏知虎用敵體禮殺貴苦心獨不知孟子稱大夫謂家大夫雖大夫實陪臣與孔子為敵體乎孟子所引書皆古尚書所引禮絶不及周禮全氏竟據張霸書穆王禮斥為孟子引用之失過矣詳見論語陽貨篇

病于夏畦○趙註言其意苦勞極甚於仲夏之月治畦灌園之勤也○按菜畦名畦禾畦名畝夏日亢熱治畦汲水灌其園最為勞苦而脅諂者反過之

戴盈之曰○趙註戴盈之宋大夫朱註因之云亦宋大夫亦字承前章不勝為宋臣來愚謂戴驩為太宰當時承孟子之教決志行什一之稅關門市肆俱免征所謂將行王政也盈之

以未能諉為孟子所斥是盈之與不勝為兩人僞孫疏合為一人誤

今茲未能○閻氏釋地茲年也左僖十六年今茲魯多大喪明年齊有亂杜註今茲此歲呂氏春秋今茲美禾明茲美麥史記蘇秦傳今茲效之明年又復求割地後漢明帝紀昔歲五穀登衍今茲蠶麥善收皆是

下者為巢二句○趙註卑下者於樹上為巢猶鳥之巢也上者高原之地也鑿岸而營度之以為窟穴而處之○焦氏正義云禮運冬則居營窟鄭註寒則累土謂外累土作營域又穴其中為窟而居之若作營度解營度即是為不得云為為窟矣此說得之

書曰洚水警余。音義洚張音絳又下江切丁云案玉篇下江切者從夅今從夅當音胡貢切說文胡工切。按孟子所引書未詳何出今經張霸改作降水儆予竄入其自撰之大禹謨矣降當依丁作洚以夅為聲讀胡貢切謂洚洞無涯也故孟子以洪釋之。按此余字是堯自稱余下接使禹治之不得如禹謨舜於成功之後始云儆予也今據堯典壁文細詳之衆功皆興之下卽接堯曰誰可順此事未詳此事何事放齊舉丹朱堯不允堯又曰誰可者讙兜曰共工旁聚布功堯卽斥共工致滔天之禍堯乃嗟四嶽提出洪水滔天四字愚謂洚水警余句當在誰可順此事之上據孟子謂當堯之時水逆行求能順此事者非欲順水之性而治之乎此是堯典開

首第一事因壁文闕脱世無知者張霱之禹謨殊不關痛癢誤

驅蛇龍而放之菹○蜀都賦潛龍蟠於沮澤引綦毋邃孟子註曰澤生草曰蒩蒩字從禾○韻會引孟子作葅○按水所聚為沮水所聚即草所生故從艸作菹禮記水草之菹菹醃菜也借菹澤字為之周禮之蒩館即儀禮之苴寸皆艸也韻會作葅誤

周公相武王誅紂伐奄三年討其君○趙註奄東方無道國又云奄大國故特伐之尚書多方曰王來自奄按王來自奄之奄據紀年是成王五年周公輔成王所伐之奄與周公相武王不合誤趙註武王伐紂至于孟津還歸二年復伐前後三

年也按上既云誅紂伐奄此又倒轉云三年方討其君紂序次淩躐不合一二年復伐紂并還師之年計之合為前後三年不合二閒誅一夫紂未聞弒君此云討其君措語欠順不合三因歷來皆未曉此奄所在故無能解之者愚謂奄地甚廣北自齊之蒲姑城南至魯之奄中皆奄也何以明之一據紀年太戊居亳五十八年城蒲姑南庚三年遷於奄即蒲姑城陽甲居奄盤庚居奄至十四年始自奄遷於殷一據左昭九年襄王云蒲姑商奄吾東土也（漢地志薄姑城在臨淄西北五十里蒲薄古通商奄即魯之奄中魯故曲阜在仙源挑墟即古奄中地一屬齊一屬魯）左定四年因商奄之民命以伯禽此蒲姑與商奄分為二之證一據書大傳奄君蒲姑（謂奄君蒲姑氏）謂祿父曰武王既死矣請舉事然後祿父及三監畔此

武王所伐之蒲姑其君尚逋播未獲至此勸武庚畔亦稱奄君者蒲姑屬奄之北境也周本紀所述多方序云成王東伐淮夷殘奄遷其君蒲姑今張霸序改作遷其君於蒲姑增於字誤成王自奄歸在宗周作多方按殘奄謂殺北奄君之逃於南奄者遷其君蒲姑謂遷南奄君於九畢多方篇稱爾殷侯尹民敎之不殺南奄亦蒲姑氏之子孫分封所以魯得其地以蒲社為廟屏此奄及蒲姑合為一之證也然則武王所伐之奄為北奄蒲姑城無疑三年討其君者據紀年武王以十二年二月甲子誅紂十三年薦殷於太廟大封諸侯十四十五至十六年王師方滅蒲姑討其君殘虐生民之罪其君子小人皆有所執以迎王師獨其君聞風遠遁至成王五年始得執而殘之如此

鮮則洞然明白

驅飛廉於海隅而戮之。秦本紀蜚廉生惡來按呂氏春秋謂蜚廉手裂虎兕路史謂惡來名革惡來有力蜚廉善走父子俱以材力事紂本紀謂為父子未必然武王伐紂并殺惡來是時蜚廉為紂石北方皇甫謐謂為紂作石椁於北方還無所報為壇霍太山霍太山在河東霍縣而報得石椁紂既崩無所歸報為壇報作得石椁紂曰銘曰帝令處父蜚廉別號不與殷亂賜爾石椁以華氏死遂葬於霍太山。釋地皇甫謐曰河東彘縣今霍州十五里有蜚廉墓。元和郡縣志絳州龍門有蜚廉故城在縣南七里。按如本紀說是飛廉竟漏網與孟子不符據路史謂飛廉二字皆氏飛蜚非靡貴五字並通周孝王時有非子穆王時有靡伯繄皆嬴姓為大費大廉之裔故氏飛廉彘縣之蜚廉墓乃嬴姓之祖後造父封耿耿卽颯之耿鄉以其祖故土封之據世俘觧新荒至告禽霍侯霍卽蜚廉銘石椁處又侯來命伐靡靡卽蜚廉所食靡邑據驅於海隅安知非逃於蒲姑蒲姑旣破乃驅於東海之隅執而戮之耶當信孟子毋信本紀爲得其實

滅國者五十○按世俘觧序武王狩紂圍之後接序武王遂征四方凡憝國九十有九國馘磨億有十萬七千七百七十有九俘人三億萬有二百三十凡服國六百五十有二與孟子不合據世俘上文所序呂佗命伐越戲方（國三）侯來命伐靡集于陳（國四）百弇命伐衛（國一）陳本命伐磨（國一）百韋命伐宣方（當是一國）新荒命伐蜀（國一）告禽霍侯艾侯俘佚侯（國三）百韋命伐厲（國一）共

伐十五國亦與孟子不合況伐紂及十五國之外遂征四方憝國九十有九共為一百一十四國比孟子所云為倍之更不合據律厤志三引武成共八十二字皆在世俘然則劉歆所稱武成卽世俘篇摘篇首武王成辟四方取武成二字為名非張霸古文柴望大告武成之謂也此篇似出穆王時華軺之士所補作其厤日事蹟則是然多為誇辭侈其戰功本孟子所不取止取其二三策然則此言滅國五十必有依據不當於世俘解中求之矣

驅虎豹犀象而遠之○按世俘解是滅紂之後武王遂狩於紂圃禽虎二十有二猫二（按猫卽虦猫虎之矮脚者）犀十有二熊羆麋鹿共計一萬二千餘與本紀所述書序云罷兵西歸行狩記政事

作武成與世俘解合張改序作武王伐殷往伐歸嘼（按嘼音畜指放牛歸馬馬牛皆六畜也今刻改作獸誤）識其政事作武成因撰武成篇依孟子説造爲血流漂杵之句其足惑人在此非律厤志所引之武成也不可信

書曰丕顯哉六句。按此六句應讀作四句烈與缺韻當爲雒誥篇史臣作論贊之辭據雒誥今文云以予小子揚文武之德烈（張古文删之德二字）奉對天命（張古文改對作答）成王謂周公能爲子小子作文王詩三篇揚文王之謨作大武舞六成揚武王之烈奉以對荅昊天之成命也丕顯丕承即周頌首篇不顯不承史官謂豈不大顯哉文王之謨盡著諸歌豈不大承哉武王之烈盡見諸舞佑助啟廸我後嗣人咸以正道無欠缺張霸乃改佑啟作啟佑無缺作罔缺竄入自撰之君牙殊泛僞古文又作丕㬎才文王暮丕承才武王剌启右我後人咸㠯正它缺取古字之怪異者為之不可信

孔子懼作春秋節○孔子世家春秋之義行則天下亂臣賊子懼孔子曰後世知某者以春秋而罪某者亦以春秋○按朱註用胡氏說謂罪孔子者以無其位而託二百四十二年南面之權為罪我之據近說俱駁其無理果如所云是聖人先自處於僭何以正人之不正哉所駁極是愚據左傳推之左哀十一年魯人以幣召孔子為國老當時雅頌失所史策闕畧以孔子之多聞博學乃命之修史正樂故與左邱明修史與魯太師語樂據公穀俱云九月而經立是十三年夏始承

脩史之命至十四年春絶筆獲麟已繳還史局據左定四年分魯公以土田陪敦祝宗卜史備物典策是魯之史官亦奉成王命之魯啟以周正用子月為歲首孔子修之亦依其舊史之法其書法有訛舛者乃改正之孟子尊其書比之於經謂之為作愚謂罪我者其惟春秋是直斥其書有未合處既為章善癉惡之典何以内大惡反諱不知為魯臣子不諱則無臣禮又知弑君三十六以疾赴者十有二何以不直書不知當時飾辭以赴有不得而書者後雖知之仍依其原文不改致其慎也趙盾不弑君許世子不嘗藥何以以弑書之不知晋史斥其出不越境反不討賊大言炎炎為臣子立法醫不三世不服其藥世子不知醫以君父試其藥為本國所非

被罪出走魯史又安得不如二國所赴遽爲未滅哉以問昭公知禮章證之見内大惡當諱以請討陳恒章證之見臣子當討賊以史闕文章證之見當疑以傳疑不容妄改以誰毁誰譽章證之見據事直書原無襃貶以述而不作章證之見遵用舊法無自爲制法主僭南面之權事則翳障一空矣

楊氏爲我二句○列子說符篇楊子之鄰人亡羊既率其黨又請楊子之豎追之楊子曰亡一羊何追者之衆鄰人曰多歧路既反問獲羊乎曰亡之矣曰奚亡之曰歧路之中又有歧焉楊子戚然變容不言者移時不笑者竟日門人怪之請曰羊賤畜又非夫子之有而捐言笑者何哉楊子不答弟子孟孫陽出以告心都子二人偕入而問曰昔者昆弟三人遊齊

魯之間同師而學進仁義之道而歸其父問曰仁義之道若何伯曰仁義使我愛身而後名似為我仲曰仁義使我殺身而成名似摩頂放種利天下為之叔曰仁義使我身名並全彼三術相反而同出於儒孰是孰非耶楊子曰人有濱河而居者習於水勇於泅搖舟鬻渡利供百口裹糧就學者成徒而溺死者幾半本學泅不學溺而利害若此若以為孰是孰非心都子默然而出孟孫陽讓之曰何吾子問之迂夫子荅之僻吾惑愈甚心都子曰大道以多歧亡羊學者以多方喪生歸回為我本旨學非本不同非本不一而末異若是惟歸同反一為無得喪子游其門習其教而不達其說也○力命篇楊布問曰楊朱弟有人於此年兄弟也言兄弟也才兄弟也貌兄弟也而壽夭父子

也貴賤父子也名譽父子也愛憎父子也（兄弟喻其相若，父子喻其異等）吾惑之楊子曰古之人有言吾嘗識之不知所以然而然命也今昏昏昧昧紛紛若若隨所爲隨所不爲日去日來孰能知其故皆命也夫信命者無壽夭信理者無是非（謂循理以行，是非聽之人）信心者無順逆信性者無安危則謂之都無所信都無所不信直矣慤矣（謂直而不曲，慤而不華）奚去奚就奚哀奚樂奚爲奚不爲黄帝之書曰至人居若死動若械（按所引黄帝書與道德書同旨未詳所出）亦不知所以居亦不知所以不居亦不知所以動亦不知所以不動亦不以衆人之觀易其情貌亦不爲衆人之不爲不易其情貌獨往獨來獨出獨入孰得礙之○楊朱篇楊子曰生民之不得休息爲四事故一爲壽二爲名三爲位四爲貨有此四者畏鬼畏人畏威畏刑此之謂遁人也（遁謂常逃避於外）可殺可活制命在外（謂外得操其權不由乎我也）不逆命何羨壽不矜貴何羨名不要勢何羨位不貪富何羨貨此之謂順命也天下無對制命在內（按即道德書襲氣氣毋貞於一之說）又云忠不足以安身適足以危身義不足以利身適足以害生安上不由於忠而忠名滅焉（即道德書國家昏亂有忠臣之說）利物不由於義而義名絕焉君臣皆安物我兼利古之道也又楊子曰伯成子高不以一毫利物舍國而隱耕大禹不以一身自利一體偏枯古之人損一毫利天下不與也悉天下奉一身不取也人人不損一毫人人不利天下天下治矣（人人不利天下謂不以天下利一己即道德書我無為而天下自正之說）禽子問楊朱曰（禽子禽滑釐墨翟弟子）去子體之一毛以濟一世為之乎楊子曰

世固非一毛所能濟禽子曰假濟為之乎楊子弗應禽子出語孟孫陽孟孫陽曰子不達夫子之心吾請言之有侵若肌膚獲萬金者子為之乎曰為之曰有斷若一節得一國子為之乎禽子默然孟孫陽曰一毛微於肌膚肌膚微於一節省矣然則積一毛以成肌膚積肌膚以成一節一毛固一體萬分中之一物奈何輕之乎禽子曰吾不能答子然以子之言問老聃關尹則子言當以吾言問大禹墨翟則吾言當○按論語或人引以德報怨句今見道德書為孔子所駁考其文義及用韻無一字檢春秋後人牙慧者其著作當在孔子前孔子問禮於老聃見曾子問四條皆述周公之說與道德書以禮為亂之首相去天淵明言道德為老聃關尹著者

首見此書楊子書不傳今傳其說者蓋出於列子孟子闢楊
卽是闢老守孔子家法莫著於此
墨氏兼愛二句○墨子兼愛篇云聖人以治天下為事者也不
可不察亂之所自起亂起自不相愛子自愛不愛父故虧父
以自利弟自愛不愛兄故虧兄以自利臣自愛不愛君故虧
君以自利此所謂亂也雖父不慈子兄不慈弟君不慈臣亦
天下之所謂亂也父自愛也不愛子故虧子而自利兄自愛
也不愛弟故虧弟而自利君自愛也不愛臣故虧臣而自利
是何也皆起不相愛雖至天下之為盜者亦然盜愛其室不
愛異室故竊異室以利其室賊愛其身不愛人（按殘人為賊）故賊
人以利其身此何也皆起不相愛雖至大夫之相亂家諸侯

之相攻國者亦然大夫各愛家不愛異家故亂異家以利其家諸侯各愛其國不愛異國故攻異國以利其國天下之亂物具此而已矣察此何自起皆起不相愛若使天下兼相愛惡施不孝（惡音烏下同）惡施不慈猶有盜賊乎故視人之室若己室誰竊視人之身若己身誰賊故盜賊無有猶有大夫之相亂家諸侯之相亂國乎視人家若其家誰亂視人國若其國誰攻故大夫之相亂家諸侯之相亂國者無有若使天下兼相愛國與國不相攻家與家不相亂盜賊無有君臣父子皆能孝慈若此則天下治故聖人以治天下為事者惡得不禁惡而勸愛○又耕柱篇云巫馬子謂子墨子曰我與子異我不能兼愛我愛鄒人於越人（謂鄒近越遠）愛魯人於鄒人愛我鄉

人於魯人愛我家人於鄉人愛我親人於家人（卽施由親始之說）愛

我身於吾親（此說便不可通）以為近我也擊我則疾擊彼則不疾於

我我何故疾者之不拂而不疾者之拂（謂外人擊我則親疾人我擊人則親不疾）

（我我何為不逆其疾我者而順其不疾我者）故有我有殺彼以我無殺我以利（謂因

有我之故有殺彼以為為我無殺我以利彼）子墨子曰然則一人說子一人欲殺

子以利己十人說子十人欲殺子以利己天下說子天下欲

殺子以利己一人不說子一人欲殺子十人不說子十人欲

殺子天下不說子天下欲殺子說子欲殺子不說子亦欲殺

子是所謂經者口也（此句難解恐有誤）殺常之身者也（猶云殺常及身）○按

墨氏之教起於太史角角為周太史周平王命之之魯諭惠

公不當僭郊禘惠竟留之助成其僭及僖公時其裔為史克

世襲史職作魯頌有皇皇后帝之句僭郊萬舞洋洋之句僭禘據國語史克即里克里李古通是博習典故者孔子嘆魯郊禘非禮為闢墨之祖墨子七十一篇皆本其祖師史角之教為篇目多引古籍證明之其說大暢孟子摘其兼愛篇而攻之與孔子同一鼻孔出氣於此見之矣

昔者禹抑洪水而天下平○漢書溝洫志抑作堙○按漢石經洪範作鯀伊鴻水今文作鯀陻洪水伊陻入聲皆讀抑義與湮通湮消滅之也荀子成相篇云禹有功抑下鴻作按抑使下解亦通

周公兼夷狄三句○按周公相武王時驅飛廉而戮之飛廉為嬴姓戎滅國五十啚有夷狄在其中驅虎豹犀象即狩於紂

國是及成王二年奄人徐人淮夷入於邶以叛周公乃請兵征禄父侍命於郊感雷風之變成王悔悟夜迎周公見越絶書吳內傳卽撲滅武庚殺之及成王三年繼征奄徐熊盈四國奄卽商奄後以其地封伯禽徐卽徐戎熊卽姑熊夷近吳郊吳語敗王子友於姑熊夷亦卽淮南之夷盈卽太山嬴縣嬴盈古通呂氏春秋仲夏紀云商人服象為虐於東夷周公遂以師逐之至于江南乃為三象以嘉其功於是作象舞據左傳見舞象箾南籥者象謂製為三象像淮夷教象以戰箾當竹槍之屬用制象者南籥謂用河南籥管吹維清之章為舞節是兼夷狄驅猛獸為輔成王時事特提出周公補上之文所未及

詩云戎狄是膺五句。按此詩本言僖公事據春秋書法凡亂臣賊子無君無父必謹書之戎狄雖大必書曰子膺趙註擊也如鷹鸇之逐鳥雀用胸擊之孔子作春秋即是繼周公作鄶誥作多方作象舞同一撥亂反正手段

匡章曰。趙註匡章齊人。按當云匡章齊臣為威王宣王時將方合。呂氏春秋齊令章子將而與韓魏攻荊與荊夾泚而軍詢之漁人知荊人所戍守盡其淺者也章子以夜掩荊人之所戍守果殺唐蔑。呂氏春秋不屈篇匡章與惠施論於梁惠王前高誘註匡章孟子弟子也誤。呂氏春秋載匡章論王齊王事。按齊威稱王據紀年梁惠三十六年改稱元年諸侯會於徐州並稱王齊威稱王當在此年一據齊策

秦假道韓魏以攻齊齊威王使章子將而應之章子變其徽幟以雜秦軍齊兵大勝一據燕策齊宣王令章子將五都之兵因北地之衆以伐燕三十日而舉燕非孟子弟子明甚此章當在齊時與章子遊偶道及其鄉人事附記於此亦距詖行之一端

陳仲子豈不誠爲廉士哉○戰國策齊王使使者問趙威后威后問使者曰於陵子仲尚存乎是其爲人也上不臣於王下不治其家中不索交諸侯此率民而出於無用者何爲至今不殺乎○按年表謂趙威后爲惠文侯后竊恐未然凡稱王然後稱后諸侯但當稱夫人據國策齊王使使問威后是齊威始稱王稱王十五年而薨齊宣繼爲王則仲子正與孟子

同時鮑彪國策註云此自一人若孟子所稱已是七八十年矣因信年表故所註亦誤○韓非子齊有居士田仲者按毛詩凡田字皆讀陳入十一真韻古通宋人屈穀見之曰穀聞先生之義不恃仰人而食今穀有樹瓠之道堅如石厚而無竅獻之仲子曰夫瓠所貴者謂其可以盛也今厚而無竅則不可剖以盛而任重如石則不可剖以斟吾無以瓠為也曰然穀將以欲棄之今田仲不恃仰人而食亦無益人之國亦堅瓠之類也按說與趙威后同○淮南子氾論訓季襄陳仲子立節抗行不入洿君之朝不食亂世之食遂餓而死高誘註仲子齊人孟子弟子誤○

按高士傳列士傳史遺等書所載言多失實不錄

居於陵○後漢書馮衍顯志賦於陵子之灌園兮註引孟子客

居於陵。閻氏釋地顧野王輿地志齊城有長白山陳仲子夫
婦所隱處酈道元註魚子溝水南出長白山東柳泉口山即
仲子隱處唐張説石泉驛詩目下自註於陵仲子宅漢於陵
故城章懷太子賢曰在今淄州長山縣南與通典合石泉非
孟子所謂井者耶江繡江發源長白山南今章邱縣淯河是
計於陵仲子家離其毋所居幾二百里矣
夫蚓上食槁壤二句。按蚓名丘蚓其穴上所積之土如丘俗
加虫作蚯壤墳壤也壤積於地上者必溼故知其飲黄泉則
初食時必係枯土故云槁壤槁枯也詩謂之草蟲言穴草下
鳴則嘤嘤然與蚱蜢交蚱蜢即螽以其趯趯然跳躍於阜之
上阜亦丘也俗加虫作蝗謂之蝗螽螽一名蠜又名蚓為負

爨謂以畚為牡而負之

妻辟纑。高士傳辟作擘。趙註緝績其麻曰辟練治曰纑。按劉熙孟子註練絲曰纑又云紡纑以易食纑取轆轤之義謂紡之

兄戴蓋祿萬鍾。音義戴蓋丁張並音盍按朱註亦音閤。按漢儒謂田百畝可出粟一百五十鍾則所食者不到八井田當是田齊族親故得享此未必為卿。經學巵言元李冶敬齋古今黈讀兄戴蓋為句云戴蓋祇是乘軒愚按蓋既為王驩邑不當又為仲子兄邑楊子八十一家務之次四曰見矢自升升羽之朋戴蓋車載是李氏戴蓋之語未為無本矣。路史國名紀作仲子兄戴盍。按此依丁張音盍讀戴盍為

句與註疏異。

樹玞遺書 四書摭餘錄 卷十八

四書摧解録卷十九

吳川吳懋清迴溪著

離婁篇上

孟子曰離婁之明。全氏集註考證婁朱古聲雙疊如邾謂之邾婁故離朱謂之離婁。列子湯問篇離朱子羽（按子羽似離朱字）方晝拭眥揚眉而望之弗見其形。莊子天地篇黃帝遊乎赤水之北登乎崑崙之邱而南望還歸遺其元珠使知索之而不得（按知與智通借為人名）使離朱索之而不得使喫詬索之而不得也（按喫詬謂張聲呼喚之借以為人名）乃使象罔（按象罔水怪之隱形者借為人名）象罔得之黃帝曰異哉象罔乃可以得之乎（按黃帝居中央以比人心皆寓言也）。又駢拇篇駢於明者亂五色淫文章青黃黼黻之煌煌而離朱是已多於聰者亂五聲淫六律金石絲竹黃鍾大呂之聲非乎而師曠是已○淮南子黃帝遺其元珠使離朱徒劉索之註二人皆黃帝臣按徒劉謂使徒善撥借為人名亦寓言○按漢書人表以離婁公輸子並列春秋時離婁未詳所據廣韻謂離婁孟子門人誤

公輸子之巧○檀弓季康子之母死公輸若方小斂按鄭從小字為句讀小作少謂公輸若年少謂斂為下棺於壙並誤愚謂公輸若為魯梓人師方行小斂并陳褻衣敬姜命去之謂不知禮般請以機封將從之謂公輸般請將來下葬作機械以下棺康子將從之公肩假曰不可夫魯有初公室視豐碑三家視桓楹按初謂當初始定之制當各視已舊制而行之般爾以人之母嘗巧則豈不得以其母以嘗巧者乎則病者乎噫弗果從謂般爾以康子之母試汝巧則豈不得試於別事無以試巧者乎則病汝巧之不顯而必

欲息試之乎所般并識康子乃弗果從○趙註公輸子魯班魯之巧人也或以為魯昭公之子○按公輸是魯梓人師為公輸氏據其族有公輸若公輸般知之般班古通昭公子有公衍公為公般以公為氏非公輸般也不得合為一人○國策公輸般為楚造雲梯之械以攻宋墨子聞之百舍重繭以見般百舍謂行百日重繭謂足皮厚於是墨子解帶為城以牒為械公輸般九設攻城之機墨子九距之公輸般之攻械盡墨子之守固有餘按墨子呂春秋並同○墨子公輸子削竹木以為鵲成而飛之三日不下公輸子以為至巧墨子曰子之為鵲也不如翟之為車轄須臾留三寸之木按留與劉通謂刻削之而任五十石之重故所謂巧利於人謂之巧不利於人謂之拙按韓非子所載又異○按山海經般始作弓矢故匠

人多以般為名據墨子魯問篇翟稱魯陽文子為主君按魯陽文子為楚司馬子期之子見楚語韋昭註是翟後於孔子其所稱公輸般或楚之作攻械者以其有巧思因以魯般目之不得認為即作機封之般酉陽雜俎謂般為肅州燉煌人相去愈遠誤

師曠之聰○左襄十八年晉師伐齊齊師夜遁師曠告晉侯曰烏烏之聲樂齊師其遁○又楚侵鄭晉人聞有楚師師曠曰不害吾驟歌北風又歌南風南風不競多死聲楚必無功按歌風詩必鼓琴瑟就琴瑟聲知之○國語公悅新聲晉平公師曠曰公室其卑乎君之明兆於衰矣夫樂以開山川之風以耀德於廣遠也風德以廣之風山川以遠之風物以聽之修詩以咏之修禮以節之夫德廣遠而有時節是以服遠而邇不遷也大意謂不好古樂止

悅新聲○太子晉解王子晉曰吾聞汝知人年之長短告吾師
曠對曰汝聲清汗汝色赤白火色不壽王子曰然吾後三年
將上賓於帝所師曠歸未及三年告死者至○韓非子十過
篇衛靈公將之晉至濮水之上聞鼓新聲者使師涓撫琴而
寫之去之晉以新聲示平公師曠撫止之曰此亡國之聲也
師延與紂為靡靡之樂武王伐紂師延東走至於濮水而自
投令聞此聲必於濮水之上先聞此聲者國削師涓鼓而終
之平公曰此何聲也師曠曰此所謂清商也師曠為之鼓清
角一奏之元雲從西北起再奏之大風至大雨隨之裂帷幕
破俎豆墮廊瓦左右奔走平公恐懼伏於廊室晉地大旱赤
地三年淮南子襲而衍之○呂氏春秋晉平公鑄為大鐘師曠曰不

調請更鑄之公曰工皆以為調矣師涓至果知鍾之不調按師曠事甚多摘其聰聽數條列此

不以六律不能正五音○周禮春官太師掌六律六同按六呂名六同取陰合於陽妻同於夫之義陽聲黃鍾太蔟姑洗蕤賓夷則無射陰聲大呂應鍾南呂函鍾按取祭函池咸函古通即林鍾小呂即仲呂夾鍾按取祀圜卯又名圜鍾皆文之以五聲宮商角徵羽按指人歌聲言自內而出定為宮商角徵羽之序播之以八音金石土革絲木匏竹按六陽聲以子寅辰午申戌順而左旋為序六陰聲以丑亥酉未巳卯逆而右旋為序因之子合丑寅合亥辰合酉以乾之內卦合坤之外卦午合未申合巳戌合卯以乾之外卦合坤之內卦此顛倒交合之理也○周禮大司樂乃分樂而序之奏黃鍾歌大呂以祀天神按子合丑為一變奏太蔟歌應鍾以祭地示寅合亥為二變奏姑洗歌南呂以祀四望辰合酉為三變望方而祀屬天神稱祀奏蕤賓歌函

鍾以祭山川（午合未為四變山川屬地示稱祭）奏夷則歌小呂以享先妣（申合巳為五變先妣歷代之妣屬陰鄭謂姜嫄誤）奏無射歌夾鍾以享先祖（戌合卯為六變先祖歷代之祖屬陽）○按以笙鍾笙磬配鎛鍾懸鼓奏之謂之奏以頌鍾頌磬配琴瑟詠之謂之歌琴瑟音徵取大琴大瑟以配之故絲尚宮鍾磬音大取編鍾編磬之小者以配之故金石尚羽及其合為調則以宮徵商羽角為序謂之正調一降則以正徵為宮正商為徵正羽為商正角為羽進一律以變宮黄鍾為角再降則以正商為宮以變商變羽為羽角三降則以正羽為宮以變商變羽變角為商羽角四降則以正角為宮以變宮變徵變商變羽變角為徵商羽角共為九調五降之下不容彈矣謂五降則律促音短不能成聲猶今横笛之合四

上尺工為正聲五六凡生為四變漸高而亢如塔之合尖然故律呂有左旋右旋而九調無旋也此今古所未明特著於此

附韋昭國語註律呂長短法 改正二字

黄鍾 乾初九也管長九寸因而九之九九八十一故絃八十一絲

大呂 坤六四也管長八寸三分七釐六毫

大蔟 乾九二也管長八寸八九七十二絲

夾當作應鍾 坤六五也管長七寸四分三釐七毫三絲○按易林占法坤之六五亥也今刻作夾鍾則屬卯誤應作應鍾

姑洗 乾九三也管長七寸一分

仲當作南呂 坤上六也管長六寸五分八釐三毫四絲五忽○按易林坤之上六酉也今刻作仲呂則屬巳誤應作南

呂

蕤賓乾九四也管長六寸二分八釐

林鍾坤初六也管長六寸六九五十四故絃五十四絲

夷則乾九五也管長五寸五分五釐一毫

南當作仲呂坤六二也管長五寸三分〇按易林坤之六二巳也令刻作南呂則屬酉誤應作仲呂

無射乾上九也管長四寸八分八釐四毫八絲

應當作夾鍾坤六三也管長四寸六分六釐〇按易林坤之六三卯也令刻作應鍾則屬亥誤當作夾鍾

按乾納子寅辰午申戌六陽支坤納未巳卯丑亥酉六陰支見京房易傳為子夏所傳令占法用之其某絃用若干絲我聖朝制樂用之見李安溪集樂經韋宏嗣此註必有所承其錯互二字誤與康成同疑為淺人所改而所排之爻神却不誤

此茫茫一綫之緒未墜於今者也與周禮陰聲石旋胎合

附鄭元月令注律呂長短法改正二字

黄鍾長九寸

大呂長八寸二百四十三分寸之一百四

大蔟長八寸

夾當作鍾應長七寸二千一百八十七分寸之千七十五

姑洗長七寸九分寸之一

仲當作呂南長六寸萬九千六百八十三分寸之萬二千九百七十四

蕤賓長六寸八十一分寸之二十六

林鍾長六寸

夷則長五寸七百二十九分寸之四百五十一

南當作仲呂長五寸三分寸之一

無射長四寸六千五百六十一分寸之六千五百二十四

應當作夾鍾長四寸二十七分寸之二十

按鄭康成註必有所本因欲作旋圖扭合隔八相生之法遂誤應鍾為夾鍾南呂為仲呂二字互換觀其註易論直交支神皆與京房不合必如愚說然後同位娶妻上生下生四字乃有著落舊說以陽生陰為下生陰生陽為上生者非如黃鍾與大呂並列謂之同位大呂即黃鍾所娶之妻也自黃鍾點去順下第八位為林鍾是林鍾為黃鍾下生之女自林鍾點去順下至第五位夾鍾止復逆上由黃鍾起至第八位為大簇是大簇為林鍾上生之男自大簇順下第八位為仲呂

是仲呂爲大簇下生之女自仲呂順下至第三位夾鍾止復逆上由黄鍾起至第八位爲姑洗是姑洗爲仲呂上生之男餘同此推又自大呂點起順下第八位爲夷則是夷則爲大呂下生之男自夷則點去順下第四位至夾鍾止復逆上由黄鍾起至第八位爲應鍾是應鍾爲夷則上生之女餘亦同上推然後以黄鍾之女林鍾嫁同位之蕤賓而爲之妻以大呂之男夷則娶同位之仲呂而爲之夫如此乃無兄妹嬻姓之患而倫清矣凡同位之律呂必長短相次律必微長於呂此男年二十而冠女年十五而笄之義也凡男生女必三分損其一女生男必三分益其一此陽長陰消之義

附論樂律三條

或問三分損益之法確乎曰此古圍法甚疏姑不過借此為起算耳管之所以用圍者取其圓也以徑一圍三計之則成三角形非圓形也蓋中聲本五兼二變則為七故樂律當以七起算乃得整數凡徑七寸者以方圍積之四七則得二十八以徑一圍三積之三七止得二十一以圓圍積之則應得二十二比徑一圍三法溢出一寸既得整數方為密率但圓圍數有奇零算不能盡故古人約為徑一圍三取其易算其實是紙上文章與圓管之實不相應也

或問黄鍾之管長九寸九寸之尺即璧尺（謂璧孔三寸肉倍孔得六寸合肉與孔共為九寸）用十寸尺計之九九得八寸一即周禮之羡尺謂將一璧形九寸羡而長之作隋圓形其長一面為周尺比般璧

尺溢出一寸殷尺云黃鍾長九寸周尺止得八寸一分也然明李文利據古本呂氏春秋謂黃鍾之管長三寸九分名為含少者何也曰文利説是也據古頌簫頌篪皆長一尺二寸以應十二月何以制律之管止長九寸乎愚謂制律一管當以周尺一尺二寸為率退回於殷尺九寸開一孔即周尺八寸一分之孔也再於殷尺八寸開一孔七寸零開一孔六寸零開一孔五寸零開一孔四寸零開一孔共排五孔盡掩而吹之得令之合音是下截必增三寸九分合上八寸一分共為一尺二方得此音文利謂之含少謂上五孔皆其所生合之一音足以包含之也開九寸黃鍾孔吹之得令之四音即太蔟也開八寸太蔟孔吹之得令之上音即姑洗也開七寸

零姑洗孔吹之得令之尺音卽蕤賓也開六寸零蕤賓孔吹
之得令之工音卽夷則也開五寸零夷則孔吹之得令之六
音卽無射也開四寸零無射孔吹之得令之五音卽變宮也
其六吕一管亦依此制之愚謂周禮之九夏卽九調之别名
天子始得奏王夏以十二寸爲黄鍾宫調諸侯止得奏肆夏
以九寸爲黄鍾宫調卿大夫止得奏昭夏以八寸爲黄鍾宫
調若奏肆夏則爲僭越所以古來相傳以九寸爲黄鍾宫殷
樂用璧尺言之周則用爲諸侯樂若知周樂用周尺以十二
寸爲天子樂則可瞭然無疑矣
或問黄鍾長九寸其中空徑一寸一寸分作九分以九寸之
長與九分之廣相乘九九得八十一其實一龠重十二銖容

秬黍一千二百粒其說然否曰古以一黍為一分十黍為一寸周尺一寸可容十黍當以十相乘八寸一分相乘得八百一十黍安所得一千二百黍乎如愚說再加三寸九分增三百九十黍共容一千二百黍則與古說合或黍之大小不可定當以身尺定之中人之體長八尺此周尺也平排十指為尺以秬黍之中者校量之亦得其大槩矣

無然泄泄泄泄猶沓沓也○朱註沓沓蓋孟子時人語如此○爾雅釋訓憲憲洩洩制法則也音義洩本作泄按洩字似避唐諱改○說文口部引詩作呭呭言部引作詍詍曰部沓沓字云語多沓沓也○楊倞荀子註引詩作詍詍又荀子正名篇愚者之言嘖然而不類誻誻然沸○按爾雅訓泄泄為制法則謂自

出聽明更張成法與下文言則非先王之道句合朱註依泄緩之義釋之似未甚協

詩云殷鑒不遠二句○周語引作近在夏后之世多一近字○按蕩篇序云召穆公傷周室大壞也最得此篇蓋穆公所作以諷厲王自次章以下託辭於文王諫紂其用意微而婉如此謂殷紂所當鑒者不遠也近在夏后桀之世然則我王不當以殷紂為鑒耶承上文厲王言之

孟子曰愛人不親反其仁節○穀梁僖二十二年傳故曰禮人而不答則反其敬愛人而不親則反其仁治人而不治則反其知○荀子法行篇引曾子曰同遊而不見愛者吾必不仁也交而不見敬者吾必不長也臨財而不見信者吾必不信

也三者在身曷怨人怨人者窮怨天者無識失諸己而反諸人豈不亦迂哉○按孟子傳曾子反身之學主為此說穀梁則引孟子以釋春秋

小役大弱役強五句○周書史記解弱小在強大之間存亡將由之則無天命矣不知命者死孔晁註無天命命在強壯者也知命則大不知命則是以亡矣有夏之方興也扈氏弱而不恭身死國亡○按強大者為氣數之命所歸亦天命也

齊景公曰既不能令節○越絕書闔閭伐齊大克取齊女為質子為造齊門齊女思其國死葬於虞西山化為白龍而逝○吳越春秋吳謀伐齊齊使女為質於吳吳王因為太子波娶齊女女少思齊日夜號泣因病闔閭乃起北門名曰望齊門

令女往遊其上女思不止病甚而殂女曰令死者有知必葬我於虞山之巔以望齊國闔閭傷之如其言太子波亦病而死○說苑齊景公以其子妻闔閭（按與上二書不合）送諸郊泣曰子死不女見矣高夢子曰（杜撰）齊負海而縣山縱不能全收天下誰干我君愛則勿行公曰子有齊國之固不能以令諸侯又不能聽是生亂也寡人聞之不能令莫若從且夫吳若蜂蠆然不棄毒於人則不静余恐棄毒於我也○按年表齊景三十四年為闔閭元年齊景五十二年闔閭卒左傳不著伐齊事越絶書謂為太子波娶說頗近之

詩云商之孫子節○按毛傳訓麗為數趙註朱註皆從之據方言㪘數也註云偶物為㪘㪘即儷皮儷字兩皮為儷夏官校

人詿麗耦也兩馬亦為麗言商之孫子以兩計之於義未合據顧命奠麗陳教謂定人心所附麗之賢使陳教幼主又多方今文不克開于民攸麗（張古文改作之麗）謂不能聽開導於民所附麗之賢此謂商之孫子賢者其為人心附麗不止億萬人如微子是上帝既命維于周是服微子遂來朝維服于周見天命之靡常凡殷多士之膚美敏捷者亦祼將于西京駿奔走在廟焉訓麗作數似未協。漢書劉向傳孔子論詩至於殷士膚敏祼將于京喟然嘆曰大哉天命善不可不傳於子孫是以富貴無常不如是則王公其何以戒懼民萌何以勸勉（按萌即氓字）。按孟子引仁不可為衆也劉向引大哉天命二句似皆出古詩傳為孔子釋詩之辭今其詩不傳無可考耳是猶執熱而不以濯也至末。音義濯丁作瀹音藥。墨子尚賢中篇引詩作孰能執熱鮮不用濯。按讀詩濯字作瀹與上爵韻可通據內則炮取豚及牂塗以墐塗炮之塗皆乾擘之濯手以摩之此即執熱用濯之之事

有孺子歌曰兩節。集註考證滄浪之歌乃是荊楚風謡之舊故屈原漁父辭亦有此句或謂孔子自葉適漢而聞孺子之歌。按滄浪水非一處馬融鄭元謂滄浪為夏水漁父所歌處地記謂沔陽州北有滄浪水一統志謂即禹貢滄浪屈原逢漁父處又云滄山浪山在龍陽縣西北九十里下各有水相合出江名滄浪水屈原行吟澤畔處即此記載互異一說令山東兖州府嶧縣北東稍山下有滄浪淵一統志云即孺

子濯纓處此說近之至莊子撰為漁父歌此以諷孔子屈原撰為漁父歌此以諷己作文家展轉引用何得認為實事孟子頗先於屈莊孟子魯人引作孺子當得其實

所欲與之聚之二句○王氏經傳釋詞與猶為也為讀去聲所欲與之聚之言所欲則為民聚之也漢書高帝紀漢王為義帝發喪漢紀為作與○趙註爾近也按爾與邇通燕禮南鄉爾卿特牲饋食禮祝命爾敦爾皆訓近趙謂勿使民近趙佑温故録讀爾也自為句猶云如此也與朱註合

詩云其何能淑二句○按桑柔詩為芮良夫作厲王寵用榮夷公聚斂衛巫監謗厲王八年芮良夫已作戒訓百官於朝見紀年及周書及國人叛厲王出奔於彘復作此詩曰已告爾

以憂郵誨爾以序爵不當政以賄成矣墨子引作告爾憂郵誨爾予鬱予鬱為序爵謂之其何能善而聽從吾言乎則相與及於沈溺而已古溺字讀同弱如導溺水讀作弱弱與爵韻

孟子曰伯夷辟紂章。尚書大傳伯夷辟紂居北海之濱率其黨曰盍歸乎吾聞西伯昌善養老者。據紀年是帝辛二十一年正月諸侯朝周伯夷叔齊自孤竹歸於周大傳云率其黨是歸周奉其聲教也。呂氏春秋誠廉篇昔周之將興也有士二人處於孤竹曰伯夷叔齊韓詩外傳孤竹君是殷湯三月丙寅日所封傳至伯夷之父名初字子朝伯夷名允字公信叔齊名致字公達相謂曰吾聞西方有偏伯焉似將有道者今吾奚為處乎此哉二子西行如周至於岐陽則文王已沒矣據紀年夷齊歸文王四十一年何得云歿武王即位使叔旦盟膠鬲於次四內又使保召公盟微子開於共頭之下二人聞之相視而笑曰譆異乎哉此非吾所謂道也昔者神農氏之有天下也時祀盡敬而不祈福也其於人也忠信盡治而無求焉樂正與為正樂治與為治不以人之壞自成也不以人之庳自高也今周見殷之僻亂割牲而盟以為信因四內共頭以明行揚夢以說衆指朕夢協于朕卜襲于休祥事殺伐以要利以此紹殷是以亂易暴也至首陽之下餓焉。按非湯武薄殷周戰國時有此習氣如莊列書所載天問篇所駁皆是史遷不知裁汰所作伯夷列傳更甚其辭說得伯夷一身怨氣孟子特為推重亦塞邪說之一端。釋地伯夷孤竹國之世子也前漢遼西郡令支縣有孤竹城括地志孤竹古城在盧龍縣南十二里余謂今永平府治河入海從石碣石正古之北海在今昌黎縣西北是當日避紂處離其國都不遠通志以居北海為濰縣誤○按王會解成王七年會諸侯於成周列明堂外之東北隅者一高夷即高麗二獨鹿即涿鹿三穌竹即伯夷國四不令支即遼西令支縣齊語稱齊桓北斬穌竹穌孤古通是世奉周家聲教之證不得認為乞食西周○趙註聞文王起興王道盍歸乎來歸周也○四書賸言引王逸離騷註以文王作興為句（毛西河說）考異引毛詩酌篇正義及中論亡國篇皆以文王作興為句亦可備一說○經傳釋詞來句末語助也莊子人間世篇嘗以語我來又子其以語我來來字皆語助

太公辟紂五句○齊世家呂尚處士隱海濱散宜生閎夭素知

而名呂尚呂尚曰吾聞西伯賢又善養老盍歸焉○伏生大傳西伯既戗耆紂囚之牖里散宜生閎夭南宮适三子者相與學（按謂太公年尊三子執弟子禮就學也）訟于太公（按謂文王被崇侯之讒訟其冤於太公求設法救之）太公見三子知三子之為賢人遂酌酒切脯除為師學之禮約為朋友遂與三子見文王於牖里散宜生遂取寶物陳於紂之庭紂曰非子罪也崇侯也遂遣西伯伐崇○釋地齊世家太公望呂尚者東海上人注未悉後漢琅邪郡海曲縣劉昭引博物志注云呂望所出今有東呂鄉又釣於棘津其浦今存余謂海曲故城通典稱在呂縣東即富日避紂處漢崔瑗晉盧無忌立齊太公碑以為河内汲縣人者誤○集證今山東沂州府莒縣漢為呂縣又日照縣漢為海曲縣其東

五里卽海○按太公者太嶽之裔以太為氏史記太公望子之説非後
封於呂以呂為氏名望字尚父尚音常取常儀御月之義及
武王滅蒲姑以封其長子伋次子呂他襲其故封之呂猶周
公長子封商奄次子君陳周平公襲其故采於畿邱畿邱亦
有周名也據紀年帝辛三十一年西伯治兵於畢時文王都於畢程
得呂尚以為師時武王年二十一想已配邑姜然則初歸周
當在帝辛二十二年文王大蒐於渭時後於伯夷歸周一年
旣脫文王於牖里乃與周聯婚也史遷書最博雜如云嘗屠
牛於朝歌賣販於孟津窮困年老以漁釣干西伯與文王陰
謀傾商皆襲戰國時橫議之説何以明之如離騷云呂望之
鼓刀兮遭周文而得舉鬼谷子午合篇云三入商朝三就文

王而後合按此伊尹事嚮之太公范睢云太公為漁父韓詩外傳云文王舉太公於舟人七十二矣豈真漁人之女屠伯之翁能與周為婚姻之國耶孟子大老之云可盡證諸說之妄

孟子曰求也為季氏宰節○按說詳論語季氏富於周公章謂季氏不仁其所用賦法已什分取二富於周公之法矣求也無能救正其德凡無軍旅之歲亦依定額按田征之每田一甸必令出禾一車共一千二百秉出米一車共二十四斛所以賦粟倍於他日杜元凱註左傳韋宏嗣註魯語並誤

辟草萊任土地者次之○朱註辟開墾也任土地謂分土授田使任耕稼之責如李悝盡地力商鞅開阡陌之類○漢食貨志李悝為魏文侯作盡地力之教按盡地力者地之氣力凡能生長食物皆教民種之

某時宜種某物某地宜和以某土某土宜和以某糞皆詳教之以為地方百里提封九萬頃百畝為頃除山澤邑居參分去一為田六百萬畝按當作六百萬畝治田勤謹則畝益三升不勤則損亦如之勤則百畝增三石惰則損三石地方百里之增減輒為粟百八十萬石矣一頃增三石六萬頃增粟一百八十萬石又曰糴甚貴傷民甚賤傷農民傷則離散農傷則國貧故甚貴與甚賤其傷一也善為國者使民無傷而農益勸謂民益勸勸為農今一夫挾五口自家一人至家九人五為中數治田百畝歲取畝一石半為粟百五十石按此所謂百畝以殷步丈量故一頃止得半頃收粟一百五十石漢時所謂百畝用商鞅所定法東西一百六十步南北一百五十步謂之田百畝與周步百畝合一頃出粟一百五十鍾二十五斗六升為鍾十二斗為石一百五十鍾計得三百餘石比李悝所計將倍之矣除十一之稅十五石餘百三十五石食人月一石半五人終歲為粟九十石謂人日食五升歲食十八石周禮謂人日

食四鬴謂食四碗飯耳餘有四十五石石三十謂每石值錢三十文為錢千三百五十除社閭嘗新春秋之祀用錢三百即用粟三十石餘千五十衣人率用錢三百粟三十石五人終歲用千五百不足四百五十欠粟四十五石不幸疾病死喪之費及上賦歛又未與此此農夫所以常困有不勸耕之心而令糴至於甚貴者也按古糴字當粥字解不論出入是故善平糴者謂善調劑平其粥價必謹觀歲有上中下熟上熟其收自四餘四百石謂上熟約粟四百粟一百聽民自糴官糴入三百中熟自三餘三百石一百聽民糴官糴入二百下熟自倍餘百石下熟倍之二百石官糴入一百石小飢則收百石謂上收得百石中飢七十石大飢三十石故大熟則上糴三而舍一中熟則糴二下熟則糴一使民適足賈平而止小飢則發小熟之所斂中飢則發中熟之所斂大飢則發大熟之

所斂而糴之（所斂三百）故雖遇饑饉水旱糴不貴而民不傷取有
餘以補不足也行之魏國國以富强法家有李悝三十二篇
（按史記作李克誤）○按李悝所計極詳悉是常平法非辟萊任土法
○史記公孫鞅者魏之庶孽公子秦孝公以鞅為左庶長（秦官）
名卒定變法之令民有二男以上不分異者倍其賦大小戮
力本業耕織致粟帛多者復其身（謂身免徭役）事末利及怠而貧
者舉以為收奴（謂事末利則加收其稅怠而貧聽鬻子女與人為奴）又縣置令丞（謂每縣置
一令丞專掌所行之令）凡三十一縣為田開阡陌封疆（按教為田使之作阡陌封疆凡
有荒地可墾者皆令開作田非除去阡陌之謂也）平斗桶權衡丈尺（按平均平也斗桶權衡未詳用
何制其丈尺則用殷步殷尺殷以平排九指為一尺八尺為步步百為畝一步得周尺八九七尺二寸方百步實得周步
七十二步積得五十畝商鞅則以東西一百六十步南北一百五十步為一百畝因用殷步計二百四十畝方得周百畝

有過之無不及自秦至今皆用之此賦斂比周末時什而稅二為平也居五年秦人富强○商子商鞅所作書載孝公善其說於是遂出墾草令按墾草令即辟草萊之令任土地任以開墾之田永為已業也○按開阡陌謂教民開墾田畝東西之塍名阡南北之塍名陌令可蓄水亦可行水非剗去溝洫之謂也即是墾草萊之令任土地謂任其開鑿三年成熟始歸什一之賦永為已業不至一受一歸致胥吏侵欺隱蔽之弊用殷步而增其步數并無煩折算之勞未嘗不為善法但行之太急欲速見效子壯則責以出分是無父子之情也出粟帛之稅多則免役是不重齒德不恤老幼也遂致富者連阡陌貧者無立錐之地民生愈困矣孟子此章是正本清源從大處落脉故持論如此

淳于髡曰。史記淳于髡齊人也博聞强記按康成註禮記里尸主之註大司馬九伐之法並引王度記云王度是淳于髡等所作按田穰苴小司馬法與髡王度記皆解穆王周禮者自管仲用穆王法治齊故齊能傳其義以嚴刑重斂為事則髡所學乃雜霸之學也學無所主其諫説慕晏嬰之為人也未見必然然而承意觀色為務。又云滑稽多辯數使諸侯未嘗屈辱齊威王喜隱沈湎不治委政卿大夫諸侯並侵髡説以隱曰國中有大鳥止王之庭三年不蜚不鳴王知此鳥何也王曰此鳥不蜚則已一蜚衝天不鳴則已一鳴驚人於是乃朝諸縣令長戰國以掌百里地為縣七十二人賞一人誅一人奮兵而出諸侯皆還侵地。楚大發兵加齊威王使髡之趙請救齎金百斤車馬十駟髡仰天大笑冠纓索絶曰臣見道旁禳田者操一豚蹏酒一盂而祝曰甌窶滿篝汙邪滿車五穀蕃熟穰穰滿家臣見其所持操者狹而所欲者奢於是乃益黃金千鎰白璧十雙車馬百駟髡至趙趙與精兵十萬楚引兵去王大說置酒後宮召髡問曰能飲幾何對曰臣飲一斗亦醉一石亦醉王曰惡能飲一石哉髡曰賜酒大王之前執法在旁御史在後臣恐懼俯伏而飲不過一斗徑醉矣若州閭之會男女雜坐六博投壺握手無罰目眙不禁前有墮珥後有遺簪髡竊樂此可飲八斗日暮酒闌合尊促坐男女同席履舄交錯杯盤狼藉堂上燭滅主人留髡而送客羅襦襟解微聞薌澤髡心最歡能飲一石故曰酒極則亂樂極則悲萬事皆然言不可極極之而衰以諷諫焉按卒歸於正為西漢賦法之祖王乃罷長夜之飲以髡為諸侯主客○客見髡於梁惠王

再見之終無言也惠王以讓客客以謂髡髡曰吾前見王志在驅逐後復見王志在聲音是以默然客以報王王大駭曰淳于先生誠聖人也後髡見語連三日三夜不倦王欲以卿相待之髡因謝去○國策髡一日見七人於宣王王曰千里而一士是比肩而立百世而一聖若隨踵而至今子一朝而見七士不亦衆乎髡曰鳥同翼者而聚居獸同足者而俱行今髡賢者之疇也求士於髡若挹水於河而取火於燧也將復見之豈特七士也○又齊欲伐魏髡謂齊王曰韓子盧者天下之疾犬也東郭逡者海内之狡兎也韓子盧逐東郭逡環山者三騰山者五兎極於前犬廢於後犬兎各死田父無勞勧之苦而擅其功今齊魏久相持吾恐秦楚有田父之

功齊王懼謝休將士。又齊欲伐魏魏致寶璧二雙文馬二駟於髡髡又說齊王曰楚齊之仇敵也魏齊之與國也伐與國使仇敵制其餘敝名醜而實危王曰善乃不伐魏客謂王曰髡言不伐魏受魏之璧馬也王問之曰有之王無伐與國之誹魏無見亡之危百姓無無被兵之患髡有璧馬之寶於王何傷乎。呂氏春秋齊王使髡傅太子按此齊王當是湣王髡辭曰臣不肖不足以當此王曰子無辭也寡人豈責子之令太子必如寡人哉寡人固生而有之者也子為寡人令太子如堯乎其如舜也令自以為賢于堯舜胡可以聞說哉。按髡當威宣王湣王時宣王尊孟子為師稱夫子髡亦稱夫子是孟子未為卿時語及孟子為卿於齊不過二年即去夫子在三

卿之中章是孟子致爲臣而歸時語據其語氣可推而得之

男女授受不親禮與○坊記君子遠色以爲民紀故男女授受不親○内則男不言外女不言内非祭非喪不相授器其相授則女授以篚其無篚則皆坐奠之而後取之

公孫丑曰君子之不教子何也○閻氏釋地古人文字簡須讀者會其意之所指知君子之不教子謂不肖子也猶左傳叔向曰肸又無子子謂賢子也不然當日楊食我見存觀孟子直承曰勢不行也則知丑所問原非謂周公之於伯禽孔子之於伯魚一輩子言矣○按閻説似可通然君子指有位者言亦得古天子諸侯至大夫皆設教子之官因事不能兼及即令無職可以教子而孟子又補易子而教一説處置更周

洽

孟子曰事孰為大節○禮記哀公問君子無不敬也敬身為大不能敬其身是傷其親傷其親是傷其本能敬其身則是能成其親矣○按哀公嘗孔子時年僅二十餘此篇孔子所對及哀公問政章所告人者仁也親親為大思修身不可以不事親皆為少主言之為政自事親修身起孟子此言亦本之孔子

曾子養曾晳節○經學卮言朱註云欲以復進曾子也此似不然曾元但不能養志耳何至嗇飲食之費以欺其親遂同下愚所為且以情揆之既對無餘而復以餘進其父能無疑乎能無怒乎夫曰亡矣乃實無也曾子之必有雖無亦曰有所

謂孝子唯巧變故父毋安之也曾元不能但道其實而已此與必曰有作對文而不云必曰亡非實有而言無明矣蓋將以復進也亦曾元之辭言餘則亡矣若嗜之將復作新者以進之爾。按孔氏此說甚協曾子問有餘意欲有所與或欲家人共嘗之特未明言耳元不能聽於無聲疑為父所嗜故以實對將以復進也謂將辦此物復進於父是擬曾元意中事非曾元答辭

孟子曰有不虞之譽章。趙註言人之行有不度其將有名譽而得者若尾生本與婦人期於梁下不度水之卒至遂至没溺而獲守信之譽求全之毁若陳不瞻將赴君難聞金鼓之聲失氣而死可謂求全其節而反有怯弱之毁者也。莊子

盜跖篇尾生與女子期於梁下女子不來水至不去抱梁柱而死○按尾生即微生亦即國策之微生高論語斥微生似直非直國策謂微生之直不如無直莊子謂尾生之信不如無信皆屬寓言非實事也○御覽引韓詩外傳崔杼弒莊公陳不占東觀漁者聞君難將往死之飡則失哺上車失軾僕曰敵在數百里外今食則失哺上車失軾雖往其有益乎陳不占曰死君義也無勇私也遂驅車至門聞戰鬥之聲遂駭而死君子曰陳不占可謂志士矣無勇而能行義天下鮮矣劉向新序亦襲之○左襄二十五年崔杼之難申蒯侍漁者退謂其宰曰爾以帑免我將死其宰曰免是反子之義也與之皆死按申蒯近刻作申蒯侍漁者杜註監取魚之官申蒯或東觀

之謠廣雅云占瞻也古通左傳不言其駭死似韓詩傳會近
説謂陳不瞻卽陳書誤
舜不告而娶爲無後也節。按紀年堯七十年正月帝使四嶽
錫虞舜命七十一年帝命二女嬪於舜七十三年正月舜受
終于文祖參以壁文堯典云堯曰吾其試哉試謂試用命謂
命襲其父樂正職樂正掌教稺子（壁文作稺子今文作育子）則九男事之
當在此年云於是堯妻之二女觀其德於二女飭下二女于
嬀汭是嬪於舜在七十一年後乃降於嬀汭謁其翁姑則命
爲司徒使愼五典亦在此年繼命爲司空使揆百務當在七
十二年至七十三乃受終也與壁文合凡天子之女下嫁於
諸侯必命上公主婚謂之公主因尊卑不敵況瞽叟世襲樂

正是四命大夫安敢與堯行婚姻敵體之禮當有主婚者可知特戰國習氣多詆毀堯舜故有不告而娶之謗何以明之屈原亦戰國時人其作天問也曰堯不姚告二女何親亦駁流言之妄孟子則據無後為大之義謂君子以為猶告也釋之然則三十無妻遂知其後之必無子乎古人必三十而始娶者又何也欲為舜洗謗應云天子女下嫁由上公主婚為築王姬之館權不已出原無告其父禮其父亦不敢不從先成婚於館乃歸謁其翁姑及祖廟豈必待告其父母命之往迎爾相然後成婚耶特禮文殘缺俗情難曉故孟子只據大道理斷之耳

樂之實樂斯二者七句○全氏經史問答孟子曰人人親其親

長其長而天下平曰達之天下曰堯舜之道孝弟而已而尤暢其說於是章綜羅五德至於制禮作樂之實不外乎此河間獻王采樂記亦引孔子之言以為宗祀明堂所以教孝享三老五更於太學冕而總干執醬執爵所以教弟皆是章之疏證也如此鮮節文解手舞足蹈方有實地

而瞽瞍底豫○按大戴帝繫篇史記五帝紀俱作瞽叟漢書人表作鼓叜瞽者樂官之名樂正為樂官之長未必無目以其掌矇瞽故以瞽稱之叜為古字叟為今文蓋長老之稱在孟子書應作瞽叟為得

讀埗遺書　四書撫解錄卷九

四書摧解録卷二十

吳川吳懋清迴溪著

離婁篇下

孟子曰舜生於諸馮○按諸馮地名無考獨羅泌路史謂即春秋之諸浮浮馮雙聲同用左文十三年晉人患秦之用士會也夏六卿相見於諸浮杜註諸浮晉地不言其所在時六卿皆會當離絳都不遠與本紀云舜冀州人合

遷於負夏○按書大傳舜販於頓邱就時負夏本紀作作什器於壽邱就時於負夏集解引康成檀弓註負夏衛地皇甫謐世紀作舜遷於負黍路史謂即左定六年之負黍謂少室一名泰室負黍故城在其南杜註陽城縣西南有負黍亭彙纂

令河南登封縣有負黍聚一名黃城為東周地非衛地據就時於負夏則遷是貿遷有無之遷非遷徙之遷販於頓邱屬衛地或貿遷於負夏亦衛地與負黍異

卒於鳴條。按鳴條諸說紛紛獨路史考之甚詳曰舜葬於紀所謂紀市也河中府皮氏縣東北有冀亭古紀冀二字通故紀后謂之冀后呂氏春秋舜葬紀市不變其肆墨子作南巳之市御覽五百五十五作南紀之市尸子作南巳皮氏縣冀亭即古冀子國今帝墓在安邑而安邑有鳴條陌其去紀纔二舍帝紀言河中府有舜冢信矣而竹書郡國志等皆言帝葬蒼梧按竹書沈約註鳴條有蒼梧山帝崩遂葬焉則自漢以來失之至康成遂以鳴條為南夷之地不已疏乎賓萃云舜卒鳴條去所都蒲阪七十里無緣葬於蒼梧四千里外其考據精確如此。按紀年舜四十九年居於鳴條五十年陟與堯九十年游居於陶一百年陟於陶同國語稱舜勤民而野死謂因勤民事陟方獄猝死於野乃葬南紀之鳴條陌與尚書合至蒼梧之野路史謂是帝俊冢山海經帝俊生三身三身生義均義均是始為百巧又云蒼梧山帝舜葬其陽又云蒼梧之野帝子叔均之所葬也古俊舜二字通叔均即義均帝俊之孫帝三身之子祖葬其陽孫葬其陰帝俊之三妃癸北氏墓在黄陵其女宵明燭光死為湘水之神亦非舜妃舜女明矣

文王生於岐周○按文王壽九十七據紀年文王卒於帝辛四十一年上推九十七年為武乙二年癸卯古公以武乙元年自邠遷於岐周遷岐之次年生文王與孟子合

卒於畢郢。宋敏求長安志引孟子作畢程（按讀郢作程，得之。因程為邑名，故程作郢，從邑。）。釋地括地志周文王墓在雍州萬年縣西南二十八里畢原上（明一統志西安府屬咸寧縣附郭，漢為萬年縣。）在唐名畢原，在殷則名畢郢。孫疏竟以郢為楚故都在南郡，大非。又云畢原實有二處，一在渭水南之畢原，一名畢郢，文王墓在焉，在鎬東南杜中（按皇覽云周文王武王周公冢在公冢在京兆長安縣鎬聚東杜中），地廹終南山。一在渭水北之畢原，則名畢陌，秦惠文王陵在焉，悼武王陵亦在焉，僅隔一里（按括地志惠文王陵在咸寧縣西北十四里，悼武王陵在咸陽西十里，似相去四里）。按釋地此條最確，但未知畢程合二字為名。路史作畢程，呂覽具備篇武王嘗窮於畢程，史記解昔有畢程氏，紀年周師伐程，戰於畢，克之，是郢當讀同程，不當依偽孫疏讀同五戰及郢之郢子產聽鄭國之政節。說苑景差相鄭鄭人有冬涉水者出而脛寒後景差過之下陪乘而載之覆以上衽叔向聞之曰景差為人國相豈不固哉吾聞良吏居之三月而溝渠修十月而津梁成六畜且不濡足而況於人乎困學紀聞謂叔向之時鄭無景差當以孟子之說為正。家語孔子曰夫子產者猶衆人之母也能食之而不能教也子游曰其事可言與孔子曰子產以所乘之車濟冬涉者是愛而無教也。按上三句見仲尼燕居篇下兩句見康成燕居註王肅撮合為家語不足據

王曰禮為舊君有服。儀禮喪服傳為舊君傳曰大夫為舊君何以服齊衰三月也按齊衰三月月數雖少服制卻重是為高曾祖重服君為臣綱也與緦麻小功大功並異大夫去君歸其宗廟按呂氏春秋作君不掃其宗廟近刻儀禮作君掃其宗廟似皆未協

歸其宗廟謂田里未收尚可祭也若田里已收則雖有宗廟不祭亦不拚掃矣故服齊衰三月也言與民同也何大夫之謂乎謂已不算大夫矣言其以道去君而猶未絕也。按此條專為選舉班言選舉班謂之眾臣世祿班謂之貴臣貴臣為君斬衰三年眾臣齊衰三年庶民齊衰三月大夫在王朝四命在諸侯必四命之孤卿方可比王朝大夫或以道去君或年老告退皆謂之未絕然已無職守故以庶民同服齊衰三月若世祿班父告老子襲職仍斬衰三年此條亦世所未論著於此。檀弓穆公問於子思曰為舊君反服古與子思曰古之君子進人以禮退人以禮故有舊君反服之禮也今之君子進人若將加諸膝退人若將墜諸淵毋為戎首不亦善乎又何反服之禮之有。四書集編云孟子

之言盖本乎子思○按子思為魯穆師孟子為齊宣師據周公制禮而明其制服之本義亦不為過也

孟子曰以善服人者章○管子以善勝人者未有能服人者也以善養人未有不服人者也○按翟氏考異引管子與孟子合者頗多愚據齊語序管子教齊桓治齊法悉與管子不符知管子偽書也此條正襲孟子為之後槩置不録

孟子曰言無實不祥章○戰國策令尹子文曰蔽賢者不祥專利者必害○晏子春秋國有三不祥有賢而不知一不祥知而不用二不祥用而不任三不祥也說苑君道篇同○困學紀聞觀晏子春秋孟子謂言無實不祥云云蓋古有此言也○太平御覽引黃石公三畧傷賢者殃及三世蔽賢者身當

其害。按晏子及三畧皆偽書孟子之說當本之令尹子文戰國策有之天生賢哲當遵上帝之命而簡用之有心壅蔽即是逆天無不被天譴者但其迹隱世無從知之耳

七八月之間雨集。趙註周七八月夏五六月。按孟子七篇意在繼春秋其稱月稱歲稱秋陽皆周月周歲周時也論語曾晳稱暮春却是辰月與孟子異

舜明於庶物。按孟子論列古聖皆以已所見約為二語括之而不述其文與論語堯曰篇引其原文不同據壁文堯典於試用第三年使舜入于百揆按入古納字百揆時序左傳云納于百揆百揆時叙無廢事也至地平天成揆即上無道揆之揆謂進舜為司空公主后土百事皆經其揆度又命八人有愷

明之識者為八伯司空卿佐之治水土無不得其平而天功亦賴以時成由其明於庶物故調處之悉合其宜如此

察於人倫○據壁文堯典於試用第二年使舜慎和五典五典能從左傳云慎徽五典五典克從無違教也至內平外成謂進舜為司徒公舜命八人有元行者為八伯司徒卿教之父慈子孝兄友弟恭內百官無不平而外八方無不有效（成）由其察於人倫故推行之悉從其化如此

孟子曰禹惡旨酒○戰國策梁王魏罌（按卽梁惠王名罃罃罌罃古今字）觴諸侯於范臺（按穆天子傳穆王在圃田一帶設十虞棄范宮以居惠王於其地作臺）請魯君舉觴（按魯恭侯也）魯君興避席擇言曰（擇言擇其善者進之）昔者帝女令儀狄作酒而美（按帝女未詳儀狄作酒卽周禮之文酒職掌造內酒者）進之禹禹飲而甘之遂疏

儀狄絶旨酒曰後世必有以酒亡其國者○按紀年范臺之燕蜀魏武侯末年事國策以為惠王觴當是惠王十四年紀年十四年魯恭侯宋桓侯衛成侯鄭釐侯來朝或復燕於范臺進此言也其說未詳所出然孟子述之魯恭侯言之當必有據矣及西漢張霸撰古文五子之歌曰訓有之內作色荒外作禽荒（按二句竊越語）甘酒嗜音（甘酒二字竊國策）峻宇雕牆（按雕牆二字用左宣四年傳晉靈公厚斂以雕牆）傅會為禹訓有之世遂信為孟子說所從出誤

而好善言○按禹好善言即禹聞善言則拜事說見公孫丑篇上按皋陶謨上半篇是禹薦皋陶引之陳謨於舜前即禹好善言之事不專在一拜見之

湯執中。按湯執中經傳無考據越絶書湯執其中和舉伊尹收天下雄雋之士或襲孟子為之據商頌古帝命武湯正域彼四方此取居中治外之義非執中也張霸撰古文仲虺之誥曰王懋昭大德（竊周語請隧篇茂昭明德茂懋古通）建中于民似襲孟子為之然建中亦非執中

立賢無方。按多士云乃命爾先祖成湯革夏俊民甸四方自成湯至于帝乙（謂祖乙）罔不明德恤祀亦惟天丕建保乂有殷殷王亦罔敢失帝罔不配天其澤謂天命爾先祖成湯革除夏桀不用賢之政簡拔俊民治四方自湯至祖乙無不循例祀明德之臣亦思承天意大建諸賢保治有殷殷賢王亦罔敢失帝意無不對答天心布恩澤於俊民者又立政云亦越

成湯陟丕釐上帝之耿命（古文改不作丕）乃用三有度（古文改度作宅）克即度曰三有俊克即俊嚴惟不式（古文改不作丕）克用三度三俊在商邑（古文增其字）用協于厥邑其在四方用不式見德（古文改不作丕）即立賢無方之義謂不拘世禄選舉皆以得賢為主也

文王視民如傷○按左哀元年逢滑曰臣聞國之興也視民如傷其亡也以民為土芥逢滑所聞未詳何出如傷謂愛惜保全之與孟子說合據周書程典解文王曰助予體民無小不敬如毛在躬拔之痛無不省即視民如傷之意孟子所述文王仁政皆本於此

望道而未之見○按經史文作未見趙註引作未至似趙所註本作至朱註依見字本讀而為如得之如文王詩亹亹文王

令聞不已大明詩維此文王小心翼翼昭事上帝聿懷多福厥德不回（回古違字）以受方國其年八十九方受專征伐之命猶亹亹勉勉無片刻之寍皆望道如未之見之意趙註作未至恐未協

武王不泄邇○據紀年武王元年西伯發受丹書於呂尚據大戴記武王踐阼三日聞丹書之言惕若恐懼退而為戒作十七銘可為不泄邇之證

不忘遠○按度邑解武王乃升汾之阜（按史記汾作豳謂河南豳邱城周公采邑升其高阜遠望河南北也）以望商邑永嘆曰嗚呼不淑兑天對遂命一日（按兑説也謂紂不善説天意而對答之遂斷其命於一日）維顯畏弗忘（謂維顯見天威之可畏弗敢忘）王至于周自鹿至于邱中（鹿及邱中皆自河南歸周所經地名）具明不寢（謂俱天明不暇寢）

周公亟奔問王王曰嗚呼維天不享殷發之未生至于今六十年夷羊在牧（夷羊怪獸見紀年）飛蛩滿野（舊本作飛鴻御覽作飛蛩蝗也）天不享于殷乃今有成維天建殷厥徵天民名三百六十夫（名古命字謂命選舉班三百六十人輔治亦可保天命）弗顧亦不擯滅我未定天保何寢能欲（我謂未定天所保之地為都何暇欲安寢）囑周公於雒汭伊汭等處作都一令諸侯朝貢道里均二都於平陽無地險可恃令子孫勉力修德有德自為天所保三令升后稷以配天以叔均配社因歷代皆享用其元穀四令選拔賢人丕建為夾輔後周公皆依此行之即此一篇可見其不忘遠之實即武王之大訓也

周公思兼三王○按周公思兼三王如制祀禮三王皆升有功之祖配天配帝周亦兼用之二代之後許守其先代之制得

以並存又如學校及各代彞器皆許兼用冠禮有夏冔殷章
甫周弁夏醴殷醮周特殺喪禮有夏祝殷祝稅法鄉遂用貢
都鄙用助周用徹折筭以定稅大槪殷制許諸侯用夏制許
卿大夫用以此分尊卑倘有不合自當仰而思之據曾子問
史佚喪子未能歸葬商之周公改定為以棺衣棺是須行之
喪禮有行不去處未嘗不許變通孟子此言最得周公當日
制作苦心他人道不及此

以施四事。按書大傳謂周公思兼三王之道以施於春秋冬
夏以四事貼四時不可通朱註四事上四條之事按上四條
是孟子以意約言之無事實趙註四事禹湯文武所行事也
趙說得之按四王之事見尚書及所行禮孟子言文王治岐

之政見逸周書朱子亦遵用趙註但措語偶未亮耳

孟子曰王者之迹熄節○朱註謂黍離降為國風而雅亡也按朱子用康成説其實非也作者操其土音謂之風文之以雅言謂之雅如周南召南採挾陝東陝西之歌謠謂之風周公居豳即作七月以迎寒暑用土音以南籥吹之亦謂之風皆王化盛行時詩其誰降之且詩亡不得止言雅亡如小雅末數篇愚推得是東周時詩與王風相應衛武作抑戒屬年九十餘明為戒平王作何得云雅亡今考得曹風至共公止鄭風至文公止秦風至康公止陳風至靈公止大抵周定王後則絶無詩篇孟子意在推重春秋謂詩可以存王迹春秋可以明王義孟子尊之為經乃云作以繼詩耳

晉之乘。朱註乘義未詳趙氏以為興於田賦乘馬之事或曰取記載當時行事而名之也按後或曰之説是乘取乘載之義今據春秋傳所引晉事及晉語所載諸公之年皆以寅月即位為歲首所以晉文晉悼兩公即位杜預皆誤減一年絳縣老人甲子亦以寅月計之方合孟子所謂乘晉語司馬侯對悼公謂羊舌肸習於春秋宜使傅太子其春秋即今所傳紀年也據叔向稱夏作禹刑殷作湯刑周作九刑皆叔世也並見紀年孟子稱薦舜薦禹薦益三年喪畢云云亦見紀年愚謂紀年即晉乘之遺文在晉人則名春秋在孟子則名為為乘皆依其當時所取名稱之非别有一書載乘馬事也

楚之檮杌。朱註檮杌惡獸名古者因以為凶人之號取記惡

垂戒之義也按朱註亦依趙註釋之按左文十八年傳檮杌是惡獸據周語商之興也檮杌降於丕山又似是明神能降監人之善惡者據楚語申叔時論傅太子法曰教之春秋而為之聳善而抑惡焉以戒懼其心是楚人名檮杌為春秋春秋善惡並載其取名之義或取明神監察成敗不爽之意墨子書稱吾見百國春秋又曰著在周之春秋著在燕之春秋著在宋之春秋著在齊之春秋似凡記動之史皆依四時著之策並可名春秋至别國傳誦或依其原名稱之不得以春秋之名專屬之魯也

魯之春秋○左昭二年韓宣子來聘觀書於太史氏見易象與魯春秋曰周禮盡在魯矣吾乃今知周公之德與周之所以

王也（按此所觀春秋是自伯禽至昭公二年止未經孔子修者周公之德在善繼善述為周公之所以成王業周公所制周禮史官皆本之為作史法於正名定分見之故云周禮盡在魯）○坊記子云（此子云是述其師說非孔子也）魯春秋猶去夫人之姓曰吳其死曰孟子卒○公羊傳莊七年不修春秋曰雨星不及地尺而復君子修之曰星霣如雨（按此條是公羊得之傳聞未必果見舊本）○又昭十二年伯于陽者何公子陽生也子曰（此子曰是公羊弟子稱其師為子）我乃知之矣在側者曰子苟知之何以不革曰如爾所不知何春秋之信史也○按左氏經文是齊高偃帥師納北燕伯于陽傳文是齊高偃納北燕伯款于唐陽即唐一地二名惟魯哀五年齊景公卒六年公子陽生入于齊與此無涉此公羊傳聞之誤世謂公穀皆親受業於子夏愚不敢信矣

其事則齊桓晉文節。公羊昭十二年曰其序則齊桓晉文其會則主會者為之也其辭則某有罪焉爾。按公羊讀孟子不熟故引用錯亂如此其義即王者勸善懲惡之大義孔子謙言竊取而著之春秋知我者謂春秋得勸懲之意罪我者謂春秋内大惡諱弑君三十六不以弑書者十有二似乎縱賊為人所指斥以為罪也

孟子曰君子之澤章。朱註自孔子卒至孟子遊梁時方百四十餘年而孟子已老然則孟子之去孔未百年也。江氏羣經補義孟子言予私淑諸人人謂子思之徒是孟子與子思年不相接孔叢子有孟子子思問答語不足信。按紀年梁惠王卒於後元十七年上推孔子卒於魯哀十六年相去一

百五十八年梁惠稱孟子爲叟則遊梁時年當五六十伯魚先孔子卒六年縱子思尚幼亦當十歲安能壽百餘歲爲孟子師乎惟中隔一世孟子莫是第五世被其教澤者

孟子曰可以取可以無取章。毛氏聖門釋非錄金仁山謂此必戰國之士豪俠之習勝多輕施結客若四豪之類刺客輕生若荊聶之類故孟子爲當時戒耳

逢蒙學射於羿四句。校勘記逢字從夅逢蒙逢伯陵逢公逢丑父皆薄紅反東轉爲江乃薄江反德公士元非有二字也宋人廣韻改字作逄逄薄江切殊謬古書作𨕖門則其字不當從夅可知矣。按從夅之字古亦讀供音如禹貢降水康成讀同供臨衝轉爲隆衝音龍蒙與門亦雙聲同用故蒙又轉

為門。趙註羿有窮后羿逢蒙羿之家衆也春秋傳曰羿將歸自田家衆殺之朱註亦襲趙註增篡夏自立句誤據左襄四年傳昔有夏之方衰也后羿自鉏遷於窮石因夏民以代夏政按窮谷有窮水下合於伊水伊雒一帶原為有夏之居羿截太康於雒西太康城今不得東歸斟尋因夏民代夏政僅四年及太康四年卒仲康繼立於斟尋羿未嘗敢稱帝也朱註謂篡夏自立此句誤然此誤不自朱子始說見下恃其射也不修民事而淫於原獸棄武羅伯因熊髡尨圉而用寒浞寒浞伯明氏之讒子弟也伯明后寒棄之夷羿收之按后羿諡夷信而使之以為己相浞行媚於內而施賂於外愚弄其民而虞羿於田樹之詐慝以取其國家外內咸服羿猶不悛將歸自田家衆殺而烹之路史謂取桃棓殺之以食其子其子不忍食諸死於窮門浞因羿室生澆及豷又曰昔周辛甲之為太史也為武王太史命百官官箴王闕於虞人之箴曰在帝夷羿按謂在昔太康帝后羿時善於田獵至為羿所距也杜註謂羿曾稱帝誤冒於原獸謂田於有雄之表忘其國恤謂太康元年正當帝啟之喪竟忘之而思其麀牡謂專事田獵武不可重用不恢於夏家謂羿為武夫不應重用至為羿所制用不能恢復夏祚杜註謂羿不能承夏業誤○按左傳杜預註謂羿曾稱帝故朱註亦沿其誤○列子湯問篇甘蠅古之善射者彀弓而獸伏鳥下弟子名飛衛學射於甘蠅而巧過其師紀昌者又學射於飛衛紀昌既盡飛衛之術計天下之敵已者一人而已乃謀殺飛衛○按列子多寓言孟子說徵之左傳實有其事不得謂紀昌即逢蒙

孟子曰是亦羿有罪焉六句○按公明儀曾子弟子也想平日亦論及此事以宜若無罪焉答或人孟子引而申之曰儀意其

罪應不減，非謂全無罪也。其引公明儀與論舜事，引公明高之答同，不得認儀為孟子弟子。

鄭人使子濯孺子侵衛節。左襄十四年，衛獻公戒孫文子、甯惠子食，皆服而朝，日旰不召，而射鴻於囿。二子從之，不釋皮冠而與之語。二子怒。孫文子如戚，孫蒯入使。公飲之酒，使太師歌巧言之卒章，（辛章云：彼何人斯，居河之麋，無拳無勇，職為亂階。謂孫子居戚邑近河，將作亂也。）公使師曹歌之，遂誦之。（師曹為公所鞭，欲雪其忿，恐蒯不解，并誦其辭，令知之。）蒯懼，告文子曰：君忌我矣，弗先必死。并帑於戚。公出奔齊，孫氏追之，敗公徒於阿澤。初，尹公佗學射於庾公差，庾公差學射於公孫丁。二子追公，公孫丁御公。子魚曰：（子魚，庾公差字。）射為背師，不射為戮，射為禮乎。射兩軥而還。尹公佗曰：子為師，我則遠矣。乃返之公孫丁授公轡而射之貫臂。按左襄十四年傳與孟子所云全不合愚推得左襄十年有鄭皇耳帥師侵衛人追之孫蒯獲鄭皇耳於犬丘此條正與孟子說合鄭人使子濯侵衛即鄭皇耳侵衛之師也時皇耳為主帥子濯亦領兵一隊在其中衛人追之是孫蒯帥人追皇耳亦使庾公追子濯皇耳既為所獲子濯又疾作自料必死據後來庾尸二人為孫氏追公則素為孫家膂力之臣可知當孫氏未畔則追鄭之事即君事也庾焉敢廢將孟子繫（所引）之左襄十年無字不合且射為背師親出庾公之口亦端友之一證若將孟子所引繫之左襄十四年直是背君黨畔之賊為孫文子所逼不射則將為戮矣愚謂孟子說得其實左傳畧點竄尸公便非

端人與孟子背違不可不知

孟子曰西子蒙不潔節○吳越春秋越王以吳王好色乃使大夫種相於國中得苧蘿山鬻薪之女曰西施鄭旦飾以羅縠教以容步三年學服而獻於吳使范蠡進之吳為築姑蘇臺○墨子西施之沉其美也○莊子西子捧心而顰其里之醜婦亦捧心而顰其里之富人見之堅閉之而不出貧人見之挈妻子而去之○淮南修務訓今夫毛嬙西施天下之美人若使之銜腐鼠蒙猬皮衣豹裘帶死蛇則布衣韋帶之人過者莫不左右睥睨而掩鼻○賈誼勸學篇夫以西施之美而蒙不潔則過之者莫不睨而掩鼻○按上兩條皆襲孟子而衍之者

孟子曰天下之言性也則故而已矣○湛囦靜語莊周有云吾生於陵而安於陵故也長於水而安於水性也此適有故與性二字疑戰國時有此語○毛氏四書賸言天下之言性也則故而已矣觀語氣自指汎言性者至以利為本然後斷以己意因是時俗尚智計多用穿鑿故原有訓智者淮南原道訓不設智故謂不用機智穿鑿之意正與全文言智相合○按兩說皆可參

苟求其故千歲之日至三句○宋書律志引作可坐而知知字誤

附三統厤紀蔀法

天元甲寅　甲子蔀
地元甲戌　甲子蔀
人元甲午　甲子蔀

庚午　癸卯部　庚寅　癸卯部　庚戌　癸卯部

丙戌　壬午部　丙午　壬午部　丙寅　壬午部

壬寅　辛酉部　壬戌　辛酉部　壬午　辛酉部

戊午　庚子部　戊寅　庚子部　戊戌　庚子部

甲戌　己卯部　甲午　己卯部　甲寅　己卯部

庚寅　戊午部周文王　庚戌　戊午部　庚午　戊午部

丙午　丁酉部　丙寅　丁酉部　丙戌　丁酉部

壬戌　丙子部　壬午　丙子部　壬寅　丙子部

戊寅　乙卯部　戊戌　乙卯部　戊午　乙卯部

甲午　甲午部　甲寅　甲午部　甲戌　甲午部

庚戌　癸酉部　庚午　癸酉部　庚寅　癸酉部堯生癸酉部己丑年甲辰即位

丙寅　壬子蔀　丙戌　壬子蔀　丙午　壬子蔀舜

壬午　辛卯蔀　壬寅　辛卯蔀　壬戌　辛卯蔀夏四百三十二年

戊戌　庚午蔀　戊午　庚午蔀　戊寅　庚午蔀

甲寅　己酉蔀　甲戌　己酉蔀　甲午　己酉蔀

庚午　戊子蔀　庚寅　戊子蔀　庚戌　戊子蔀

丙戌　丁卯蔀　丙午　丁卯蔀　丙寅　丁卯蔀

壬寅　丙午蔀　壬戌　丙午蔀　壬午　丙午蔀

戊午　乙酉蔀　戊寅　乙酉蔀　戊戌　乙酉蔀商六百二十九年

堯在位七十年○舜五十年○夏四百三十二年○商六百二十九年○秦四十三年○前後漢合四百二十六年○漢至太初一百三年○太初至唐開元甲子八百二十七年○開

元至宋慶歷甲申三百二十一年○按其法謂周天三百六十五度四分度之一繞地左旋一日一周而過一度日行一日繞地一周而不及天一度按日右旋而斜行有高卑度之異與天平分度實不相應姑大概言之積三百六十五日九百四十分日之二百三十五按每度分作九百四十分因以此為日法故四分之一則為二百三十五而與天會是一歲日行之數也按自至元以後日行最高輪則歲實亦漸減此只大概言之月一日不及天十三度十九分度之七積二十九日九百四十分日之四百九十七四百九十七即十九分之七十二會得日三百五十四九百四十分日之二百四十八是一歲月行之數也三百六十者一歲之常數也故天與日會而多五日九百四十分日之二百三十五者為氣盈月與日會而少五日九百四十分日之五百九十二者

為朔虛合氣盈朔虛而閏生焉故一歲閏率則十日九百四十分日之八百二十七再閏則五十四日九百四十分日之三百二十七十九歲七閏則氣朔分齊是為一章卽如甲寅年十一月甲子朔先期夜半子時冬至為朔至同日謂之甲子首蔀至二十年為甲戌為第二章復得朔至同日然非甲子先期之夜半乃是癸卯日卯時其法每退二十日三時至三十九年為第三章朔至同於癸未日午時至五十八年為第四章朔至復同於癸亥日卯時至七十七年朔至又復同於癸卯日子時因其朔至同在夜半與初第一章同遂以七十六年名為一蔀謂之甲子蔀至七十七年為庚午年又以癸卯為蔀首二十蔀為一紀一紀積一千五百二十年三紀為一元一元積四千五百六十年周而

復始。厤家則從伏羲先天甲寅積一千八百一十四紀再入十五紀人元十二紀當癸酉蔀歲在己丑而生帝堯至甲辰歲十有六即位（按與紀年堯丙子即位不符）越二十一歲而衍厤至文王受丹書再入十六紀當天元戊午蔀二十九歲戊午受丹書（按此用緯書中候說據紀年是武王爲西伯之元年受丹書歲在庚辰）明年己未改元越十二年年辛未正月戊午武王伐商（按紀年是武王辛卯年伐商）故經云十有三年春（按張霸古文泰誓原作十有一年劉歆改爲十三年春康成從之此厤家用劉歆改本）一月戊午師渡孟津者也以上皆厤家説。按紀年堯元年丙子即位在位百年乙卯卒三年喪畢舜元年己未即位在位五十年戊申卒三年喪畢夏禹元年年壬子即天子位八年己未卒三年喪畢帝啟元年癸亥即位沈約註自禹至桀十七世有王與無王用歲四百七十一年（起壬子終壬戌）商湯元年癸亥卽天子位沈約註湯滅夏以至受二十九王用歲四百九十六年（起癸亥終戊寅）周文王生於武乙二年癸卯四十六歲戊子卽西伯位卽位八年地動（紀年云五年地動韓詩外傳作八年今依外傳）改八年乙未為元年至三十七年（小開解有三十五祀）受專征伐之命復改三十七年辛未為元年至九年己卯卒武王以元年庚辰卽西伯位至十一年庚寅起兵伐殷因改十一年之子月為十二年正月用周正也而沈約註謂武王卽西伯位之元年為己卯者周書用周厤推上一年為己卯取與劉歆說十三年滅殷合據紀年與周書世俘解悉合與韋昭周語伶州鳩篇註亦合列其梗概於此俟精於厤者考焉

附龍度天門法

太歲元枵　星紀　析木　大火　壽星　鶉尾　鶉火　鶉首

實沈　大梁　降婁　娵訾

子宮　丑宮　寅宮　卯宮　辰宮　巳宮　午宮　未宮

申宮　酉宮　戌宮　亥宮

歲星丑宮　子宮　亥宮　戌宮　酉宮　申宮　未宮　午宮

巳宮　辰宮　卯宮　寅宮

按太歲者斗柄之雄神左旋於天始子終亥歲星者即七政之木星冬至所躔之宮也右旋於天始丑終寅名為雌神作厤者必上推天元閼逢即甲攝提格即寅之歲仲冬十一月甲子朔冬至日月在建星建星在丑宮　太歲在子此為天元本星度是

年十一月歲星出星紀（丑宮）婺女六度日躔在星紀是月斗杓亦建子故太歲在子至正月孟春則為甲寅歲今厤家只用甲寅紀年不復知太歲當用天正以十一二月歸之上年當為癸丑歲其法每一百四十四年則超一辰謂之龍度天門合以三統厤所載春秋内外傳推之武王克殷歲在鶉火（謂歲星在鶉火午宮）至魯僖五年（丙寅年）積歲四百六十八歲星當超三辰越鶉火（午）鶉尾（巳）壽星（辰）而在大火（卯）是歲重耳奔狄故董因言君之行也星在大火是也自此至昭公三十二年積歲百四十五歲星超析木而星紀傳曰越得歲而吳伐之康成曰此年歲在牽牛是也今據紀年自僖公五年丙寅歲在大火上推武王辛卯二月克殷積算三百九十六年除二百八

十八年退回大火壽星兩宮則當在鶉尾剩一百零八年一年現一宮以十二年一周計之一百零八年適九周而盡則武王伐紂之十一二月歸之上年庚寅則歲星在鶉火張十三度其說信矣按參許兵部宗彥說與韋昭註合此法合之爾雅有歲陽歲陰之參分之七政專論每年冬至所現之宮亦與古法合因錄於此以俟考焉

附推厤元法

○厤學疑問造法者必有起算之端是謂厤元然厤元之法有二其一遠溯古初為七曜齊元之元自漢太初至金重修大明術各所用之積元是也其一為截算之元自元授時不用積年日法直以至元辛巳為元而今西法亦以崇禎戊辰為

元是也二者不同然以是為起算之端一而已矣夫所謂七曜齊元者謂上古之時歲日月時皆會甲子而又日月如合璧五星如聯珠取以為造法之根數也使其果然雖萬世遵用可矣乃今二十一史中所載諸家曆元無一同者是其積年之久近皆非有所受之於前直以巧算取之而已然謂其一無所據而出於胸臆則又非也當其立法之初亦皆有所驗於近事然後本其時之所實測以旁證於書傳之所傳約其合者既有數端遂援之而立術於是溯而上之至於數千萬年之遠庶幾各率可以齊同積年之法所由立也然既欲其上合厤元又欲其不違近測畸零分秒之數必不能齊勢不能不稍為整頓以求巧合其始也據近測以求積年其既

也且將因積年而改近測矣又安得以為定法乎授時術知其然故一以實測為憑而不在積年虛率上求下求卽以至元辛巳歲前冬至為元其見卓矣授實測法專在冬至節前後之日晷推求最為簡捷此梅氏定九說○冬至權度云履端於始序則不愆術家詳求冬至且求千歲以上冬至證之史傳或合或離其故難言元史有六術冬至開載魯獻公戊寅至至元庚辰四十九事統太衍統天宣明紀元統天重修大明授時時刻之異同勿菴梅氏因之作春秋以來冬至考刪去獻公一事各以其術本法詳衍術數雖明而未有折衷永因梅氏所考定者用實法推算有不合者斷為術誤史誤俟知數者考焉一論平歲實太陽本天有平行盡黄道一周為平歲術與月五星周平朔策合

率同理别有本輪最高最卑之行以視行加減平行二十四氣時刻多少歲歲不同而古今冬至不能以一率齊之是為活汎之歲實猶之月有實會逐月不同五星有實合毎周不同也授時大統以前太陽高卑之理不明雖知一歲之行有盈縮不悟盈縮之中為平歲實但求歲實於活汎之冬至必更一周率與歲實然合今則戾古合古又違今統天術遂立距差躔差之法暗藏消長以求上下兩合授時術本之有百年長一消一之説西法本回回以春分相距測定歲周小餘五小時三刻三分四十五秒以萬分通之為二四二一八七五此為平行之歲實小餘而各節之定氣則以均度加減定之此不易之法也欲考往古歲實當以平歲實為本筭當年

平冬至時刻乃以定冬至較之知其距最卑之遠近或與今法有不合則知其時本輪均輪之有半徑差有所去之遠者則知史傳所記非實測所謂苟求其故千歲之日至可坐而致者此為庶幾焉倘以授時之歲實為歲實而以百年長一消一為準則非法矣一論最卑行太陽本輪最卑點為縮末盈初之端歲有推移與月入轉五星入律皆有盈度同理平冬至之改為定冬至也視此點之前後遠近以加度而減時減度而加時焉至元辛巳間最卑與平冬至同度自是以前定冬至皆在平冬至前以後定冬至皆在平冬至後最卑有行度故也西法近率最卑歲行一分一秒十微以遠年冬至考之此率似微朒當加二秒上求古時定冬至以此為準焉

一論輪徑差旣卑旣有行度矣而太陽之體在均輪均輪之
心在本輪之心在本天此兩輪半徑古今又不同則距地兩
心有差西法始定兩輪半徑併於萬分之三十五萬八千四
百一十六而今又漸減則古時必多於此半徑大則加減差
亦大而以均度變時分加減於平冬至者視今時必稍贏焉
此差率出於恒差之外術家亦有不能定者也上考往古當
以此消息之○按上梅勿菴說取實測截算法不用虛積上
求麻元最為簡要下江愼修說辯明至元以後日行高衝其
冬至卑度半徑在本輪之本天不以地心為心蓋日行愈高
則嵗實愈減此一定之數知其所以漸減減極必復長亦當
有一定之數蓋析木之津其岐處為天漢之尾為黃道極卑

之所在黃道繞黃極而斜躔約七十年西移一度二千一百年移一宮一萬二千六百年約移六宮經星既隨黃極而斜升太陽安得不隨黃極而漸行高度歲實亦安得不漸減乎今西人謂其一往而不復不可信也

公行子有子之喪〇石洞紀聞公行是主行列以官為氏行當音杭（饒氏雙峯說）〇荀子大畧篇公行子之之燕註引孟子公行子有子之喪石師往弔趙岐云齊大夫也子之益其先也〇日知錄禮父為長子斬衰三年故云公行子有子之喪而孟子與石師及諸臣皆往弔〇經閒小記父主子喪而有杖又奔喪云凡喪父在父為主是子喪父主禮有明文（毛西河說）〇按喪禮首要明三綱之義方得明白父為長子斬衰三年者父

為四命大夫父退老而長子襲職謂之長子君君字應屬上讀應三年以父綱之尊壓之降為再期若父未退老父為大夫以君綱之尊壓之降為一期皆是杖期也若長子廢疾不立止大功九月若父為士無君道則再期至子喪父主此為常禮若父無爵而子為大夫其孫得世襲則孫為喪主至諸臣俱弔據士喪禮所言弔位大夫為貴臣得世襲者位在東階南西向以南為上公士大夫之衆臣由選舉不世襲者位在橫道北面以東為上戰國時未詳用古禮否亦當各有其位矣疑右師應在東階南孟子應在橫道東

禹思天下有溺者四句。集註考證由與猶同已見上章然此章由字只作自字訓亦可。焦氏循曰謝少宰墉謂由當讀

如字蓋已既為司空則天下之溺由於已已既為后稷則天下之飢由於已讀為猶尚是譬況未合此說得之

雖被髮纓冠而救之〇趙註纓冠者以冠纓冠頭也謂不暇結纓於領并戴此纓於首朱註謂不暇束髮而結纓往救言急也按朱註八字作一句讀解與趙同

公都子曰匡章通國皆稱不孝焉〇戰國策章子之母啟得罪其父其父殺之而埋馬棧之下齊威王使章子將也勉之曰夫子全軍而還必更葬將軍之母對曰臣非不能更葬先妾也臣之母啟得罪臣之父臣之父未教而死（意謂屢請於父而未得其更葬之命）夫不得父之教而更葬母是欺死父也故不敢〇莊子盜跖篇匡子不見父義之失也音義司馬彪云匡章諫其父為

父所逐終身不見父此事見孟子○按莊子謂匡子不見父
彪註謂終身不見父果如所云誠爲不孝孟子謂爲得罪於
父不得近是欲見之而不得非不欲見實不得見非不欲近
實不得近毋得罪於父爲父所殺章得罪於父爲父所逐在
己未盡乎大舜事親之道而欲其父之必允而順已豈易得
此際遇哉孟子未嘗謂章子無罪但其父未幾卽死感化無
由後來一段設心持之終身而不改亦可悲矣
曾子居武城有越寇○周柄中辨正史記弟子列傳曾參南武
城人澹臺滅明武城人後人遂疑有兩武城謂費縣爲子羽
之武城曾子則别一武城在今之嘉祥縣愚按嘉祥有南武
山上有阿城亦名南武城後人因南武山之名遂會傳爲曾

子所居此大謬也新序云魯人攻鄪曾子辭於鄪君戰國策甘茂亦言曾子處鄪因清河有東武城在魯之北故加南以別之據漢人之稱耳漢志作南成後漢志在南城至晉始為南武城今故城在鄪縣西南九十里屬兖州府○趙佑溫故錄曾子居武城即今費縣之武城為子游子羽邑而非即南武城為曾子本邑者若其本邑也則室家在焉邱墓在焉即云為師亦黨庠里塾之常所謂鄉先生矣一旦寇難之來方將效死從無出鄉相守望扶持之義而惟以舍去鳴高豈繄人情嘉祥縣在曲阜西南與鉅野縣皆古大野地曾子祠墓在焉贋諸傳記或離或合而曾子自為南武城非武城人○周氏辨正漢志越王句踐嘗治瑯琊按紀年哀公二十七年於越徙都瑯琊起

館臺考春秋時瑯琊為今山東沂州府魯費在沂州府費縣西南七十里武城在縣西南九十里哀八年吴伐魯從武城覲此則沂州地久已為吴之錯壤越滅吴而有其地且徙治瑯琊則與武城密邇閻潜邱謂吴未滅與吴鄰吴既滅與越隣是也或曰越寇季氏非寇魯此竝無所據左哀二十一年越人始來二十三年叔青如越越使諸鞅來報聘二十四年公如越二十六年叔孫舒帥師會越人納衛侯二十七年后庸來聘又嘗與魯泗東地百里自是越與魯好未嘗加兵而哀公嘗欲以越伐魯而去三桓武城近費季氏之私邑在焉說者因謂越寇季氏非寇魯亦臆度之言耳

或曰寇至盍去諸一段○説苑尊賢篇魯人攻鄪曾子辭於鄪

君曰請出寇罷而後復來請姑毋使狗犬入吾舍鄭君曰寡人之於先生也人人無不聞令魯人攻我我胡守先生之舍魯人果攻鄭而討之十罪而曾子所諍者九魯師罷鄭君復修曾子舍而後迎之○按說苑新序皆相傳為劉向作此顯襲孟子而失其實語多俚鄙不像西漢人文字

沈猶行曰○翟氏考異荀子儒效篇仲尼將為司寇沈猶氏不敢朝飲其羊沈猶蓋魯之著氏也漢書楚元王傳景帝封其子歲為沈猶侯（路史引歲作獩）晉灼註沈音審王子侯表屬千乘與高宛地與氏古應相因當讀作審

昔沈猶有負芻之禍○趙註時有作亂者曰負芻來攻沈猶氏是負芻為人名僞孫疏有寇自負其芻草來攻沈猶氏說與

趙達朱註時有負芻者作亂似參用疏説而渾言之據春秋曹伯名負芻據史記楚哀王之庶兄名負芻是負芻非不嘉之稱也

齊人有一妻一妾而處室者○朱註章首當有孟子曰字闕文也○李贄疑耀此不獨孟子曰三字而已嘗合上章誦之因思七篇中少有瞷字此二章以瞷夫子瞷良人游言之當出於一時也○考異李氏説本魯齋王氏謂二章本是一章所見殊允○按大意謂求富貴利達故為裝飾雖妻子亦瞞不過大丈夫獨來獨往原無委曲若但以異求之雖聖如堯舜亦不見有驚世駭俗處合作一章似有意義

卒之東郭墦間之祭者○義門讀書記宋元刊本以卒之東郭

墦間句之祭者乞其餘句上文瞷良人之所之此卒之字之祭者字之他字縈相貫註大全不從朱子而從舊讀本謬矣

○閻氏釋地余每讀東郭墦間之祭者趙注墦間郭外冢間也以為此古墓祭之切證不知何緣東漢建寧五年蔡邕從車駕上陵謂同坐者曰聞古不墓祭魏黃初三年詔云古不墓祭自作終制云禮不墓祭此言既興下到今紛紛撰述皆以墓祭為非古余謂孟子且勿論請博徵之成陽靈臺碑慶都仙歿葢葬於兹名曰靈臺上立黃屋堯所奉祠非墓祭之見於集乎韓詩外傳曾子曰椎牛而祭墓不如雞豚逮親存非墓祭之見於子乎周本紀武王上祭于畢畢文王墓地也按此畢作畢程廟解亦得武王伐紂奉六主以行必祭於寢廟方有主可奉非墓祭之見於史乎

周禮冢人凡祭墓為尸按安葬之次日有子弟在墓左設祭及日中則尸由墓歸家人虞祭迎之非祭墓之見於經乎孟子之前孔子卒葬魯城北泗上魯世世相傳以歲時奉祠孔子冢豈有非禮之祭而敢輙上聖人之冢者哉

施施從外來。趙註施施猶扁扁喜悅之貌朱註因之。按毛詩將其來施施施施以它為聲與麻嗟韻謂其行攲沙然又詩得此戚施戚促也施攲沙也謂竹中青蛙跳則戚促行則攲沙因取名焉施施而來即攲沙而來也一說施施與訑訑通訑訑從言就聲音言施施就步履言不得合為一

四書摧解錄卷二十一

萬章篇上

吳川吳懋清迴溪著

萬章問曰舜往于田號泣于旻天○按此兩句并下于父母句皆古書傳之文于吁二字古通吁與呼亦通萬章引以為問讀于如字孟子便知不得其解據劉向列女傳作號泣曰呼閔天呼父母以呼釋吁吁開口嘆息聲朱註謂呼天而泣趙註謂訴於旻天皆號字之義非吁字之義張霸撰大禹謨改作帝初于歷山（改舜作帝增初于歷山四字）往于田曰號泣于旻天（增曰字）于父母負罪引慝（增一句）竄入禹謨因之小弁毛傳亦作曰號泣于旻天文文選陸機贈從兄詩註引孟子亦增曰字列女

傳亦有日字皆沿古文也足利古本作帝初耕于歷山往于畋增耕字偽古文改田作畋旻作𦖞字從耳取天處高而聽卑以昏為聲殊支離

曰長息問於公明高曰。趙註長息公明高弟子公明高曾子弟子。按朱註依之據賈惠公以子思為師顏般為友長息又後於顏般是公明高為公明儀後一輩人未必得親炙曾子也

我竭力耕田四句。趙註我供人子之事而父母不我愛於我之身獨有何罪哉自求責於己而悲感焉。按邠卿此註甚得公明高讀兩手作吁之意吁旻天吁父母念念不忘求所以博父母之懽而未得怨是怨自己之拙慕是慕父母之專

帝使其子九男二女○趙註堯典曰釐降二女不見九男尚書凡百二十篇逸書有舜典之叙按本紀無舜典序時張霸書序附康成古文經三十三篇並行故邠卿云然亡失其文孟子諸所言舜事皆堯典及逸書所載獨丹朱以允嗣之子按康成古文經依張霸作允子朱本紀壁文作嗣子丹朱今文約與壁文同故邠卿撮合允嗣二字臣下以距堯求禪其餘八庶無事故不見於堯典按邠卿以意為說不知孟子所云為古書傳之文○按呂春秋去私篇堯有子十人不與其子而授舜又慎行篇堯妻舜以二女臣以十子高誘註孟子曰堯使九男二女事舜此云十子殆丹朱為允子不在數中又尸子堯聞其賢徵之草茅之中與之語禮樂而不逆與之語政至簡而易行與之語道廣大而不窮於是妻之以媓紀年作肓古音通媵之以娥九子事之而託天下焉淮南子妻

以二女以觀其內任以百官以觀其外謂進為司徒公司空公司馬公百官皆為所掌而屬以九男贈以昭華之玉按昭華玉見書大傳是納于大麓時事又本紀堯乃以二女妻之以觀其內按此卽壁文觀厥德于二女之解張古文改德作刑非使九男與處以觀其外據三書所述孟子所言當出古書傳九男事之卽在初錫舜命之時使夔樂正職令教育子也

百官牛羊倉廩備三句。趙註百官致牛羊倉廩致粟米之餼備具饋禮以奉事舜於畎畝之中由是遂賜舜以倉廩牛羊使自得有之。按註據孟子以王公之尊賢章釋此讀百官牛羊句倉廩備句淮南謂任以百官以觀其外指後來為三公所統之百官言非此百官也說苑謂使九子事舜皆能任其職以成九功指所命之九官言非此九男也不可不知天下之士多就之者三句○吕春秋慎人篇舜耕於歷山陶於河濱釣於雷澤天下悦之秀士從之其遇時也登為天子賢士歸之萬民譽之丈夫女子振振殷殷一本作啟啟輯輯無不戴説○按天下之士多就之者三句指二十以孝聞至試用三年言及受終以後則瞽叟底豫矣孟子舉富有天下貴為天子言之雖極其辭當時未有此須知

知好色則慕少艾○程氏考異引戰國策魏牟謂趙王曰王不以與工乃與幼艾高註艾美也屈子九歌慫長劍兮擁幼艾王注亦以艾為美好晉語狐突語申生曰國君好艾大夫殆韋註以艾為嬖臣指男色之美好者張衡東京賦齊騰驤以沛艾薛註以沛艾為作姿容貌皆謂年少而有姿容者

五十而慕者二句。趙注大孝之人終身慕父母我於大舜見五十而尚慕父母書曰舜生三十徵庸三十在位考文古本作二十在位時尚慕故言五十也。校勘記廖本孔本韓本足利本作三十在位閩監毛三本三作五考文古本作二段玉裁曰作五者非也作三者亦未是作二者是也古文尚書舜生三十登庸三十在位五十載馬融王肅姚方興本之為舜年百十二歲之說今文尚書舜生三十徵庸二十在位五十載為舜年百歲之說王充趙岐皆從今文者也論衡氣壽篇云舜生三十徵用二十在位五十載陟方乃死適百歲矣。按孟子明言大孝終身慕父母但書傳所載舜年五十時猶見之書傳所不載亦無從見之趙注引今文書作三十徵庸二十在位可謂巧合然其實非也據本紀所述壁文大約舜生三十登庸末一節闕惟令文有之但與二十有八載放勳乃徂落之文不合本紀因撰文以結之曰舜年三十堯舉之年五十攝行天子事年五十八堯崩（補入八年附合堯二十有八載相）年六十一代堯踐帝位（按六十一當作二或謂六十一喪畢之後姑代堯為帝也亦通）踐帝位三十九年乃崩世信本紀乃定為舜年百歲之說劉歆鄭康成王充皇甫謐皆從之愚獨取古文說以其與大戴五帝德篇合五帝德篇亦同出於孔壁云舜之少也惡顇勞苦（顇古瘁字）二十以孝聞於天下三十在位（此句與古文合）嗣帝所五十乃死謂嗣帝堯所讓位五十年乃死與古文亦合依紀年加守堯三十七月之喪三年共為一百一十三歲合以堯七十年錫舜至七

十一七十二為試用之三年七十三受終至放勳徂落為相堯二十八載三年喪畢第四年正月元日舜至於文祖始即帝位如此則與紀年及孟子無字不符

曰帝亦知告焉則不得妻也○趙註堯知舜大孝父母止之舜不敢違則不妻得之故亦不告○按戰國時多誹謗堯舜之習屈原天問云堯不姚告二女何親亦駁其說之妄矣孟子既以無後為舜解不妨謂堯之勢可行於瞽叟不可行於大孝之舜說詳離婁篇下

萬章曰父母使舜完廩至從而揜之○按史遷作舜本紀最謬亂姑依錄之駁見各句下本紀云舜所居一年成聚二年成邑三年成都此三句見尸子及莊子遷列於此欲為都君二字安根堯乃賜舜絺衣與

琴孟子稱被袗衣鼓琴袗衣即畫暑袗絺綌之衣琴舜所鼓五絃琴虞幕世為樂正乃其家傳故物也二者豈待堯賜始有之耶誤為築倉廩予牛羊虞幕子孫世襲樂正本有倉廩但令倉人廩人繼送粟米耳遷欲為完廩起案特撰此句誤瞽瞍尚欲復殺之萬章明云象欲殺舜借毋勢迫其父使之耳遷云瞽尚欲殺舜誤使舜上塗廩瞽瞍從下縱火焚廩乃舜以兩笠自捍而下得不死明是待舜完廩之後舜下廩捐去階乃焚廩遷刪去捐階二字撰為此說不可通後瞽瞍又使舜穿井為匿空旁出舜既入深瞽瞍與象共下土實井舜從匿孔旁去浚井者將舊井淤泥挑去也瞽瞍待舜出始從而揜之經文本自明白遷改作穿井又謂象與共下土實井因撰為先匿其空開通一孔令旁出多廢時日與萬章引不符誤瞽瞍與象喜以為舜死矣孟子止云象遷云瞽瞍亦喜杜撰象曰本謀者象之謀也象於是與父毋分於是曰舜妻堯二女與琴象取之脫去干戈與弤牛羊倉廩予父母象乃止舜宮居鼓其琴明是象往入舜宮此改作止舜宮明是舜坐牀鼓琴此作象居

琳鼓其琴謬甚舜往見之象愕然不懌明是象往見舜作舜往見象明是象顏怩忸羞愧貌此云愕然不懌作不喜貌誤曰我思舜鬱陶陶音搖謂鬱極而消搖到此思君爾也解釋所以入宮之意遷似未曉舜曰然汝其庶矣時舜為樂正所掌者有大胥小胥諸臣所教者有士庶子諸人見象到此喜其來近已曰惟茲臣庶汝其助予治之乎遷改更不符舜復事瞽瞍愛弟彌謹○按自史遷塗改萬章所引之文相沿為說者又得數條一據王充論衡云瞽瞍與象謀殺舜使之完廩火燔其下令之浚井舜得下廩不被火災穿井旁出不觸土害此依本紀為說一據梁武帝作通史云瞽叟使舜滌廩舜告二女女曰時其焚女鵲汝衣裳鳥工往舜得免去舜穿井又告二女女曰去汝衣裳龍工往入井瞽瞍實井舜從他井出此條出列女傳謂舜妹婐首送信二女教舜脫其難宋書符瑞志亦述之此本紀

更加支節至戰國時毀謗之說更有甚者越絕書云舜親父假母母常欲殺舜舜去耕歷山三年大熟身自外養父母皆飢至於乞食屈原天問駁之云薄暮雷電歸何憂此句駁舜入山林逢烈風雷雨其行不迷堯以此知舜為聖人其說非是厥嚴不奉帝何求謂家有嚴君尚不奉養帝何為求而登用之亦闢其妄也愚謂此節最易解須知得此時瞽瞍已允而順舜矣特其父為其母所逼令使舜完廪叟待舜下廪捐去階始焚廪母復逼令使浚井叟待舜出始從而揜之象曰謨揜帝埍都君皆我功牛羊歸父母倉廩粟米歸父母干戈及弤為舜器琴為樂器皆歸朕將繼兄襲樂正職二嫂寡居令掌宮使治朕所棲象往入舜之貳宮見舜在牀琴象良心發露曰鬱極而道遙偶然入此特為

思君爾其顏忸怩媿汗發背矣舜曰惟茲小臣及士庶汝其往與治之乎于訓往予與古通據其忸怩即是良心難昧處故舜亦喜其來見已并引之入太學令學樂學舜也

象曰謨蓋都君咸我績○趙註謨謀蓋覆都於也舜有牛羊倉廩之奉故謂之君咸皆績功也朱註獨取本紀所居三年成都故謂之都君不用趙註餘俱依之據尸子作一徙成邑二徙成都三徙成國莊子作三徙成都至鄧之墟而十百萬家甚言從之者衆豈得稱之為君據漢制天子之伯叔姪女或封郡君或封縣君安知古帝壻不封以都稱都居乎近説謂蓋指揜井與咸字之義不符依爾雅蓋割裂也割與害通蓋可訓害謂謀害都君咸我績可賅焚廩一層不知咸我績是

自矜己功父母無與之意不兼焚廩亦得
牛羊父母至使治朕棲○趙註琴所彈五弦琴也弤彫弓也朱註
彫作琱謂以玉飾其弭天子曰彫弓堯禪舜天下故賜之彫弓也棲牀
也二嫂娥皇女英使治牀欲以為妻也音義弤都禮切丁音
彫云義與琱通○按禮記樂正掌春秋教禮樂冬夏教干戈
皆舞器也周禮學士以弓矢舞弤字從弓從氐謂用角裝其
兩隈即弓之別名執以舞者也趙謂此時遂賜之琱弓未免
言之太早棲所止宿處使治朕棲謂使佐理內宮之政如春
官世婦職涖卿大夫之妻佐薦豆籩相似若如趙註欲使為
妻即令象有此心當父母前斷不敢開此口國史亦不當筆
之書使外人得朗朗誦之趙說誤

象曰鬱陶思君爾二句。按楚辭豈不鬱陶而思君兮用此鬱陶思君四字廣雅疏證云方言鬱悠思也晉魯宋衛之間謂之鬱悠鬱猶鬱鬱楚辭九辯云馮鬱鬱其何極悠猶悠悠子衿詩云我思悠悠合言之則曰鬱悠鬱陶鬱悠古同聲舊讀如陶冶之陶失之矣按爾雅鬱陶繇喜也陶與繇通繇有喜義謂鬱極而適逢偶行至此晉語叔向諫晉平公君忸怩顏張霸古文杜撰五子之歌竊此作鬱陶乎余心顏厚有忸怩宋次道所刻偽古文又改鬱陶作鬱匋怪甚

舜曰惟茲臣庶二句。史遷舜本紀自窮蟬以至帝舜皆微為庶人舜父瞽瞍盲而舜母死瞽瞍更娶而生象象傲瞽瞍愛（徙）妻子常欲殺舜舜逃避。本紀此條亦謬據國語自虞幕至

於瞽瞍無違命謂自虞幕至瞽叟六世皆無失職又云虞幕能聽協風告至以成物樂生者也按聽協風卽國語先時五日瞽告有協風至此瞽指樂正為矇瞽官之長言又云是日也瞽帥音官以省土風瞽卽樂正是有目者故言帥音官音官謂太師以下又云成天地之大功者其子孫莫不章謂虞幕為樂正有成天地之功子孫得世襲至舜則大顯本紀謂微為庶人固非韋昭謂世為諸侯亦未是堯典稱瞽子謂樂正官之子本紀亦為盲誤偽孔傳謂心不則仁義之經人因以瞽名之非真盲也亦出杜撰然則家庭起釁由教子不眷厥兄欲世襲而奪其嫡也舜往于田謂躬耕圭田臺笠緇撮盡世子之職耳不然豈以匹夫之微愛憎之故遽起意殺人

耶舜在牀琴謂坐於學宮統率大胥小胥等臣教導卿大夫之士庶子見其弟惠然肯來不勝之喜當前吩咐曰惟茲臣庶汝其子與治此豈閨房牀上語耶不善讀孟子者反信古文書為真如路史發揮云惟茲臣庶汝朝於予治舜告臯陶語也按大禹謨刪汝字改其作朕鬱陶乎余心顏厚有忸怩五子戒太康語也而牽合以為舜象之言此戰國之妄也近毛西河說亦襲之別生議論此之謂顛倒見不録

有饋生魚於鄭子產○太平御覽引饋作餽○新序有餽魚於鄭相者鄭相不受或謂子嗜魚何故不受曰吾以嗜魚故不受受魚失祿無以食魚矣○按新序襲韓詩外傳外傳謂魯相公儀休事新序改作鄭相附合此章不可信

子產使校人畜之池。趙註校人主池沼小吏朱註從之據周禮校人職掌左右校之馬政凡馭夫僕夫皆其屬員或小國之卿無僕夫即以校人充之兼復逆等小事故使送之池未必是掌池沼之吏一説謂養馬者校人養魚者編木為涔以畜魚亦可稱校人非

始舍之圉圉然四句。焦氏正義按圉與圄通晉語暇豫之吾吾不如烏烏人皆集於苑已獨集於枯吾吾即圉圉自困頓之皃攸與滺通水所歸也攸然謂乘水趨深處

孰謂子產智。左昭元年晉侯有疾叔向問曰寡君之疾病卜人曰實沈臺駘為祟祟音粹此何神也子產曰昔高辛氏有二子伯曰閼伯季曰實沈居於曠林不相能也日尋干戈以相

征討后帝不臧遷閼伯於商邱主辰商人是因故辰為商星遷實沈於大夏主參唐人是因以服事夏商其季世曰唐叔虞當武王邑姜方震大叔夢帝謂己余命而子虞將與之唐屬諸參而蕃育其子孫及生有文在其手曰虞遂以命之及成王滅唐而封大叔焉故參為晉星由是觀之則實沈參神也昔金天氏有裔子曰昧為玄冥師生允格臺駘臺駘業其官宣汾洮障大澤以處大原帝用嘉之封之汾川沈姒蓐黃四國臺駘之裔實守其祀今晉主汾而滅之矣由是觀之臺駘汾神也抑此二者不及君身若君身則亦出入飲食哀樂之事也山川星辰之神又何為焉又謂君違四時取同姓則生疾矣晉侯聞之曰博物君子也○左昭七年晉侯有疾韓宣子曰寡

君寢疾於今三月矣今夢黃熊入於寢門其何厲鬼也子產對曰昔堯殛鯀於羽山其神化為黃熊以入於羽淵（按山海經禹父所化處在墠諸水經註謂在陸渾東近說皆依書傳謂在祝其誤）實為夏郊（謂夏行郊天禮以鯀為水官配水神非配天也）三代祀之晉為盟主其或者未之祀乎（為盟主亦築壇坫與諸侯祀日月星辰及山川）韓子祀夏郊晉侯有間賜子產莒之二方鼎○又鄭人相驚以伯有曰伯有至矣則皆走不知所往或夢伯有介而行也（介甲）曰壬子余將殺帶也（駟帶助子晳殺伯有者）明年壬寅余又將殺段也（公孫段豐氏黨）及壬子駟帶卒國人益懼壬寅公孫段卒國人愈懼其明月子產立公孫洩及良止以撫之乃止子大叔問其故子產曰鬼有所歸乃不為厲吾為之歸也○左昭十七年鄭裨竈言於子產曰宋衛陳鄭將同日火若我用

瓘斝玉瓚鄭必不火子產弗與十八年五月壬午宋衛陳鄭皆火裨竈曰不用吾言鄭又將火鄭人請用之子產不可子大叔曰寶以保民也若有火國幾亡可以救亡子何愛焉子產曰天道遠人道邇竈焉知天道是亦多言矣豈不或信遂不與亦不復火

立為天子則放之何也○韓非子瞽瞍為舜父而舜放之象為舜弟而舜殺之放父殺弟不可為仁○按戰國時誹謗堯舜其說不一由經不正也此謂為放猶其說之近似者

孟子曰封之也或曰放焉○按紀年帝使后稷放子朱於丹水即封於丹淵為諸侯又帝啟放王季子武觀於西河即封於西河嘗麥解云其在殷之五子忘伯禹之命假國無政用胥

興作亂遂凶厥國按殷即西河之别名西河近溵水故亦謂之殷（世疑此為夏字之誤非）謂其在放於殷之武觀為帝啟第五子忘伯禹之命凡子弟不肖者皆倣放制而封之但假以國使食其祿無得為政武觀竟用此相與作亂後命昆吾征之武觀始來歸又伊尹放太甲於桐亦不得有為於其國王朝使吏治其國及漢封諸王子弟亦倣此行之孟子曰實封之也據或一說亦備放之之制焉

萬章曰舜流共工于幽州。按本紀述壁文作幽陵莊子作幽都張古文改作幽洲並誤大戴五帝德篇亦出孔壁獨作幽州與萬章所引合水經註謂幽州在慶雲縣近徒駭河出海處愚據禹貢五百里荒服三百里蠻二百里流是離王城二千五百里謂之流自堯都唐東北至慶雲依夏步計之足有二千五百里共工之在治水數十年外似供職而墜高湮卑卒致洪水滔天之禍故舜請於堯而流之

放驩兜于崇山○按莊子作讙兜與本紀所述壁文合讙驩二字古通張霸古文改驩兜作鴅吺僞古文又改崇作㟲舊説謂崇山在湖南澧之慈利縣有驩兜冢似乎太遠愚據國語夏之興也融降於崇山驩兜是炎融裔融卽炎融之神崇山在嵩高南三十里自唐都南至崇山以夏步計亦二千餘里驩兜之罪在比周共工謂能旁聚布功距堯不用别委人平日亦極其貪殘故請於堯而放之

殺三苗于三危○按本紀述壁文作遷三苗與皐陶謨何遷乎

有苗合莊子作投三苗于三峗投亦遷之義此殺字當讀遷之入聲音近撒與五帝德篇壁文合謂置散投閒安頓於三危朱註謂殺其君如字讀之誤張霸古文改作竄三苗于三危僞古文又改作竄弎苗亏弎岊奇怪不經舊說謂三危在燉煌外據穆天子傳三危在黑水之西文山之東北文山即岷山據禹貢雝王城二千里曰蔡遷蔡雙聲同用自唐都至岷山之東北黑水之西以夏步計地望亦合當不至沙州三苗之罪在作五虐肉刑施之平民故報虐以威徙之西裔也說文又撰䊛字音讀同撒附合孟子此殺字不可信

殛鯀于羽山○按康成解洪範謂無殺父用子之理改殛作極言囷極而死按殛亦取極義極與殛古通羽山漢地志謂羽

山在祝其縣南用偽孔傳説據左昭七年殛鯀于羽山其神化為黃熊入於羽淵山海經南望墠渚禹父之所化杜註墠渚在河南陸渾縣東此説比諸説為古存之至鯀之罪世皆謂治水無功據呂氏春秋謂堯以天下讓舜鯀為諸侯怒於堯曰得天之道者為帝得地之道者為三公今我得地之道而不以我為三公以堯為失論欲得三公甚於猛獸欲以為亂比獸之角能以為城（謂比次獸角作勁弓用以射敵可以代城）舉其尾以為旌（謂舉獸尾作旌節白旄旗）召之不來仿佯於野以患帝舜于是殛之于羽山與左傳云敖很明德以亂天常語意脗合據紀年九載無成黜崇伯鯀不過降其爵而止惟有後一段敖很明德事故永遏之羽山也

封之有庳。漢書鄒陽傳作封之於有畀服虔註音畀予之畀師古註音鼻。又武五子傳舜封象於有鼻師古註有鼻在零陵今鼻亭是也。朱註有庳或曰今道州鼻亭即有庳之地也未知是否。閻氏釋地凡居蒲阪弟居零陵比諸驩兜放處尤遠千里比歲一至往反幾將萬里愛弟者果如是乎有庳之封當近在帝都而今不可考。按漢書一作畀一作鼻與孟子庳字並不符路史謂漢象城縣屬鉅鹿今趙之臨城昭慶鎮鎮北為古象城趙記舜弟象居（見九域圖經）故仁壽改廣阿為象城樂史引左傳舜弟所封按樂史所引左傳今本無之想已脫落或出左傳古註為杜預所刪矣自舜都冀至臨城不過五百餘里尚可源源而來當從樂史所引左傳說

為碓師古鼻亭之說甚不近理應改正

欲常常而見之四句。趙註源源而來如流水之與源通。朱註源源若水相繼也來謂來朝覲也。說文言部云謜徐語也從言原聲孟子曰故謜謜而來按說文引孟子古本作謜似為得之趙註謂此常常以下皆尚書逸篇之辭朱子謂不及貢以下葢古書之辭愚謂此四句當尚書論贊之辭古來字讀同亹亹與庳韻原文當作常常而見謜謜而來不及貢政接于有庳謂常常會面徐徐來談以猶與也絕不及貢政常晉接於有庳此之謂也是孟子引論贊畧加一二虛字釋之反愛之情躍然紙上故不引書曰致文氣間斷也以政二字應屬上為句知者據穆王周禮大司徒職公五百里其食者半侯四百里伯三百里其食者參之一子二百里男一百里其食者四之一謂公國食其半為祿貢其半於天子侯伯食其參之二貢其參之一子男食其四之三貢其四之一天子使吏治其國是凡王子弟皆不及政也何得云以政接於有庳乎納其貢稅謂當貢者吏納之天子貢外所剩之稅吏納之君該食若干納之百官該食若干是凡王子弟皆不及貢也豈得解為納貢於象又解為不及朝貢之期乎據語氣推之源字應依說文趙不能解故改為源以政應屬上讀與象不得有為於其國句方無背觸讀者宜再詳之

咸邱蒙問曰。釋地古人以所居之地得姓氏者不必定於其地如咸邱魯地而蒙則齊人是按趙註因齊東野人之語句意其為齊人未必然咸邱二字見爾雅左高曰咸邱又見左桓七年焚咸邱杜註魯地高平國鉅野縣南有咸亭咸邱複氏自以此○按廣韻漢複姓四十四氏孟子有咸邱蒙據左傳焚咸邱在春二月傳雖不云用火田與周禮冬狩用火弊却合周正之二月即穆王周禮之季冬也況咸邱近大野為魯之西藪公羊謂咸邱為邾婁邑穀梁謂疾其火攻因知公穀未必親受經於子夏之門故所解多誤偽孫疏謂咸邱屬齊東野地更差

語云盛德之士十二句○呂覽求人篇堯傳天下於舜禮之諸侯妻以二女臣以十子身北面而朝之按戰國時有此說呂覽因述之○墨子非儒篇孔某與其門弟子閒坐曰夫舜見瞽瞍蹴然此時天下圾乎按此語似創自墨翟為毀堯舜非儒教之據○韓非子忠孝篇舜見瞽

瞍具容造焉孔子曰當是時也危哉天下岌岌有道者父固不得而子君固不得而臣也。按三書所引惟韓非子為詳與蒙所述合愚謂此說當創自墨子特七十一篇今不盡傳故無從考證耳孟子時人人皆讀墨經不讀孔子所傳之尚書故異說錯出孟子云齊東野人者或齊東野人即田鳩傳墨教者讀墨經而衍為此語咸邱蒙引之為孟子所駁也

堯典曰二十有八載四句。按本紀述堯典壁文云凡二十八年而崩百姓如喪父母三年句四方莫舉樂是壁文此節闕遷以意補之據春秋繁露引今文書作二十有八載放勳乃殂落百姓如喪考妣四海之內閼密八音三年閼遏分平仄古通因誤解百姓為庶民止齊衰三月無三年故移三年屬八

音下與孟子所引不符白虎通引下兩句與孟子合特三年字誤依古文作三載張霸易為古文改作二十有八載放勛乃殂落按勛字見周禮故書因以勛易勳王肅本改作帝殂字見爾雅張以殂易徂百姓如喪考妣三載張書依爾雅唐虞曰載之例凡年皆改作載四海遏密八音張霸最誤者不知百姓為百官姓凡由選舉班升為百官者謂之衆臣當齊衰三年世襲班以姓氏著籍稱為百官姓謂之貴臣當斬衰三年霸所作偽孔傳以三載屬下讀霸為西漢成帝時人在漢文帝之後文帝改制令百官皆以三十六日代三年三十六月故霸亦因之移三載二字屬下讀因讀喪為去聲世遂不知百官為天子當比方父母皆三年矣近閻氏百詩臧氏琳江氏聲焦氏循諸儒皆謂喪讀平聲三年屬上為句足

訂古文之譌。朱註堯典虞書篇名今此文乃見於舜典蓋古書二篇或合為一耳。按朱註信張霸説疑孟子稱堯典或因誤合為一　毛西河四書賸言一引漢光武時張純奏引二月巡狩稱堯典章帝時陳寵奏引眚災肆赦王莽傳引十有二州西晉武帝初張髦奏引肆類上帝皆舜典之文悉稱堯典愚謂上三引稱堯典者依伏生今文也西晉一引亦稱堯典用康成古文經三十三篇也其實無所謂舜典乃張霸杜撰舜典序割堯典之半以為之耳

孔子曰天無二日節。禮記曾子問篇引孔子曰天無二日土無二王禘嘗郊社尊無二上坊記引子曰（此作坊記者襲孔子說）天無二日土無二王家無二主尊無二上又喪服四制上兩句同

上下作國無二君家無二尊大戴本命篇與四制同脫土無二王句○按墨子以天下殆哉岌岌乎架之孔子孟子亦引孔子天無二日二句證舜但攝理無南面受朝事舜既為堯斬衰三年則不南面受朝明矣

詩云普天之下四句○孝行覽順人篇舜為天子賢士歸之萬民譽之丈夫女子振振殷殷無不戴說舜自為詩曰普天之下莫非王土率土之濱莫非王臣所以見盡有之也盡有之賢非有加也時使然也○按王伯厚謂疑與咸邱蒙同一說而托之舜者翟氏考異謂古人詩不嫌承襲安知非周詩襲舜詩耶愚謂不然呂覽順人篇當從無不戴說舜自為點句詩曰以下所以見舜能盡有之盡有之賢非有加也因堯順

人心而禪之適遇其時也似沿孟子此文别出議論耳不然安得舜所作詩猶存於先秦時乎孟子不駁舜無是詩直斥蒙之誤解詩是王翟兩説似皆未允

此莫非王事二句。廣雅疏證賢勞也小雅北山篇我從事獨賢萬章篇引此詩而釋之曰此莫非王事我獨賢勞也賢亦亦勞也賢亦勞猶言劬勞故毛傳云賢勞也鹽鐵論地廣篇亦云詩云莫非王事而我獨勞剌不均也鄭箋趙註並以賢為賢才失其義也

雲漢之詩曰五句。詩疏引皇甫謐曰宣王元年不藉千畝虢公諫而不聽天下大旱三年不雨至六年乃止。按謐説誤國語上篇載召穆公以其子代宣王宣王長於召公之宮而

立之次篇接序宣王卽位卽接不藉千畝事不藉千畝之上脫去數十年事蹟皆失載故謚疑元年卽不藉千畝不知時方居憂例不行耕藉禮按康王服闋方作命農官之詩知之據紀年是厲王三十二年大旱旱至三十六年厲王陟于彘名穆公乃立太子靖為王共伯和歸其國遂大雨此詩是仍叔代宣王作作引咎歸己之辭言天意或在共伯當毋棄爾成勞盍使我遁而避位乎共伯見此詩知宣王有志中興然後致官而去天遂大雨其不藉千畝事據紀年在宣王二十九年謚不善讀國語又不考紀年故誤為元年事○王氏引之云黎爾雅訓衆也後人訓為黑傳會為黔首之説應讀黎為驪然謂周餘黑民不辭當依爾雅訓衆為得

書曰祇載見瞽瞍節○舜本紀舜之踐天子位載天子旗往朝父瞽瞍夔夔惟謹如子道○按趙註以若字屬下讀是邠卿不見張霸所撰禹謨也本紀用孟子夔夔二字謂舜年六十一為天子之後其父猶存孟子不應云五十而慕矣愚謂此三句當出古書傳亦可稱為書是舜初登庸妻二女時事載事也謂舜為子能祇服厥父事常見面於瞽瞍雖極勞苦如完廩浚井亦夔夔齊栗無不從命瞽叟亦信而順之待下廩捐去階乃焚廩待出井乃從而揜之是其父雖頑不得行於子反信子為孝而順之非父亦稱臣之謂也及張霸撰大禹謨以為益語改齊栗作齋慄下瞽瞍删瞍字欲禹待三苗如舜之事父儗不於倫殊不可通宋次道所刻偽古文又改齋

作㥁慄作欒不可信

使之主祭而百神享之六句○尚書疏納于大麓是堯薦舜於天烈風雷雨弗迷是天受之也所謂百神享之亦可知也（此句未亮）愼徽五典納于百揆是暴之於民也五典克從百揆時叙是民受之也所謂百姓安之亦可知也○按尚書疏以納于大麓為堯薦舜於天事其說得之而實未曉其解愚謂大當讀同泰麓鹿穆三字古通一據堯典大傳堯推舜而尚之屬諸侯焉（按屬聚也聚諸侯使聽命於舜也）納之大麓之野烈風雷雨不迷致之以昭華之玉謂納舜於太室之麓使主祭中嶽適遇烈風雷雨及舜登壇行禮則天清日朗不復迷蒙此百神享之之證次年乃巡四嶽不復及中嶽其故由此（本紀補序中嶽非）一據紀

年帝舜十四年卿雲見命禹代虞事十五年命夏后有事於太室咎繇大傳云維十五祀（今本作五祀誤）乃淳然招樂興于大鹿之野（鹿麓古通）舜為賓客而禹為主人樂正進句贊曰尚攷太室之義（義古儀字）唐為虞賓至今衍於四海謂舜當日主祭太室以堯子丹朱為上賓佐行三獻今禹主祭太室應以舜子商鈞為上賓佐行三獻可知納大麓卽使祭太室之麓也一據紀年帝啟十年帝巡狩舜九韶於大穆之野大穆卽太鹿一據山海經夏后開上三嬪于天（按開當作啟嬪當作賓天問云啟棘賓商謂以商鈞為上賓）得九辯九歌以下此穆天之野高二千仞開始得歌九招謂夏后啟為天子上中嶽太室三次接見上賓商鈞於天壇得奏九韶之九歌以祀天名為穆天者大麓卽升中告成於天

之所穆王制周禮始更名為圜邱其高二千仞非太室不能當然則納太麓即祀圜邱奏韶樂即用圜鍾為宮以降天神因其祭圜邱改夾鍾名圜鍾以為祀天之樂不專祭山神也故曰百神享之自孟子以主祭圓邱為薦舜於天之事大傳及紀年屢言之至今乃得明白一誤於本紀謂使舜入山林羅長源路史用水經註以鉅鹿之唯菼釋之謂唯菼即宣務鉅鹿大鹿舜於此宣政務不知菼山即菼邱即詩旄邱在柏人城北再誤於張霸偽傳謂大錄萬機之政康成又謂麓者錄也於國外為壇以命事因地譬意取麓為錄領錄天下政事為漢世錄尚書銜所從起真足貽誤千載

舜相堯二十有八載○按紀年堯七十三年正月上日舜受終

於文祖則納于大麓主祭圓邱在七十二年見百神皆享其祭乃受終使為相也自七十三年計起剛二十八年堯崩三年之喪畢。按紀年堯崩於丙辰歷丁巳戊午為三年行三十七月之喪直至己未三年喪畢正月上日舜至于文祖封堯嫡長監明之子為唐公以為虞賓降丹朱為房侯自歸於皮氏縣之冀邑為都漢儒俱信荀卿三年問篇以再期二十五月為三年喪之定制遂不能解孟子并疑紀年為妄其誤也久矣。後漢書李固傳曰昔堯殂之後舜仰慕三年坐則見堯於牆食則見堯於羹此三句能道舜斬衰三年之實

舜避堯之子於南河之南。趙註於南河之南遠地南夷也故

言然後之中國按趙註未能詳其地所在朱註南河在冀州之南其南即豫州也按趙註朱註皆謂堯在冀州以河南之南為舜所避處與於宇之義不合據紀年堯八十九年作游宮於陶九十年帝游居於陶後稱陶唐氏蓋起於此張守節註本紀引括地志故堯城在濮州鄄城縣東北十五里又有偃朱城在縣西北十五里皆古定陶地戰國時肆為誹謗謂堯為舜所囚名故堯城為囚堯城偃丹朱父子不相見名鄄城為偃朱城見沈約紀年註濮陽北臨漯川漯川上承大河故名漯河為南河謂濮陽在漯河之南也堯晚年都陶及崩於陶就葬成陽舜與丹朱皆守制於南河之南即濮州故堯城及三年喪畢舜乃避故堯城而去之書不詳其去之所在夫然後之中

國踐天子位焉謂後反唐都謁文祖廟封監明之子為唐公自歸河東皮氏縣之冀邑為都即天子位國號為虞河東皮氏亦故虞地也若如戰國人說是居堯之宫逼堯之子孟子此言正駁當時誹謗堯舜之妄說。顧大韶炳燭齋隨筆江北人而如靡異經傳多有之孟子而居堯之宫而當作如

太誓曰天視自我民視二句。按本紀所述九年太誓十一年太誓皆此兩句惟墨子引太誓傳雖有周親四句為告成功於泰山之祝辭與堯曰篇引大同小異張霸撰泰誓三篇捭此兩句於不如仁人之下將祝辭四句用韻之語割為兩截殊謬戾

人有言至於禹而德衰四句。韓非子外儲篇潘壽對燕王曰

按此蘇代受子之金默令潘壽說燕王噲也禹愛益而任天下於益燕世家愛作薦即薦益於天下七年已而以啟人為吏謂用啟所親信人為吏及老而以啟為不足任天下故傳天下於益而勢重盡在啟也已而啟以友黨攻益而奪之天下是禹名傳天下於益而實令啟自取之也此禹之不及堯舜明矣按燕世家具兩說初說使鹿毛壽說燕噲效堯讓天下於許由後說謂或說燕噲效禹讓天下於益與韓非所云同或即潘壽也○新序節士篇伯成子高謂禹曰昔堯之治天下舉天下而與之他人至無欲也擇賢而與之至公也舜亦猶然今君之所懷私也百姓知之貪爭之端自此始矣德自此衰刑自此繁矣吾不忍見以是野處也○按列子述楊朱謂伯成子高舍諸侯而耕於野此說當出楊朱新序述之今楊朱書不傳萬章所云人言與新序合

昔者舜薦禹於天十有七年○按舜本紀云舜乃豫薦禹於天十七年而崩夏本紀云於是天下皆宗禹之明度數聲樂爲山川神主帝舜薦禹於天爲嗣十七年而帝舜崩此史遷用孟子説爲本紀之證也及張霸撰大禹謨亦依本紀造之曰朕在位三十有三載耄期倦于勤女惟不怠總朕師據舜在帝位五十載除去三十三非總師之年卽薦於天之第一年乎校紀年者疑古文禹謨爲真書入帝命夏后總師於三十二年入夏后受命于神宗於三十三年果如所改是薦禹於天十八九年與本紀不合愚據紀年舜十四年卿雲見命禹代虞事據沈約紀年大字註引書大傳作舜在位十四年奏鍾石笙管未罷而天大雷雨疾風乃薦禹於天使行天子事

百工相和而歌卿雲遷虞而事夏舜在位五十年除去十三年是薦於天三十有七年似孟子十有七年之上脫去三字傳誤至今讀者不能解因別生異說特著於此識者詳之

舜崩三年之喪畢。按紀年舜在位五十年崩於戊申歷己酉庚戌辛亥共四年三十七月之喪始畢至壬子禹乃即天子位按自湯以後改為踰年即位如武王崩於十二月成王守三十七月為三年之制至第四年正月喪畢初朝於廟是舜崩在年底故第四年禹始免喪即位也

禹避舜之子於陽城。按趙註謂陽城為禹所避處朱註襲之與於字之義不協據紀年帝舜二十九年帝命子義鈞封於商路史謂今之商洛漢為商縣宋時有盜發女英冢事是女

英隨子出封故葬於此盛宏之謂武關西北百二十里有商城括地志謂之洛州古陽城本洛州屬邑據舜遷於負夏世紀作負黍路史謂卽左傳負黍杜預註陽城縣西南有負黍亭負黍故城在少室山之南然則負黍卽古陽城地安知舜遷於負黍非暮年曾到其子所封處耶及舜崩於鳴條旣葬之後義鈞自應順父命歸商洛之陽城守制使百官總已聽於禹三年迨三十七月之喪畢禹則避商鈞於陽城而去之謂離商鈞所封處非逃於陽城也與舜避鄄城為一例不當另作別解

禹薦益於天七年三句。按紀年元年壬子帝禹卽位二年年咎陶甍八年帝陟於會稽沈約大字註禹薦益於天七年禹崩三年喪畢天下歸啟此沈用孟子作註也又帝啟元年癸亥帝即位於夏邑二年費侯伯益出就國六年伯益薨祠之。夏本紀帝禹立而舉皋陶薦之且授政焉而皋陶卒後舉益任之政十年（依紀年十字當作八）帝禹東巡狩（東字當作南）至於會稽而崩以天下授益三年之喪畢益讓帝禹之子啟而避居箕山之陽（按改避於作避居改之陰作陽並與孟子不符誤）禹子啟賢天下屬意焉及禹崩雖授益益之佐日淺天下未洽故諸侯皆去益而朝啟曰吾君帝禹之子也於是啟遂即天子位是為夏后帝啟。按本紀謂先薦皋陶於天二年皋陶卒繼薦益自二年至八年是薦於天七年也據紀年禹陟於已未歷庚申辛酉壬戌共四年至癸亥啟始即位於夏邑是漢壽王作厤有化益作天子四年之説呂氏春秋亦謂化益卽伯益沈約紀年註亦載益干啟位啟殺之所以本紀一云舉益任之政再云以天下授益言之重且複因戰國時有潘壽之説謂禹假意授益密令啟取之為禹德衰不及堯舜之證屈原天問已辯其誣而駁之矣孟子謂益避禹之子於箕山之陰史遷改作益讓禹子而避居箕山之陽斥箕山陽為益避處誤據紀年伯鯀居天穆之陽天穆卽山海經之穆天居天穆之陽謂居天壇太室山之南離太室二十三里再南十三里則為箕山為許由歸隱處箕山之陰卽天穆之陽禹都於密山海經謂青要之山為密都春秋時為鄭之櫟邑秦時為陽翟縣漢時為陽城萬歷初改為禹州皆一地而數名禹崩於會稽就葬於宛委山益與啟安葬

畢自當反密都守制密都即箕山之陰守制四年方畢三十七月之喪自春秋至戰國皆不知三十七月為三年喪之定制見益為冢宰攝政四年誣為益干啟位作天子四年故壽王作厤屢與厤官爭訟不休大約壽王依紀年與史遷所作太初厤不符也

益避禹之子於箕山之陰○墨子禹薦益於陰方之中授之以政而九州成○按陰方未詳所在自堯七十五年用禹治河舜已使益佐之矣此薦益於陰方之中授之以政當是皋陶卒後繼薦之陰方或費國之别名伯益所封之費路史謂即左成十三年殄滅我費滑之費杜註滑國都於費今緱氏縣彙纂今河南偃師縣南二十里有緱氏故城然則益避啟當

歸其封國不當避於禹所都據紀年啟立之後仍輔政二年始歸其本國則無干位被殺之事明甚○水經註潁水東南逕陽城縣故城南縣南箕山山上有許由冢堯所封也又有許由廟碑闕猶存○按此陽城是漢時所設陽城縣在太室之東南因秦陽翟縣省去翟一字以為名上禹所避之陽城即商洛陽城在漢陽城之西南為古商鈞國不得合為一必如此解與於字語氣始合

丹朱之不肖○堯典璧文堯曰洚水警余誰可順此事放齊曰胤子丹朱開明堯曰頑凶不用○按謂丹朱好頑戲且凶暴張古文改頑作嚚改凶作訟馬融本又改作頑庸並非原文○皋陶謨璧文舜曰毋若丹朱傲維嫚游是好毋水行丹多

淫于家用絕其世予不能順是○按儆讀平聲即以遨以游之遨多古音讀同風舜戒禹曰毋得令汝子若丹朱之傲游維嫚游是好毋水亦令人挽舟以行風淫於家用是絕其世襲降爲房侯予不能順其如是也及張霸撰古文書改作無若丹朱傲惟慢游是好傲虐是作罔晝夜額額增兩句九字罔水行舟朋淫于家用殄厥世改絕其作殄厥删去首舜曰截去末一句左傳引書曰惟彼陶唐有此冀方今失其行亂其天常乃滅而亡○按此五句是毋若丹朱傲節論贊之辭故用韻語謂惟彼陶唐氏統有此冀州方千里今丹朱淫泆其行無水亦令人挽舟亂其天之常性乃滅而亡無得世襲公爵也論贊亦可稱爲書古文改作五子歌○國語有神降于莘按鄭國前莘後河莘地有丹水爲堯初放

子朱處王問於內史過過對曰昔昭王娶於房曰房后實有爽德協於丹朱丹朱馮其身而儀之生穆王焉。按丹朱一生只以遨遊頑戲為事與穆王令天下俱有車轍馬足相似所謂不肖不如過此商鈞事無考然二人皆得舜禹之教後卒保其令名亦非大惡矣

舜禹益相去久遠。金仁山通鑑前編云遠當作近。四書辯疑益曾親事舜繼又相禹至禹崩時纔十三四年其實未嘗相去久遠也遠當作近。按孟子但據其薦於天言為相時即薦於天時蓋相可攝祭圜邱故也舜為相二十八年禹為相三十七年歷年多則久而所及者遠歷年少則未久而所及者近故云舜禹與益相去久遠非謂年代不相及也前編

及辯疑皆誤愚并推得孟子當作三十有七年據此久遠二字知之

湯崩太丁未立四句。紀年湯二十九年甲戌陟元年乙亥外丙名勝即位居亳命卿士伊尹二年陟元年丁丑仲壬名庸即位居亳命卿士伊尹四年陟元年辛巳太甲名至即位居亳命卿士伊尹伊尹放太甲于桐乃自立沈約大字註伊尹自立蓋誤以攝政為真爾七年王潛出自桐殺伊尹天大霧三日乃立其子伊陟伊奮命復其父之田宅而中分之沈約大字註此文與前後不類蓋後世所益。按沈約註得之此是戰國時經學不明說士競為誹謗并摻入此數句然即此亦可證立三年始放放三年之後至第七年始復與壁文書序及孟子並合○殷本紀湯崩太子太丁未立而卒於是乃立太子之弟外丙是為帝外丙帝外丙即位三年崩按三年誤當作二立外丙之弟中壬按中仲古通是為帝中壬帝中壬即位四年崩伊尹乃立太丁之子太甲太甲成湯適長孫也按本紀與孟子合但二年傳寫誤作三年○本紀所述壁文伊訓書序太甲元年伊尹作伊訓肆命徂后○按張霸改伊訓壁序增成湯既沒句入太甲元年之上遂抹去外丙仲壬兩代誤○壁文太甲書序太甲既立三年不明不遵湯法於是伊尹放之於桐宮按宮字疑後人所增太甲居桐宮三年悔過自責伊尹乃迎太甲而授之政作太甲訓三篇○按張霸改太甲壁文序作太甲既立不明伊尹放諸桐三年復歸於亳思庸伊尹作太甲三篇刪去上三年二字

附合其所撰書愚謂湯都西亳即宋之大蒙城桐者以空桐澤得名宋有桐門右師宋公得夢為大鳥尾加於桐門即此桐也古文撰為湯墓地之說非○朱子語類問立二年四年按此趙氏註之說方二歲四歲按此程子之說二說孰是曰必是立二年四年如今人都被書序誤指張霸所改之序書序云成湯既沒太甲元年所以謂外丙仲壬不曾立殊不知書序是後人所作豈可憑也按朱註列趙說在前程說在後○按四書括略云從來敘年無先次後長者今丙二歲壬四歲則仲壬為外丙兄何後之耶此駁程子說最透近說又謂外丙方二歲早死仲壬方四歲早死似可為二歲為兄四歲為弟之解如此則是無服之下殤誰復記憶不可通愚列出紀年及殷本紀壁文書序三書皆與孟

子合亦可以證古文之妄加塗改矣

伊尹放之於桐三年六句○按放者謂不得有為於其國冢宰使吏治其國也據孟子及壁文書序皆有兩三年字是立三年不明顛覆湯之典型乃放之於桐履齋示兒編謂放字當作教據左襄二十一年傳伊尹放太甲而相之卒無怨色此放字豈可改作教耶據劉歆作三統厤引真伊訓曰按此數句當本尚書大傳特大傳今不全惟太甲元年按不稱祀此真書也十有二月乙丑朔伊尹祀于先王誕資有牧方明謂太甲元年之十二月乙丑朔殷之十二月益子月也朔日乙丑與冬至節同日時太甲繼統居仲壬之喪天子九月而卒哭至十二月已在免喪換練服之後但喪者不祭不敢以己之喪廢事天之禮故冬至必郊

祀上帝升先王成湯配饗用方明版合上下四方皆祀於一壇令伊尹攝其祀據元年十一年猶作伊訓以誨王次作肆命陳天命所以立君之意次作徂后言往代爲后者皆謹守成法不當妄爲更張則初立三年不遽放可知及放之後又作太甲訓三篇太甲聽伊尹之訓已卽聽此三篇之訓也凡張霸所引用者皆太甲訓眞文其自出意見添湊成篇者皆張自撰之文據商頌云昔在中葉有震且業允也天子降予卿士（近刻予作于誤）寔惟阿衡實左右商王此祀先王幷尊伊尹配饗之詩謂昔在中葉時值外丙仲壬太甲沃丁四代皆幼主天下或震動且危業矣乃見信於天子降心領教於我卿士是惟阿倚之爲權衡實能左右我商家四代王也亦可證無殺

伊尹事

萬章問曰人有言伊尹以割烹要湯。呂氏春秋本味篇有侁氏女子（按侁莘古通）採桑得嬰兒於空桑之中（按古尹字作𦬸古桑字作𣗥是古尹字象古桑字之中空故撰為此說）獻之其君令烰人養之察其所以然曰其母居伊水之上（按水經云伊水出南陽縣東北過新城縣南又東北過伊闕中至洛陽縣南北入于洛伊尹祖居近伊水故以伊為氏）孕夢有神告之曰臼出水而東走毋顧（按古尹字上作臼象臼下作帚象出水又杜撰為臼出水之夢）明日視臼出水告其隣東走十里而顧其宅盡為水身因化為空桑故命之曰伊尹此伊尹生空桑之故也（按大約伊尹少年喪母出身寒微故游說之士撰為此說耳）長而賢湯使人請之有侁氏（按鄭語云前莘後河莘在鄭之南世遂撰為有莘氏國）有侁氏不可伊尹亦欲歸湯湯於是請娶婦為婚有侁氏喜以伊尹媵女（按伊尹名摯古摯字作䝋因杜撰為上從執下從女為女執役故以媵誣之故賢主之求有道之士無不以也有道之士求賢主無不行也按春秋之末卑汚苟賤之士撰此說以自文不可信相得而後樂不謀而親不約而信相為殫智竭力犯危行苦志懽樂之此功名所以大成也湯得伊尹祓之於廟爝以爟火按爟火取於日之明火釁以犧猳謂祓其汚賤三沐三薰之故明日設朝而見之說湯以至味湯曰可對而為乎曰君之國小不足以具之為天子然後可具按由為女媵轉出為庖人由為庖人轉出以割烹要湯夫三羣之蟲謂在水在山在野成羣者水居者腥肉攫者臊謂山獸以力攫小禽而食之草食者羶牛羊之屬臭惡皆美韻○謂臭惡者製之使美皆有所以凡味之本水為最始韻五味三材三材謂水木火九沸九變火為之紀韻時疾時徐滅腥去臊除羶必以其勝無失其理韻調和之事必以甘酸苦辛

鹹先後多少其齊甚微（齊古劑字）皆有自起（韻）鼎中之變精妙微纖口弗能言志弗能喻若射御之微陰陽之化四時之數故久而不弊熟而不爛甘而不噥（噥字疑噮字之訛後審時篇得時之黍食之不噮可證）酸而不酷（玉篇作酸而不嗾酉陽雜俎亦作嗾）鹹而不減辛而不烈澹而不薄肥而不膑肉之美者猩猩之脣（猩猩獸名）獾獾之炙（獾獾鳥名）雋觾之翠（雋觾即爾雅雋周燕說文同今名子規翠厥也謂其尾）述蕩之掔（述蕩獸名掔讀捥即士喪禮掔字今俗字作腕）旄象之約（旄旄牛象白象原註約飾也一曰美也按此言肉美不應及飾楚辭招魂土伯九約約屈也屈必屈字之訛玉篇云短尾也今時旄牛尾鹿尾皆珍品也）流沙之西丹山之南有鳳之丸（丸即古卵字）沃民所食魚之美者洞庭之鱄東海之鮞（鮞而）醴水之魚名曰朱鱉六足有珠百碧（原註百碧疑當從下文作若碧謂青色珠）雚水之魚名曰鰩其狀如鯉而有翼常從西海夜飛游於東海菜之美

者崑崙之蘋壽木之華壽木崑崙山上木華實也食其實不死故曰壽木指姑之東中容之國有赤木元木之葉焉指姑乃餘姑山名也淮南云軼鶤雞于餘姑是也餘脊之南南極之崖有菜其名曰嘉樹其色若碧陽華之芸雲夢之芹具區之菁浸淵之草名曰土英和之美者陽樸之薑招搖之桂越駱之菌鱣鮪之醢大夏之鹽宰揭之露其色如玉長澤之卵飯之美者元山之禾不周之粟不周山名陽山之穄南海之秬水之美者三危之露崑崙之井沮江之邱名曰搖水曰山之水高泉之山其上有涌泉焉冀州之原果之美者沙棠之實常山之北投淵之上有百果焉羣帝所食箕山之東青鳥之所有甘櫨焉應劭相如傳引此三句作伊尹書江浦之橘雲夢之柚漢上石耳所以致之馬之美者青龍之匹遺風之乘非先

為天子不可得而具天子不可強為必先知道道者止彼在己（按一本作之彼在己畢秋帆本作止之止二字古通謂之遠由乎近也亦通）己成而天子成天子成則至味具故審近所以知遠也成己所以成人也聖王之道要矣豈越越多業哉○按此篇襲山海經為之筆意矯捩當周末人所撰托之伊尹者○呂春秋先己篇湯問於伊尹曰欲取天下若何伊尹對曰欲取天下天下不可取可取身將先取凡事之本必先治身嗇其大寶用其新棄其陳腠理遂通精氣日新邪氣盡去及其天年○按此篇襲黃老之說為之與上篇語意同班固藝文志有伊尹五十一篇列於道家伊尹二十七篇列於小說家此兩篇當在其中萬章所引人言當始自墨子戰國人乃撰伊尹書以賈之墨子尚賢

篇昔伊尹為莘氏女師僕親為庖人湯得而舉之按古昏禮嫁女必有女師送之因其名勢傅會為女師之僕此言或起於墨子○莊子湯以胞人籠伊尹秦穆公以五羊之皮籠百里奚○戰國策伊尹負鼎俎而干湯姓名未著而受三公○按墨子頗後於孔子當是墨子首創此說戰國人乃撰為伊尹書以實之莊子國策亦相沿為口實也○屈原天問緣鵠飾玉后帝是享何永謀夏桀卒以滅喪帝乃降觀下逢伊摯何條放致罰而黎服大說按謂夏桀乘元路鵠纓以祀天元路緣飾用鵠羽纓見巾車職伊尹又能飾玉鼎后帝應享之矣何天降生伊尹永遠謀保夏之天下終至滅喪耶上帝降監乎夏下世乃逢伊摯何以反說湯伐於鳴條放於南巢降以極罰而黎民五服反大悅耶是不用賢則亡之證又曰

成湯東巡有莘爰極何乞彼小臣而吉妃是得水濱之木得彼小子夫何惡之媵有莘之女按謂成湯初居商洛東巡至有莘所在為求見伊尹耳何曾為乞有莘之小臣而嘉耦是得耶水濱之空桑得彼小兒夫何為惡之使媵有莘之女耶屈原是楚懷王時人與孟子相接亦知伊尹是待聘而出無為女媵事。殷本紀伊尹名阿衡按伊尹名摯阿者倚也衡者權衡謂伊尹為商所倚以為衡猶周公為御衡之比本紀說誤阿衡欲干湯而無由乃為有莘氏媵臣負鼎俎以滋味說湯致於王道按此襲伊尹書及戰國策之說或曰伊尹處士湯使人聘迎之然後肯往從湯按此用孟子說言素王及九主之事按此將商鞅事屬之伊尹誤湯舉任以國政伊尹去湯適夏既醜有夏復歸于亳入自北門遇女鳩女房作女鳩女房按此用孔安國所得壁文

序○按伊尹出身事惟天問與本紀後說得其實

伊尹耕於有莘之野○釋地集註莘國名未指其所在余謂元和郡縣志故莘城在汴州陳留縣東北三十五里古莘國地計其去湯都南亳不過四百里所以湯使可三往聘若太姒所産之莘國則在今西安府郃陽縣二十里道遥遠矣○按鄭語依畴歷莘為東虢四邑虢為鄭所得莘在鄭之南釋地謂莘在陳留東北說頗近之

予天民之先覺者也○度邑解維天建殷厥徵天民名三百六十夫按建謂植立也名與命古通武王謂維天植立殷祚其徵聘天所生有材之民命三百六十人由選舉班進用周本紀引作維天建殷其登名民三百六十夫脫去天字據天民

二字可證伊尹自負為選舉班第一流人則為媵干湯之説
皆不可信矣

思天下之民有不被堯舜之澤者四句。按此四句是孟子推論伊尹之志如此張霸撰説命篇曰昔先正保衡按改詩阿衡作保衡又撰在太甲時則有若保衡二句入之君奭篇本紀述壁文君奭與此九字弗克俾厥后為堯舜其心愧恥若撻于市一夫不獲則曰時予之辜是用孟子議論為經文又雜入北宮黝思以毫挫於人若撻之於市朝湊泊為之破綻顯然

伊訓曰三句。趙註伊訓尚書逸篇名牧宮桀宮朕我也謂湯也載始也亳湯都也言意欲誅伐桀造作可攻討之罪者從牧宮桀起自取之也湯曰我始與伊尹謀之於亳遂順天而

誅也○按殷本紀述壁文書序云太甲元年伊尹作伊訓肆命徂后是伊訓中朕字當伊尹自稱不合指湯趙謂牧宮為桀宮似為得之謂奉天行誅造出可攻之釁者由桀聽信未喜狎於內亂起朕始自景亳說湯師兵追之戰於鳴條為救民起見也湯初引兵攻昆吾桀與昆吾合兵攻湯及昆吾城破桀走定陶之鳴條亭湯乃誓師追之張霸撰伊訓篇改作皇天降災假手于我有命造攻自鳴條朕哉自亳誤以桀居斟鄩為居冀州之鳴條差以千里謂載哉二字古通如詩陳錫哉周左傳引作載周宋次道所刻偽古文又改伊訓作亂訓造作牿（牿為古造字見古本左傳）哉作才不可信至內亂之事呂覽言之頗詳呂覽云伊尹奔夏三年反報于亳曰桀迷惑於末嬉好

彼琬炎不恤其衆衆志不堪上下相疾民心積怨伊尹入往
視曠夏聽於末嬉言句曰今昔天子昔夜也夢西方有日東方
有日兩日相鬥西方日勝東方日不勝謂桀聽末嬉言末嬉謂桀久有天下為西
方日湯初興為東方日伊尹以告湯湯洇旱猶發師以信伊尹之盟故
令師自東方出於國西以進未接刃而桀走為天下戮不可
正諫雖後悔之將可奈何然則牧宮卽紀年桀三年所築之
傾宮百姓聞尹諫桀事因有時日何不喪之云與湯誓合
萬章問曰或謂孔子於衛主癰疽。趙註癰疽癰疽之醫也朱
註瘍醫也。戰國策衛靈公近癰疽彌子瑕高誘註孟子有其人盖醫之幸
者韓非子述此作雍鉏與國策不合二人者專君之勢以蔽左右復塗偵謂君
曰韓非子作侏儒昔者臣夢見君君曰子何夢曰夢見竈君君忿然

作色曰吾聞夢見人君者夢見日今子夢見竈君而言君也有說則可無說則死對曰日并燭天下者也一物不能蔽也若竈則不然前之人煬則後之人無從見也臣今疑人之有煬於君者也是以夢見竈君君曰善於是因廢癰疽彌子瑕而立司空狗按左傳史朝之子名苟謚文子靈公時臣狗或即苟○按國策止云癰疽與彌子瑕為靈公嬖幸之臣無孔子主之之說○孔子世家衛靈公與夫人同車宦者雍渠參乘出使孔子為次乘招搖市過之於是醜之去衛過曹又史遷報任安書衛靈公與雍渠同載孔子適陳○按史遷作孔子世家最謬妄此說未詳所出攷癰疽作雍渠以為宦者與國策不符○呂氏愼大覽孔子道彌子瑕見釐夫人因也○淮南子泰族訓孔子欲行

王道七十說而無所偶故因衛夫人彌子瑕而欲通其道○

按呂覽及淮南皆謂孔子見南子爲衛靈夫人愚有辨見論語述而篇又牽引彌子瑕入之此爲孔子添一謗大槩皆起於戰國萬章學於孟子未必爲所惑孟子作七篇意在闢邪說之惑世誣民者特假萬章爲問答而一一證明之

於齊主侍人瘠環○說苑至公篇述孟子此章文癰疽作雍雎侍人作寺人瘠環作脊環○按孔子世家謂孔子爲高昭子家臣欲通乎景公更無理考左傳高昭子即高張高偃之子左昭二十二年張唁昭公於野井時孔子未仕左哀五年張率師伐魯六年爲陳鮑所搆昭子奔魯安得有臣高張事

於衛主顏讎由○孔子世家孔子適衛主於子路妻兄顏濁鄒

家按濁與涿古通如涿鹿一作濁鹿鄒與聚音近如鄹邑一作鄒壁文旁聚布功古文作方鵰傍功顏涿聚見莊子呂覽及左傳皆謂齊人與衛人讎由本不相涉且孟子言彌子之妻與子路之妻為兄弟此謂讎由為子路妻兄恐出傅會不可信○孔叢子顏讎由善事親子路義之後讎以非罪執於義將危子路請以金贖焉人將許之既而二三子納金於子路子路以入衛或謂孔子曰受人之金以贖其私昵義乎子曰義而贖之貧取諸友非義而何愛金而令不辜陷辟凡人猶且不忍而況二三子於由之所親乎○按孔叢是張霸所撰以傅會其偽書偽傳者此依子路妻兄之說而衍之不足據○呂覽顏涿聚梁父之大盜也按梁父在泰山旁屬齊地學於孔子為天下名士顯人以終其身按左傳顏

涿聚為知伯所禽亦非善終未見其為大盜○按呂覽是述莊子莊子書多寓言
不可信○左哀二十三年晉伐齊齊師敗績知伯禽顏庚杜註
顏庚齊大夫顏涿聚哀二十七年晉伐鄭鄭請救於齊齊師將興召顏
涿聚之子晉曰隰之役而父死焉以國之多難未汝恤也今
君命汝以是邑也服車以朝毋廢前勞乃救鄭知伯聞之乃
還○按漢書人表有顏濁鄒師古註謂顏涿聚師古說得之
史遷以為讎由未必然

彌子之妻至有命○韓非子說難篇昔者彌子瑕有寵於衛君
衛國之法竊駕君車者罪刖彌子瑕母病人閒往夜告彌子
彌子矯駕君車以出君聞而賢之曰孝哉為母之故忘其刖
罪異日與君遊於果園食桃而甘不盡以其半啗君君曰愛我

哉忘其口味以啗寡人及色衰愛弛君曰是故嘗矯吾車又嘗啗我以餘桃按說苑亦襲之。按國策及韓非所序子瑕事左傳無考。左定六年魯侵鄭取匡往不假道於衛及還陽虎使季孟自南門入出自東門衛侯怒使彌子瑕追之公叔文子諫之而止按衛靈時子瑕見左傳止此一事　左哀十一年初晉悼公之子憖亡在衛使其女僕而田太叔懿子即太叔申止而飲之酒遂聘之生悼子即太叔疾名齊悼子即位故夏戊為大夫杜註夏戊悼子之甥。按謂申生齊及一女女適夏氏生戊　悼子亡亡奔宋衛人翦夏戊左哀二十五年衛人翦夏丁氏夏丁氏即夏戊以其帑賜彭封彌子杜註即彌子瑕按彭封似其采名彌子飲出公酒納夏戊之女謂納夏戊之女於出公輒嬖以為夫人其弟期太叔疾之從孫甥也杜註期夏戊之子姊妹之孫為從孫甥與孫同列　少畜於公以

為司徒。按孔子主我衛卿可得語氣當在出公輒時彌子
方有此力量若靈公時恐未能此孟子只據其不主子瑕一
事便可證主癰疽主瘠環皆為妄語矣

孔子不悦於魯衛。趙註孔子以道不合不見悦於魯衛之君
而去適諸侯。朱註不悦不樂居其國也。按孔子去魯因
受女樂去衛因問陳朱註得之

遭宋桓司馬將要而殺之三句。孔子世家孔子去曹適宋與
弟子習禮大樹下宋司馬桓魋欲殺孔子拔其樹孔子去微
服而過宋是時孔子當阨弟子曰可以速矣孔子曰天生德
於予桓魋其如予何。按以左傳考之此屬哀公三年事衛
靈以哀二年四月卒是問陳在未卒之前是年蔡遷於州來

則在陳絶糧卽阨於陳蔡之閒因蔡已遷故不及蔡也哀三年五月桓僖災宋樂髠帥師伐曹樂髠為主師桓司馬亦當領兵在其中聞孔子自衛適陳路必經宋故使人要之不知已微服過去孔子在陳聞火曰桓僖乎據左傳所記為哀三年事無疑世家所記年分多不足據至拔樹削跡出自莊子不盡可信史遷述之津津誠為博雜

主司城貞子。趙註司城貞子宋卿也雖非大賢亦無諂惡之罪故謚為貞子。朱註司城貞子亦宋大夫之賢者也孔子至陳主於司城貞子家。按趙註朱註皆謂司城為宋人依朱註必貞子奔陳纔得主於其家以左傳考之自宋子罕為司城至罕孫祁犂亦為司城犂子溷溷子茷茷字子潞皆相

繼為司城茷當魯定公之世未聞有奔陳者而兩註皆指為
宋卿因宋以武公諱司空改為司城故也一據左哀八年曹
有司城公孫彊安知陳不名司城乎一據鄭子展入陳司空
致地為陳不名司城之證而劉炫駁之曰此司空為鄭官不
得引為陳官之據愚謂劉說得之宋有司城陳亦有司城此
司城貞子殆即左哀十五年陳侯使公孫貞子弔於吳之貞
子也魯哀十五年當陳閔之二十二年據杜預引世族譜云
司城氏哀公孫通志氏族畧四云陳有司城哀公之子公子
勝為之勝見左昭八年然則孟子稱司城貞子左傳稱公孫
貞子是貞子以其祖之官為氏也即此一條可斷貞子為陳
臣足訂趙朱兩註之誤

為陳侯周臣。趙註陳侯周陳懷公子也為楚所滅故無謚但曰陳侯周是時孔子遭阨難不暇擇大賢臣而主貞子家為陳侯周臣。按朱註無說趙只渾言之不敢斷孔子為陳臣據孟子語氣因司城是氏非官也且宋亦有司城特補此句謂微服而過宋主司城氏貞子家司城氏為陳侯周之臣即下文所謂近臣也近觧多誤特著於此。史遷陳世家惠公卒（按問集事見國語明云惠公世家移之湣公誤）子懷公柳立卒於吳（左傳不載其事）陳乃立懷公之子越是為湣公（索隱云左傳湣公名周史記名越是史官所記不同也）湣公六年孔子適陳（按左傳哀公三年孔子在陳聞火哀三年當陳湣之十年此云陳湣六年適陳誤）。按索隱據左傳湣公名周與孟子合當出左傳舊註本今杜註本無之猶樂史引左傳象城舜弟所封今杜註本亦無之

世家云名越越為誤字趙註云陳侯周無謚不知湣即其謚也

萬章問曰或曰百里奚（至）以要秦穆公○按奚為五羖大夫倘五羖為官名當如百蟲千牛之類若五羖為地名當如五鹿多魚之類世因此二字傅會為五羊皮未必有綽號如後世瘦羊博士萬羊相公之云也其名為奚據周禮奚為奴僕之稱凡盜賊及罪人無以償贓者則収其男女折價入官為奴世因傅會為賣身為奴必戰國時有此說故萬章引以為問詳列於後○戰國策趙良曰夫五羖大夫荊之鄙人也（孟子謂虞人此謂荊之鄙人妄）聞穆公之賢而願望見（按明為知虞公之不可諫而去此謂欲見穆公妄）行而無資自粥於秦客被褐飯牛期年穆公知之舉之牛口

之下而加之百姓之上秦國莫敢望馬相秦六七年而東伐鄭按伐鄭見僖三十年假道在僖二年則相秦不止六七年三置晉國之君按置晉惠二置晉文一一救荊國之禍按左傳無考發教封內而巴人致貢施德諸侯而八戎來服由余聞之欵關請見五羖大夫之相秦也勞不坐乘暑不張蓋行於國中不從車乘不操干戈功名藏於府庫德行施於後世五羖大夫死秦國男女流涕童子不歌謠舂者不相杵此五羖大夫之德也按趙良謂自鬻於秦客被褐飯牛與萬章說合五羊皮句未詳○呂春秋孝行覽百里奚之未遇時也亡虢而虜晉按左傳是亡虞虜於晉者是井伯井伯是共池人共公利之子孫共公利見竹書紀年及穆天子傳一名共利一名井利井其氏也此以為奚誤飯牛於秦傳按傳傳車也駕馬走文書者不駕牛此誤鬻以五羊之皮公孫枝得而說之獻諸穆公三日請屬事焉公曰買之五

羊之皮而屬事無乃為天下笑乎按此撰出五羊皮賣身來特要穆公之說未明○莊子百里奚爵祿不入於心故飯牛而牛肥使秦穆公忘其賤與之政也按其說未暢○說苑賈人載鹽買奚以五羊之皮使將車之秦穆公觀鹽見奚牛肥問之對曰臣飲食之以時使之不以暴有險先後之以身是以肥也穆公知其君子云云按此將莊子說暢之以牛肥為要法○莊子秦穆公以五羊之皮籠百里奚○按籠以五羊皮其說又異史記因撰為亡秦走宛宛鄙楚南陽宛縣穆公以五羊皮贖之曰吾媵臣百里奚與孝行覽虜於晉之井伯合為一人與國策剏之鄙人又合為一串矣國策又云百里奚虞之乞人傳買以五羊之皮孝行覽又附合此傳字要之諸說無非戰國時好毀謗賢哲因其為五羖大

夫名奚故揑造以誣之耳據百里奚舉於市大槩初至秦時不屑屑求見寄迹市肆中穆公聞其老成練達乃禮聘而拔用之毋得信自鬻之說謂買而得之與於字語氣不協也

晉人以垂棘之璧五句○左僖二年晉荀息請以屈產之乘與垂棘之璧假道於虞以伐虢公曰是吾寶也對曰若得道於虞猶外府也公曰宮之奇存焉對曰宮之奇之為人也懦而不能強諫且少長於君君暱之雖諫將不聽乃假道於虞虞公許之且請先伐虢杜註喜得厚賂請先伐虢以媚晉也宮之奇諫不聽遂起師晉里克荀息帥師會虞師伐虢滅下陽按下陽即夏陽帝啟時名西河帝昊時名西邑夏即此先書虞賄故也○左僖五年晉復假道於虞以伐虢宮之奇曰虢虞之表也虢亡虞必從之晉不可啟寇不可玩

下之為甚其可再乎諺所謂輔車相依脣亡齒寒者其虞虢之謂乎公曰晉吾宗也豈害我哉對曰太伯虞仲太王之昭也太伯不從是以不嗣按謂太伯不從太王立長之命欲傳位季歷以及昌太王封太伯於西吳見穆天子傳因之虞仲亦順太伯之意不嗣周統太王封虞仲於虞虢仲虢叔王季之穆也杜註虢仲封東虢虢叔封西虢為虢之祖為文王卿士勳在王室藏於盟府將虢是滅何愛於虞謂虢比虞親且虞能親於桓莊乎其愛之也桓莊之族何罪而以為戮不唯逼乎親以寵逼猶尚害之況以國乎公曰吾享祀豐潔神必據我對曰鬼神非人實親惟德是依若晉取虞而明德以薦馨香神其吐之乎弗聽宮之奇以其族行曰虞不臘矣在此行也晉不更舉矣冬十二月丙子朔晉滅虢師還館於虞遂襲虞滅之執虞公及其大夫井伯按井

伯井利之子孫以媵秦穆姬而修虞祀且歸其職貢於王故書曰晉人執虞公罪虞且言易也。國語伐虢之役師出於虞宮之奇諫不聽出謂其子曰虞將亡矣唯忠信者能留外寇而無害除闇以應外謂之忠定身以行事謂之信今君施其惡於人謂先不應伐虢闇不除矣以賄滅親身不定矣夫國非忠不立非信不固既不忠信而留外寇寇知其釁而歸圖焉已自拔其本矣何以能久吾不去懼及焉以其孥適西山三月虞乃亡。戰國策晉獻公欲伐虢而憚舟之僑存荀息曰周書有言美女破舌按兩句皆見逸周書武稱解乃遺之女樂以亂其政舟之僑諫不聽而去因伐虢破之國語記虢公無道事甚詳左傳不云有舟之僑又欲伐虞而憚宮之奇存荀息曰美男破老乃遺之美男教之惡宮之奇左傳不載似出杜撰宮之奇諫不聽而亡而取虞○按國策所載戰國時事頗十得三四所載春秋時事多出杜撰如此兩條與左氏内外傳皆不符止援引周書二句為文之波瀾耳非實事也其序彌子瑕事與此同

相秦而顯其君於天下二句○按相秦而顯其君於天下以左傳考之假道之役在左僖二年時年已七十以上壽計不過二十餘年然能上尊王室下和隣國如僖十一年王子帶召諸戎伐京師秦則帥晉以救周僖二十五年天王出居於鄭秦伯師於河上將納王晉文用狐偃之計辭秦伯而自以為功再據秦風考之前對終南惟秦穆居雍時乃對此然承天子之命以征勦西戎為東周翰蔽義勇之氣形於詠歌是尊

周室之確證也至三置晉國之君其待晉惠也賂以五城而不與猶輸之粟及得五城仍歸之晉而不取焉復置晉文盡心竭力衛以紀綱之僕皆其證也惟襄鄭一事見左僖三十年殊為失計以時考之奚年已將近百應死在襄鄭前矣今據秦誓考之亦是死後追悔之辭所謂古之謀人未就予忌者痛奚已死為素心所畏憚未能成就己志也聽杞子所云似若可親近不知竟為所誤然蹇叔老成經奚所舉薦凡出蹇叔之口奚皆聽信之不啻若自奚口出我奈何詆之而不聽其諫乎三帥經奚所選用我豈可以百里孟明失機之一眚而掩其父奚之大德乎所謂可傳於後世在詩在書皆可驗之

四書摭解録卷二十二

吳川吳懋清迴溪著

萬章篇下

頑夫廉。按翟氏考異引證十六條皆作貪夫廉臧氏經義雜記引證六條亦作貪或出漢劉熙綦毋邃等註本故引用者多同王氏廣雅疏證云頑鈍也如淳註漢書陳平傳頑頓謂無廉隅也頑之義為鈍廉之義為稜稜則有隅角鈍則無鋒鍔二者正相對作頑字本較長頑鈍者有廉隅懦弱者有立志皆聞風而起之驗

接淅而行。說文引孟子夫子去齊滰淅而行。西溪叢語接淅接字殊無理說文引作滰淅滰其兩切異聞集引李吉甫

銘云孟子去齊而滰淅○按周禮廪人職掌供接盛盛粢盛也接謂用兩手搓其米使淨將炊之以供祭也接淅而行謂經搓洗米而猶行叢語謂接字無理非

孔子之謂集大成○按朱註以簫韶九成釋成字最得據儀禮升歌三終繼以笙入三成謂歌用丑亥酉三呂必待笙用子寅辰三律以合之又云下管新宮三成律可以成呂猶陽可以成陰夫可以成婦也三成謂之小成閒歌三終亦先歌後笙以相閒為成即國語稱六呂為六閒之義及合樂三終則堂上歌堂下吹同時並作合上六成共為九成謂之大成集猶合也合九調而成樂猶孔子合羣聖而成大聖也

始條理也○音義本亦作治條理下同○按趙註始條理者全

從草可治之使條理終條理者玉終其聲而不細也趙以治釋始於義未協謂玉終其聲而不細其說亦非不如朱註近之當作始條理

由射於百步之外也句○由即猶字古通古射以大侯九十步為極若射於百步之外而又能中是巧力雙到

諸侯惡其害己也二句○趙註令司祿之官無其職是則諸侯皆去之故使不復存也略麄也言嘗聞其大綱如此今考之禮記王制則合也○按周書序職方篇是穆王所作則周禮亦穆王時作據職方所論分封法與分九畿法無一不與周禮全部合知本一書也司祿職闕與小司馬職闕同實係蠹簡使然謂諸侯去之亦未確至王制乃漢文時博士所作竊

孟子而為之者其不能解處則以已意竄改之康成以為夏商制皆說之膠轕難通者今一一列於後而詳辯之

天子一位至凡五等也○王制改作王者之制祿爵公侯伯子男凡五等○按班爵祿之班班者別也謂別班次為等級也位是面位之位天子一位謂天子負斧扆正南面之位公一位謂三公立上階之前正北面之位侯一位謂諸侯立中階之東正西面之位伯一位謂諸伯立中階之西正東面之位子男同一位謂諸子諸男並立於庭南諸子枕庫門東諸男枕庫門西同北面一位以東為上今覲禮篇及御覽所述周書明堂解皆具載之漢博士不曉此班字易班作頒不曉此位字并改孟子之文誤

君一位卿一位至凡六等○王制改作諸侯之上大夫卿下大夫上士中士下士凡五等○按君一位謂國君揖見其臣立於阼階上南面見聘禮公命卿聘立於阼階南面是也凡每日視朝皆倣此惟燕禮迎賓時始降立於阼階前亦南面康成禮無明文亦依天子朝禮言之誤卿立阼階東西面凡諸侯坐車至此則下謂之下卿位是也大夫一位謂大夫立於横道南皆北面以東為上君揖之始進而西面上士一位中士一位下士一位謂三等士皆立於西階西横道南東北上周禮謂之士旁三揖左傳謂之三揖在下是也詳見燕禮博士不曉改作諸侯之上大夫卿下大夫與周制全不符周禮世祿班天子之卿六人六命中大夫十二人下大夫二十四

人皆四命卿老職之選舉班比世祿班命數減半三公四命六鄉上大夫卿三命中大夫下大夫皆二命至諸侯之卿大夫據國語作三軍篇公侯之國方有命卿伯子男無之其卿止稱上大夫與鄉老職同公侯大國三卿皆命於天子得立三軍次國二卿命於天子得立二軍小國一卿命於天子得立一軍周釐王命晉以一軍為晉侯是也其不命之卿止稱上大夫故左傳云大國之上大夫當小國之卿此又以國大小分尊卑謂大國之不命卿可當小國之命卿也博士不知分別卿為命卿又脫去中大夫並誤

天子之制地方千里至凡四等。王制改作天子之田方千里公侯田方百里伯七十里子男五十里。按田與地一聲之轉使畢戰問井地宋本孟子地亦作田依漢人讀也世疑此條與周禮不合愚以為非也康成誤解周禮世人過信康成註先入之言為主遂不復求觧耳據王畿以外四百里封小都積得地二十八同外五百里封大都積得地三十六同共為六十四同因以方五百里封公五五為二十五同每公百里共封二十五公以方四百里封侯四四為一十六同每侯百里共封十六侯以方三百里封伯三三為九同伯方七十里七七為方十里者四十九一同可封兩伯共封十八伯以方二百里封子二二為四同子方五十里一同可封四子共封十六子以方百里封男男方五十里一同可封四男共封四男是五十五同之地可封七十九國大小都共地六十四同

除五十五同封畿內諸侯尚餘九同留待子弟之未生者此是箕法康成不曉別為異說所以東西周畿內諸侯稱公者甚多稱子者間見稱男者左氏內外傳皆無有其故由此子產對晉曰大國不過一同是也若如康成說此言豈足以服晉哉

不能五十里至曰附庸○王制改作不能五十里者不合於天子附於諸侯曰附庸○按伏生大傳謂附庸大者方三十里中方二十里小方十五里與董仲舒繁露爵國篇說同達通也庸氏功也謂不敢以己所成之民功及所當貢達於天子止附於諸侯而奏之博士改達作合未協王莽封諸侯改附庸作附城以城代墉難通

天子之卿受地視侯至元士受地視子男○王制改作天子三公之田視公侯天子之卿視伯天子之大夫視子男天子之元士視附庸○按此班公卿大夫采地之法也禹貢首定五服制先規方千里以為甸服內方六百里納禾外大小都封子弟納粟米再外五百里為侯服內一百里積得四十四同為公卿大夫之采地外二百里封男國外三百里封諸侯再外五百里為綏服內揆文教外奮武衛此三服共方三千里謂之中國及武王定天下國在鎬京偏於西北方八百里積得六十四同除三十六同為鄉遂州止剩二十八同不足備大小都之封再於河南取方六百里為東都六六積得三十六同合上二十四同共得六十四同足數大小都之用而公

鄉采地未有所出乃取諸河北盟隰等十一邑積得四十四同爲之見左隱十一年傳及周公營雒四方民大和會侯甸男邦采衛謂中國方三千里皆依次而來赴役也東都封内諸侯最近故侯服先至次西周爲甸服至次封男邦至次河北十一邑爲采地者至次最外綏服奮武衛者至是此三服方三千里皆赴役之證也及穆王制周禮虛張其里數以欺犬戎將五服分作九服見職方篇其所謂王圻侯服甸服分作三服實禹貢之甸服及封内諸侯者也其所謂采服男服及諸侯實禹貢之侯服内爲采地外爲男邦爲諸侯也其所謂衛服實禹貢綏服指其外奮武衛言之也析爲六服實禹貢三服虛張里數令犬戎歸入衛服之内責其當貢因興兵

征之自周禮出不特欺犬戎馬融鄭元大儒皆為所欺愚謂
此節正班釆地之法據禹貢百里采積之得地四十四同天
子之卿受地視侯此卿即卿士惟月之卿可賅三公三孤及
六卿共十二人應十二月周禮序官雖不見公孤朝士職有
之左傳云虢公為卿士是公可稱卿之證考工記有九卿是
孤亦卿也受地皆方百里十二卿應得地十二同大夫受地
視伯周禮中大夫十二人下大夫二十四人共三十六人應
三十六兩一同可封兩大夫三十六人應得地十八同元士
受地視子男周禮共四十八上士一同可封四上士應得地
十二同并上共封地四十二同尚剩二同而已博士不曉釆
地止四十四同又不知卿已賅公孤在内故妄為竄改也

大國地方百里至祿足以代其耕也○王制改作諸侯之下士視上農夫祿足以代其耕也中士倍下士上士倍中士下大夫倍上士卿四大夫祿君十卿祿○按孟子順序自尊而卑博士倒序取其易明其實一也至周禮大國方五百里其食者半貢其半於天子次國方四百里方三百里貢其三之一小國方二百里方一百里貢其四之一專指大小都內諸侯言知指內諸侯者以大小都封二十五公十六侯十八伯十六子四男斷不得解為外諸侯據左傳子產云國小而貢重者甸服也鄭屬侯服男國為外諸侯止什分貢其一於天子鄭本伯爵而言男者伯子男皆屬小國也與甸服貢三一四一異明得此條然後知大國次國小國並指外諸侯言○據

晉語賦祿篇云大國之卿一旅之田上大夫一卒之田按左傳云有田一成有衆一旅一成之田方十里積得百井可食五百人一卒之田得二十井可食百人謂就一井中収什之一以為祿也此所謂卿謂公侯之國有命於天子之卿此所謂上大夫謂不命之卿及伯子男之次國小國皆無命卿止稱上大夫也時秦伯之弟鍼楚子之弟干皆伯子男國無命卿止有上大夫來仕於晉其祿止得一卒之田収二千畝之祿可食百人據此是晉國賦祿止以一井中什之一可食五人計不以食九人計也然則凡以百畝可食九人計者皆誤也。按庶人在官謂官工官商官賈及耕藉田之官農皆是皆給以百畝而府史胥徒亦賅其中據此推之下士百畝可

食五人中士二百畝可食十人上士四百畝可食二十人大夫八百畝可食四十人卿祿四大夫三千二百畝可食百六十人君十卿祿可食一千六百人

次國地方七十里至祿足以代其耕也。王制改作次國之卿三大夫君十卿祿。按卿祿三大夫二千四百畝可食一百二十人君十卿祿可食一千二百人與孟子萬取千千取百之說亦合

小國地方五十里至祿足以代其耕也。王制改作小國之卿二大夫君十卿祿。按卿祿二大夫一千六百畝可食八十人君十卿祿可食八百人

耕者之所獲節。王制改作制農田百畝百畝之分上農夫食

九人其次食八人其次食七人其次食六人下農夫食五人庶人在官者其祿以是為差也○按博士改百畝之糞作百畝之分誤據食貨志李悝謂治田百畝歲收粟百五十石僅可食五口欲多食人非加糞不為功又據小司徒職上地可養家七人中地六人下地五人又據管子揆度篇上農挾五中農挾四下農挾三以中農計挾養四人并己一人亦五人而已是必上農又加以糞始可食至九人然則庶人在官仍以養五人為定額其勤於辦公者更加以賞乃有九人八人七人六人四等之差如周禮以弓弩之精粗上下其食是也博士不曉改糞作分解王制孟子者亦不曉皆以食九人起箕誤

有友五人焉五句。晉語趙簡子曰魯孟獻子有鬬臣五人我無一何也〔韋注鬬臣捍難之士〕叔向曰子不欲也若欲之肸也待交捽可也。按簡子稱鬬臣孟子稱友叔向言交捽是義勇之士常在左右捍衛獻子者。說苑孟獻子聘于晉宣子觴之〔按韓宣子後於孟獻子〕三徙鍾石之懸不移而具獻子曰富哉家宣子曰子家孰與我富獻子曰吾家甚貧惟有二士曰顏回茲無靈〔按杜撰左定十年有茲無還與獻子不同時〕使吾邦家安平百姓和協惟此二者耳。按近說欲以顏回茲無靈二人補孟子所忘未確。漢書人表作樂正求牧中並列第四等。韓非子孟獻子相魯食不二味坐不重席居不粟馬〔按馬不食粟是季文子及子服湫惠伯事〕出不從車叔向以告苗賁皇非之〔按苗賁皇與叔向不同時〕曰是出主之祿爵以附下也○閻氏釋地左宣十八年歸父謀於公欲去三桓以張公室成十六年宣伯告於晉曰魯之有季孟猶晉之有欒范也政令於是乎成季則文子行父實為權奸之首獻子與季共事三十四年亦不得如註所稱為魯之賢大夫春秋之義也○按百詩此論與韓非引賁皇之說同然不察雞豚之訓大學取之加人一等之稱檀弓記之不得疑孟子為私譽其祖也

雖小國之君亦有之費惠公曰○困學紀聞春秋時費為魯季氏邑楚世家有鄒費郯邳蓋戰國時以邑為國意者魯季氏之僭與○金仁山曰費本魯季氏私邑而孟子稱小國之君曾子書亦有費君費子之稱按見說苑非曾子書蓋季氏專魯而自春

秋以後計必自據其邑如附庸之國矣大夫之為諸侯不待三晉而始然其來有漸矣。日知錄春秋時有兩費費滑之費在河南緱氏縣為秦所滅久矣此費疑即季氏之後而僭稱公者魯連子稱陸子謂齊湣王曰魯費之衆臣甲舍於襄賁而楚人對頃襄王有鄒費郯邳殆所謂泗上十二諸侯者耶。釋地呂氏春秋言以滕費則勞以鄒魯則逸說苑言魯人攻鄪曾子辭於鄪君魯世家言悼公時三家勝魯如小侯則為季氏之彊僭以私邑為國號殆無復疑。按以上四說皆謂費惠公為季氏後但未詳其僭起於何時據紀年晉幽公三年水經濟水注引此條作元公三年晉無元公惟魯有元公屬魯元公三年事或晉幽三年當魯元三年亦未可知魯季孫會晉幽公於楚邱取葭密遂城之據左閔二年

莒人歸共仲及密杜註琅邪費縣北有密如亭或密即葭密以魯卿會諸侯自城葭密之後遂自為一國不復為魯臣矣

合於子思則師之矣六句○漢書人表費惠公顔敢王慎長息列第四等○按敢為般字之訛慎順同音字○顔氏譜顔無繇生回回生般般與王順同師子思○按魯哀公之後為悼公悼公後為元公元公後為穆公穆公問喪禮於曾申又亟見子思為魯哀曾孫季康子之曾孫為季昭子名彊則費惠公當康子元孫曾師事子思顔般當顔淵之孫未必是子王順長息為公明高弟子又當後於顔般一輩顔氏譜未可信

晉平公之於亥唐也七句○韓非子叔向御坐平公請事公腓痛足痺轉筋而不敢壞坐○按國語叔向明於春秋悼公使

傅太子彪彪即平公也此説似得其實但近刻多改作亥唐據羊舌肸字叔向檀弓作叔譽不應又有亥唐之名。抱樸子晉文接亥唐腳痺而坐不敢正又曰晉平非不能吏亥唐也一本作期唐然尊而肆之貴而重之誠以百行殊尚默默難齊樂尊賢之美稱恥賤善之醜德。按下作晉平則上作晉文文字誤上作亥唐則下作期唐期字誤似襲韓非改叔向作亥唐。韓詩外傳平公造亥唐入云則入坐云則坐食云則食雖蔬食菜羹不敢不飽也。按韓嬰西漢初人其傳襲孟子爲之。高士傳亥唐晉人也平公與亥唐坐有間亥唐出叔向入平公伸一足曰吾向與亥唐坐髀痛足痺不敢伸叔向不悦公曰子欲富乎吾祿子子欲貴乎吾爵子云云。按

此説與韓非相反叔向為平公傅不得如所云然亥唐不供職不受禄又不似叔向姑並存之

舜尚見帝四句。太平御覽述孟子作貳宮按文選三月宴曲水詩序引用亦作貳宮。趙註尚上也舜在畎畝之時堯禮友之舜上見堯堯舍之於貳室貳室副宮也堯亦就饗舜之所設更迭為賓主禮謂妻父曰舅謂我舅者吾謂之甥故堯以女妻舜故謂舜甥朱註依之

康誥曰殺越人于貨四句。趙註康誥尚書篇名周公戒成王封康叔按此襲伏生舊説誤是武王命康叔之辭越于皆於也殺於人取於貨閔然不知畏死者讞殺也凡民無不得殺之者也若此之惡不待君之教命遺人則討之。按周禮朝士職凡盜賊軍鄉邑

及家人格殺之無罪謂盜賊持軍器刼害鄉邑及家人格殺之無罪即凡民罔不譈之例謂凡民無不得執而誅之說文引周書曰凡民罔不憝是引張霸古文書改譈作憝之證愚考得令文作凡人自得罪此句見荀子引寇賊姦軌殺越人于貨閔不畏死凡民罔不譈三句見孟子引今刻張霸古文改作凡民自得罪寇攘姦宄改賊作攘改軌作宄殺越人于貨訓越作顛敃不畏死改閔作敃罔弗憝刪凡民二字改譈作憝作弗不與說文引不合僞古文依之兩不字皆作弗是顏師古所作隸古定本凡僞本古文弗字皆改作弗所以與說文張古文不符

殷受夏周受殷五句○趙註三代相傳以此法不須辭問也於今為烈烈明法如之何受其餽也○朱註殷受至為烈十四

字語意不倫李氏以為此必有斷簡或闕文者近之而愚意其直為衍字耳然不可考姑闕之可也○按朱子或問謂辭受二字與上下文不相似趙註謂辭為辭問受為傳受與上下文辭受字誠不相符其實因未知三代相傳有此律例也據荀子云治世曉然皆知夫為姦則雖隱竄逃亡之由不足以免也故敢不服罪而請書曰凡人自得罪此之謂也按此是凡民罔不譈之解謂凡民遇寇賊姦軌四大惡無不得執而罪之殺於人屬賊取於貨屬盜本紀述堯典璧文云眚烖過赦怙眾賊刑怙謂有所怙持如執兵器之類眾謂聚羣如軍賊謂殺傷人刑謂大辟左昭十四年引夏書曰昏墨賊殺皋陶之刑也昏謂强畧人所有墨謂貪污賊謂傷害人殺謂大

辟此夏刑本之皋陶之證盤庚曰暫遇姦軌我乃劓殄滅之此殷法與夏法同周禮朝士職所載盜賊軍鄉邑及家人殺之無罪猶今律明火持杖及宰人強姦登即殺死不論是也此不辭辭字謂口供之獄辭登時殺死即結案不須更問口供趙所以訓辭為問也謂盜賊姦軌四大惡凡民罔不得執而罪之是不待刑官教之不改而後誅之者殷受此法於夏周受此法於殷所不問供也于今為法猶烈如火如之何其受之趙註得之

孔子之仕於魯也三句。趙註孔子隨魯人之獵較獵較者田獵相較奪禽獸得之以祭時俗所尚以為吉祥孔子不違而從之所以小同於世也。朱註獵較未詳趙氏以為田獵相較奪禽獸以祭孔子不違所以小同於俗也張氏以為獵而較所獲之多少也二説未知孰是○按此較字是較力之較力勝者得禽必多張説是也凡教戰必教之田獵又不空設因於搜狩時閑習之兼以備祭品作腊脯獀狩既畢之後君取三十物焉其餘獲陳於澤宮然後卿大夫相與射但懸獸皮而射之能貫穿皮革者則得一禽不能貫革者不許再射輪流射畢則有力者所得自多自武王得天下散軍郊射而貫革之射息故周公制鄉射禮燕射禮及大射儀特為擇與祭之士及作祭脯而設亦删去主皮一事直至穆王改造周禮乃於鄉射五物中復設主皮一科魯國亦遵行之所以魯人獵而較力以多得禽為脯歸祭其先祖為喜孔子亦從之

仍斥其非禮引鄉射禮記文曰射不主皮為禮射與較力之射不同科此古之道也今所行乃時王制非周公制也孔子雖不遽違俗必伸明古道不如此猶麻冕用純孔子亦屈而從衆之意據左襄三十年鄭豐卷將祭請田子產弗許曰惟君用鮮衆給而已謂君得用鮮獸為脯衆臣但取舊腊足給祭品而止然則魯三家當有僭制喜獵取多品者孔子亦以漸改正之詳論語射不主皮章

孔子先簿正祭器二句。錢氏養新録經典無簿字惟孟子有先簿正祭器一語北宋本猶不盡作簿也唐美原神泉詩碑篆書主簿字從艸是唐人尚識字。釋名疏證簿俗字也據漢夏承碑為主簿督郵韓勅碑主簿魯薛陶武榮碑郡曹使主簿古薄字皆從艸。按簿正祭器者據周公所制儀禮正之魯侯爵七命應用九俎殷祭用十一俎有鮮魚鮮腊俎其鮮腊用麇鹿為之魯上卿三命得用王朝上士三命禮常祭用三鼎五俎殷祭用五鼎七俎其腊得用麛一命之士用兔腊詩云有兔斯首斯析也謂用兔腊破其首而燔炙之為一獻禮也其庶羞列之豆者下大夫十六豆上大夫加雉兔鶉鷃四物為二十豆器有定數實有常品不得以四方珍異之物供之如河魭江鱓熊掌駝峯之類獨穆王周禮祭祀供猛獸穆天子傳獵得豺虎等獸亦用以祭虎肉最不可口安知魯人不亦傚而為之耶

是以未嘗有所終三年淹也。按左傳定公九年六月陽虎出

奔齊十年正月及齊平夏會於夾谷孔某相此為仕魯之始及十二年夏叔孫墮郈季氏將墮費公山不狃叔孫輒帥費人襲魯入及公側仲尼命申句須樂頎下伐之遂墮費至十二月公圍成弗克江慎修據此為孔子去魯之證以此觧未嘗終三年淹最得若孔子世家因檀弓有孔子制於中都傳會為先為中都宰誤制於中都者時中都之民多葬埋踰制故孔子制為教命令民間遵守非為宰之謂也孔叢子又傳會先為司空并撰為命辭孔叢是偽書不足據王肅家語襲之謂為司空因理墳墓之事。據左定元年傳是孔子為司寇溝而合諸墓不云是為司空時事據孔子登朝即攝上相是以大夫攝上卿何曾必如後世由漸而升耶於季桓子見行可之仕也。按季平子卒於定公五年桓子始立其始也齊借逐君之釁取鄆以居公汶陽田本季氏賞邑亦在其内後逐為齊所有故六年圍鄆七年齊伐我西鄙八年我侵廩邱以報之齊復伐我西鄙遂與齊連兵不解初平子借晉國之勢竟歸而主祭不得不為晉役故六年為晉侵鄭取匡獻俘於晉晉待之不以禮及孔子仕魯行執圭聘問之禮初與齊平次與鄭平則外釁不生矣一正載書之辭而鄆陰歸結同惡之好而郈邑致盡反虎之所為不復為晉所役見行可者此其一自陽虎執國命桓子為虎所囚蒲圃請享幾濱於死自用孔子齊師助魯攻郈矣國人助公逐費矣子路為季氏宰祭事修明藏甲盡出無倍臣執命之禍見行可者此其二魯自上下不和輒相猜忌及孔子為政溝合昭公之墓掩平子之不臣嚴拜下之儀為同僚之表率先簿正祭器為復儀禮之機言射不主皮為革獵較之漸已蒸蒸乎化行而俗美見行可者此其三見行可與際可作對行卽公羊傳孔子行乎季孫三月不違之行謂見行於季孫見禮〔際〕於衛靈孔子以為可仕而仕也趙註朱註解作見可行專就桓子一邊說與下際可頗相背觸似皆未協謂見行吾言則可仕禮際尚隆則可留也

於衛靈公際可之仕也。呂氏春秋趙簡子將襲衛使史黙往睹之（按左傳稱史墨一作蔡墨一作史黯）期以一月六月而後返簡子曰何其久也史黙曰謀利而得害猶弗察也今蘧伯玉為相史鰌佐焉孔子為客子貢使令於君前甚聽易曰渙其羣元吉渙者賢也羣者衆也元者吉之始也渙其羣元吉其佐多賢也簡子按兵而不動○淮南子蘧伯玉為相子貢往觀之曰何以治國曰以弗治治之簡子欲伐衛使史黯往觀焉還報曰蘧伯玉為政未可以加兵固塞險阻何足以致之○按伯玉止兩見左傳一見取於季札一見訪於孫林父皆在獻公世襄公靈公時無考然孔子與之交兩見論語推其年壽當存於靈公二三十年前則伯玉為政孔子為客說似有據檀弓載孔子過舊館人之喪或以為蘧伯玉甚為有理孔子世家謂靈公致粟六萬石與公養相混未可盡信也

於衛孝公公養之仕也○朱註孝公春秋史記皆無之疑出公

輒也。按朱註得之自衛靈公叛晉與晉為仇與齊鄭為黨斯時范中行氏入於朝歌時衛朝歌為晉所有與趙簡為難齊鄭助范中行因輸之粟蒯聵反執戈輔簡子而奪齊輸得罪於衛一也靈公遺命立郢衛臣聽郢之讓立輒以安聵而聵反借晉勢奪戚而有之大失衛國之心二也聵擾齊輸與范氏粟之糧道戚與朝歌止隔一河齊不得不命國夏圍戚禁聵不得擾其糧道也衛素與齊為黨自然當使石曼姑領兵助之是禁聵不許助簡子非禁聵不許入國出公從中調停父子相安十四年亦甚費苦心矣及聵劫孔悝而奪之輒即飄然遠去衛之謚輒為孝正顯聵之大不孝也冉有子貢子路諸賢皆從孔子在衛尚持疑為衆論所惑及子貢入問然後知夫子之不為衛君至公羊氏謂可以王父之命辭父命據左氏靈公無命輒為嗣之説石曼姑何嘗有受命立輒之事哉然則衛人謚輒為孝本無可疑據左哀十一年孔子受魯幣歸魯為國老則在衛受公養應在魯哀十年以前當出公之七八年時也

抱關擊柝。按抱關監門吏也關闗門横木一啟一閉必抱此木謂之抱關擊柝行夜吏也周禮柝作㯤以木為之擊之以警夜趙註前説合關柝為一木誤後説得之

孔子嘗為委吏矣四句。孔子世家孔子嘗為季氏史料糧平嘗為司職吏而畜蕃息索隱云季氏史一本作委吏。按季氏史是誤本當作委吏。通鑑前編云職讀為樴見周禮蓋

繫養犧牲之所此官即孟子所謂乘田○按周禮遺人職掌候館之委積知委吏即遺人委人會計其出入之總數而已又牛人職掌養國之公牛以授職人而芻之鄭註讀職為樴樴謂之杙可以繫牛疑即牧人充人牧人職凡犧牲以授充人繫之充人職祀五帝則繫於牢芻之三月散祭祀之牲繫於國門使養之司門職祭祀之牛牲繫焉監門養之據此是充人掌養犧牲使充肥監門人兼掌養祭牲皆職人也然則乘田者凡牛田牧田皆養牛羊及犧牲之田在遠郊者四邱為甸甸出車一乘輦三乘牛十二頭擇牧田中合犧牲之選者納之充人及監門使養之故乘田與監門聯職監門即抱關吏也委吏與擊柝聯職委吏可令聚欜使守夜也猶抱關吏亦兼導客入賓館授之

委積也此孔子少年時事不在定公登仕籍時須知諸侯失國而後託於諸侯禮也○郊特牲諸侯不臣寓公故古者寓公不繼世謂寓公死則臣寓公之子○喪大記君之喪未小斂為寓公國賓出謂寓公與國賓來弔則出而迎之○喪服傳齊衰三月寄公為所寓傳曰寄公者何也失地之君也何以為所寓服齊衰三月也言與民同也○按失地之君寄於別國所寄國有祿以養之為之服齊衰三月若魯昭寄於齊齊景取魯鄆以居之未齊養齊臣對公稱主君之命是卑公欲臣之所以舍而適晉若秦伯之母弟鍼楚子之母弟干仕於晉皆受其祿是臣晉也不得云寄矣寄寓皆託之別名義同

摽使者出諸大門之外二句○趙註摽麾也朱註因之謂以手

指麾令使者出諸大門之外也○玉藻君賜稽首據掌致諸地酒肉之賜弗再拜○按弗再拜謂弗再往拜諸門此稽首再拜是臣答君之常禮

蓋自是臺無餽也○趙註臺賤官主使令者傳曰僕臣臺○焦氏曰臺即儓也方言云儓罷農夫之醜稱也南楚凡罵庸賤謂之田儓或謂之罷臺為賤稱故官之賤者名儓左昭七年芋尹無宇曰人有十等下所以事上上所以供神也故王臣公公臣大夫大夫臣士士臣皁皁臣輿輿臣隸隸臣僚僚臣僕僕臣臺服虔註臺給臺下徵召也（按臺下即今堦下）○按此公指國君在國得稱公言此大夫指四命有土之大夫君言此士指三命士言與儀禮合

在國曰市井之臣四句○士相見禮凡自稱於君宅者在邦則

曰市井之臣在野則曰草茅之臣庶人則曰刺草之臣○按

士相見禮宅在邦在野謂經選舉爲士者庶人謂以拳勇選

以書數選名爲庶士者分爲兩途孟子以皆謂庶人一語括

之謂未傳贄見君奠是未登仕籍如周禮以士稱者六鄉中

里長閭胥約一萬八千餘人六遂及軍籍亦如之共三萬餘

人而鄉老職序官并下大夫計之止三百六十人除大夫稱

士者止三百三十六人此方是傳贄爲衆臣餘俱未傳贄爲

臣與今之鄉紳同

周道如底二句○校勘記底字誤也當作厎説文厎柔石也從

厂氏聲或作砥職雉切底山居也下也從广氐聲都禮切毛

詩作砥孟子作厎正是一字不當從广音義亦誤○毛詩周道如砥其直如矢○墨子兼愛篇引詩其直若矢其易若厎君子之所履小人之所視上文綴洪範王道蕩蕩無偏無黨四句并稱為詩（按此四句為大訓之歌亦可謂之為詩）○楚辭王逸註引詩曰其平如厎其直如矢按王逸所引皆魯詩似與墨子引頗合

又尚論古之人三句○史記孟子乃述唐虞三代之德退而與萬章之徒序詩書述仲尼之意作孟子七篇○按曹氏摭餘說言七篇引書二十九引詩三十五姑就古文書言之耳孟子持論多本之古書傳豈張霸偽書所能取證哉孟子去仲尼算是第五傳且近在陬邑與聖居比隣私淑諸人者多矣如公明高論書高行叟論詩畧見一二孟子一生學問首在

論世知人處得力一生功業首在闢詖扶正見長愚止見張霸古文及毛詩傳竊孟子非孟子引書及詩斷章取義也

有貴戚之卿二句○趙註貴戚之卿謂内外親戚異姓之卿謂有德命為三卿者也○按貴戚之卿即喪服傳之貴臣為卿者異姓之卿即喪服傳之衆臣由選舉升為卿者衆臣可去貴臣世襲義不容去趙註剖别頗分明

四書攉解録卷二十三

吴川吴懋清迴溪著

告子篇上

告子曰。趙註告子名不害兼治儒墨之道者嘗學於孟子而不能純徹性命之理以能執弟子之問故以題篇。按告子名不害鮑彪國策注亦同未詳何據僞孫疏謂告子姓告名不害字浩生趙謂浩生齊人疏合兩人為一人誤孟子謂告子先我不動心未必學於孟子蓋檢墨氏之遺説與孟子論難為孟子所駁非弟子也。文選陳琳為曹洪與魏文書曰有子勝斐然之志注引墨子書二三子復於子墨子曰告子勝仁子墨子曰未必然也告子為仁猶跂以為長偃以為廣不可久也。又墨子公孟篇二三子曰告子言義而行甚惡請棄之墨子曰不可告子言談甚辯言仁義而不吾毀。按墨子頗後於孔子其同時之告子勝非孟子時之告子明甚或此告子為子勝之後人援其家學以自炫者耶困學紀聞疑為一人誤

性猶杞柳也。趙注杞柳柜柳也一曰杞木名也詩云北山有杞。朱註依柜柳前說。焦氏正義爾雅云椶柜柳也郭注未詳或曰柳當作柳柜柳其皮可煑作飲陶隱居謂欅樹削皮作飲可去熱寇宗奭謂今呼欅木為欅柳似柳非柳似槐非槐湖南北甚多不材木也不堪為器惟陸璣疏云杞柳屬也樹如柳葉粗而白色文理微赤今人以為車轂。據焦氏

說似趙注後說分杞柳爲二木得之杞性韌可車之爲桮棬性柔可屈之爲棬也

義猶桮棬也○趙注桮棬桮素也○朱註桮棬屈木所爲若卮匜之屬○說文桮㔶也本飲器俗作盃通作杯說文繫傳杅即孟子所謂杯棬也○前漢朱博傳案上不過三桮○玉篇棬屈木盂也盂杅通○廣韻棬器似升屈木爲之○翟氏考異趙注訓桮爲素孫音桮爲柸蓋素與塐柸與坯惟以木作土作別字體音義則並同○按杞柳分二木桮棬亦應分二器據玉藻毋沒而杯圈不能飲焉口澤之氣存焉爾杯即桮字之省取義不妨訓爲柸旋轉削成之則爲杯圈即棬字屈木爲之其小者亦可爲飲器大者可爲盥器皆棬屬也○集

註考證以下文例之義上當有仁字。按趙注告子以為人性為才幹義為成器猶以杞柳之木為桮棬其意以木之婹順比仁因其婹順矯揉之為器猶義之可以成其仁即下章仁內義外之根金氏謂義上當有仁字未必然

以人性為仁義二句。朱註告子言人性本無仁義必待矯揉而後成如荀子性惡之說。荀子人之性惡其善者偽也按荀意以人為為偽非假偽之偽也據伏生今文書辯秩南偽本紀壁文作便程南譌譌音訛為與化古音義並通謂南方動作變化之事此謂其善者由人變化之也今人之性生而有好利焉順是故爭奪生而辭讓亡焉生而有疾惡焉順是故殘賊生而忠信亡焉生而有耳目之欲有好聲色焉順是故淫亂生而禮義文理亡焉然則從人之性順人之情必出於爭奪合於犯分亂理

而歸於暴故必將有師法之化禮義之道然後出於辭讓合於文理而歸於治用此觀之則人之性惡非乎其善者偽也按偽應音譌故枸木必將待檃栝蒸矯然後直鈍金必將待礱厲然後利今人之性惡必將待師法然後正得禮義然後治今人無師法則偏險而不正無禮義則悖亂而不治古者聖王以人之性惡是以為之起禮義制法度以矯飾人之性情而正之以擾化人之性情而道之使皆出於治合於道者也今之人化師法積文學道禮義者為君子縱性情安恣睢而違禮義者為小人用此觀之然則人之性惡明矣其善者偽也

○按荀子性惡篇引孟子曰人之性善此篇正與孟子相反與告子說亦異告子始終以義為外此章即外義之根也○

荀子工人斲木而成器器生於工人之偽按偽謂作變化之動非故生於木之性也聖人積思慮習偽故按謂循習前聖動作變化之故跡以生禮義而起法度然則禮義法度者是生於聖人之偽非故生於人之性也又曰檃栝之生為枸木也繩墨之起為不直也立君上明禮義為性惡也○按易云義以方外告子認義從外起故云義猶桮棬為仁義猶為桮棬仁字是帶說孟子因為字推到矯揉因矯揉推到戕賊正破其取譬之未當荀子說并謂禮義法度皆生於聖人之造作與莊子馬蹄篇同意與告子說不合姑依朱註列於此

告子曰性猶湍水也節○趙注湍者圜也謂湍湍瀠水也○朱註湍波流瀠回之貌告子因前說而小變之近於揚子善惡

混之說○焦氏正義說文湍急瀨也急則有所分趙不取其急以圜訓之廣雅圜圓皆訓圓釋名圜以草作之團團然也漢書賈捐之傳顓顓獨居師古注顓與專通專專圓貌趙以圜訓湍謂水流回漩故無分於西東○揚子法言人之性也善惡混修其善則為善人修其惡則為惡人氣也者所適善惡之馬也與○按揚雄謂性本渾然其為善惡則乘乎氣孟子則謂性本善性之才亦善若夫為不善非才之罪是揚子氣字說得麄孟子才字說得精告子以水無東西為性無善惡之比孟子以水無不下為性無不善之比字字鍼鋒相對

搏而躍之二句○趙註躍跳也顙額也人以手跳水可使過顙○音義搏張補各切丁作搏音團○按搏猶拍也謂拍而跳

之趙本作搏丁公著所見本作摶謂掬手摶水而拋之亦通古兆部捏部音通如毛詩佻佻公子韓詩作嬥嬥公子王在靈沼於牣魚躍躍與沼韻亦可讀作跳去聲

告子曰生之謂性○趙注凡物生同類者皆同性○朱註生指人物之所以知覺運動者而言告子論性前後四章語雖不同然其大指不外乎此與近世佛氏所謂作用是性者略相似○荀子正名篇生之所以然者謂之性按荀子言性惡謂人之所以生便是從嗜欲結胎來故云性惡○春秋繁露號名篇如其生生自然之資謂之性按董子加自然二字作生成自然如此言○孝經緯性者生之質按質者謂本質如此○白虎通情者靜也性者生也○論衡初稟篇性生而然者也○按性字從生故告子謂生為性即下章食色性也之說食

色出於所愛故謂仁由内出義自外作孟子先就生字駁之
佛氏謂狗子亦有佛性翠竹黃花皆有佛性是就其有知覺運動言之
白羽之白也四句○趙注孟子以為羽性輕雪性消玉性堅雖俱白其性不同○文選雪賦注引劉熙孟子注五句與趙注同
然則犬之性猶牛之性四句○李榕村藏稿孟子所謂性善者人性也故既言人性異於犬牛又言犬馬與我不同類又言違禽獸不遠可見所謂性善者惟指人性為說人性所以善以其陰陽之交五行之秀氣孔子所謂天地之性人為貴也夫以其稟陰陽五行之全而謂之善則孟子論性已兼氣質

矣謂孟子專以天命言性遺卻氣質與孔子言相近者異豈其然乎○按宋儒多從禪教入手浸淫已久不敢謂氣質為性又惑於張霸偽書人心惟危之說如大程云人生而靜以上不容說一說性時便已不是性也非疑墮落氣質其性便惡乎不知下愚不移是不能盡其才倘盡其才則雖愚必明或偏蔽之甚萬不能移然愚者徑行其直豈得遂謂之惡凡宋儒謂論性不論理不明不兼氣不備欲為孟子作幹補皆從葱嶺過來者也

告子曰食色性也節○趙注人之甘食悅色者人之性也仁由内出義在外也不從已身出也○朱註告子以人之知覺運動者為性故言人之甘食悅色者即其性故仁愛之心生於

内而事物之宜由於外學者但當用力於仁而不必求合於義也按不必求合於義句非告子意中語告子謂義由外作必事至物來臨時裁酌處方見得應如何故謂之外非性中預有之○墨子經下篇仁義之為内外愛利不相為内外所愛利不相為内外其謂仁内也義外也舉愛與所利也○按仁内義外之説倡自墨子據此可見墨子謂仁義之分為内外也由仁發出而為愛愛已亦兼愛人由義裁處而盡其利利人亦兼利已是為我所愛為物所利到底不相為内外其謂仁内也義外也舉其初發出時為愛與後來裁處物物皆得所利為義此即兼相愛交相利之根源與儒家仁義合一之旨異○董子繁露篇以仁愛人以義正我○按仁字從人義字從我亦有内外而不分内外之意○偽管子戒篇仁從

中出義由外作按此兩句正襲告子說

曰異於白馬之白也節。趙注孟子言長異於白白馬白人同謂之白可也不知敬老馬無異於敬老人耶。朱註張氏曰上異於二字疑衍李氏曰或有闕文焉。四書辨疑謂有闕文者誠是上白字之上當復有一白字異於白者言其長異於白也三字乃一段總意謂異於二字為衍者非。按趙注從異於白斷句白下似闕一白字此趙點句之誤非正文有脫字也上文彼人長而我長之非有長於我猶彼人白而我白之從其白於外故謂之外是貼白人言不知白人原出於悅色之性豈從外來者耶孟子對曰白人本異於白馬之白也子謂從其白於外無以異於白人之白也不識長馬之長

也無以異於長人之長與且謂長者義乎長之者義乎不特無闕字亦無闕文朱子誤依趙斷句故取張氏李氏兩説耳

孟季子問公都子曰○趙注季子亦以為義外也○疏曰季子即下卷所謂季任按此僞孫奭疏邵武士人所作不足據○翟氏考異按趙注未有孟字而疏以季任當之知當時所據經文實亦未有孟字按因注疑經誤此蓋與任人食色之問同在一時觀兩章文勢畫一可見也竊嘗疑季子為孟子弟有所疑問何不親詣孟子孟子何不面詔之而必輾轉於公都子又疑宋政和五年詔從祀十七人孟仲子封新蔡伯何獨無孟季子蓋因僞疏説故不及今閱此疏乃知孟子書中本不云孟季子前疑為之冰釋○按僞孫疏之荒謬不可枚舉如樂正子謂宋有樂祈為樂氏正

考父為正氏此合樂正為氏文王卒於畢郢謂即五戰及郢之郢皆必不可合而强為揉合者即令經文無孟字下章季子承章首季任來此無所承安必其為季任又安知問屋廬子之任人必為季子考異信之誤

弟為尸○按祭統云孫為王父尸所使為尸者於祭者子行也謂取其同昭穆故以孫輩為尸非謂必以祭者之子為尸令父輩北面而事之也又曾子問云無孫則取於同姓可也謂成人之喪安得有孫但取於同姓同輩則可為尸若遠代祖無孫取於元孫則為同昭穆或取同姓之孫輩亦可此弟為尸謂所祭者祖或高祖則用高祖之元孫輩為尸叔父雖尊而祭者之弟為尸像其高祖來享則在所敬以其在祖位也

公都子曰告子曰性無善無不善也。趙注告子以為人之性在化本無善不善也。按此化字即荀子偽字偽與譌通如斯言之玷不可為也為音訛與磨韻謂在人作為變化之。朱註此亦生之謂性食色性也之意近世蘇氏胡氏之説蓋如此。新安陳氏曰蘇東坡論性謂自堯舜以來至孔子不得已而曰中曰一按曰中曰一據張霸杜撰之大禹謨十六字心傳言之不知人心惟危三句本於荀子引用道經蓋黄老書非尚書也未嘗分善惡言也自孟子道性善而中與一夫矣謂將中與一又支分為善惡二者胡文定論性謂性不可以善言纔説善時便與惡對非本然之性矣孟子説性善只是讚歎之詞説好箇性猶佛言善哉善哉。按王陽明云無善無惡心之體有善有惡情之動亦認佛教之如如不動與喜怒哀樂未發之中合為一鮮指靈虛不昧之本體為真心本性果如所云是佛未入中國告子先為開山祖矣告子認無善無惡為性之本體與蘇氏胡氏所見同孟子則謂孩提知愛少長知敬性所自有為人性皆善之驗

或曰性可以為善節。趙注公都子曰或人以為可教以善不善亦猶告子之意也。朱註此即湍水之説也

或曰有性善有性不善。趙注公都子曰或人以為人各有性善惡不可化移。朱註韓子性有三品之説蓋如此。韓子原性篇性也者與生俱生者也情也者接於物而生者也性之品有三而其所以為性者五情之品有三而其所以為情者七何也曰性之品有上中下三上焉者善而已矣中焉者可

導而上下也下焉者惡而已矣按下愚不移謂不可移為智豈得便斥為惡其所以為性者五曰仁曰禮曰信曰義曰智上焉者之於五也主於一而行於四按主于一指智言謂智可以識仁禮信義四者不知此上智貼生知言與五德之智不同中焉者之於五也一不少有焉則少反焉謂半智半愚其於四也混謂辨之不清下焉者之於五也反於一而悖於四按下愚便反悖未免過當情之品有上中下三其所以為情者七曰喜曰怒曰哀曰懼曰愛曰惡曰欲上焉者之於七也動而處其中中焉者之於七也有所甚有所亡謂有太過不及然而求合其中者也下焉者之於七也亡與甚直情而行者也。按下愚不移謂不可以教移亦不為惡習所移其相近之性未嘗不在也所以童昏愚惷一流即犯大罪亦在三宥之列遽坐以惡豈非誣枉持論如此未為平允。孔廣森經學卮言王充論衡本性篇云周人世碩以為人性有善有惡舉人之善性養而致之則善長惡性養而致之則惡長故世子作養性一篇宓子賤漆雕開公孫尼子之徒亦論性情與世子相出入按公都子此問即其說也漢藝文志世子二十一篇名碩陳人七十子之弟子。按韓非子云儒分為八有漆雕氏之儒漢儒謂漆雕氏傳書為道有公孫氏之儒漢儒謂公孫段傳易為道或漆雕開公孫尼子皆有論性情書今已不傳相傳緇衣為公孫尼子作多引古尚書為伏生所無亦得之孔門者

以紂為兄之子四句。趙注紂為君又與微子比干有兄弟之親亦不能使此二子為不仁是亦各有性也。朱註按此文

則微子比干皆紂之叔父而書稱微子為商王元子疑此或有誤字。集註考證兄字當是乙字謂均是帝乙之子也（按此依朱註誤字之說改兄作乙似可通）。日知錄以紂為弟且以為君而有微子啟以紂為兄之子且以為君而有王子比干並言之則於文有所不便故舉此以該彼此古人文章之善（按說亦曲未協）。陸象山集與周元忠書據公都子所引文義則是微子比干為帝乙之弟而紂於二人為兄之子也此是孟子所載與史記不同處。按此說雖出於公都子孟子一書經其手著設為弟子問答不容有誤然史記之誤却有所一起於左哀九年傳陽虎筮得帝乙歸妹以祉元吉解之曰微子啓帝乙之元子也若帝乙之元子歸妹而有吉祿我安得吉焉此元子本解微子為元德之子而有吉祿非長子之謂也文辭是帝乙歸妹解為帝乙之元子歸妹可知微子之妹即帝乙之妹是啟為文丁子帝乙弟之證也讀左傳者誤解此句故呂氏春秋有微子為紂庶兄之說史記襲之及張霸撰古文書將今文微子篇之太師摯改作父師解為箕子少師陽解為比干依史記作偽孔傳及撰微子之命因作商王元子之句朱子過信古文故其註如此愚一據微子篇太師摯三稱微子為王子王子者前王之子非元子明矣一據牧誓壁文云昏棄其家國遺其王父母弟不用王父母之弟謂帝乙之弟文丁之子也一據蔡邕石經存厥遺任父母弟不迪八字此夏侯今文書按任古男字遺男猶左傳言先君之遺姑姊妹也棄厥

遺男父毋弟不廸謂棄其遺男之父毋弟發使出往也因敢斷孟子說是古文書及呂氏春秋史記三書並誤

乃若其情則可以為善矣五句。趙注若順也性與情相為表裏性善勝情情則從之孝經曰此哀戚之情情從性也能順此情使之善者真所謂善也若隨人而强作善者非善者之善也若為不善者非所受天才之罪物動之故也。朱註乃若發語辭。按以乃若所憂則有之句例之乃若二字似轉捩語然以若其情與為不善作反對則若應訓順為應訓逆意始對鍼李安溪先生亦主此說孟子此五句要答上三說首一說謂性無善無不善似渾淪一物孟子答以乃順其情猶順水之性無有不下其不下者乃激之使然次一說謂可以為善可以為不善孟子答以乃順其情則可以為善逆其情者非所謂善也人次一說謂有性善有性不善似天之降才懸殊孟子答以若夫為不善乃人怍逆放縱使之然不得歸罪於才才雖極蠢極弱可以與知可以與能特人不能盡其才耳如此則上三說俱應答明白

非由外鑠我也二句○趙注非從外消鑠我也○朱註鑠者以火銷金之名自外以至內也○按鑠者鑄金也凡鑄金必笵之使成器由外來者也告子疑義在外其意正如此孟子謂非由外鎔化裁成我也我性固有之我才原自能之特人不肯求耳或求之而不能盡其才耳

詩曰天生蒸民節○按孟子所引孔子曰當自出古詩傳謂民所

秉有常自好是懿德是人性皆善而情亦善之證

孟子曰富歲子弟多賴四句○趙注賴善也暴惡也○朱註賴藉也豐年衣食饒足故有所賴藉以為善○按阮氏芸臺謂説文女部嬾字云嬾懈也從女賴聲賴即嬾也賴與暴倶是陷溺其心若謂豐年多善凶年多惡未聞温飽之家皆由禮者矣説亦可通未免臆改經文若將賴與暴對賴藉與暴棄相反富歲子弟多倚賴由延師教之凶年子弟多暴棄由父凡不約束朱註訓賴字不錯依趙註訓暴字誤爾殊王氏經傳釋詞訓為如此殊極合非天之降才如此殊因不能教訓其所以陷溺其心者使之然

今夫麰麥四句○按詩音義云孟子作麰似憶誤詩疏稷作稷

櫌字見說文謂摩其土使平令土壓麥種經典皆從耒作耰耜字說文亦作梠經典皆作耜似不得過信說文

至於日至之時皆熟矣○經學卮言日至之時謂仲夏日至管子輕重篇九月種麥日至而熟又曰以春日至數九十二日謂之夏至而麥熟按春日至謂春分後日漸長至也○趙佑溫故錄孟子兩言日至千歲之日至冬日至也至于日至之時夏日至也割麥無過夏至月令孟夏之月麥秋至乃大概言之有先四月熟者有後四月熟者要及夏至則無不熟故曰皆熟矣乃舉最遲者言以盡其餘

易牙先得我口之所耆者也○左僖十七年齊桓公與管仲屬孝公於宋襄公以為太子孝公鄭姬之子即公子昭太子世子也雍巫有寵於

衛共姬因寺人貂以薦羞於公亦有寵公許之立武孟杜注雍巫即易牙既有寵於公為長衛共姬請立武孟武孟即公子無虧管仲卒五公子皆求立冬十月乙亥齊桓公卒易牙入與寺人貂因內寵以殺羣吏而立公子無虧孝公奔宋十二月乙亥赴辛亥夜殯杜註六十七日乃殯○按呂氏春秋云桓公蒙衣袂而絕於壽宮蟲流於戶上蓋以楊門之扇三月不葬與左傳合○戰國策齊桓公夜半不嗛易牙乃煎熬燔炙調和而進之桓公食之而飽至旦不覺曰後世必有以味亡其國者○呂氏春秋管仲有疾公往問之管仲對曰願君之遠易牙公曰易牙烹其子以嗛寡人尚何疑耶管仲曰人之情非不愛其子也其子之忍將何有於君○按左傳國策並云薦羞調味烹子之說極不近理史遷淮

南皆襲之不可信。淮南子俞兒易牙淄澠之水合者嘗一哈水而甘苦知矣淄澠齊二水名史遷亦襲之。荀子大略篇天下之人雖各持意哉然而有共予也予即與字言味者予易牙言音者予師曠。按大戴保傅篇法言問神篇論衡譴告篇易牙俱作狄牙據古文書遏矣西土本一作逖矣西土是易牙漢人俱讀同逖

至於子都天下莫不知其姣也。趙注子都古之姣好者也詩云不見子都乃見狂且。按子都與狂且作對子充與狡童作對據爾雅釋鳥一狂訓鶚鳥謂鳥之晝宿夜飛者一狂訓茅鴟據左襄二十八年慶封氾祭使工為之賦茅鴟似茅鴟即狂且之别名且讀同咀與都韻莊子謂茅鴟甘腐比慶封

貪饕無禮則子都為美好嫻禮之稱左隱十一年鄭公孫閼字子都是嬖臣見寵於鄭莊者世遂相沿為美男之稱

孟子曰牛山之木嘗美矣二句。釋地朱註牛山齊之東南山也襲趙岐注方向少錯無論今日目驗在臨淄縣南十里亦在唐臨淄縣南二十一里括地志所謂管仲冢與桓公冢連在牛山上是酈道元注牛山一名南郊山天齊淵出焉齊以此得名梁劉昭不知引何人孟子注云南小山曰牛山左思齊都賦云牛嶺鎮其南列子力命篇載齊景遊於牛山北臨國城而流涕夫臨曰北正以在其南也。按郊於大國謂在國近郊故一名南郊山

其日夜之所息三句。按其日夜之所息惟山木為然若人雖

鳴而起孳孳為善則日有所息孳孳為利則日無所息平旦以前屬夜以後屬日平旦前好惡與人相近是夜氣猶足以存也平旦後牿之反覆則夜氣不足以存矣日夜界限宜分

清

有牿亡之矣二句。舊趙注本梏作牿朱註本作梏。按牿字魯世家述肸誓壁文存無敢傷牿句偽孔傳訓牿為牛羊牢不可通康成解牿為梏謂作械拘其前足據孟子作牿亡牿亡即牿傷牿為活字梏為械名當依舊本作梏。集註考證有牿亡之有註以又字代之。何義門讀書記有牿之有當讀去聲

孔子曰操則存節。趙注鄉猶里以喻居也獨心為若是也。

按趙以里訓鄉以獨訓惟鄉讀平聲與亡韻此四句似古成語孔子嘗引之以訓人者

孟子曰無或乎王之不智也○趙注或怪也○朱註或與惑通疑怪也○漢書班固東都賦以變子之或志文選或作惑呂春秋審為篇世必惑之髙誘注惑怪也○按趙注王齊王也朱註王疑指齊王據孟子初在齊為賓師不過一二年及奉母歸葬隔三年之久始反齊受卿職即一日暴十日寒之喻也反齊後於崇始得一見即見罕退寒之喻也反齊後指齊宣無疑

奕秋通國之善奕者也節○尸子隸首天下之善筭也子華子此下有當筭之推句有鴻鵠過扦弓彀弩以待之子華子作有鳴鴻過者彎弓擬之若發

若否子華子作將發未發之間問二五曰不知子華子作問以三五則不知也非二五難計也欲鴻之心亂之也子華子作非三五之推莫有暫昧鴻亂之也○新論專學篇弈秋通國之善弈者也當弈之時子華子作當弈之思有吹笙過者傾心聽之將圍未圍之際子華子兩圍字作屬屬聯絡也問以弈道則不知也子華子尚多兩句非弈道之深情有暫暗笙滑之也○按尸佼為商鞅師前於孟子數十年尸子是論隸首算工孟子是論弈秋新論襲孟子而易以吹笙造子華子者又合尸子與新論而為之謂子華子即王肅家語之程本並出杜撰○文選博弈論註引邯鄲淳藝經云棊局縱橫各十七道合二百八十九道白黑棊子各一百五十枚焦氏循曰今弈用三百六十一道與古弈異

熊掌○埤雅熊似豕掔中按掔古腕字山居久當心有白脂如玉味

甚美俗呼熊白具膽春在首夏在腹秋左足冬右足好舉首而引氣謂之熊經莊子所謂熊經鳥伸是也冬蟄不食飢則自舐其掌故其美在掌。左宣二年晉靈公不君宰夫胹熊蹯不熟殺之

嘑爾而與之四句。音義嘑呼故切蹴或作蹵。按左文元年江芉怒曰呼役夫宜君王之欲殺女而立職也按嘑古呼字怒氣衝口而出也嘑爾爾指食羹言蹴朱註子六反蹵集韻七六切讀同蹴躡也呼爾而與之謂怒氣噴此物而與之蹴爾而與之謂伸足躡此物而與之蹴爾與蹵然異

所識窮乏者得我與。音義張云與平聲亦如字。按趙注訓與為施與與讀如字朱註從所識窮乏者得我絶句與依張

讀平聲焦氏曰左哀二十四年公如越得太子適郢是相得之得又得與德通死之日民無得而稱焉謂無感戴而稱之者訓作德亦可通按朱註謂所知識之窮乏者感我之惠也得我自然感我不必訓作德

仁人心也義人路也○韓詩外傳四卷述孟子此章全文微有改易不録○按中庸謂仁者人也義者宜也直以人為仁字注腳古義字以我為聲古宜字以多為聲洪範無偏無頗遵王之義頗與義韻是義讀俄音孟子謂仁即人心義即人路菓子之仁中分兩瓣即人字及其發動萌芽兩瓣再伸出一曲即篆書仁字仁居菓子之中生機盎然枝葉悉具猶人為陰陽之會五行之秀其心統貫乎一身包容乎萬物孔子所

謂繼之者善人能繼天以其善也成之者性成其為人性使然也人為三才之中心為陰陽之會性善而才亦善人之所以能繼天立極者專賴乎此自是而推行之為大中至正之道無偏無黨無反無側極其平坦極其廣大自張霸撰禹謨竊荀子所引道經造為人心惟危道心惟微之句宋儒識不破遂疑人有兩心則中庸孟子皆不可通道教不敢謂仁即人亦不敢謂仁即人心必離去氣質而後謂之道心宋儒習其說已久亦不能盡擺脱之矣

拱把之桐梓。爾雅榮桐木齊民要術白桐無子任為樂器於山石閒生者為樂器則鳴又爾雅櫬梧郝氏疏曰或曰梧或曰桐互言之耳今驗二樹葉形相類但皮色異一種皮青碧而滑澤今謂之青桐即櫬梧也一種皮白材中樂器即榮桐也。爾雅椅梓郭注即楸陸璣云楸之疏理白色而生子者為梓椅實桐皮曰椅大同小别。元中記凡梓木為檻居下則木鳴謂之爭位。草木考梓為木之長故材曰梓材匠曰梓人室有梓木則餘材不復震或位置他木下則有聲其異如此工以黄心為上

舍其梧檟。爾雅槄山榎釋文榎古雅反舍人本作檟郭注今之山楸。爾雅槐小葉曰榎（郭注當為楸）大而皵楸小而皵榎郭注老而皮粗皵為楸小而粗皵為榎引左傳使擇美榎今左傳榎作檟。爾雅檟苦荼郭注樹小似梔子冬生葉可煮作羮飲今呼早采者為荼晚取者為茗一名荈蜀人名為苦荼

○按荼令別作茶字荼茶雙聲同用故可兩讀○左襄四年季孫樹六檟於蒲圃○左哀十一年伍員曰樹吾墓檟

養其樲棘○爾雅樲酸棗郭注樹小實酢孟子曰養其樲棗○齊民要術孟子書曰樲棗○玉篇樲字下曰孟子云樲棗是也○藝文類聚引作養其樲棗○按近説據郭注引孟子作樲棗齊民要術及唐宋人本草注皆相沿作樲棗疑孟子樲棘當作樲棗據爾雅樲酸棗是樲為木名酸棗指其實言據毛詩園有棘其實之食棘與食韻是棘為木名其實亦可食據爾雅有牛棘一名生棘是棘之大者名王棘則當有小棘以樲棘與梧檟作對文是梧檟二木為木之大者樲棘二木為木之小者當作樲棘為是

則為賤場師焉。地官場人職每場下士二人掌國之場圃而樹之果蓏珍異之物以時斂而藏之。按場圃一職首以蔬草木為主樲棘為無用之木其果亦非珍異因借為養小害大之喻

則為狼疾人也。按趙注直以狼藉釋狼疾是讀疾為藉四書辨疑云疾本藉字之誤朱子荅何京叔云狼疾之訓甚善然古字多通用不必言誤也如由猶二字孟子常互用之是朱子初從趙注讀疾為藉及作註謂狼善顧疾則不能故以為肩背之喻似從何京叔說。焦氏正義趙氏讀狼藉而以亂釋之滕文上篇狼戾趙氏以為猶狼藉按狼藉轉為狼戾狼戾轉為狼狽轉為狼跋皆繆戾不照管之貌食貨志云民且

狼顧顧謂望所欲得朱註謂狼善顧疾則不能趙注謂治其一指而不知其肩背之有疾謂如狼之有疾不復能照管亦可通

則口腹豈適為尺寸之膚哉○國策疑臣者不適三人高誘注適音翅翅與啻同○焦氏曰趙注如使不失道德存仁義以往不嫌於養口腹也故曰口腹豈但為肥長尺寸之膚耶按既以往字訓適字又以但字代適字朱註依其但字之說則適當音翅王氏經傳釋詞曰說文適從辵啻聲適啻聲相近故古字或以適為啻

此天之所與我者三句○校勘記此天之所與我者廖本閩監毛三本同岳本孔本韓本此作比按朱子文集云舊官本皆作比

字注中此乃亦作比方又集註云舊本多作比而趙注亦以比方釋之今本既多作此而注亦作此乃未詳孰是尚有兩句但作比字於義為短故且從今本云趙注既云比方安可因近本之訛而疑之上文官有二故比方之而先立乎其大者文意甚明漢書賈誼傳比物此志也如淳曰比比方也今多訛為此物公羊傳注父老比三老孝弟官屬今本比亦譌此。焦氏曰按作比方是倪氏讀書記曰此天之所與我者依舊本比方之中即含下大小分别之義孟子此節詳辨耳目之官心之官原取比方之意舊本似不可易。王引之經傳釋詞曰說文曰皆俱詞也皆從比從白徐鍇曰比皆也孟子比天之所與我者先立乎其大者則其小者不能奪也言耳目心思皆天之所與

我者而心為大趙注以比為比方謂比方天所與人性情失
之或改比為此改趙比為此乃尤非
趙孟之所貴二句。吳昌宗經註集證晉稱趙孟者四人趙盾
趙武趙鞅趙無恤也左文六年趙孟曰立公子雍此趙盾稱
趙孟之始左襄二十二年如晉告趙孟趙孟謀於大夫此趙
武稱趙孟之始左昭二十九年蔡史默曰其及趙氏趙孟與
焉此趙鞅稱趙孟之始左哀二十年越圍吳趙孟降於喪食
此趙無恤稱趙孟之始左成八年傳云成季之勳宣孟之忠
謂趙衰謚成字季趙盾謚宣字孟後盾之子孫以趙孟為氏
詩云既醉以酒二句。按既醉篇愚考得是尸嘏主人則歌此
詩既醉以酒此酒是主人躬耕之黍稷釀為酒醴者祝酌以

授主人主人啐之也既飽以德此德指所摶黍飯尸授主人主人嘗之嘏以慈告言承受祖宗之德也趙注膏梁謂細梁如膏者即山海經之膏黍膏稷言其馨香也朱注膏梁謂肥肉美穀用韋昭注國語膏梁之性難正也朱註較賅括

不如荑稗○齊民要術引孟子荑字作稊長短經引亦作稊○按古從夷從弟之字多通爾雅稊英郭注稊似稗布地生穢草一名英稊稗二草俱堪水旱種無不熟北方農家種之以備凶年○本草稗乃禾中之卑賤者野生苗葉似䅉子色深黑根下葉帶紫色梢頭出扁穗紛褐色味微苦食之宜脾故曹植有芳菰精稗之稱

羿之教人射節○校勘記必志於彀孔本韓本考古文本足利

本同獨毛監閩三本志作至下同○翟氏考異注疏本志俱作至宋刻九經下一志字作至張南軒孟子説上一志字作至按趙注云張弩向的者用思專時也學者志道猶射者之張也是原本作志字○按毛詩敦弓既句句一作彀彀謂左手持弓右手彀弦而張之使滿盤庚云若射之有志謂左手持弓挾鏃右手彀弦挾栝徃省其栝與鏃正注於的然後發然則志於彀謂志於彀之所向也以此爲彀之準又名彀率羿是古之工於射者因之射師名羿猶匠師之名般

四書摧解録卷二十四

告子篇下

吳川吳懋清迴溪著

任人有問屋廬子曰。釋地任國名太皥之後風姓羅泌國名紀任本已姓帝魁毋家黄帝以封幼子及周之繼絶也以居風姓今濟陽任城是也漢為任城縣後漢為任城國今濟寍州東任城廢縣是去古鄒城僅百二三十里宜屋廬子明日即可往問。按任人趙注任國之人近説疑即季任襲偽孫疏謂即問公都子之季子與趙注不符誤。考異廣韻廬字曰孟子有屋廬子著書鄭樵氏族略晋賢人屋盧子著書言彭眀之法孟子之徒豈應言彭眀之法且盧廬字別或別為一人與以禮食則飢而死八句○按公食大夫禮自納賓至卒食幾於百拜纔十二飯所謂觳乾人飢而不敢食則有之何至於飢而死不過設辭不親迎則得妻據昏禮亦有有故不親迎一條朱子語録謂古者國有凶荒則殺禮而多昏周禮荒政中有此條蓋貧不能備親迎禮者說亦圓通

不揣其本二句○焦氏曰左昭三十二年傳揣高卑杜注用方言度高為揣釋之又說文立部云竱等也從立專聲春秋傳曰竱本肈末等者齊簡也韋昭注齊語云竱等也肈正也謂先等其本以正其末孟子曰不揣其本而齊其末揣蓋竱之假借字趙注揣量似失之木部揣下云一曰度也孟子正當從木作椯韻書謂權量曰敁敠丁兼丁括反即竱語之轉也

可使高於岑樓。趙注岑樓山之銳嶺者。朱註岑樓樓之高銳似山者。按趙注據爾雅釋山山小而高岑幷樓亦解為山朱註據爾雅釋宮陜而脩曲曰樓岑字作高字解僞孫疏分岑樓為二三說以朱註為長

豈謂一鉤金。孔氏經學卮言晏子春秋云大帶重半鉤舄履倍重康成説東萊稱以大半兩為鉤然則帶鉤重半鉤才重三分兩之一。按晏子云大帶與舄履為類此解作帶鉤未見甚合姑存之

奚翅食重。焦氏正義古書或言不啻或言奚啻啻或作翅國語奚翅其聞之也韋注奚何也何啻言所聞非一也孟子奚翅食重趙注翅辭也若言何其重也今刻本作何其不重也

誤。按何其不重即何其食之不重刻本不誤焦改之誤

曹交問曰。趙注曹交曹君之弟交名也朱註因之。困學紀聞左哀八年宋滅曹至孟子時曹亡久矣曹交蓋以國為氏者。毛奇齡經問經有書滅而並未滅者鄭師師滅許是也有書入而即是滅者此宋人入曹是也曹世家載宋執曹伯陽及公孫陽以歸而殺之遂滅其祀則曹此時信亡矣趙岐之注未詳何所本曰此張南士曾辨之當是曹姓而交名者其曰交得見於鄒君可以假館鄒即邾春秋注邾本曹姓為顓頊之後則曹交與鄒同姓故得見鄒君而假館焉未可知也。按春秋時惟女子始著姓男子皆稱氏此云交曹姓未見其確姑存之。江永羣經補義春秋之末曹已為宋所滅

曹交非曹君之弟或是曹國之後以國為氏此即王應麟説或是鄒君之族人鄒本邾國邾本姓曹故曰交得見於鄒君可以假館故欲於其同宗之為君者假館也此即毛西河説○趙佑温故録曹之復事在春秋後趙岐當有所據惟是曹交已知問堯舜憂食粟請受業不可謂非有志者自偽孫疏好逞臆於注外遂以曹交挾貴而問孟子辭之然則不屑之教誨則既明明教誨之矣而何與滕更之不答同哉

交聞文王十尺二句○春秋繁露質文篇天將授湯主天法質而王祖賜姓為子氏至湯體長專小足天將授文王主地法文而王祖賜姓姬氏至文博長有四乳而大足○孔叢子萇宏語劉文公曰吾觀孔仲尼有聖人之表修肱而龜背長九

尺又六寸成湯之容體也（按孔叢連叢皆偽書不足據）○雒書靈聽蒼帝姬昌日角烏翼高長八尺二寸聖智慈理也（此亦東漢人偽撰）○帝王世紀文王龍顏虎眉身長十尺有四乳（按皇甫謐世紀似襲曹交說）○王肅家語黜然而黑頎然而長眼如望羊（望羊猶言方羊）其殆文王操乎○按古以橫一指為寸四指為扶（扶或作膚）伸兩臂為尋尋八尺高一仞亦八尺自頂至頷為宣宣一尺五寸自肩及髁六尺自髁及足五寸合為中人之體高八尺文王比中人高二尺湯高一尺曹交九尺四寸以長以已古通謂九尺四寸以上也

力不能勝一匹雛○趙注匹雛一小雛○音義匹張如字丁作疋考異云注云疋雛小雛也則疋訓小而訓詁及諸書疋訓耦

訓小無文今案方言尐小也音節蓋與疋相似後人傳寫誤耳○曲禮下篇庶人之摯匹鄭謂說者以匹為鶩音義曰匹依注作鶩音木羣經音辨曰鄭氏釋經率多改字庶人摯匹鄭謂說者多以匹為鶩陸氏遂於釋文匹字作木音非也按廣雅鵦鴄⿰鳥巴也古字省作匹鄭當解匹為鶩不煩引說者陸又不當音木○朱註匹字本作鴄鴨也○按爾雅生能自噣食為雛匹雛即鴨之小者至匹夫匹婦之匹匹為正字布疋之疋亦取匹義上既有一字則匹當訓鴄不當改作疋

然則舉烏獲之任二句

○呂氏春秋使烏獲疾引牛尾尾絶力勯而牛不可行逆也○韓非子烏獲輕千鈞而重其身非其身重於千鈞也勢不便也○秦本紀武王有力好戲力士任

鄗烏獲孟説皆至大官王與孟獲（孟説烏獲）舉龍文之鼎絶臏而死（帝王世紀及論衡效力篇皆襲之）○焦氏正義解此具三説一據趙注夫一匹雛不舉豈患不能勝哉但不為之耳意以人之為堯舜第如舉一匹雛不患其不勝特患其不為閻氏釋地引陳幾亭之言謂人皆可以為堯舜不聞人皆可以為烏獲以此譏孟子言辭小失由未知孟子之恉亦未審趙氏之注也一據鹽鐵論能言篇大夫曰夫坐言不行則牧童兼烏獲之力竊謂此即本孟子牧童即力不能勝一匹雛之人若不行而徒言則自言能舉百鈞即可謂之烏獲矣然必能舉烏獲之任乃可為烏獲力不能勝一匹雛之人而徒空言自詡其舉百鈞豈得真為烏獲乎此於孟子今曰二字體會而出烏獲不可

以空言冒堯舜不可以形體求此又一義也一據姚氏求是齋云或疑不勝匹雛如何可以至烏獲因遂譏孟子為妄説不知不勝匹雛與舉百鈞皆必無之事皆在其人摹寫之辭並非正論有人於此於衆方角力之時而彼獨逡巡退縮曰吾之力雖一匹雛不勝也力雖薄亦何至不勝匹雛然由其頹靡之習則必終為無力之人矣今或不然於衆皆畏憚之事而彼獨毅然不顧曰吾之舉不至於百鈞不止也力雖果亦豈遂至百鈞然竭其邁往之材久之固亦得為有力之人矣安在烏獲之必絶於天下者人於堯舜何獨不然哉故曰奚有於是亦為之而已矣然則人且曰不勝者何也凡事必歷乎其途然後可以知其難易今之人直未一身歷焉而遽

以不能勝自謝也此何異於不勝匹雛之說也烏知夫堯舜之可爲吏非若烏獲之不可强而至哉本文意甚緜密學者粗心讀之未免以辭害意

公孫丑問曰高子曰○考異按授經圖子夏授詩於高行子王伯厚謂詩序及孟子所謂高子即高行子也韓詩外傳又稱高子與孟子論衛女之詩此人似長於孟子故孟子以叟稱之與尹士追蠡二章之高子蓋有别

小弁小人之詩也○趙注小弁小雅之篇伯奇之詩也○按漢書杜欽傳小卞之作可爲寒心卞弁古通御覽引韓詩黍離伯封作也曹植令禽惡鳥論昔尹吉甫信後妻之讒而殺孝子伯奇其弟伯封求而不得作黍離之詩以上兩說謂黍離

為伯封作漢書中山靖王勝傳斯伯奇之所以流離詩云我心憂傷云云論衡書虛篇伯奇放流首髮早白詩云惟憂用老以上兩說謂小弁為伯奇作當出齊魯二家趙誤從之。按毛詩序以為宜臼之傅作焉朱子初作詩傳以為宜臼作及註孟子改從詩序以為宜臼之傅作今即詩細推當其傅所作無疑首章弁彼鸒斯歸飛提提謂慈烏反哺得依其母我何辜于天為父逐所耶次章踧踧周道鞠為茂草謂幽王重歛增貢至諸侯不朝大路茀為茂草所謂親之過大指此三章維桑與梓必恭敬止謂遠離桑梓不得瞻依乎父母何天生之不辰耶以上三章皆托為太子訴其傅之辭中四章首章以柳能廕鳴蜩淵能潤萑葦比太子被逐如舟之流甚可憐憫二章以鹿隨嘶隨奔其足伎伎然比太子出亡以雉之朝雊尚求其雌比王竟黜申后以瘣木蟲食其心枝葉墜落比褒姒得寵所致盍莫之知耶三章以兔被逐急則投人望脫尚有先之聽其去者路有死人尚有憐之掩其尸者王秉心太忍我所以哭而送之四章言王信讒醻褒姒之讒則升之為后惠與慧古通王不慧不徐究其讒之所由來伐木析薪當隨其理奈何捨讒之者之罪而與之申后母子耶以上四章皆其傳諷王之辭末一章託為宜臼母子囑其傅之辭上四句宜臼囑以勿泄恐更得罪下四句申后囑以不妨泄我黜為鬼薪何暇恤我後嗣伸其作詩之由欲王之聽之也高行子為孟子前輩未必親授詩於子夏此序却是孔門

所傳孟子體會詩意故云怨所當怨高行子因宜臼奔申聽申侯之謀至殺父滅周者舊悉被屠戮其罪上通於天矣宜小人之云足蔽其辜耶此數句怨辭仍是其傅代爲委婉出之恐當日宜臼之意却不如此高子似不信詩序故斥爲小人耳

其凡關弓而射之二句。按毛詩傳引孟子此節全文作凡弟關弓而射我我則垂涕泣而道之（詩音義云關本亦作彎）角弓詩正義引孟子作凡弟關弓而射我我則垂涕泣而道之似襲毛傳之誤以凡弟射我比父欲殺子殊不相應推孟子之意是指踧踧周道鞠爲茂草言幽王重賦至諸侯不朝有亡國之禍猶其凡射人有亡身之禍毛公不曉孟子意改此數字遂至

難通近說欲據毛傳改孟子更誤

凱風親之過小者也。按詩序誤今據詩推之首章以凱風之吹棘心比母養子之勞次章以棘木之徒為薪比已成材之岁三章以母澤下究比已未能報答萬一四章以鳥能悅人比已并鳥之不如想作詩者不過一人未必七子同作即令七子厚於奉養而母反以為不孝棰楚之所逐之亦不過稟性之偏習氣之戾無關於存亡大計皆過之小者若如詩序必以衛之淫風流行生之即有此意已為子所感化矣編詩者惡從知之而著之序耶惟性情乖張待以非理與不可磯之義始合故知此序不足據也

是不可磯也。詩音義磯居依反又古愛反。趙注磯激也過

小耳孝子感激輒怨其親是亦不孝也○校勘記段玉裁云注訓磯激也但於雙聲求之按磯去聲為既該去聲為概古愛切入聲為扢荆入聲為激幾激概扢皆雙聲也易月幾望荀爽作月既望周禮幾珥注讀幾作刉凡從既從乞之字原可相通比父母小有違戾便感激生怨是亦不孝引舜至孝者見舜始於自怨終於五十而慕是凱風之自怨與舜同小弁之怨諫其父未可遽斥為小人矣

宋牼將之楚節○趙注宋牼宋人名牼學士年年長者故謂之先生石邱地名也朱註襲之○莊子於天下篇不累於俗不飾於物不苟於人不忮於衆願天下安寍古之道術有在於是者按是墨家者流 宋鈃尹文子聞其風而悅之作為華山之冠

以自表接萬物以別宥為始（謂別於俗而宥不能）語心之容命之曰心之行（謂心能包容令云行陰德猶）以胹合驩（胹與聏通謂強頑恧辱以和光於世）以調海內請欲置之為主（請所欲悉置之不問皆以寡欲為主）見侮不辱救民之鬭禁攻寢兵救世之戰以此周行天下上說下教雖天下不取強聒而不舍者也故曰上下見厭而強見也雖然其為人太多其自為太少曰請欲固置五升之飯足矣先生恐不得飽弟子雖飢不忘天下日夜不休曰我必得活哉圖傲乎救世之士哉不為苛察不以身假物以為無益天下者明之不如已也以禁攻寢為外以情欲寡淺為內其小大精粗其行適至是而止不顧於慮不謀於知於物無擇與之俱往於是有彭蒙田駢慎到聞其風而悅之〇荀子非十二子篇不知壹天下

建國家之權稱上功用太儉約而僈差等曾不足以容辨異懸君臣然而其持之有故其言之成理足以欺惑愚衆是墨翟宋銒也。又天論篇宋子有見於少無見於多楊倞注宋子名銒宋人也與孟子同時。按莊子謂宋銒是聞墨翟之風起荀子將墨翟與宋銒合論是墨教中别出一枝也。漢書藝文志有宋子十八篇班固曰荀卿道宋子其言黄老意。按荀子引道經曰人心之危道心之微危微之幾惟明君子而後能知之宋子書今不傳據荀子所云其清心寡欲是習楊子以黄老為宗其禁攻寢兵是習墨子所謂天下之言不歸楊即歸墨正指宋銒一流人

孟子居鄒季任為任處守。趙注任薛之同姓小國也季任任

君弟也任君朝會於鄰國季任為之居守其國也○焦氏正義左隱十一年滕侯薛侯來朝傳曰寡君若朝於薛不敢與諸任齒孔疏引世本氏族篇任姓謝章薛舒呂祝終泉畢過此十國皆任姓薛黃帝後奚仲封薛任姓任太昊後風姓非同姓也趙注誤○按任宿須句風姓明見左傳趙合國名與姓為一誤朱註襲趙注獨删此句得之○錢氏養新錄國君之弟以國為氏字當在國下左桓十七年蔡季自陳歸於蔡蔡君弟也左莊三年紀季以酅入於齊紀侯弟也依春秋例季任當作任季傳寫誤倒○按左成十六年成公將適晉申宮警備設守而後行據文王世子篇公有出疆之政正室守太廟諸父守貴宮貴室謂太子長成則領士庶子備宿衛謂之監

國若太子年少則君之同母弟代之
處於平陸儲子為相○釋地平陸為今之汶上縣去齊都臨淄六百里而儲子既相為王辦事非奉王命似亦未易出郊外何必孟子望其身親至六百里外之下邑方為禮稱其幣既思范雎列傳云秦相穰侯東行縣邑東騎至湖關湖今閿鄉縣去秦都咸陽亦幾六百里是當日國相皆得周行其境之內非令所禁故曰儲子得之平陸○按戰國時之相與後世稱國相不同如齊威時鄒忌為相田忌為將魏惠時張儀為相公孫衍為將皆將相並言又如蘇秦為六國相田需田文皆齊人而為魏相似主兵事者稱將如古之大司馬主邦交者稱相如古之大行人相禮儀者所以戰國時皆以主邦交

者稱相猶春秋時以隨君出境行會聘之事者稱相其稱謂似有所因此為相謂為齊相位在賓師下季任是小國君弟與孟子初交以客禮相待非謂小國君弟其名分必尊於天國之相也

書曰享多儀儀不及物節。按孟子引此四句是雒誥今文書郊祀志引曰不享上增一惟字依張霸古文增之張霸古文惟不役志于享下增凡民惟曰不享句此句本多方篇文張重出於此不可通宋次道家古文凡享字皆作亯。按雒誥大意謂享禮最多儀儀不及物之多曰不享惟不肯用志於習享禮凡事皆差爽侮慢矣孟子釋以為其不成享謂儲子幣物有餘而禮儀不足不必親往謝也淳于髡曰先名實者為人也節○按此章是孟子於齊宣九年反齊始受卿職此時則致為臣而歸髡乃敢肆為此議也夫子在三卿之中○全氏祖望經史答問曰孟子之世七國官制尤草草國策中惟魏曾有司徒之官一見亦不足信大抵三卿者指上卿亞卿下卿而言而未嘗有司徒等名樂毅初入燕乃亞卿是其證也或曰一卿是相一卿是將而上下本無定員周氏柄中辨正云國策魏王使司徒執范痤鮑注云本周卿此主徒隸者然芒卯為魏司徒坐中用事此魏有司徒之證楚襄王立昭常為大司馬使守東地此楚有司馬之證史記趙世家惠文王四年公子成為相李兑為司寇此趙有司寇之證又楚有司馬名翦周有司寇名布皆見國策豈

可謂七國時無此官○按孟子為卿於齊本書自見何必多引齊雖僭王仍沿侯制止有三卿亞卿小卿皆上大夫稱卿者不得認亞卿為中卿如牧誓序司徒司馬司空方及亞旅亞即上大夫旅即中下大夫

五就湯三句○按鬼谷子忤合篇云伊尹五就湯五就桀然後合於湯鬼谷子頗先於孟子與孟子說合當出古傳記孟子就髠等所素知者引之為說亦不必論其事之果有無也

一者何也曰仁也四句○按趙注截一者何也為髠問曰仁也以下為孟子答辭文體破碎誤皆孟子自為問答之辭

曰魯繆公之時公儀子為政○史記循吏傳公儀休者魯博士也按檀弓有公儀仲子與子游同時鄭注魯公族因其以公為氏知之繆公時之公儀休當其後人春秋時無博士之

名史記誤以高第為魯相按春秋時亦無科第之稱奉法循理無所更變百官自正使食祿者不得與下民爭利受大者不取小又載遺魚不受事此襲韓詩外傳說又載拔園葵出織婦事此未詳所出亦不可信○說苑載公儀子與繆公論種圃擷己當溉喻取民取己當培又載魯君死左右請閉門休曰止池淵吾不稅蒙山吾不賦原注蒙山今四川雅州蒙頂茶○按當謂魯東蒙山注誤苛令吾不布吾已閉心矣何閉於門哉人云楚成王使魯為僕按楚成王與魯繆不同時妄公儀休曰不可不聽○孔叢子魯賢人有公儀僭者砥節勵行樂道好古不事諸侯子思與之友穆公因子思欲以為相曰公儀子必輔寡人三分魯國而與之一子思對曰如公之言則公儀子愈所以不至也云云按杜撰

子柳子思為臣。趙注子柳泄柳也朱註襲之按子柳是叔孫氏之裔別為叔仲氏世為魯臣泄柳是閉門不納未曾出仕者當分為兩人詳見公孫篇下。說苑雜言篇作子思子庚按子柳作子庚或傳會孔子弟子顏幸字子柳六典顏幸作顏辛繆公之世安得有孔子弟子。鹽鐵論引作子柳子原按原憲亦字子思因繆公欲友子思而不可得傳會為臣者為原思雖子思不臣魯亦欲詆毀孟子并舉其先師而斥之說士之口架以臣魯未嘗不可安必其言之不失實耶

魯之削也滋甚。鹽鐵論昔魯穆公之時公儀子為相子柳子原為之卿然北削於齊以泗為竟南畏楚人西賓秦國。按此襲淳于說而加甚其辭

曰昔者王豹處于淇二句。趙注王豹衛之善謳者淇水名衛詩竹竿之篇曰泉源在左淇水在右碩人之篇曰河水洋洋北流活活衛地濵於淇水在北流河之西故曰處淇水而河西善謳。按王豹齊景公臣淇本衛地衛靈時大河以北皆為晉有後范中行氏踞之與趙簡作難齊景助范中行輸粟於朝歌以濟之據左定四年齊謀救范中行氏小王桃甲入於朝歌杜注小王桃甲晉人按當是齊人哀六年景公卒齊陳氏殺王甲拘江說因王豹於句竇之邱按此三人皆景公武臣陳氏欲弱公室故或殺或拘禁之初使助范中行奪朝歌及范中行敗朝歌失守復歸於齊為齊人無疑然則自定四年至哀三四年猶處於淇盖十餘年之久矣。三輔録王豹出自單門張衡

傳王豹以清謳流聲。文選陳孔璋曰過高堂者效王豹之謳按引用淳于語誤臆淇為高堂

緜駒處於高唐二句。趙注高唐齊西邑緜駒處之故曰齊右善歌。韓詩外傳六卷淳于髡曰揖封生高商齊人好歌按揖封當綿駒之譌高商當高唐之譌。陸士衡吳趨行楚妃且勿歎齊娥且莫歌李善注齊娥齊后也孟子淳于髡曰昔緜駒處高唐而齊后善謳。按李善注誤即令當時傳本齊右作齊后亦謂齊國之北耳何以士衡用齊娥二字便知齊娥即齊后耶。按左莊元年晉伐齊至高唐杜注高唐在祝柯縣西北又左哀十年晉伐齊取犂及轅毀高唐之郭侵及賴而還按犂一名漯濟南有漯陰縣祝阿縣有轅城轅瑗音通漢置瑗縣屬平

原郡賴地近東昌府之高唐州今故高唐城在濟南府齊河縣正當齊國之西古以西為右

華周杞梁之妻三句○左襄二十三年齊莊公伐衛遂伐晉還自晉人不入遂襲莒門于且于（杜注且于莒邑名）傷股而退明日將復戰期於壽舒杞殖華還載甲夜入且于之隧（杜注隧且于隘道也）宿於莒郊明日先遇莒子於蒲侯氏（蒲侯氏莒地名）近莒子重賂之使無死曰請有盟華周對曰貪貨棄命亦君所惡也昏而受命未日中而棄之何以事君莒子親鼓之從而伐之獲杞梁莒人行成齊侯歸遇杞梁之妻於郊（梁戰死妻行迎喪）使弔之辭曰殖之有罪何辱命焉若免於罪猶有先人之敝廬在下妾不得與郊弔齊侯弔諸其室（按左傳止云杞梁妻無華周妻事）○檀弓哀公使人

弔蕢尚遇諸道辟於路畫宮而受弔焉曾子曰蕢尚不如杞梁之妻之知禮也齊莊公襲莒于奪康成謂于奪為且于之隧隧奪聲相近杞梁死焉其妻迎其柩于路而哭之哀此善哭之名所由起莊公使人弔之對曰君之臣不免於罪則將肆諸市朝而妻妾執君之臣免於罪則有先人之敝廬在君無所辱命○說苑齊莊公且伐莒為享五乘之賓而杞梁華周獨不與焉按五乘之賓據左襄二十三年傳序齊莊陳法先驅一申驅二貳廣三五啟右胠四大殿五皆具載其人將戰享軍士華周杞梁二人獨不與據左傳明日將戰期于壽舒明命之為先驅矣此說誤殖恥之歸而不食其母曰女生而無義死而無名則雖非五乘孰不女笑也女生而有義死而有名則五乘之賓盡女下也趣食乃行按添出其母作波瀾杞梁華周同車侍莊公伐衛遂伐晉取朝歌以報平陰之役平陰役在左襄十八年與

左合傳既還遂襲莒門于且于公傷股而還明日將復戰杞梁華周下戰獲甲首三百（添出與左傳不符）莊公止之與子同齊國杞梁華周曰君有五乘之賓而周梁不與焉是少吾勇也臨敵涉難止我以利是汙吾行也深入多殺者臣之事也齊國之利非吾所知也（添入對齊莊語杜撰）遂進鬬壞軍陷陳三軍勿敢當至莒城下莒人以炭置地隰侯重為石（又杜撰一隰侯重作波瀾）曰吾聞古之士犯患涉難者其去遂於物也（此句未亮）來吾踰子重仗楯伏炭二子乘之而入顧而哭之華周後息杞梁曰子無勇乎何哭之久也華周曰吾豈無勇哉是其勇與我同也而先吾死是以哀之莒人曰子無死與子同莒國杞梁華周曰去國歸敵非忠臣也去長受賜非正行也且雞鳴而期日中而忘之

非信也深入多殺者臣之事也莒國之利非吾所知也遂進鬬殺二十七人而死其妻聞之而哭隅為之崩城為之阤君子誠能形于内則物應於外矣（用淳于髡有諸内必形諸外語作結）又立節篇雜言篇華周作華舟周舟古通○漢書人表作華州師古云即華周○列女傳梁妻無子内外皆無五屬之親既無所歸枕其夫之屍於城下而哭内誠動人道路過者莫不為之揮涕十日而城為之崩既葬遂赴淄水而死云云（添出城崩投水杜撰）○琴操范杞梁妻嘆者齊邑范梁殖之妻所作也○古今注杞妻死其妹悲其姊之貞操乃歌名曰杞梁妻焉（按琴操古今注並出杜撰）

○按左傳及檀弓序杞梁妻事甚悉左傳雖不言善哭當時迎柩者紛紛而齊莊獨使人弔亦有以感動之矣至諸書所

述並不及華周妻淳于髡口帶序周妻非實事也

孔子為魯司寇節。說苑引燔作膰稅作脫太平御覽引同說苑。家語齊遺女樂魯君怠於政事子路曰夫子可以行矣孔子曰魯今且郊若致膰於大夫則是未廢其常吾猶可以止也於是不致膰俎孔子遂行。按朱子引世家入註王肅家語襲世家為之其實世家亦未喻此章之旨據儀禮凡儐尸時用異姓之上賓行三獻以膰肉炙肝載之俎以獻尸尸起出留賓餕尸之餘餕畢而出衆賓自徹其俎惟上賓之燔俎必使人徹之致諸賓館敬上賓之禮則然若是胙膰之膰次日始頒何不稅冕之有此為無禮之說也據聘禮凡聘使失儀君不親饗食然則助祭失儀亦不與為禮不使人致燔矣在魯君臣是禮貌稍衰在孔子則引為從祭失儀故燔肉不至趙岐注云知者以為為君無禮乃欲以微罪行燔肉不至我黨祭之禮不備有微罪乎乃聖人之妙旨不欲為誠欲急去也以誠訓茍最得孟子之意朱註改為不欲為無故而茍去茍亦訓誠孟子當日去齊止云王庶幾改之予日望之至今讀者仍不解欲改者何事關於國祚興敗存亡者何故其用意深厚與孔子同

孟子曰五霸者三王之罪人也○按五霸有三說據左成二年齊國佐曰五伯之霸也勤而撫之以役王命杜注夏伯昆吾商伯大彭豕韋周伯齊桓晉文詩正義引服虔說及應劭風俗通說並同三王既指三代則五霸不應獨指周霸據左昭

四年椒舉對楚子言六王二公二公亦指齊桓晉文但諸儒因五霸桓公為盛句疑桓文未必盛於昆吾大彭豕韋今據紀年及國語史伯篇考之其所臚列昆吾彭韋之功蹟實不如春秋所載桓文事詳且備朱註並列兩說前一說依趙注謂齊桓晉文宋襄秦穆楚莊後一說依左傳杜預注愚謂後說得之師古注同姓諸侯年表言周五霸以吳夫差易楚莊白虎通後一說以吳闔閭易宋襄荀子正論篇謂齊桓晉文楚莊吳闔閭越句踐董仲舒說同迄無定論愚謂孟子議論高出羣儒之表如夏霸昆吾為湯所滅商霸大彭豕韋為武丁所滅周霸齊桓晉文為其臣所簒令之諸侯又不及五霸遠甚豈敢自謂無罪當從朱註後說為長

天子適諸侯曰巡狩。按堯典云五載一巡狩據紀年堯即位之第五年一巡狩舜受錫命後之第五年一巡狩及卒因陟方而死魯語謂舜勤民而野死似五年必一巡狩或紀年不具載夏禹即天子位之第五年一巡狩會諸侯於會稽後不復見商湯即天子位之第八年初巡狩定獻令周武王十三年滅商為天子遂狩於管十五年初狩方嶽誥于沬邑成王八年始涖阼親政十九年巡狩侯甸方嶽以即政之年計為十二年一巡狩及穆王造周禮援此為例定為十二年一巡狩殷國為征犬戎起見不復至方嶽此改制之始也康成謂虞夏五年一巡商六年一巡周十二年一巡定為版例不盡可據諸侯朝於天子曰述職○按堯典云羣后四朝禮謂比年一小聘三年一大聘五年一朝與此不符不知古制諸侯服闋之年必一朝天子次年一小聘使大夫次年一大聘使卿即三年一聘也次年小聘次年親朝天子即五年一朝也自是之後每四年中初一年小聘次一年大聘次年小聘次年親朝所謂羣后四朝謂四年中必有一朝朝于春則與春祭朝于夏則與夏祭四時皆然第一年合朝期之諸侯來不合朝期者不必來非康成四方分來之説也至春秋之世天子不巡狩諸侯亦不朝天子桓文乃假古上公代天子巡狩禮令諸侯五年必一朝會已定其職貢歸之天子左傳云自古以來未之或失是也康成不曉斥為晉襄創制又謂諸侯無朝天

子禮止有朝方伯禮皆說之謬誤者不可不知

入其疆土地辟一段○堯典大傳古者諸侯之於天子也三年一貢士按諸侯之上卿三命與王王王朝上士同王朝則謂之士天子命與諸侯輔助為政所以通賢共治示不獨專重民之至大國舉三人次國舉二人小國舉一人謂公侯國分三等伯子男國無命卿一適謂之攸好德鄭注適猶得也按適謂合於用再適謂之賢賢三適謂之有功有功者天子賜以車服弓矢再賜以秬鬯三賜虎賁百人號曰命諸侯命諸侯得專征者隣國有臣弒其君孽伐其宗者弗請於天子征之而歸其地於天子可也有不貢士謂之不率正者天子絀之絀即黜字一不適謂之過再不適謂之敖三不適謂之誣誣者則絀之一絀少絀以爵再絀少絀以地三絀而爵地畢也按此

條專就尊賢言之與孟子說合。書大傳見諸侯問百年按此兼養老言太史陳詩以觀民風俗命市納賈古價字以觀民好惡山川神祇有不舉者為不敬不敬者削以地宗廟有不順者為不孝不孝者黜以爵變禮易樂者為不從不從者君流改制度衣服者為畔畔者君討孟子天子討而不伐討字本此有功者賞之書曰明試以功車服以庸。按此條比孟子說更詳

一不朝則貶其爵三句。書大傳諸侯執所受圭以朝於天子瑞也者屬也無過行者得復其圭以歸其國有過行者留其圭能改過者復之三年圭不復少黜以爵六年圭不復少黜以地九年圭不復而地削此謂諸侯之朝於天子也義則見屬不義則不見屬。按大傳是論三載考績法孟子是論朝

天子法四年必一朝天子春秋時朝禮已不行皆在六師移之之列矣

葵邱之會諸侯。左僖九年夏會于葵邱尋盟且修好禮也王使宰孔賜齊侯胙下拜登受九月戊辰諸侯盟于葵邱曰凡我同盟之人既盟之後言歸于好（此三句與孟子合左傳獨脫去五命孟子當有據足補其闕）宰孔先歸遇晉侯曰無可會也齊侯不務德而勤遠略故北伐山戎南伐楚西為此會也（此葵邱在西之證）東略之不知西則否矣晉侯乃還。按水經注謂葵邱在汾陰是也杜預謂葵邱不知晉侯聽宰孔之說故出而仍還全謝山謂宰孔言若在汾陰則晉為地主夏會秋盟豈有不與之理故主外黃之西略若外黃當云東略駁杜注甚當據國語云西征攘白翟之地至于西河（即龍門西河）方舟設泭乘桴濟河至于石抗懸車束馬踰大行與辟耳之谿拘夏（謂拘執大夏之戎）西服流沙西吳（西吳）（太伯故國近吳嶽）反胙於絳（謂反時接受宰孔所賜胙）嶽濱諸侯（嶽濱謂霍太嶽之濱）莫不來服方接序葵邱之會天子使宰孔致胙事是先會於汾陰之葵邱西征反受胙於絳九月復盟葵邱也當指汾陰言

束牲載書而不歃血○趙注束縛其牲但加載書不復歃血據毛氏經問閻氏釋地皆謂載書二字為實字趙注於載書之上着一加字為不辭近說謂趙氏有疊字為訓之例以加釋載謂加載此盟書於牲體之上也得之

初命曰誅不孝無易樹子無以妾為妻○誅不孝按左傳周文公作誓命曰毀則為賊謂諸侯之子必誓於天子謂之樹子

許其襲爵其毀壞為子之則者謂之賊子法得而誅之孔本趙注作得專誅不孝是毛氏汲古閣本作不得專誅不孝增一不字取與無得擅易樹子不得立愛妾為妻為一例誤據周禮凡經誓於天子之于隣國接之禮下其君一等若未命於天子接之與卿禮同與左傳合凡諸侯以私愛自立為嗣子未命於天子不得同此例至妻妾之名分定於行六禮受聘時以妾為妻即是變易王法

再命曰尊賢育才二句。按此主卿大夫世祿班言如晉悼公新政所舉皆民譽是尊賢也設公族大夫教訓卿大夫之士庶子是育才也 正彰顯其祖宗有世德因得世襲

三命曰敬老慈幼二句。按敬老慈幼應依司徒職之保息六

解之無忘賓旅應依野廬職之委積送迎解之

四命曰士無世官四句○按士無世官當指諸侯國選舉班之公士大夫言王朝世襲之三公八命其鄉老選舉之三公止四命諸侯之孤卿稱公者四命選舉班之國三老稱公者止二命爵雖爲公其實僅比王朝之二命士故謂之公士其三卿之鄉大夫稱卿卽上大夫實比王朝之一命士皆以士統之命止及身不世襲故曰士無世官趙邠卿不曉此注云仕爲大臣不得世官賢臣乃得世祿因改士爲仕誤朱註襲趙注云士世祿而不世官恐其未必賢皆因康成注周禮儀禮不知以命數分尊卑故後來儒者多不曉此○按官事無攝者自穆王制周禮於六官首一條序下大夫四人上士八人

中士十六人下士三十二人是一官六十人合六官共三百六十人而鄉老一條亦具三百六十人即度邑鮮所謂登進天民名三百六十夫名古命字謂命三百六十人使之佐世襲者領三百六十官也據周禮選舉班將近萬餘人猶今之鄉紳而授以官者止三百六十即齊語三選三升法三升則得為上卿之贊是齊桓用穆王法治齊之證所以管仲初見齊桓即勸以法昭王穆王明載於齊語但讀者忽略未細考耳孔子論管子亦謂管氏有三歸官事不攝斥其用穆王登進選舉之制與孟子此條合為一綫○按取士必得者亦指選舉班言周禮選舉行於六鄉諸侯應設三鄉據齊語管仲將齊分為三公領五鄉高子領五鄉國子領五鄉共為士鄉

十五每鄉二萬五千家合五鄉為一鄉是一鄉為十二萬五千家三鄉共三十七萬五千家周禮外一層分為六遂管仲分為五屬以六遂為一遂約四十餘萬家鮮周禮者鄉離王城百里共地四同遂離王城百五十里共地五同亦應以五鄉為一鄉六遂為一遂解之方合據其地之廣可知其能容此數也其取士之法所謂聰慧即以德舉者所謂孝弟即以行舉者所謂拳勇即以射御舉者詳見齊語與司徒職合即選士必得之說。按無專殺大夫專猶擅也上文士無世官既以王朝所謂士言此大夫亦應以四命大夫言九命公國之上卿有五命者七命侯國之上卿有四命者如晉侯國趙宣韓起皆四命上卿來聘於鄭出其封疆鄭加一等禮以五牢五獻接之晉作新軍設六卿其不命之卿止二命耳魯皆賜之以三命之服然則稱大夫當指四命卿言經王朝命之佐治無得擅殺朱註謂有罪則請命於天子而後殺之是也五命曰無曲防三句。按無曲防趙注謂無敢違王法而以己曲意設防禁誤朱註謂不得曲為隄防壅泉激水以專小利病鄰國也得之。按無遏糴朱註鄰國凶荒不得閉糴也。按無有封而不告趙注謂無以私恩擅有所封賞而不告盟主據齊國佐云五伯之霸也勤而撫之以役王命此解為告盟主未協朱註謂不得專封國邑而不告天子得之。按近說據偽管子大匡篇證管仲所行之政與孟子所述五禁相符一云適子不聞孝者誅即誅不孝也據喪服傳有適子被廢父為之降服大功立為世子父為之期年此適子無必為世子之證豈不聞其孝遂執而誅之乎一云毋專立妾以為妻即無以妾為妻也據昏禮為妻為妾定於初行六禮時經聘而迎來者為妻隨行者為妾豈立為妻亦出于天子而以專立妾責之耶專字不辭一云毋專殺大臣即無專殺大夫也改大夫為大臣未協一云毋貯粟即無遏糴也按貯粟即常平法何嘗不好但不當遏隣國令不得糴耳一曰毋國勞即無有封而不告也豈諸侯能奪人國為賞功之典乎此皆襲孟子而不得其解者不可通至公羊傳以封夷儀封楚丘為齊桓專封貶之據邢及衛並為狄所滅齊桓會諸侯救之而遷其國都正從王命之大節目安知其不告於天子而遽

貶之世謂公羊親授經於子夏愚不敢信矣○按近說謂五
禁齊桓自立法而自犯之如齊桓與管仲立孝公為樹子已
屬於宋襄公矣後因狄牙薦味復許立無虧及將死五公子
皆求立此易樹子之證也按此是管仲死後齊桓老旄所致
據其會首止以定王世子之位洮使周天子亦無得易樹子
之證乎一謂桓多內寵如夫人者六人然謂之如夫人未必
立六夫人也據高國二卿世守卿職而任管仲隰朋賓須無
是能尊賢也據齊語班序顛毛為民紀統是能敬老也滋民
無財而敬百姓是能慈幼也垂橐而入捆載而歸是無賓忘
旅也其取士也凡為義好學慈孝父母聰慧質仁股肱拳勇
者每月必書之即周禮登進賢良法也獨緯書謂移河為界

在齊呂填闕八流以自廣九河為齊國地倚填闕八流由於齊桓比曲防為更甚矣抑知緯書起於兩漢自戰國梁惠王引黃河通圃田下合鴻溝河既南泄八流自然闕塞今據齊語桓公反燕魯衛等侵地使海於有蔽河於有隋環山於有牢謂使國近海者有海為障蔽國近河者有河為隋聚山近海者皆得環山築牢盈以晒鹽作緯書者誤解此蔽隋二字謂齊桓填闕之妄矣

魯欲使慎子為將軍。趙注慎子善用兵者滑釐慎子名朱註慎子魯臣滑釐慎子名。按趙因其為將軍知其善用兵朱子因魯欲使知其為臣其自稱為滑釐知滑釐其名皆據經文推測得之。薛應旂人物備考慎子學於墨子弟子禽滑釐之術按莊子云不顧於慮不謀於知於物無擇與之俱往古之道術有在於是者彭蒙田駢慎到聞其風而悅之與荀子所論大槩同謂學法家之術無學於禽滑釐之說滑釐等三百人善守禦此句見墨子謂能為其師墨翟守宋城為節用此墨子書篇名自言能不戰而屈人之兵墨子自謂善守作非攻篇斥世好攻戰魯平公因齊湣王之亂欲使慎子伐齊取南陽孟子自齊歸於魯孟子歸魯當齊宣時不當齊湣時此沿史記之誤語之曰不可慎子曰此則滑釐所不識也蓋禽滑釐其所尊尚故曰慎子聞宋牼之風而悅此句見莊子稍稍以禁攻寢兵為尚故伐齊之事旋亦中止。按慎到趙人見史記孟子列傳此慎子名滑釐不得傅會為慎到此其一史記謂慎到學黄老道德之術著十二論漢書藝文志法家者流有慎子四十二篇名到先申韓申韓稱之是長於刑名者不當使之為將軍此其二且墨子微後於孔子慎到聞宋鈃之風而悦之又後於孟子安得師事禽滑釐而稱其師名以拒孟子不可合者此其三薛氏説非是○吳昌宗經註集證按吳語吳子陳士卒百人以為徹行十行一嬖大夫十旌一將軍韋昭注將軍命卿也淮南子趙文子問於叔向曰晉六將軍其孰先亡乎高誘注六將軍韓趙魏范中行智伯也全氏祖望曰七國以前將軍之名見於傳者三其一為左傳則魏舒其一為檀弓則衛之文子皆春秋之季其一國語鄭以詹伯為將軍則在成襄以前

○按周禮司馬序官云將軍皆命卿必不命於天子方得立軍使之將軍及春秋之世多自作軍其領軍之卿不盡命於天子亦稱將軍如晉作六軍其新軍三卿豈皆命於天子乎

所以罷新軍左傳稱為禮至戰國時之將即將軍皆諸侯王自命之矣

一戰勝齊遂有南陽○趙注山南曰陽岱山之南謂之南陽也○全氏經史答問齊之南陽一見公羊傳高子將南陽之甲以城魯一見國策所云楚南陽陽閻百詩以為泰山之陽本是魯地時久為齊奪者似得之先生以為南陽即汶陽其說何所據曰以漢地志及水經合之左傳便自了然蓋山南曰陽水北亦曰陽汶水出泰山郡之萊蕪縣萊門在此當西南過嬴縣孟子止于嬴在此桓三年公會齊侯於嬴又西南過牟縣故魯之附庸又東南逕泰山又東南逕龜陰之田即定十年齊所歸又東南逕明堂即齊宣欲毀者又西南逕徂徠山即魯頌徂徠之松又南流

逕陽關即襄十年逆臧孫之地（即陽虎居以為政者）又南逕博縣即哀十一年會吳伐博又南逕龍鄉即成二年齊侯圍龍又南逕梁父縣之菟裘城即隱十一年所營者又西南過剛縣漢之剛即春秋之闡其西南即汶陽之田又西南則棘即左成三年所圍又西南為遂即莊十三年齊所滅又西南為下讙即桓三年齊侯送姜氏之地又西南為郈即叔孫邑又西南為平陸（即孟子所之之平陸）凡鄆讙龜陰陽關皆齊魯接境地皆汶陽之田恙在泰山之西南則汶陽非即南陽乎

周公之封於魯也八句○按周公之原封本在河南幽邱城地方百里即魯陽在汝陰及周公有平商奄功成王乃封其元子伯禽於魯其次子君陳世襲幽邱稱周平公見紀年太公

之原封本在呂及太公佐武王滅蒲姑武王乃封其元子呂伋於齊以蒲姑城為都其次子呂他世襲封呂即東呂鄉後為莒所得亦古齊地周公尚有六子凡蔣邢茅胙祭皆有封國未嘗踰一同之地禮記明堂位謂魯方七百里七七四十九同豈其然乎康成又據周禮為傅會謂上公地方五百里是五五二十五同四十九同除二十五尚餘二十四同為附庸按附庸大者方三十里中二十里小十五里一同約可封二十餘附庸二十四同附庸豈魯有五百餘附庸而左傳皆不一及乎子產謂大國不過一同田穰苴小司馬法本之周禮亦云列國以一同為限可知康成是誤解周禮借明堂位篇證成其說其實明堂位是魯儒誇誕之辭不盡可信也

今魯方百里者五。按方百里者五是其地五同以開方計之為方二百四十一里有奇并春秋時所滅九國合計不過五倍其故封自康成以方百里者五傅會為方五百里差之甚遠。顧棟高春秋大事表云伯禽初封曲阜今為山東兗州府曲阜縣隱二年入極十年敗宋師于菅辛未取郜辛巳取防僖十七年滅項三十三年伐邾取訾婁文十年伐邾取須句宣四年伐莒取向宣九年取根牟十年伐邾取繹成六年取鄟襄十三年取邿二十一年邾庶其以漆閭丘來奔昭元年伐莒取鄆四年取鄫五年莒牟夷以牟婁及防茲來奔十年伐莒取郠三十一年邾黑肱以濫來奔哀二年伐邾取漷東田與沂西田三年城啟陽哀十七年越使后庸來言邾田二月盟於平陽平陽本邾邑為魯所取魯在春秋實兼九國之地極項鄟邿根牟魯所取也向須句鄅鄫則邾莒滅之而魯從而有之也○按近朱石君先生曾約計故魯地自東至西不過四百里自北至南亦不過二百里不能方也雖今里數微長亦僅五同之地據趙注謂周公太公地尚不能滿百里儉而不足也後世兼侵小國今魯乃五百里矣按注五百里句欠明白不如經文方百里者五著語確鑿也

白圭曰○趙注白圭周人也節以貨殖欲省賦利民使二十而稅一○朱註白圭名丹周人也○按國策鮑彪注謂魏人據其用事於魏最久鮑注得之朱註襲趙注趙注蓋沿史記之誤○史記白圭周人也未詳所據當魏文侯時李克務盡地力據漢

食貨志謂魏文侯時李悝作盡地力之教後來白圭祖之此訛作李克并謂白圭為文侯時人誤而白圭樂觀時變故人棄我取人取我與歲熟取穀與之絲桼繭出取帛絮與之食李悝法詳梁惠王篇上太陰在卯明歲衰惡至午旱明歲美至酉穰明歲衰惡至子大旱明歲美有水至卯積著率原注歲後二辰為太陰太陰三歲處全則穰三歲處水則毀三歲處木則康三歲處火則旱凡十歲二則饑○按原注與文義不符誤此即醫書靈樞經六氣之說太歲在巳亥之年為風木司天主穰即太陰在卯酉也明年太歲在午子為君火司天主衰惡即太陰在辰戌也明年太歲在未丑為濕土司天為平歲即太陰在未丑也明年太歲在申寅為相火司天主旱即太陰在午子也明年太歲在酉卯為燥金司天主美即太陰在丑未也明年太歲在戌辰為寒水司天主水毀即太陰在申寅也總而言之太陰在酉卯則穰明歲在戌辰則衰惡太陰在子午則太旱明歲在丑未則美又明歲在寅申則有水有水上脫明歲二字復至卯則輪完積年皆如此著之為法率是十二年中遇君火相火司天兩年歲必衰惡且旱比今法丙丁主旱較驗存之歲倍欲長錢取下穀長石斗取上種謂豐年倍收欲

長價錢取下等穀藏之遇凶年則得貴價欲長石斗令穀多取上等穀種藏之欲得種者自願出多穀以換之能薄飲食忍嗜欲節衣服與用事僮僕同苦樂趨時若猛獸摯鳥之發故曰我治生産猶伊尹呂尚之謀孫吳用兵商鞅行法是也據年表商鞅卒于梁惠王二十二年此引商鞅為説則非魏文侯時人明甚是故其智不足以權變勇不足以決斷仁不能以取予强不能有所守雖欲學吾術終不告之矣蓋天下言治生祖白圭白圭其有所試矣能試其所長非苟而已也。國策白珪事魏昭王鮑彪注白珪魏人也。按昭王襄王子紀年稱襄王為今王不著謚韓成陽君欲以韓魏聽秦昭王弗利白珪謂王曰王不如陰使人説成陽君曰君入秦秦必留君而多割於韓韓不聽秦必留君而伐韓矣故君不如安行求質於秦成陽君必不入秦秦韓不合則王重矣。韓非子白珪相魏暴譴相韓珪謂譴曰子與韓輔我於魏我請以魏待子於韓我長用魏子長用韓。國策白圭謂新城君曰夜行者能無為奸不能禁狗使無吠也故臣能無可議不能禁人議於已也。呂氏春秋白珪問於鄒公子夏后啟曰踐繩之節四上之志按此二句當隱士志節欲借此以難夏后啟其事未詳三晉之事此天下之英豪以處於晉而迭聞晉事未嘗聞踐繩之節四上之志願得而聞之夏后啟曰以為可為故為之天下弗能禁矣以為不可為故釋之天下弗能使矣珪曰利弗能使乎威弗能禁乎夏后啟曰生不足以使之則利何足以使之死不足以禁之則害何足以禁之珪無以應。人呂氏春秋孟嘗君問於白圭曰魏文侯名過於桓公而功不及五伯何也圭對曰魏文侯師子夏友田子方敬段干木此名之所以過于桓公也卜相則曰成與璜孰可（謂魏成翟璜）此功之所以不及五伯也以私愛妨公舉在職者不堪其事故功廢而名號顯榮者三士翊之也如相三士則王功成豈特伯哉○呂氏春秋白圭新與惠子相見也（惠施為梁惠王襄王時人）惠子說之以強白圭無以應白圭告人曰人有新娶婦者婦至宜安矜（宜安詳矜慎）煙視媚行豎子操蕉火而鉅新婦曰焦火大鉅入於門門中有歛陷新婦曰塞之將傷人之足此非不便之家氏也然而有太甚者今惠子之遇我尚新其說我有太甚者惠子聞之曰不然詩曰愷悌君子民之父母愷者大也悌者長也君子之德長且大者則為民之父母父母之教子也豈待久哉何事比我

于新婦乎（按亦見國策但國策不著白圭名）○呂氏春秋白圭謂魏王曰市丘之鼎以烹雞多洎之則淡而不可食少洎之則焦而不熟然而視之蝺然矣無所可美惠子之言有似於此惠子聞之曰不然使三軍飢而居鼎旁適為之甑則莫宜此鼎矣白圭聞之曰無可用者意者徒加其甑耶○鄱陽獄中上書白圭戰亡六城為魏取中山又曰白圭顯於中山中山惡之魏文侯文侯投以夜光之璧○按鄱陽書以樂羊事移之白圭乃在獄時臆記之誤世疑魏文侯時別有一白圭非也一據戰國策魏將樂羊攻中山文侯賞其功而疑其心韓非子說同一據呂春秋樂羊得中山反報文侯有貴功之色文侯命主書舉兩篋以進盡難攻中山之事也一據史記翟璜曰君伐

中山臣進樂羊據此四書是為魏文取中山者樂羊也白圭是魏惠王襄王時人昭王時尚在因知史記說誤

欲輕之於堯舜之道者四句。尚書大傳古者十稅一多於十稅一謂之大桀小桀少於十稅一謂之大貊小貊王者十一而稅而頌聲作矣故書曰越維有胥賦小大多政。按貊即貉字伏生此傳引孟子為說引多方此句是令文書張霸古文改作粵惟有胥伯小大多正非也大意謂殷之多士我有周用汝為閭胥等職掌賦斂辦小大各項政務爾罔不能奉法者亦將來拔用之此周公初定徹法十分取一民感其德故頌聲作。公羊宣十五年傳古者什一而藉（謂藉民力耕田依年之上下出稅法皆什分收一）古者曷為什一而藉什一者天下之中正也多於什一大桀小桀少於什一大貉小貉亦本孟子為說。按謂創始者為大桀大貉，效法者為小桀小貉。

白圭曰：丹之治水也愈於禹。○韓非子喻老篇：千丈之隄以螻蟻之穴潰。故曰白圭之行隄也塞其穴，丈人之慎火也塗其隙，是以白圭無水難，丈人無火災。按紀年梁數被水災，何得云無，說見下。○紀年：魏惠王六年夏四月，徙都於大梁。此魏改梁之始。為十年入河水於圃田。當是開浪蕩渠引大河水入鄭之圃田澤。又為大溝而引圃水。大溝當即鴻溝，又開鴻溝引圃田水繞大梁城之西南，下合汳水趨宿遷，汳即汴字。十二年楚師出河水以水長垣之外。龍賈帥師築長城於西邊。長垣即春秋時之匡邑，楚師決河隄以浸長垣。梁乃使龍賈作長隄於大梁城之西以捍河水。三十一年三月，為大溝於北郛，以行圃田之水。又作大溝引圃田水繞大梁城之北，轉東南流，仍下合汳水，因大梁平坦，借溝為捍蔽也。今王十年十月大霖雨疾風河水溢酸棗郛今王襄王也因大霖雨河水溢酸棗郛酸棗縣在大梁之西南。按酈道元水經注謂汴河為大禹所開滎澤為大禹所塞近儒胡氏渭作禹貢錐指一書極其詳博推得蒗蕩渠當起自戰國因不考紀年不知其創自梁惠及白圭也蒗蕩既開引大河極濁之水入河南滎澤為河埿所塡安得不塞為平地自是其大溝日流而深日崩而廣自鄭而陳而宋而魯悉為泛浸凡在大梁之下流皆化為魚矣據國策云決白馬則魏無成皋謂決滑縣白馬驛之河隄則成皋盡為淹沒而下汎於宋魯矣又云決宿胥之口則魏無頓邱按胡朏明謂周定王五年大河徙因之宿胥口塞非也當是魏塞之據水經注淇水條下云一枝出河內即淇口一枝為白溝白溝或經白圭所開故得白名宿胥口既塞不得不開多一溝以泄淇水若決宿胥所塞口則衛之頓邱必皆淹沒是蘇代就魏當時最險處嚇之也孟子以隣國為壑之説正中白圭之病似預知其禍貽害無窮矣據其以善治生産比於伊呂以善觀時變比於孫吳商鞅此又以能開溝渠作隄防比於大禹誇張口脗千古如繪也

孟子曰君子不亮惡乎執。趙注亮信也音義惡音烏。朱註亮信也與諒同惡平聲。按何異孫十一經問對去問此惡字作平聲還作去聲對曰亮與諒通孔子曰豈若匹夫匹婦之為諒也又曰君子貞而不諒諒者信而不通之謂君子所以不諒者非惡乎信惡乎執也故孟子又曰所惡執一者為其賊

道也。按朱註依趙注讀惡平聲可通何氏讀惡去聲與論語君子貞而不諒孟子言不必信行不必果語意皆合比舊說爲長存之

則人將曰訑訑。趙注則其人將曰訑訑賤他人之言訑訑者自足其智不嗜善言之貌。音義訑張吐禾切丁云此字音他又達可切。按說文作詑方言作訑並訓欺音怡燕策作訑與孟子合亦訓欺據趙注賤他人之言是從他字會意張吐禾切丁公著音他並依趙注作音朱註從說文音移參偽孫疏之說未協

陳子曰古之君子何如則仕章。按朱註以言將行其言也貼見行可之仕以迎之致敬以有禮貼際可之仕以周之亦可

受賄公養之仕甚得孟子著書之意君子蓋暗指孔子也與君子之澤君子阨于陳蔡之間皆指孔子言

傅説舉於版築之間。紀年武丁元年王即位居殷命卿士甘盤按國語云卿士患之指甘盤言張霸造説命改作羣臣誤三年夢求傅説得之按毋佚今文書是三年不言之後始得傅説與此合六年命卿士傅説視學按禮記所引兑命多傅説視學之文張霸竊之為武丁命書辭句多塗改誤。國語白公子張對楚靈王曰昔殷武丁能聳其德至于神明按指夢與天通言以入於河自河徂亳謂以能入河內就學于甘盤後自河內歸亳聽於冢宰三年並得甘盤之力于是乎三年默以思道謂三年之後仍默不言精思治道卿士患之卿士謂甘盤曰王言以出令也若不言是無所稟令也武丁於是作書曰以余正四方余恐德之弗類類善也茲故不言如是而又使以夢象求四方之賢聖得傅說以來升以為公為三公而使朝夕規諫必交修余無余棄也○按此序舉傅說事最明白不得信張霸偽書之說○墨子昔者傅說居北海之州按尸子亦云傅說在北海之洲與墨子合近說皆謂在平陸顛軨阪不可信圜土之上衣褐帶索庸築於傅巖之城武丁得而舉之立為三公○離騷說操築於傅巖兮武丁用而不疑○按墨子尸子離騷三書頗為近古據墨子是說為司圜小吏掌教罷民領其衆庸築於傅巖城至屈原乃有自操版築之說史記謂胥為胥靡罪人皇甫世紀謂夢見蒙胥靡之衣康成謂胥靡為相隨坐之刑晉灼注漢書用之愚據左傳考得胥靡是地名半屬東周半屬鄭原東虢故土非西虢也是史記世紀之說並出傅會又據丹朱初封於丹淵後丹朱之神降於莘

丹即鄭鄭鄬蔽補丹之丹與鄭前之華相枕周帥丹朱之系傅
氏雍姓者往祭之見國語堯本祁姓故氏祁與雍故與傅皆
一聲之轉是傅為堯裔然則傅巖為傅氏故土即鄭之脣靡
為東虢地何得移之西虢斥為顛軨阪耶據版築之間四字
與畎畝之中魚鹽之中為一例謂由司圜小吏拔之升朝也
○尚書後案云荀子非相篇言傅説之狀身如植鰭楊倞注
植立也如魚之立然則説形本異故可形求按國語謂以夢
象求之是繪其形象何必并繪其身以説本荀子姑存之
膠鬲舉於魚鹽之中○趙注殷之賢臣遭紂之亂隱遁為商文
王於鬻販魚鹽之中得其人舉之以為臣也○按朱註因之
删以為臣也四字趙氏注本之吕氏春秋誠廉篇吕氏謂文

王舉之於殷與孟子言箕子膠鬲相與輔相之故久而後失之事蹟相合羅泌國名紀膠膠草國今沛之公邱本膠國通典謂萊之膠水為古膠東國括地志謂膠東南六十里為即墨城據齊語齊魚鹽之利出於東萊通典說得之據左傳海之魚鹽舟鮫守之或膠鬲為舟鮫小吏為文王所得舉進之紂趙注以為臣也四字似為文王臣朱子刪之極協

孫叔敖舉於海○左宣十一年令尹蔿艾獵城沂事三旬而畢不愆於素杜注蔿艾獵孫叔敖也按楚有薳氏薳與蔿通據宣十二年傳蔿敖為宰楚之太宰其位在令尹之下孔疏引世本云蔿艾獵為蔿敖兄然則此令尹即孫叔敖但舉其官此蔿艾獵即蔿敖之兄但舉其名不及其官是二人共城沂杜預合蔿

艾獵爲敖爲一人指爲孫叔敖誤○左宣十二年楚子圍鄭夏六月晉師救鄭及河聞鄭及楚平荀林父欲還隨武子士會曰蔿敖爲宰杜注宰令尹蔿敖孫叔敖○按宰太宰也位在令尹下蔿敖據世本蔿艾獵弟也杜注謂孫叔敖誤擇楚國之令典百官象物而動軍政不戒而備能用典矣此論蔿敖爲宰事其君之舉也內姓選於親指蔿艾獵爲敖皆楚同姓言外姓選於舊指孫叔敖言禮不逆矣典從禮順若之何敵之彘子先縠曰不可以中軍佐濟師遂濟聞晉師既濟楚子欲還嬖人伍參欲戰令尹孫叔敖弗欲楚子又使人求成於晉晉人許之盟有日矣晉魏錡欲敗晉師請致師弗許請使許之請戰而還趙旃請挑戰弗許請名盟許之晉人懼二子之怒楚師也使軘車逆之潘黨望其塵使騁而告曰晉師至矣楚人遂出陳

孫叔敖曰進之盜我薄人無人薄我遂疾進師車馳卒奔乘晉軍桓子不知所為鼓于軍中曰先濟者有賞○荀子孫叔敖期思之鄙人也突禿長左軒較三下而以霸楚突禿頭無髮也左長右足跛也軒較三下謂三起下始進一步也○淮南子孫叔敖決期思之水而灌雩婁之野莊王知其可以為令尹按雩婁地名見左昭五年傳在漢霍邱縣西即安豐○呂氏春秋孫叔敖沈尹莖相與友莖遊於郢五年荆王欲以為令尹辭曰期思之鄙人有孫叔敖者聖人也王必用之云云○列子孫叔敖將死戒其子曰王亟封我矣吾不受我死王必封汝汝必無受利地楚越之間有寢邱者地不利而名惡楚人鬼而越人禨可長有此也叔敖死王以美地封其子子不受請寢邱與之至今不失按呂覽說同寢邱即沈邱在固始縣西北七十里有

期思故城是其故土封之以○韓非子莊公既勝莊公即莊王既勝謂左宣十二年鄭之勝也其說與列子異狩於河雍歸而賞孫叔敖孫叔敖請漢間之地固始縣在汝陰汝水之南為淮水淮水南為漢水寢邱在漢之北即漢陽也楚法祿臣再世而收其地唯叔敖不收者瘠也故九世而祀不絶○按列子謂叔敖死後楚王始封其子史記滑稽傳謂優孟感動楚王乃封之漢延熹三年所立叔敖碑襲滑稽傳為之而加詳不盡可信其起家海濱之說首見於淮南據水經注淮水東逕新息縣南即故息國又東逕光山縣即故弦國又東逕合壂水合壂水在光州即故黃國又東逕白城南即白公子張采又東逕期思縣期思本周公子故蔣國為楚所滅今固始縣有期思故城又東潁水西北來注之潁水入淮又東逕壽春縣北肥水注之按壽春南有芍陂亦曰期思陂叔敖決期思水灌雩婁是引淮

汪合肥由巢湖入江以此見其能故楚莊舉之期思不近海但離淮出海處不遠故云舉於海蔿敖是楚世家世為司馬自蔿呂臣至蔿賈為司馬蔿艾獵蔿敖皆蔿賈子蔿子馮為蔿敖子亦為司馬並見左傳安得有封寢邱之說足證杜汪之誤矣

入則無法家拂士○音義拂音弼○朱註拂與弼通○荀子臣道篇有能抗君之命竊君之重反君之事以安國之危功伐足以成國之大利謂之拂按說苑臣術篇襲此改拂作弼又云諫爭輔拂之人社稷之臣也恭敬而遜聽從而敏事聖君之義也忠信而不諛諫爭而不陷事中君之義也書曰從命而不拂微諫而不倦為上則明為下則遜張霸撰伊訓改拂作咈見說文凡

輔拂字皆改作弼。賈子保傅篇潔廉而切直匡過而諫邪者謂之拂拂者拂天子之過者也今保傅篇入大戴亦改拂作弼。吹劍録拂士當如詩四方以無拂音咈謂其忠鯁咈逆人意足相儆戒若依註作弼則凡有位者皆弼士何足以與法家敵國並言。按拂為古字改拂作咈及以弼代拂皆起於張霸古文書當依孟子作拂如字讀之為得

然後知生於憂患二句。趙注故知能生於憂死亡也亡其知能也。音義知丁依注音智陸如字。荀子注引作智生於憂患。按然後知三字是轉捩語依趙意亦謂然後知智能生於憂患而亡於安樂也丁公著誤音知作智陸德明讀知字得之趙註與全章語意皆相應朱註直依生死字釋之緊

項國恒亡說亦可通

四書擁解録卷二十五

吳川吳懋清迴溪著

盡心篇上

孟子曰盡其心者知其性也章○按朱註以知性知天貼智存心養性貼仁知天至殀壽不貳為智之盡即是有定見事天至脩身以俟死為仁之盡即是有定守勇亦在其中與中庸三達德之序合是孟子得子思之傳七篇中多引中庸亦可見矣

孟子曰求則得之章○集註考證兩是求字皆作一讀其上二句皆古常語○翟氏考異按荀子不苟篇操之則得之舍之則失之文子符言篇求之有道得之在命全氏謂上文皆古

語不虛也

孟子曰待文王而後興者凡民也○按文王作人之化千古僅見如於論鼓鐘於樂辟雍修文教也成人有德小子有造育賢才也追琢其章金玉其相琢之磨之也鳶飛戾天魚躍于淵鼓之舞之也至王國克生維周之楨無不興起者矣詩緯云文王見禮壞樂崩道孤無立故設禮經三百威儀三千此言確有來歷據中庸云行其禮奏其樂謂行奏文王之禮樂周頌云駿惠我文王曾孫篤之謂制作告成大順我文王之意而為之重孫又篤行之孟子此章為激發後進而言其生平自奮之志亦於此可見

若夫豪傑之士○趙注豪傑才之千萬於凡人者○按鶡冠子

能天篇德千人者謂之豪呂氏孟秋紀高誘注才過萬人曰
傑為趙注所本
如其自視欿然。張鎰云欿音坎朱註因之。按國策云門中
有欿陷新婦曰塞之將傷人之足欿即坎字毛詩坎坎伐輪
兮韓詩作欿欿欿然是活字與坎音通
孟子曰人之所不學而能者其良能也章。按王陽明提良知
二字為宗旨聳動一世認心之虛靈處為性悞謂知善知惡
是良知為善去惡是格物謂屏除一切外物為格物獨不及
良能孟子謂不學而能為良能不慮而知為良知知之能之
者性本善也不慮而知不學而能者才亦善也宋儒疑落在
氣質未必皆善直是此關打不破王陽明欲屏除外物不知

萬物皆備於我本無内外也

有天民者節。焦氏循曰莊子庚桑楚篇人之所舍謂之天民天之所助謂之天子郭象注出則天子處則天民此二者皆以泰然而自得之非為而得之也又列子楊朱篇稱舜禹周公為天人稱孔子為天民之遑遽者稱桀為天民之逸蕩者紂為天民之放縱者當時稱天民者有異説故孟子明之。按天民二字見度邑解云厥徵天民名三百六十夫謂徵聘天民命三百六十夫使治三百六十職命訓解云明王是以昭命以命之曰大命世小命身謂如伊尹之大才則大命以世襲小才則命止及身孟子謂天民中有達可行於天下而後肯出仕者天民二字蓋本之周書指天降生之大才言得天下英才而教育之○閻氏釋地天下英才極言之非廣言之猶施伯謂管子曰天下才司馬懿謂諸葛武侯曰天下奇才云爾○按閻氏極言之說是朱註則斯道之傳得之者衆兼廣言之亦通

孔子登東山而小魯○周氏廣業孟子逸文考曰宏明集宗炳明佛論一引孔子登東山而小魯二句又云昔仲尼佈五經於魯以化天下及其眇邈泰蒙之顛而天下與魯俱小此並用孟子文閻氏釋地或云費縣西北蒙山正在魯四境之東一名東山宗炳以蒙山代東山可也以為孟子本作蒙山則失之矣此説甚妥

蹠之徒也○音義張云蹠與跖同之石切○意林引孟子作跖

○莊子有盜跖篇云孔子與柳下季為友柳下季之弟名曰盜跖盜跖從卒九千人横行天下侵暴諸侯釋文云按左傳展禽是魯僖時人至孔子生八十餘年不得為友是寄言也

楊子取為我節○莊子釋文楊朱或曰姓陽名戎字子居按字子居見列子張湛注○呂氏春秋陽生貴己高註輕天下而貴己孟子曰陽子拔體一毛以利天下弗為也貴己即為己楊作陽○列子云楊朱見梁王言治天下如運諸掌梁王曰先生有一妻一妾而不能治三畝之園而不能芸言治天下如運諸掌何也對曰君見牧羊者乎百羊而羣使五尺童子荷箠而隨之欲東而東欲西而西使堯牽一羊舜荷箠而隨之則不能前矣將治大者不治細成大功者不成小此之謂矣黄帝篇楊朱

過宋逆旅有妾二人其一人美一人惡惡者貴而美者賤楊子問其故逆旅小子曰其美者自美吾不知其美也惡者自惡吾不知其惡也楊朱曰弟子記之行賢而去自賢之行奚往而不愛哉○又說符篇楊子之弟布衣素衣而出天雨解素衣衣緇衣而反其狗迎而吠之楊布怒將扑之楊朱曰子無扑矣子亦猶是也曏者使女狗白而往黑而來豈能無怪哉○又楊朱篇楊子遊于魯舍於孟氏（孟氏當孟孫陽其弟子也）孟氏問曰人而已矣奚以名為曰以名者為富既富矣奚不已焉曰為貴既貴矣奚不已焉曰為死既死矣奚為焉曰為子孫名奚益於子孫曰名乃苦其身焦其心棄其名焉澤及宗族利兼鄉黨况子孫乎凡為名者必廉廉斯貧為名者必讓讓斯賤

管仲之相齊也君淫亦淫君奢亦奢志合言從道行國霸死之後管氏而已矣田氏之相齊也君盈則已降君歛則已施民皆歸之因有齊國子孫享之至今不絕夫實無名名無實名者偽而已矣伯夷非無欲矜清之郵（謂矯清之過）以故飢死展季非無情矜貞之郵以故寡宗（注少宗系。按殊利口）名也天下之美歸之舜禹周孔彼四聖者生無一日歡死有萬世之名（按言則非）（先王是戰國時惡習七篇因此而作）然稱之弗知賞之弗知與梛塊無以異矣（按古墓多種梛梛塊喻其無知）天下之惡歸之桀紂彼二凶者生有縱欲之歡死被愚暴之名然毀之不知斥之不知與株塊無以異矣（株塊亦謂木下塚）三皇之事若存若亡五帝之事若夢若覺三王之事或隱或顯太古至於今日賢愚好醜成敗是非無不消滅矜一時之虛譽夢死後以餘名（按夢疑當讀同蒙）豈足潤枯骨哉（按此孟孫陽仲為我之旨極言為名之無益）楊朱曰百年壽之大齊得百年者千無一焉設有一者孩抱以逮昏老幾居其半矣夜眠之所弭晝覺之所遺又幾居其半矣痛疾哀苦亡失憂懼又幾半矣量數十年之中適然而自得亡介然之慮者亦亡一時之中爾（中猶得也）則人之生也奚為哉為厚美爾為聲色爾而厚美復不可常厭足聲色復不可常玩聞乃復為刑賞之所禁勸名法之所進退皇皇爾競一時之虛譽規死後之餘榮偊偊爾慎耳目之觀聽惜身意之是非重囚纍梏何以異哉古之人知生之暫來知死之暫往故從心而動不違自然所好當身之娛非所去也故不為名所勸從性而遊不逆萬物所好死後

之名非所取也故不為刑所及矣。按以上數條發揮為我之說極透拔一毛而利天下不為詳見滕文篇下不重録

墨子兼愛摩頂放踵節。文選江淹上建平王書注引墨子兼愛摩頂致於踵劉熙注致至也又任昉奏彈曹景宗注引孟子墨子兼愛摩頂致於踵趙岐注致至也。考異按今考趙注舊本但云摩突其頂下至於踵其放至也三字先見雪宮章而别無致至也之文風俗通十反卷墨翟摩頂以放踵楊朱一毛而不為廣絶交論皆願摩頂至踵注引孟子作放踵并趙注放至也證之同在一書彼此互異疑當時劉注本作致趙注本作放傳寫者誤劉注為趙注耳。按趙注云墨翟兼愛他人摩突其頂下至於踵以利天下己樂為之突與秃

古通蓬頭突鬢即蓬頭禿鬢摩與磨古通（大學引如琢如磨古本皆作摩）放縱也謂磨挫禿其頂放縱踊其踵苟利天下皆樂為之非以突訓摩也訓放為至亦誤劉熙本改放作致更誤墨子原有兼愛三篇無摩頂放踵語今據兼愛下篇昔者越王好勇（當是句踐）教其士臣三年焚舟失火鼓而進之其士伏水火而死者有不可勝數也焚身為其難為者也然且為之今若兼相利此其有利且易為也我則以為無有上説之者而已矣一據莊子引墨子云禹親操櫜耜九雜天下之川（九雜一本作糾襍）腓無胈脛無毛沐甚風櫛疾雨禹大聖也而形勞天下如此按櫛疾雨脛無毛即摩頂放踵之意一據戰國策公輸般為楚設機將以攻宋墨子聞之百舍重繭往見公輸般百舍謂行

百里一宿重繭謂足胝結重繭亦放踵之意一據淮南子墨子服役者百八十人皆可使赴火蹈刃死不旋踵化之所致也據此四條皆可證愚說之不謬○按漢書藝文志墨子七十一篇注云墨翟為宋大夫在孔子後據呂氏慎大覽高誘注墨子名翟魯人也魯謂魯陽春秋時屬楚括地志汝水出汝州魯山縣魯山之南即魯陽○據墨子魯問篇吾願主君之上者尊天事鬼下者愛利百姓稱文子為主君似為魯陽人愚據楚語楚惠王以梁與魯陽文子韋昭注文子楚平王之孫司馬期之子魯陽公也據孔子卒於魯哀十六年當楚惠王之十年則墨翟後於孔子明此稱文子為主君因當時縣公皆僭稱公豈可據此斷其為魯陽人當依班注為宋人是

子莫執中節○趙注子莫魯之賢人也其性中和專一者也執中和近聖人之道然不權聖人之重權執中而不知權猶執一介之人不得時變也○朱註子莫魯之賢人也知楊墨之失中也故度於二者之間而執其中近近道也權稱錘也所以稱物之輕重而取中也執中而無權則膠於一定之中而不知變是亦執一而已矣○按劉向說苑云公孟子高見顓孫子莫（按墨子有公孟篇公孟當墨子弟子孔子弟子顓孫師字子張顓孫子莫當顓孫師之子或孫與趙注魯人合）曰敢問君子之禮顓孫子莫曰去爾外厲與爾內色勝而心自取心去三者而可矣（按去爾外厲謂爾心外面偽為嚴厲之色當去者一去爾內謂爾心內自負多聞識當去者二去色勝而心自取謂心自取己能勝人見於顏色當去者三）公孟不知（謂不知去此三者所以為禮之意）以告曾子（按此曾子或曾申方與墨子弟子同時）曾子曰大哉言乎

無外厲者必內折謂外不嚴厲其內抱負必挫折故不得不如此色勝而心自取之者必為人役謂色務勝人而心自取其長者必為人所使役故君子德行成而容不知謂外面容貌不必嚴厲令人知之聞識博而辭不爭謂不與人爭誇其有聞識智慮微達而能不愚謂智慮微達不為人所愚自然勝人按說苑所述未詳出何書其稱顓孫子莫與墨子弟子公孟子高同時則為魯賢人顓孫子張之裔無疑矣據左莊二十二年陳公子完與顓孫奔齊顓孫自齊來奔但著顓孫氏不詳其名鄭康成注檀弓謂申詳為顓孫子張子誤據古論及魯論皆二十一篇有兩子張子張第十九堯曰第二十子張第二十一似三篇皆子張弟子所記公則說之下截子張問政於孔子自為一篇也其後子張子孫守其家學以堯曰篇允執其中句為心傳孟子曰執

中為近之謂傳自堯舜子莫奉此為教原差不遠然舜是執其兩端用其中於民蓋有權焉若不經權度猶執一也不知變通矣趙注謂執其中和固誤朱註謂度於楊墨二者之間而執其中亦誤

辟若掘井二句。趙注軔八尺朱註因之。音義丁云軔與仞同借用耳。意林引孟子文選頭陀寺碑注引軔並作仞。按軔字從車車轍廣八尺故止車之木亦長八尺

湯武身之也。按身之猶云反之謂反身而誠有之與久假而非實有之作對文其義自顯

公孫丑曰伊尹曰予不狎予不順六句。按公孫丑所引當太甲訓之遺文知者據本紀述孔壁書序云太甲既立三年不

明不遵湯法（即太甲顛覆湯之典刑）於是伊尹放之於桐宮太甲居桐宮三年悔過自責（即放之於桐三年自怨自艾於桐處仁遷義三年以聽伊尹之訓已也）伊尹乃迎而授之政（即復歸於亳）作太甲訓三篇是立三年即在三年守制中顛覆湯之典刑伊尹乃放之於桐宮桐宮者即左傳空桐澤之宮也屬南亳令太甲不得有為於其國王朝使吏治其國與堯放朱於丹淵啟放武觀於西河同居桐聽伊尹之訓三年至第七年始歸於亳狎猶習也謂予不使習於不順之事顛覆湯之典刑也及張霸造太甲篇其假託之跡見孔叢執節篇子順曰（子順孔子元孫托之為佐證）其在商書太甲嗣立而干冢宰之政伊尹曰惟王舊行不義（傳會祖甲即太甲巧合無逸）習與性成予不狎予不順（附合公孫丑引）王始即桐邇於先王其訓（傳會桐宮為湯

墓地罔以後人迷王徃居憂允思厥祖之明德此張霸造太甲篇初稾也後改為伊尹曰茲乃不義習與性成予不狎予不順營于桐宮密邇先王其訓無俾世迷王徂桐宮居憂克終允德與原稾不符及顏師古頗信偽古文著為隸古本凡偽古文不字皆作弜師古認為弗字因改張古文不狎不順兩不字亦作弗即今所傳本是也其杜撰塗改參差處尚有可考之跡如此

公孫丑曰詩曰不素餐兮節○毛詩音義餐或從水沈氏音孫○按朱註餐音丹是也康成讀同左傳食魚飧之飧音孫取孫與三百廛廛字有縣貆貆字合韻不知古廛字與壇通周禮市廛故書作壇貆古音垣此餐字上從粲省謂白粲即聘禮之米三

十車也饔飧飧字左從死省即聘禮之餐五牢謂死牢也縣貆縣鶉縣特即聘禮之禽獻若干也據大戴投壺篇謂伐檀與皇華四牡皆燕飲賓客之雅歌謂與燕之賓有益於人國不空受其米公孫丑據詩為問謂夫子非聘賓不耕而空食其米何也不知孟子以師道自處益人國不淺受其餽正與不素餐之義合趙岐稱孟子為師賓其義本此

王子墊問曰士何事。趙注齊王子名墊也。朱註墊齊王子也上則公卿大夫下則農工商賈皆有所事而士居其間獨無所事故問之也。按戰國時多游說之士無所事事冀行其說以博取富貴耳墊此問便是斥來齊者託為行道皆為富貴起見孟子答以尚志答以殺一無罪不為則談强兵者

非士答以非其有不取則談富國者非士是不為富貴正已而物自正大人之事業也朱註大人謂公卿大夫似未得其旨

孟子曰仲子不義三句○史遺陳仲子欲仕於齊其妻止之曰熱於就利者必先冷氈於附利者必先淡雞犬之為天下賤者恒見也威鳳之為天下貴者不恒見也令子無過人之才而不創過人之迹子行蹟矣吾與子令且灌園于齊之野身辟纑仲子織屨甘苦順逆無所取與於人其兄憐之願讓祿焉仲子謂其妻曰可以取償乎妻曰未也名不出于家齊王聞之使使迎之曰以社稷從（按此依孟子與之齊國而弗受杜撰為此說）仲子又問其妻曰可以取償乎妻曰未也名不出于國其後齊王使使

問趙威后謂其何為不殺齊王疑之仲子終身困于齊○按孟子此言謂齊人羨仲子者揚為此說人皆信之史遺認為實事誤韓詩外傳載北郭先生與妻偕隱事高士傳改作於陵子終適楚居於陵相去愈遠據荀子非十二子篇云忍情性綦谿利跂苟以分異人為高不足以合大衆明大分是陳仲也又不苟篇云盜名不如盜貨田仲不如盜也似仲子當時亦有著作自為一子荀子據而非之必其説逼窄淺陋故為荀子所駁詳見滕文篇下

人莫大焉亡親戚君臣上下○任啟運翼註此十一字作一句讀言人之罪莫有大於無親戚君臣上下者○王氏經傳釋詞焉猶於也言莫大於亡親戚君臣上下也

桃應問曰舜為天子章。按紀年舜六十三歲始為天子六十六始命皋陶作刑瞽叟未必存此其一一云瞽叟亦允而順之再云瞽叟底豫當無殺人之事此二其據周禮有議親議貴之辟老旄雖有罪不加刑焉況天子之父此其三趙氏章章指謂撥聖意也朱註謂設言之非真有此事皆得孟子之意

孟子自范之齊二句。趙注范齊邑王庶子所封食也朱註刪王庶子所封食句。釋地今東昌府濮州范縣本春秋時晉大夫士會邑國語是以受隨范是又半屬魯後漢志東郡范縣有秦亭即左莊三十一年築臺于秦地道記在縣西北是也孟子時屬齊趙注范齊邑王庶子所封食也頗妙蓋齊王

之子生長於深宮賜第於康衢貴仕於朝内豈容遠在七八百里之下邑為孟子所見其在范者殆猶郭靖君孟嘗君之於薛乎。按范有二一濮之范縣一鄆之壽張有范城並見路史國名紀曹氏寅谷據自范之齊為孟子自梁之齊之證蓋濮陽之范為古桑中地穆天子於此作范宮梁惠王於此作范臺宴魯恭侯戰國時為梁惠王地謂自范起程之齊路中望見齊王之子若果封於范當如田嬰封薛紀年稱薛子來朝矣至鄆之范城本屬魯地在汶水之陽與泰山之嬴及平陸皆孟子之齊所必經謂自魯范城起程之齊路中望見齊王之子未嘗不可通據兩范一為梁有一為魯有未必齊王子食邑也孟子曰○朱註張鄒皆云羨文也○考異舊分為二章宋儒以祇一段事合而疑之張謂張敬夫鄒謂鄒志完○按上一章為記事下一章為孟子伸其發歎之意鹽鐵論刺權章引之亦有此三字非羨文

魯君之宋呼於垤澤之門○趙注垤澤宋城門名也以城門不自肯夜開故君自發聲○釋地垤澤即左襄十七年築者謳之澤門杜註宋東城南門也今刻作宋東城門或曰得毋以禹貢孟諸澤名其門與按孟諸澤在故宋國微子所封之東北此自為南門耳睢陽故城在今商邱縣南東南門曰垤澤門括地志所謂宋東城南門曰垤澤門是呼喚也凡歎息招呼平聲叫號而呼則去聲魯君於垤澤之門應如趙注云以城門不

自肯夜開故君自發聲之呼為平聲不應如集註音去聲為叫號之呼○考異音義云呼丁火故切集註所音其誤蓋沿於丁氏

齊宣王欲短喪節○按孟嘗君傳齊威王卒於梁惠王後元十五年是齊宣王即位在後元十六年也時孟子在梁未來此齊章短喪當是王毋喪據禮父卒君為其毋當齊衰三年自春秋至戰國諸侯為先君已不行三十七月之喪矣則為毋未有不短喪者公孫丑齊人學於孟子師弟之間偶論及此謂為十三月一期之喪不猶愈於止而不為乎孟子駁之謂立說不當如此者亦教之孝弟以發動其不能自已之情而已矣

王子有其母死者節。喪服記公子為其母吳氏廷華注為所生母練冠吳注以練布為冠麻吳注緦麻之經帶也麻衣吳注白布深衣布如小功縓緣吳注縓淺絳色。按縓者謂一染以淺絳為底復染以青蓋之謂之縓吳襲鄭注之誤既葬除之謂三月而葬則除服傳曰何以不在五服中也謂不在緦麻服式中君之所不服子亦不敢服也。釋地此壓於父在本無服權為之服既葬而除康成云不奪其恩也無壓于嫡母之說誤自趙岐沿於孔疏而朱註仍之。按閻百詩謂無壓於嫡母之說極是據喪服四制謂國無二君家無二上若壓於嫡母是有二上矣諸侯絕期以下以君綱之尊故為妾不為服然未嘗不許妾之子得伸其私恩若大夫之庶子為其母仍大功服者大夫於貴妾不降若士為有子之妾緦三月士為庶母亦緦士為庶母之慈已者小功五月則士之庶子為生母亦當小功據大戴記諸侯之妾貴者視卿賤者視大夫皆三月而葬據周禮天子為公卿錫衰擬大功為大夫疑衰擬緦麻然則諸侯為其貴妾應擬小功為其賤妾應擬緦麻妾之子亦得伸其私恩雖不制服亦練冠縓緣伸其三月哭泣之情葬而後除此稱王子有其母死者其傅為之請數月之喪又欲終之而不可得若謂其傅欲請制服是越於禮法之外也倘謂王并不許葬而後除其中似尚有別情考齊世家齊威王三十三年有殺其夫人年辛事據田敬仲世家索隱引紀年齊宣六年殺其王后或索隱所謂王后即世家所謂夫人誤以齊宣殺夫人屬之齊威也既被殺而死王不以為妾子自不得以為母既殺即埋欲

伸其三月之私情而不可得故雖加一日愈於已今丑謂期猶愈於已謂夫莫之禁而弗為者也援引失宜不合事理故孟子駁之

公孫丑曰道則高矣美矣章。李榕村藏稿丑非欲孟子貶其高美欲孟子使已幾及其高美耳又非以其立教之高而謂如天不可幾及正謂其立教之循循有序而苦於高美者速至之無期如天之不可幾及耳故孟子告之云云

變其彀率。音義丁云率循也陸云率法也讀為律。按古弓上制長六尺六寸并兩弰各七寸共八尺下制長六尺并兩弰共七尺四寸據上制言張之中參礦開三尺三寸謂之引滿匠以繩所彈之墨為準射以彀而張之三尺三寸為準率

猶準也丁公著說得之

孟子曰天下有道章。按以道殉身謂達其道以畢此生以身殉道謂畢此生以守其道中庸謂君子之道費而隱費與肸古通肸音杌謂臲杌不安之世則抱道而隱也與康成注中庸說合

不能三年之喪二句。喪服記小功十升若十一升按十升者每升八十縷抽去其半止四十經織成一幅二尺二寸之布也及三月受以成布用葛為之葛粗不能成布必一箴兩經用十一升則八百八十縷猶大功八升及三月受以成布用葛增至九升共七百二十縷也漢儒依閒傳有小功十升十一升十二升之說遂傅會分為降服正服義服三等與儀禮

不符恐聞傳說誤至緦三月十五升抽去其半共六百縷及三月服畢則倍其升數為三十升共一千二百縷得二尺二寸之廣是極細之布可為朝服也惟喪冠倍其衣及受成布則冠之增者少衣之增者多康成謂冠亦倍增至三十升雖今綢緞古尺二尺二寸之幅亦容不下因知鄭注誤戰國時皆不行三年三十七月之喪學者拘拘執喪服記辨其升數之多少是之謂不知務孟子七篇議論皆在大體最急處救正之

放飯流歠二句○曲禮毋摶飯注取飯作摶似爭飯也毋放飯注放縱無節○按飯以三為節多至十五飯而止有禮數存焉毋流歠注長歠也○又云濡肉齒決乾肉不齒決○按少儀云燕侍食於君子則先飯而後已毋放飯毋

流歠孔疏謂飯黏著手當棄於篚不可放於飯器中為人所穢誤流歠謂開口大歠汁入口如水流則欲多而速是傷廉也得之乾肉謂腊脯當以手絕其末而食之大意謂凡事當知大體不必問其小者

四書摧解録卷二十六

吳川吳懋清迴溪著

盡心篇下

大敗將復之四句○據紀年惠王二十六年與齊田肦戰於馬陵設伏殺龐涓馬陵在鄄城縣東為梁地齊攻其所必救因為齊所敗又二十七年夏五月齊田肦及宋人伐我東鄙圍平陽據國策是惠王使太子申將兵由外黄經過與齊人戰而死九月秦衛鞅伐我西鄙王使公子卭將王攻衛鞅卭被虜執魏師敗通將復之指二十七年五月之役言文驅其所愛子弟以殉當兼五月九月兩役太子申公子卭相繼並死言

孟子曰春秋無義戰章○春秋提要春秋書戰二十三始桓十年戰於郎終哀十一年戰於艾陵○類編云召陵未嘗戰彼善於此朱子以召陵之類言之則知所謂戰者通一經之用兵而言非專指戰也考之經例曰伐曰侵曰戰曰入曰遷曰滅曰敗曰取曰襲曰追曰戍曰以此十三例者通經記兵之大略也又有書救書次之例所謂彼善於此者大約書救書次中見之例曰凡書救者未有不善之者也如莊六年子突之突救衛成六年欒書之救鄭閔元年齊桓之救邢僖六年救許是也伐而書次其次為善遂伐楚次於陘是也十三例中惟伐之一例間有足取如莊二十六年齊桓之伐徐則為魯捍患也莊二十八年伐衛則為周討罪也文九年晉襄之

伐衛則服叛以義也宣元年晉成之伐陳則招攜以禮也襄
十年十一年晉悼之牛首北林東門諸役則不戰而屈人者
也蓋雖敵國相征而權其事情又當别論故聖人猶有取焉
至於入滅圍敗之屬固聖人所深惡即第以戰論而經文二
十三戰中亦絶無可取求其彼善於此者烏可得哉

吾於武成取二三策而已矣。趙注武成逸書篇名。朱註武
成周書篇名武王伐紂歸而記事之書也策竹簡也取其二
三策之言其餘不可盡信也。按自馬融鄭元將張霸自撰
之二十五篇删去止存三十三篇號為古文經其删去各篇
遂不傳邵卿注孟子韋昭注國語杜預注左傳皆稱為逸書
及晉梅賾姚方興始得其舊本唐人修書采用劉炫劉焯疏

而刊版行之宋大儒程朱頗信其說引以作註其沿誤久矣張霸書序有偽造康成注云武成逸篇建武之際亡今據劉歆作律麻志三引武成共八十二字皆見世俘解愚考得世俘為世俘之譌猶左傳歸衞俘公羊誤作歸衞保取篇末武王則保與同之意孟子劉歆稱武成者取篇首維四月乙未日武王成辟四方撮武成二字為名周書例以二十五字為一策今世俘約三十餘策孟子止取其二三策以意測之大約取其首一二策及追王一策餘記戰功及獵獸圍皆孟子所不取何也武成是穆王時華輅十乘之士所補作其麻日事蹟則是其意在誇戰功長穆王好觀兵猶王會解誇四夷所貢珍物啟穆王勤遠略征犬戎得四白狼白鹿以歸而已

周書序此處脱去文政大聚武成三序本紀述孔壁序云武王罷兵西歸行狩記政事作武成即其原序劉歆時尚未闕得據而述之著於律麻志今壁序為張霸所改易為伐殷往伐歸嘼嘼音畜謂牛馬為六畜康成又改作獸今所傳本是附合其所造之偽書又撰紫望大告武成紫康成又改作柴傳會為篇名古今遂皆信之孟子眼高於頂獨不信此篇自負知言眞不誣也

以至仁伐至不仁而何其血之流杵也○按世俘無其血流杵之説今細考之有記俘馘之總數云馘磿億有萬七千七百七十有九按馘截耳也磿音歷麻繩也凡截俘虜之耳必用繩縛之於杵而割之至萬萬又萬七千七百七十又九之多安有不血流於杵者武王是至仁紂是至不仁以至仁伐至

不仁已罷兵西歸矣而何其截耳之多至血之流杵也不可盡信明矣乃張霸造偽書據本紀述克殷解云武王使師尚父（原文無師字）與百夫致師（原文百作伯）以大卒馳紂師（原文作以虎賁戎車馳商師商師大敗）史遷自以已意捭入七句作解云紂師雖衆皆無戰心心欲武王亟入紂師皆倒戈以戰以開武王武王馳之紂兵皆崩按當時與紂戰者尚父率車三十乘虎賁三千人為先驅如鷹之飛揚搏擊紂已退敗反走武王所誓華車三百兩仍未至步伐整齊但旅進旅退無與紂交鋒事史遷說誤張霸據此撰為罔有敵于我師前徒倒戈攻于後以北血流漂杵一取附合史遷倒戈二字一取附合孟子無敵血流杵五字恍似孟子誤認紂兵自殺之血為武兵殺之之血不幾

於不通文理乎至駁其說之不通者王充論衡云河北地高壤靡不乾燥兵頓血流輒燥入土安得浮杵且殷周士卒皆賫盛糧或作乾糇無杵臼之事安得杵而浮之所駁甚透僞古文又改流作沶漂作㵱以為古文朱註并云杵或作鹵楯也翟氏考異謂戰國策有秦王使應侯責武安君曰君前破韓魏之師血流漂鹵與周伐紂事無涉此朱子過信僞書疑杵字難通托為本或作鹵亦為僞書傅會矣

南面而征北狄怨三句。校勘記閩監毛三本作北狄宋本孔本韓本作北夷石經此字漫漶僞疏引作夷作夷是也。按此周公東征淮夷之辭班固奏記謂周公一舉而三方怨是也作夷字是作狄字非朱註過信仲虺篇以為湯事誤說詳

梁惠王篇下

武王之伐殷也革車三百兩三句。此三句見泰誓序本紀述孔壁書序云十一年遂率戎車三百乘虎奔三千人以東伐紂武王乃作泰誓按戎車即革車乘即兩奔與賁古通云十一年者以殷年計武王改元嗣西伯位屬庚辰見紀年以殷十一年起兵十二年滅紂若以周年計則以殷之己卯年十二月為子月改元嗣位十三年滅紂為辛卯見紀年沈約大字注是武王十二年起兵改下年子月為正月丑月為二月初五日甲子滅紂合律厤志十三年滅紂之説革車三百兩是武王所領三軍每百人衛一車共三萬人虎奔三千人是尚父所領元戎三十兩虎奔三千人衛之為先驅也孟子所述本泰誓書序張霸移為牧誓序改三千作三百人附合其偽孔傳虎賁一人領一車名為百夫長是合尚父所領之先鋒與武王大軍為一誤甚。朱註猶引其偽序入註似為所惑矣

王曰無畏寧爾也五句。按孟子承上武王伐殷綴此五句當泰誓篇文今不傳穆王時所撰克殷解亦載其事曰商辛奔内自燔于火本紀作紂走反入自燔于火而死武王乃手太白以麾諸侯諸侯畢拜遂揖之本紀刪此四句商庶百姓咸俟于郊謂商衆百官咸俟于近郊。本紀作商國百姓咸待于郊羣賓僉進曰上天降休再拜稽首按賓與擯古通謂羣臣擯導百官姓皆進見武王其辭曰承上天之命特來安爾降喜信于爾百官姓皆再拜稽首本紀作于是武王使羣臣語商百姓曰上天降休商人皆再拜稽首與克殷解合本紀述之大體相符孟子所述是

其原文其櫝辭述王意若曰爾不必畏懼朕來安寧爾也非敵爾百官姓也時百官姓若崩其犀角頭撞至地稽首再拜亦可見仁者之兵無與為敵者矣張霸造泰誓中篇改作罔或無畏寧執非敵百姓懍懍若崩厥角上兩句謂為誓師之辭下兩句僞孔傳謂民畏紂虐若摧其頭角無所容頭點綴無畏非敵若崩厥角八字語意全相反

孟子曰舜之飯糗茹草也。趙注糗飯乾糒也。朱註飯食也糗乾糒也讀飯上聲。按糗有二周禮之糗餌謂將穀麥先用水泡暴乾再炒則發鬆且脆擣為粉以飴和之或蒸或炮則成即今之糕餅貴者所食肸誓之糗糧謂用炒米粉麥粉以鑊炮熟即今之燒餅賤者所食草亦有種如水草之菹草

木之滋是取蔬菜之精有滋味者其粗為賤人所茹者漢書謂惡草具不可口者也此句未詳所出或戰國時有此說孟子即據而言之

及其為天子也被袗衣鼓琴○趙注袗畫也被畫衣黼黻絺繡也○據儀禮畢袗元謂以緣作禪衣染元色象天即今之寶藍色據論語當暑袗絺綌謂夏服以葛作禪衣用為禮服亦應染元趙因舜為天子用康成襲僞孔傳說謂禮服五彩之衣必畫之裳則繡之因訓袗為畫但袗無畫義冬以緣為禪衣夏以絺葛為禪衣天子則繡十二章未必鼓琴侍側時亦服此當觧為被禪衣為燕閒之服方合史遷作舜本紀知袗衣為絺葛之禪者因傅會為堯賜舜絺衣豈舜初登庸遂賜

以十二章絺繡之服耶近錢氏大昕養新錄謂古書袗訓單又訓同皆無感服之意三國志魏文帝紀注有云舜承堯禪被珍裘妻二女若固有之此必用孟子之文袗衣當是珍裘也按以三國志注證孟子經文為誤未可憑信姑存之○據國語是自虞幕至于瞽叟世襲樂正罔不守職無違命者然則此琴亦舜家傳故物舜本紀謂堯賜之誤據呂氏春秋云舜欲以樂教傳天下重黎乃舉夔於草莽之中薦之舜據堯典是伯夷薦夔伯夷為太嶽之裔其祖在太皞時為木正重重之子黎為火正因合重黎二字為氏又據呂春秋古樂篇堯時為樂正者名質舜為天子乃命夔典樂此樂教是舜家傳故云欲傳之天下

二女果若固有之。趙注果侍也以堯二女自侍亦不佚豫如固自當有之也。朱註果說文作婐烏果反女侍也。按說文婐㛂也一曰女侍曰婐讀若騧謂讀若騧上聲一曰若委謂㛂以㛂為聲讀若委從女果聲謂婐烏果切孟軻曰舜為天子二女婐㛂婐㛂也一曰弱也從女厄聲姽閑體行姽姽也從女危聲嫿靜好也從女畫聲。按說文婐字訓女侍讀騧上聲即烏果反神女賦云既姽嫿於幽靜李注姽五累切與說文不合當讀同委嫿當讀騧上聲姽嫿為雙聲段氏玉裁嫿作呼麥切未協因嫿與婐同音世又傳會舜妹為畫首象欲殺舜婐首每為之解見路史注列女傳云舜女妹繫與二嫂諧繫音近姽一本作擊為繫之訛一本作繫手又為繫首之訛附記於此孟子曰吾今而後知殺人親之重也章。按此章為用善陳善戰之臣專以殺人之父兄為得計不知結怨既深必遭報復朱註謂必有所為而發愚謂為當時之嗜殺人者發如齊宣弱殺其父兄遷其重器後卒為燕昭所報復亦可見矣

不仁而得天下未之有也。吳昌宗集證按秦始皇殘暴酷烈竟滅六國并天下凡十二年傳子胡亥僅三載趙高遣其壻閻樂弒之望夷宮立子嬰為王四十八日降於漢後為項羽所殺西漢王莽匿情求名遂移漢祚國號曰新罪盈怨積天下畔之凡十八年為光武所誅前五代宋武帝劉裕篡晉傳八世共六十年而亡齊高帝蕭道成篡宋傳七世共二十四年而亡梁武帝蕭衍篡齊傳四世合五十四年而亡陳武帝

霸先簒梁傳五世共三十二年而亡隋文帝楊堅滅陳南北為一傳子煬帝殺逆無道僅十三年為宇文化及所弒再傳至恭帝僅二年而禪於唐後梁太祖朱温謀移唐祚貪淫無道為子友珪所弒傳三子友貞凡二世共十七年而亡後唐莊宗李存勗滅梁之後酷好游戲無一善可紀後因指揮使郭從謙作亂中流矢而殂父之養子嗣源代位是為明宗又傳兩帝共十五年而亡後晉高祖石敬瑭明宗之壻與潞王有隙借契丹兵滅唐傳兄子齊王凡二世共十年而亡後漢高祖劉智遠逐契丹代晉傳子隱帝殺戮大臣兵變而亡凡二世僅四年後周太祖郭威仕漢鎮鄴為將士擁立傳養子世宗柴榮威定南北傳子恭帝而禪于宋凡三世僅十年皆

不仁而得天下一再傳而失之者也

是故得乎邱民而為天子。趙注邱十六井也。朱註邱民田野之民至微賤也。莊子則陽篇云邱里者合十姓百官名以為風俗者也按孟子舉邱以賅里莊子邱里並言謂每邱每里必各自立社各自成為風俗據郊特牲云唯社邱乘供粢盛謂一乘分為四邱一邱十六井一井九家耕之十六井共一百四十四家抑知周制都鄙用殷步丈量田畝逼窄十六井止當周步八井八九得七十二家論語摘輔象云古者七十二家為里里立社此邱得立一社之證也周禮鄉遂之制二十五家為里里有社郊特牲云唯為社事單出里唯為社田國人畢作謂祭里社則令二十五家派出粢盛以供祭若為祭國社應田獵取獸肉為祭脯則令通國之人盡出孟子言邱民二字見社稷為民而設趙注解邱字不錯朱註但以田野二字釋之不見社稷與民相關之意矣

犧牲既成粢盛既潔節。趙注變置毀其社稷而更置。朱註亦年不順成八蜡不通之意。按本紀述孔壁書序云湯既勝夏欲遷其社不可作夏社據紀年湯十七年滅夏十八年即天子位始屋夏社屋夏社者夏左宗廟右社稷湯改制為左社稷右宗廟以夏社為廟屏屋之令與天地不通康成謂湯因旱易柱為棄據此以解屋社不合其易柱為棄者因棄教稼之功比柱為大或因旱變易事出有因但不當據以解屋社耳自湯以後經傳所記絕不聞有變置之説近説據唐人李陽冰為縉雲令大旱告城隍之神五日不雨焚其廟及期雨合霑足乃遷廟于山巔以答神庥此遷以禮神非變置也陳后山談叢謂句容有盜遷社稷而盜止下邳多盜遷社稷於南山之上盜亦衰息此後世風水之説不可據以解經當闕疑為是

孟子曰仁也者人也章○按朱註謂仁者人之所以為人之理也然仁理也人物也以仁之理合於人之身而言之乃所謂道者也按朱子訓人為物便不敢謂人性皆善不知有夫婦之物必有夫婦有別之則有父子之物必有父子有親之則古篆書仁字從人多出一芽則為儿楷書之仁訓為相人偶未得古造字之意道字從首從辵謂由首行去便為道程子

謂率性之謂道是也孟子七篇雖仁義並言其握要處仍歸并於仁與論語同朱子信尤延之説謂高麗本尚有二十字未見所據與孟子語意亦不合誤

孟子曰孔子之去魯曰遲遲吾行也章○釋地云此章不宜云重出去他國之道也句萬章下篇所無

孟子曰君子之戹於陳蔡之閒章○趙注君子孔子也論語曰君子之道三我無能焉孔子尚謙不當敢君子之道故可謂孔子為君子也孔子所以戹於陳蔡之閒者其國君臣皆惡上下皆無所交接故戹也○按孔子暮年受魯幣聘歸為國老即鄉飲酒禮所謂鄉先生鄉君子也魯論鄉黨篇稱君子不以紺緅飾指孔子為國老時言之孟子為陬邑同鄉人亦以

君子稱之趙注未協無上下之交趙注指陳蔡言據左傳是哀公三年孔子在陳聞火時蔡已遷州來其自衛適陳也因衛靈公問陳不合明日遂行是衛上下無與交接者時蔡已遷亦無與交接者及過葉公到陳滑處始免於戹據陳蔡之閒言之又云在陳絕糧則當以蔡為主而陳亦失於晉接也

貉稽曰稽大不理於口○趙注貉姓稽名仕者也為衆口所訕理賴也朱註因之曰今按漢書無俚方言亦訓賴○按漢書季布傳贊賢者誠重其死夫婢妾賤人感慨而自殺非能勇也其畫無俚之至耳方言俚聊也許慎云聊賴也俚理賴一聲之轉義通

士憎茲多口○趙注雖於凡人而為士者亦益多口○朱註趙

氏曰為士者益多為衆口所訕按此則憎當從土今本皆從心蓋傳寫之誤○朱子文集答余正父曰孟子古注有與正文相背者如士憎兹多口正文憎字從心而注訓為益則是憎當從土矣至其下文引詩皆有慍字又似解憎為憎惡之之意是注亦不足為憑也

詩云憂心悄悄節○校勘記宋九經本岳本咸淳衢州本孔本考文古本並作殞閩監毛三本韓本作隕與詩同○按隕訓墜當依詩作隕鄭詩箋云小聘曰問謂不廢其聘問隣國之禮趙注謂亦不能隕失文王之善聲問按聲聞當作聞不當訓問為聞大意謂我為家道憂心悄悄然反見慍於羣小孔子為魯國分憂反觸怒於羣小與詩義合周不絶混夷之慍

文王處之如常亦不失其聘問之禮惟盡其在我所以處之是文王也以此答貉稽方得孟子教誨之之意

孟子謂高子曰山徑之蹊間章。法言吾子篇山硜之蹊不可勝由徑作硜。按趙注山徑山之領有微蹊介然是趙讀徑同硜與法言合廣雅釋邱云嶺陘阪也是硜即陘字與徑通依趙注當讀徑作陘朱註訓徑為小路訓路為大路將介然屬下讀近說據律厤志介然有常謂專一用之而成路似亦可通

高子曰禹之聲尚文王之聲。按趙注謂禹之尚貴聲樂過於文王與語勢不合誤。讀書記此聲字即鳧氏為聲之聲考工記先言鳧氏為聲後言鳧氏為鍾可知聲即是鍾蓋聲以鍾

為主也按此倪氏思寬說

以追蟲○考工記鳧氏為鍾兩欒謂之銑謂古鍾口不圓左右兩口角兩欒處謂之銑銑間謂之于謂兩欒之中間仲出如脣而微翕謂之于于上謂之鼓脣上所擊處謂之鼓鼓上謂之鉦鉦者鍾身之正體在所鼓處之上鉦上謂之舞鍾正體之上為鍾柄擊之則舞故名舞舞上謂之甬舞上長柄中通故名甬甬上謂之衡甬上另設衡梁懸之謂之衡鍾縣謂之旋古編鍾側懸另作一活動之鈎挂之謂之旋旋蟲謂之幹謂旋鈎之首鑄蹲熊盤龍辟邪等蟲為飾以挂此鍾謂之幹鍾帶謂之篆鍾身有帶刻篆文謂之篆篆間謂之枚篆間四面有三十六乳謂之枚于上之攠謂之隧于上所擊處切靡久則窪而生光謂之隧○按歐陽修集古録謂古鍾側懸程氏瑤田通藝録據所得周公華編鍾甬處有一孔據考工記云三分其甬長二在上一在下以設其旋編鍾甬長八寸三分之於下一分開孔旋幹之下

作一鉤鉤此孔側懸之然則追非鍾紐也今大鍾頂上有紐
古鍾其頂即甬如鈴之有柄無所謂紐其鑄以懸此鍾者穿
於衡梁刻蟲為飾是旋首有紐指此旋首為懸鍾之紐庶或
可通旋之所以名追者追取縋義言可懸物應讀同縋不應
訓毋追之追讀為堆音考擊之久鈎與孔相齧若蠡之齧木然
諸說紛紛惟程瑤田說印之古鍾參之考工皆合
陳臻曰國人皆以夫子將復為發棠○焦氏正義左襄六年齊
師入萊萊共公奔棠晏弱圍棠杜注棠萊邑也北海即墨縣
有棠鄉閻氏釋地云齊滅萊邑故為齊有後孟子為發棠即
此是也今即墨縣甘棠鄉周氏柄中曰顧亭林山東考古錄
云當時即墨為齊之大都倉廩在焉故云發棠則棠為萊邑

非東昌府之堂邑縣也

孟子曰是為馮婦也節○劉昌詩蘆浦筆記余味此段之言恐合以卒為善為一句士則之為一句野有衆逐虎為一句盖有搏虎之勇而卒能為善故士以為則及其不知止則士以為笑也○按趙氏章指云言可為則從不可則凶言善見用得其時也非時逆指猶若馮婦暴虎無已必有害也據章指應依劉氏卒為善斷句卒當讀作猝謂乘虎未發怒猝搏而得之乃見其為善士之相機進言者皆則傚之若虎負嵎而怒則不可復往矣如此解通章骨節皆靈動存之

孟子曰逃墨必歸於楊節○趙注墨子之道兼愛無親疏之别最為違禮楊朱之道為己愛身雖違禮尚得不敢毁傷之義

○朱註墨氏務外而不情楊氏太簡而近實其反正之漸大畧如此○按墨子立尚同右鬼兼愛節葬篇目多引古尚書證成其說言僻而堅并敢駁周公制禮世子為毋同於為妻皆杖期朱子謂務外而不情是也楊朱書不傳止見列子以黃老為宗自漢以來無不陷其說者孟子謂逃楊歸儒為入其教未深者言之

今之與楊墨辯者如追放豚五句○趙注苙蘭也招罥也令之與楊墨辯爭道者譬如追放逸之豕豚追而還之入蘭則可又復從而罥之太甚以言去楊墨歸儒則可又復從而罪之亦云太甚○音義苙丁音立欄也圈也○朱註苙闌也○校勘記蘭者假借字欄者俗字闌者正字○一切經音義引三

蒼云羂作繯又作罥○趙佑温故録音義不為招字作音惟
國語齊武子好盡言以招人過注招舉也○按趙訓招為罥
未詳所出朱註從之解為羈其足亦未協愚謂辯爭辯也追
咎其前過也入苙喻歸儒令之與楊墨爭者如追咎經放之
豚既入其苙前來領教則可以已又從而盡言以揭其過則
太甚矣招訓舉訓揭皆可通

孟子曰有布縷之征章○趙注征賦也國有軍旅之事則橫興
此三賦也布軍卒以為衣也縷紩鎧甲之縷也粟米軍糧也
力役民負荷斯養之役也君子為政雖遭軍旅量其民力不
並此三役更發異時急一緩二民不苦之若並用二則路有
餓殍者若並用三則分崩不振父子離析忘禮義矣○朱註

征賦之法歲有常數然布縷取之於夏粟米取之於秋力役取之於冬當各有其時若并取之則民力有所不堪矣今兩税三限之法亦此意也○據魯語用田賦篇是有軍旅之歲每兵車一乘必派輜重三乘一甸之地六十四井折以周步實得三十二井一井九家耕之共二百八十八家免其老弱廢疾者周十五人而輦約十家出一人當役共二十八人用十五人挽三輦餘為斯養卒共供禾一輦（米一輦）芻一輦如急猝起兵應敵皆官現給之事後按數征還季康子用田賦不論有無軍旅之歲按額先賦於民為變法之始及戰國時給以五畝種桑麻百畝種禾者既収其地税矣及夏有布縷又征収其布縷秋有粟米又征収其粟米所以君子止用其一謂不

得已止用力役也若更征布縷粟米則民死亡立至孟子言此救當時弊政之害朱註以後代税法言之非孟子意

盆成括仕於齊章○趙注盆成姓括名也嘗欲學於孟子問道未達而去後仕於齊孟子聞而歎曰死矣盆成括知其必死○通志略盆氏齊邑也盆成子之後漢盆謚為中郎將望出齊郡○日知録趙岐注盆成括嘗欲學於孟子宋徽宗政和五年封為莱陽伯以孟子弟子故也○據通志略是盆氏非姓盆成也朱註沿于趙注政和所議從祀甚草率如季孫子叔亦依趙注列之祀典不獨此也至説苑襲孟子撰為虞君規諫括語文義俚鄙晏子春秋又撰為齊景公時有盆成括嘗為孔子門人其母死哀慼景公許其祔葬於露臺路史亦

述之皆不可信

夫子之設科也節○趙注孟子曰夫我設教授之科教人以道德也其去者亦不追呼來者亦不逆拒誠以是學道之心來至我則斯受之亦不知其取與否君子不保異心也見館人言殆非為是來亦云不能保知謙以答之○挍勘記閩監毛三本作子宋本岳本廖本孔本韓本子作予○朱註夫子如字舊讀為扶余者非○按七篇之文皆孟子手著無緣門人又附記或人之說於末全無收束不如趙注得之但當作孟子自道語為警誡從者不當解為答或人之辭○荀子法行篇南郭惠子問於子貢曰夫子之門何其雜也子貢曰君子正身以俟欲來者不距欲去者不止○尚書大傳略說東郭

子思疑荀子作南郭惠子是或即惠叔蘭問於子贛曰夫子之門何其雜也子贛曰夫隱栝之旁多枉木良醫之門多疾人砥礪之旁多頑鈍夫子聞之曰修道以俟天下來者不止是以雜也○按荀子說與大傳合孟子說與荀子所引子貢亦合亦可斷為非或人之言

士未可以言而言是以言餂之也節○音義曰丁曰字書及諸書並無此餂字郭璞方言註云挑取物也其字從金今此字從食與方言不同蓋傳寫誤也本亦作餂奴兼切○魏校六書精蘊說文㐁字音忝象舌在口外露舌端舐物也人有持短長術以言鉤人者孟子斥為穿窬○說文銛從金舌聲段氏玉裁曰舌聲非當作㐁聲他念切此即木部炊竈木之㮇

西蜀之鉶皆用為聲據此則挑食之字借用挑竃之鉶音忝隸書變丙為石象舌在口外作銛因傳寫誤為餂耳。按以舌挑取食其字從食本自明白段謂舌非聲非也舌平聲為甜上聲為忝入聲為舌何嘗非聲耶

孟子曰說大人則藐之節。趙注說此大人之法心當以輕藐之朱註因之。音義藐丁音邈又音眇。程伊川語錄鄧文孚問孟子書中有不是處否曰只是門人錄時錯一二字如云說大人則藐之夫君子無不敬如有心去藐他人便不是也。外註楊氏曰孟子此章以己之長方人之短猶有此等氣象在孔子則無此矣。按藐字當讀貌入聲音莫如抑詩聽我藐藐與虐耄韻崧高詩既成藐藐與伯濯韻藐讀為莫

莫者漠也漠者靜也莫然無有自然恬靜也既無貌視語病
亦無炫長形短之嫌

榱題數尺〇爾雅桷謂之榱桷直而遂謂之閲直不受檐謂之交檐謂之樀〇晉語天子之室斲其椽而礱之加密石焉諸侯礱之大夫斲之士首之（公羊傳此句作士斲本）〇書大傳其桷天子斲其材而礱之加密石焉大夫達棱士首本庶人到加〇按榱題謂桷出檐處另接為題首因堂高數仞非出檐數尺不足以蔽風雨也

食前方丈〇墨子美食方丈目不能徧視口不能徧味

後車千乘〇左昭元年秦后子享晉侯造舟于河十里舍車自雍及絳歸取酬幣終事八反杜注每十里以八乘車各以次

載幣相授而還不徑至故言八反千里用車八百乘其二百
乘以自隨故言千乘此言秦鍼之出極奢富以成禮欲盡敬
於所赴○按秦伯之弟一享之費至用千乘春秋時已侈靡
如此何况戰國
曾晳嗜羊棗章○爾雅釋木棗壺棗郭注江東呼棗大而銳上者為壺壺猶瓠也邊
要棗注子細腰今謂之鹿盧棗櫅白棗注即今棗子白乃熟樲酸棗注樹小實酢孟子曰養其樲棗
○即今藥物之酸棗仁楊徹齊棗注未詳遵羊棗注實小而圓紫黑色俗呼羊矢棗孟子曾晳嗜
羊棗洗大棗注今河東猗氏縣出大棗子如雞卵○庾子山集作犬棗煑填棗注未詳○今藥物膠棗皆
經煑者蹶洩苦棗注子味苦晳無實棗注不著子者還味稔棗注還味短味○今撖
欖形亦如棗○何義門讀書記羊棗非棗也乃柹之小者初生黃
色熟則黑似羊矢其樹再接則成柹余乙卯客臨沂始覩之

沂近魯地可據也今俗呼牛奶柹一名㮕棗而臨沂亦呼羊棗不必以爾雅遵爲羊棗之説爲疑。周柄中辨正陳禹謨名物考云嘗登嶧山或以羊棗噉余其狀類柹大僅如芡實段氏説文解字云羊棗即木部之梬梬棗也一曰㮕按梬即遵羊棗也古今注㮕棗實似柹而小味亦甘美師古注梬棗今之㮕棗㮕與遵音相近内則芝栭賀氏云芝木椹栭軟棗釋文栭本又作檽檽者㮕之誤。按遵字漢人皆讀同尊尊梬雙聲梬棗即遵棗也

萬章問曰孔子在陳。孔子世家居陳三年陳常被寇孔子曰歸與歸與吾黨之小子狂簡（按此三句與論語合）進取不忘其初（按此句與萬章説合）。據左傳衛靈卒於魯哀二年四月二年前有伐晉事

則問陳當在元年末二年初明日遂行絶糧於陳蔡之閒哀三年在陳聞火則此歎當在哀三年也

吾黨之士狂簡○趙注蓋歎息思歸欲見其鄉黨之士也周禮五黨爲州五州爲鄉故曰吾黨之士○按趙以鄉黨解吾黨趙當桓靈時目見黨錮之禁恐人認此二字有標榜門戶之意故引周禮證明之僞孫疏據論語駁之未解其意程氏疑本有作五黨者並誤

進取不忘其初○趙注簡大也狂者進取大道而不得其正者也不忘其初孔子思故舊也按狂簡是兩種人趙合解之誤不忘上挿入孔子字亦誤○朱註不忘其初謂不能改其舊也按解不忘爲不能改解初爲舊並牽强○按進取當一讀即狂者進取不忘其初即狷者有所不爲尚能

守其初而不失也

孟子曰孔子不得中道而與之節。朱註不得中道至有所不爲據論語亦孔子之言然則孔子字下當有曰字論語道作行獧作狷。按孔子是言不得中行有過有不及孟子引作不得中道以道字代行字是孟子述孔子當時意想不必有曰字

如琴張曾晳牧皮者二句。左昭二十年琴張聞宗魯死杜注琴張孔子弟子字子開名牢。近說斥此注襲家語未詳將往弔之仲尼曰齊豹之盜而孟縶之賊女何弔焉杜注言齊豹所以爲盜孟縶所以見賊皆由宗魯君子不食姦注知公孟不善而受其祿是食姦也不受亂注許豹行事是受亂也不爲利疚於回注疚病回邪也以利故不能去是爲利溺于邪不以回待人注知難不告是以邪待人不蓋不義注以周事

豹是葢不義不犯非禮注以貳心事褻是非禮○按左傳有琴張與孟子合當氏琴字張與曾晳牧皮為一例因其人屬狂莊周寓言謂子琴張與子桑戶孟子反為友相視莫逆及子桑死相與編曲鼓琴并造孔子贊辭謂能游於方之外據琴張弔宗魯見左昭二十年孟之反奔而殿見左哀十一年相去三十九年不得為友明甚近說據趙注琴張子張也為人踸踔譎詭又善鼓琴號曰琴張又據鄭注論語牢曰牢弟子子牢也駮王肅家語以琴張為子牢之妄杜注左與家語合又據漢白水碑判琴張琴牢為二人又據古今人表子張與曾晳相次列第三而琴牢列第四愚謂子張為顓孫氏說苑有顓孫子莫斷不當以善琴為號家語既與杜注合朱注依之似亦有據○檀弓

季武子寢疾蟜固不說齊衰而入見曰斯道也將亡矣士唯
公門說齊衰武子曰不亦善乎君子表微及其喪也曾點倚
其門而歌。按朱子引倚門而歌入註證曾晳之狂據左傳
武子卒於昭七年孔子年方十七曾晳不過十一二安得有
倚門而歌事據左傳武子家臣有曾夭叔孫豹家臣有曾阜
蓋曾氏之族人與蟜固為一流斷非孔門之曾點也。按牧
皮無考當孟獻子門臣牧仲之族人

欲得不屑不絜之士而與之。宋刻九經本作絜集註本作潔
。趙注屑絜也不絜汚穢也欲得有介之人能恥賤汚行不
絜者則可與言矣是獧人次於狂者也。朱註屑潔也。按
屑即多方篇屑有辭之屑謂瑣屑也潔當依宋本作絜即絜

長校短之絜謂絜度也不瑣屑於外務不絜度乎世情自然是簡自然踽踽涼涼能不忘其初而有所不為趙注合屑與絜為一義朱註襲之誤

君子反經而已矣節○趙注經常也君子治國家歸其常經謂以仁義禮智道化之○朱註反復也經常也萬世不易之常道也○按孟子七篇因當時異端著作紛紛如墨子亦自號為墨經荀子引道經似即楊朱所宗黃老說自堯舜禹湯文武及伯益伊尹周公孔子為戰國時所毀謗者不止一書孟子歷引書詩證明之論道德出處則以中庸論語為本論撥亂反正則以春秋為斷為聖賢洗謗則以書詩為據愚謂經不正者由諸子之說亂之反經者盡黜雜說一以孔子所傳

之經為正則庶民自興起於正學斯無邪慝之説得而惑之矣即謂七篇所辨論者皆本於正經亦無不可也

孟子曰由堯舜至於湯章○按紀年自堯丙子即位至湯丙午即諸侯位為五百九十九年自堯舉舜計起僅五百二十九年自湯丙午至文王己卯卒為五百零一年自武王庚辰即位至周赧王己酉當齊宣九年燕畔之年為七百四十一年加文王在位五十一年為七百九十二年與公孫丑篇言七百有餘歲合由文王戊子即位至孔子庚戌年生為五百六十三年由孔子生之年至燕人畔之年為二百二十八年若自孔子中年設教言之不過百有餘歲孟子不過約舉大概參之紀年亦無不合也

萊朱。趙注萊朱亦湯賢臣也一曰仲虺是也春秋傳曰仲虺居薛為湯左相是則伊尹為右相故二人等德也朱註因之。按本紀述孔壁書序作仲畾作誥大戴虞戴德作仲傀荀子堯問篇作仲蘬墨子作仲虺與左傳合虺虺雷聲也今一詡鬼切上聲一呼回切平聲詡呼皆與朱同部段玉裁音均表謂易之震雷虩虩震雷索索虩索古音俱在此部今誤入麥部陌部然則朱與虺皆雷聲故名朱字虺萊古音讀同釐仲虺居邳路史謂左傳之姺姺即紀年之侁邳姓纂纂要姺方几切今讀平聲猶禹貢大伾即黎陽黎山禹貢合黎本或作合離邳為仲虺國因以姺為氏姺音近離離即萊也仲虺作誥是有著述者故能傳斯文之統然而無有乎爾則亦無有乎爾。音義陸本作然而無乎爾則亦有乎爾云無乎爾有乎爾疑之也。按趙注指命世言與此章承孔子說未遠甚近語意不接朱註取林氏說謂孟子自任為見知一與孔子不同時二抹去顏曾三孔子未嘗得行其道似皆未協愚謂當依私淑諸人章鮮之然而無有孔子之教澤未遠甚近乎此則予亦無從而有乎此明其傳有自皆本之孔子總結作七篇之大意也

孟子事實録二卷

清　崔述撰

清光緒定州王氏刻《畿輔叢書》本

孟子事實錄卷上　　畿輔叢書

大名崔述著

在鄒

補孟軻騶人也史記孟子荀卿列傳

列女傳云孟軻之母其舍近墓孟子之少也嬉戲爲墓間之事踊躍築埋孟母曰此非所以居子也乃去舍市其嬉戲爲賈衒孟母曰此非所以居子也乃徙舍學宮之旁其嬉戲乃設俎豆揖讓進退孟母曰此眞可以居子矣遂居之余按孟母教子之善當非無故而云然者卽三遷之事亦容或有

之然謂孟子云云者則必無之事也孔子曰唯上知與下愚不移孟子曰豪傑之士雖無文王猶興人之相遠固由於習然大聖賢之生必與衆異必不盡隨流俗爲轉移孟子雖幼安得遂與市井墟墓之羣兒無以異乎孟子曰舜之居深山之中與木石居與鹿豕遊及其聞一善言見一善行若決江河沛然莫之能禦也然則孟子亦當如是使孟子幼時絕不知自異於羣兒則孟子壯時亦安能自異於戰國縱橫之徒哉且孟母旣知墓側之不可居則何不卽擇學宮之旁而遷之乃又卜居於市側乎國語稱文王曰在母弗憂在傳弗勤列女傳云文王生而明聖太任教之以一而識百後世儒者遂謂文王生有聖德大王知其必能興周故舍泰伯而傳國焉夫同一聖人也文王則生而卽爲聖人孟子則幼時無少異於市井小兒一何其相去之懸絕乎蓋凡稱古人者欲極形容其人之美遂不復顧其事之乖其通病然也故欲明太任之胎教遂謂文王之聖生而已然欲明孟母之善教遂若孟子之初毫無異於庸愚其實聖人之爲聖人亦必由漸而成聖人幼時雖未卽爲聖人而

亦必不與流俗同也善讀書者當察其意所在不必盡以爲實然也故今不載此事

韓詩外傳云孟子少時誦其母方織孟子輟然中止乃復進其母引刀裂其織以此誡之孟子問其母曰東家殺豚何爲母曰欲啖汝其母自悔乃買東家豚肉以食之余按自裂其織以喻學之不可中輟理固當然然且誦且思豈無中止之時乃責其聲之必無斷續乎至於啖汝云者不過一時之戲言耳其失甚小因悔此一戲而遂買豚肉以彌縫之是教之以文過遂非也孟母何反出於此乎

此皆說者欲極形容孟母之善教而附會之反失其正者皆不可爲信故今並不錄

韓詩外傳云孟子妻獨居踞孟子入戶視之白其母曰婦無禮請去之母曰乃汝無禮也禮不云乎將上堂聲必揚將入戶視必下不掩人不備也於是孟子自責不敢去婦余按獨居而踞偶然事耳教之可也非有大過豈得輒去聲揚視下亦謂朋友賓客間耳房幃之內安得事事責之此蓋後人之所附會必非孟子之事故亦不載

〔備覽〕受業子思之門人（同上）

〔附論〕孟子曰予未得爲孔子徒也予私淑諸人也（孟子）

趙岐謂孟子親師子思王劭謂史記人字爲衍余按孔子之卒下至孟子遊齊燕人畔時一百六十有六年矣伯魚之卒在顏淵前則孔子卒時子思當不下十歲而孟子去齊後居鄒之宋之薛之滕爲文公定井田復遊於魯而後歸老則孟子在齊時亦不過六十歲耳即令子思享年八十距孟子之生尚三十餘年孟子何由受業於子思乎孟子云予未得爲孔子徒也予私淑諸人也若孟子親受業於子思則當明言其人以見其傳之有所自何得但云人而已乎由是言之孟子必無受業於子思之事史記之言是也然孟子之學深遠恐不僅得之於一人殆如孔子之無常師者然故但云私淑諸人耳

適梁

孟子見梁惠王王曰叟不遠千里而來亦將有以利吾國乎孟子對曰王何必曰利亦有仁義而已矣（孟子）

葉大慶考古質疑云墨客王聖美少謁一達官問聖美曰嘗讀孟子否曰都不曉其義問不曉何義曰從頭不曉孟子不見諸侯何以見梁惠王其人

愕然無對此雖若戲笑之談匆遽中亦自難對近見陳氏新話云孟子之書有一言可萬世行者有言之今日而明日不可用者孟子不見諸侯而見梁惠王學者至今疑之大慶嘗思而得之孟子論去就之義曰迎之致敬以有禮言將行其言也則就之按史記魏世家惠王卑禮厚幣以招賢者鄒衍湻于髡孟某皆至然則孟子之見惠王非以其迎之致敬而有禮乎（原文甚繁今刪而采之如此）余按孟子之見梁王無難解者不知聖美何以不曉達官何以無對陳氏何以致疑葉氏何以待思而後得也孟

子所謂不見諸侯者謂草莽之士不屈身先容以求見諸侯耳非謂終古不可與一見也故曰庶人不傳質爲臣不敢見於諸侯曰如不待其招而往何哉曰段干木踰垣而辟之泄柳閉門而不內是皆已甚迫斯可以見矣語意甚明豈容有不曉其義者而乃紛紛疑之議之眞吾所不曉也若謂終古不可一見諸侯則禹皋陶何以見堯舜伊尹何以見湯太公何以見文王乎孟子居鄒季任爲任處守以幣交受之而不報他日由鄒之任見季子然則孟子之見時君皆當如是不但於梁然也卽

無史記之文而孟子之爲應聘而往亦無可疑者但記書者止欲明先義後利之旨不暇於未見之前一一鋪敘如今演義之文法耳齊景公問政於孔子衛靈公問陳於孔子未問之前亦必有其相見之因但無關於義理故不必一一而書之策也今論者乃以是爲疑豈宋人沿唐舊習喜奔競怪孟子不見諸侯之言而欲以其矛刺其盾乎不然如是讀書書無不可議者無怪乎陶淵明之不求甚解也

按孟子先義後利之旨深切戰國時人之病要亦古今之通患也三代以上人皆尙義逮春秋時人漸重利然尙有好義者亦頗有假義者至於戰國非惟人不好義卽假義者亦不可得何者人皆惟利是圖無所用於假義者也人心一專於利則但知有利而不知有義且但知有已而不知有人甚至但知有目前之利而不知有日後之害以故列國之君惟務戰爭以辟土地聚斂以充府庫其臣亦惟務逢君以取富貴其閭巷之間亦惟事强凌弱衆暴寡以自利此無他皆好利之心驅之使至是也是以戰國之時生民塗炭風俗頽敝死於兵

者動至一二十萬然則孟子此言誠救時之上策亦千古之炯鑑也故以此章冠七篇之首而太史公讀之亦深嘆美之也

聖人何嘗不言利易曰乾元亨利貞曰坤元亨利牝馬之貞曰利建侯曰利見大人曰利涉大川者不一而足聖人何嘗不教人以趨利而避害乎但聖人所言義中之利非義外之利共有之利非獨得之利永遠之利非一時之利此其所以異也故曰見利思義曰因民之所利而利之曰小人樂其樂而利其利此以沒世不忘也無如世俗之人惟

利是圖而不復顧義之是非不但損人以利已也爲臣者且耗國以肥家甚至貪一時之利而致釀終身之害者亦往往有之不可謂大愚哉孟子此言可謂深切著明惜乎世人不之察也

按孟子與齊梁滕君問答之言文繁不可悉載而孟子乃人所共讀亦無庸悉載也故但掇其要旨及有關於時事者次其先後不備錄也

梁惠王曰晉國天下莫強焉叟之所知也及寡人之身東敗於齊長子死焉西喪地於秦七百里南辱於楚寡人耻之願比死者一洒之如之何則可孟子對曰地方百里而

可以王王如施仁政於民省刑罰薄稅歛深耕易耨壯者以暇日修其孝悌忠信入以事其父兄出以事其長上可使制梃以撻秦楚之堅甲利兵矣同上

備覽惠王數敗於軍旅卑禮厚幣以招賢者鄒衍淳于髡孟軻皆至梁史記魏世家

史記此文載於魏世家惠王三十五年以年表考之乃周顯王之三十三年乙酉也余按史記惠王在位三十六年而卒子襄王立在位十六年卒襄王元年乃周顯王三十五年丁亥與諸侯會徐州相王也追尊父惠王爲王是丁亥以前梁未稱王也而孟子之見梁王乃云王何必曰利王好戰請以戰喻王往而征之夫誰與王敵惠王果未稱王孟子何由預稱之曰王乎又按史記梁予秦河西地在襄王五年盡入上郡於秦在襄王七年楚敗魏襄陵在襄王十二年皆惠王身後事而惠王之告孟子乃云西喪地於秦七百里南辱於楚未審之事惠王何由預知之而預言之乎按杜預左傳後序云古書紀年篇惠王三十六年改元從一年始至十六年而稱惠成王卒卽惠王也疑史記誤分惠成之世以爲後王年也然則史記所稱會徐

州相王者卽惠王非襄王矣所稱襄王之元年卽惠王之後元年而予河西入上郡敗於襄陵皆惠王時事非襄王時事矣蓋惠王本稱魏侯既僭稱王則是年乃稱王之始年故不稱三十七年而稱元年史記不知惠王改元之故但見其於三十六年之後又書元年遂誤以爲襄王之元年耳然則孟子之至梁不在惠王三十五年而在後元十二年襄陵既敗之後則孟子與惠王之所云者無一語不符矣孟子與齊宣問答甚多而與梁惠殊少在梁亦無他事則孟子居梁蓋不久也然猶及見

襄王而後去則孟子之至梁當在惠王之卒前一二年辛丑壬寅兩歲之中於年表則周慎靚王之元年二年也史記所云非是說並見後襄王條下

孟子見梁襄王出語人曰望之不似人君就之而不見所畏焉卒然問曰天下惡乎定吾對曰定于一孰能一之對曰不嗜殺人者能一之（孟子）

史記梁惠王三十六年卒子襄王立十六年卒子哀王立竹書紀年梁惠王立三十六年改元又十六年而卒其後稱爲今王至二十年而其書止杜氏左傳後序謂史記誤分惠成（卽惠王）之世以爲後王之年哀王二十三年乃卒故特不稱謚謂之今王余按杜氏以史記襄王之年爲惠王後元之年是已至謂竹書之今王爲哀王而無襄王則非也孟子書稱見梁襄王孟子門人記此書者皆當時目覩之人不容誤哀爲襄則是梁固有襄王也世本稱惠王生襄王襄王生昭王則是梁有襄王無哀王也襄哀二字其形相似蓋有誤書襄王爲哀王者史記因疑梁有襄哀兩王又不知惠王之改元故誤以惠王後元之十六年爲襄王之年以襄王之二十三年爲哀王之年耳然則紀年之所謂今王卽孟子所記之襄王不得以爲哀王也說並見前惠王條下

附錄　周霄問曰古之君子仕乎孟子曰仕傳曰孔子三月無君則皇皇如也出疆必載質公明儀曰古之人三月無君則弔○曰晉國亦仕國也未嘗聞仕如此其急仕如此其急也君子之難仕何也曰丈夫生而願爲之有室女子生而願爲之有家父母之心人皆有之不待父母之命媒妁之言鑽穴隙相窺踰牆相從則父母國人皆賤之古之人未嘗不欲仕也又惡不由其道不由其道而往者與鑽穴隙之類也（孟子）

按孟子嘗見梁惠王惠王自謂晉國天下莫强則當戰國之初猶皆以韓趙魏爲晉國也孟子未嘗至韓與趙則霄此言在孟子居梁之時無疑所謂晉國卽指梁而言也觀霄以難仕疑孟子則孟子在梁但如賓客然未嘗受其爵祿觀孟子鑽穴踰牆之喻則當時求仕者率有所因緣而得之孟子則必待人君之自知之而自任之不肯效當時游士之所爲也故史記於齊稱游事齊宣王而於梁則但稱適梁蓋并客卿亦未嘗受之矣學者不可不分別觀之也

游齊上
齊宣王問曰齊桓晉文之事可得聞乎孟子對曰仲尼之徒無道桓文之事者是以後世無傳焉臣未之聞也無以則王乎曰德如何則可以王矣曰保民而王莫之能禦也○無恒產而有恒心者惟士爲能若民則無恒產因無恒心苟無恒心放辟邪侈無不爲已及陷於罪然後從而刑之是罔民也焉有仁人在位罔民而可爲也○五畝之宅樹之以桑五十者可以衣帛矣鷄豚狗彘之畜無失其時七十者可以食肉矣百畝之田勿奪其時八口之家可以無飢矣謹庠序之教申之以孝弟之義頒白者不負戴於

道路矣老者衣帛食肉黎民不飢不寒然而不王者未之有也孟子

史記孟子荀卿列傳云道旣通游事齊宣王宣王不能用適梁梁惠王不果所言則見以爲迂遠而濶於事情是謂至齊在至梁之前也余按孟子梁惠王篇皆以時之先後爲序而至梁在篇首見襄王後乃次之以齊宣則是見梁惠在先見齊宣在後也卽以史記之文論之周顯王三十三年乙酉孟子至梁後二十三年齊始取燕當是時梁惠王卒已久矣然則孟子去齊以後必無復有適梁之

事故今次至齊於至梁之後

說者謂孔子修春秋尊周室而孟子勸齊梁行王政爲有悖於孔子之旨以余考之不然史記趙世家成侯七年與韓攻周八年分周以爲兩以周本紀計之則顯王二年也蓋周之東遷晉鄭焉依故令雖不行於天下而猶足以立國烈王元年韓滅鄭六年趙成侯韓共侯遷晉桓公於屯留語本竹書紀年與史記文小異晉鄭旣亡周孤立無所依故韓趙得分之自晉亡至此凡四年然則顯王之世已失其國無復尺土一民之爲已有矣是以戰國策中所記周事但有西

周君東周君而無一語及王且云東周與西周爭東周與西周戰然則東西二周亦判然爲兩國而周王特寄食於其間乃欲於此時責天下以尊周亦不情之至矣史記周本紀顯王五年賀秦獻公二十六年致伯於秦孝公三十三年賀秦惠王如小國之事大國者然蓋諸侯惟秦史尙存故司馬氏得以據而記之其於三晉齊楚當亦類是然則周於是時固已降同諸侯但其名差異耳至三十五年諸侯會徐州以相王則并其名亦無異於列國故傳曰成王定鼎於郟鄏卜世三十卜年七百

孟子曰由周而來七百有餘歲矣然則自此以後已不在卜年之數之內周禮亦無復有存者是以孟子欲得王者以安天下不得以孔子之所爲責孟子也孟子曰春秋無義戰彼善於此則有之矣征者上伐下也敵國不相征也又曰天子討而不伐諸侯伐而不討五霸者摟諸侯以伐諸侯者也由斯以觀使孟子生春秋之世亦必尊周室無疑矣孟子曰禹稷顏回同道又曰禹稷顏子易地則皆然其於曾子子思之去與留亦云是故孔子之德非孟子之所及若尊周與不尊周則聖人所處

之時勢不同非其道之異也學者考古不詳而妄議聖人余甚不取故今考其前後而備論之

孟子何爲以王說齊宣也古之聖王皆非有心於王天下也德盛化行人自歸之非齊王所及也顧戰國之時民困已極孟子急欲救之故以王歆動齊王之心使勉爲保民之事耳何以有恒產恒心之論也聖人之治天下非但養之也亦將以教之故舜命棄播百穀卽命契敷五教所以無飢之後必繼之以庠序之教也申以孝弟之義何以言頒白者之不負戴也古之所謂弟者非惟事兄也亦將以事老也故契教以人倫而曰長幼有序孔子曰入則孝出則弟若惟事兄而已當云入則弟不當云出則弟矣

按人君撫有一國當先自正其身心不溺於私欲至於淫聲蕩人心志尤所當痛絶者乃齊王好貨好色孟子不匡其失而但以爲與民同之卽可以王齊王好世俗之樂而孟子以爲今之樂由古之樂此何說乎無他戰國之時生民塗炭孟子目擊其艱急欲拯於水火之中而是時大國之君惟齊宣猶足用爲善齊宣所好又非旦夕所能改者故

不得已而爲此言冀其或能行仁政耳此孟子救世之苦衷非正論也讀孟子者當以意逆志不可執詞以害其意亦不得以是輕議孟子也故今皆不載并識其說於此

孟子見齊宣王曰所謂故國者非謂有喬木之謂也有世臣之謂也王無親臣矣昔者所進今日不知其亡也王曰吾何以識其不才而舍之曰國君進賢如不得已將使卑踰尊疏踰戚可不愼與左右皆曰賢未可也諸大夫皆曰賢未可也國人皆曰賢然後察之見賢焉然後用之左右皆曰不可勿聽諸大夫皆曰不可勿聽國人皆曰不可然

後察之見不可焉然後去之孟子

按治國莫要於用人不得其人則雖善政亦不能行故周公有立政之篇孔子有人存政舉之對孟子此章實治國之要術故今載於保民章之後至是而王道全矣○雖然孟子此言特爲齊王言之耳左右之言不可信固也諸大夫多矣何以其言猶皆不可信而必訪諸國人而又以身察之人主之勞何至於是堯舜大聖人也然其命官也不過咨於四岳訪於廷臣而已皆得其人建大功於天下亦非惟聖帝哲王然也齊桓公聽鮑叔之薦而

相管仲晉文公聽趙衰之薦而用郤縠欒枝先軫皆能治其國而霸諸侯而孟子乃爲是言者何哉蓋齊之廷臣不肖者多而賢者少惟諸大夫之言是聽則必有夤緣權倖以求進身者觀於王驩陳賈齊之大夫可知矣觀於牽牛章中肥甘輕煖采色聲音便嬖王之諸臣皆足以供之大夫之逢迎其君者不乏人矣觀於王驩至公行氏有進而與言者有就其位而與言者庶僚之奔走於大夫之前者亦不乏人矣如是而欲資大夫之薦引安能得賢士而用之其必至於蠹國害民者勢也雖有即墨大夫而無如毀之者之多雖有阿大夫而無如譽之者之衆齊之往事概可見矣故凡人主處休明之世俊傑盈廷政事修舉則不必過爲其煩若不幸值廢弛之後朝多倖位阿諛成風非大振乾綱廣開耳目不足以起其衰而革其弊孟子此言誠撥亂反治之良策也夫

吾讀春秋傳至晉楚邲之戰而知晉政之衰也邲之役晉師何以敗也曰晉之軍帥不和既不量力而輒濟河又不設備故敗曰固也然猶非其本也傳曰晉魏錡求公族未得又曰趙旃求卿未得卿

大夫豈可求者乎蓋有求而得者與夫不求而遂不能得者是以人競於求若得者皆不因於求則無復有求之者矣文公之世趙衰薦郤縠爲元帥縠豈嘗求之乎胥臣薦郤缺之賢而文公以爲下軍大夫缺亦未嘗求也亦非但不求也文公以趙衰爲卿而衰讓於欒枝先軫且以已所得者讓之於人矣無怪乎所用皆賢一戰而遂霸也且凡求進用者非逢迎則賄賂逢迎賄賂而得爲卿大夫其人必不肯以報國安民爲事逢迎賄賂而後得爲卿大夫則賢才必無由而進雖文襄之澤未衰

晉卿大夫之中非無賢者顧賢者少而不肖者多則賢者亦不得展其用是以事權不一在國則無以撫其民在軍則無以勝厥敵也若果能如孟子之言見賢然後用之豈復有求之者吾故觀於城濮與邲之事而益信孟子之言之可爲世鑒也

附錄 儲子曰王使人瞷夫子果有以異於人乎孟子曰何以異於人哉堯舜與人同耳（孟子）

觀此文則齊王於孟子可謂心悅誠服矣梁惠王公孫丑兩篇敘孟子事皆以時之先後次之其見於他篇者無可考其先後故皆因事而附錄之

孟子將朝王王使人來曰寡人如就見者也有寒疾不可以風朝將視朝不識可使寡人得見乎對曰不幸而有疾不能造朝明日出弔於東郭氏公孫丑曰昔者辭以病今日弔或者不可乎曰昔者疾今日愈如之何不弔王使人問疾醫來孟仲子對曰昔者有王命有采薪之憂不能造朝今病小愈趨造於朝我不識能至否乎使數人要於路曰請必無歸而造於朝不得已而之景丑氏宿焉景子曰內則父子外則君臣人之大倫也父子主恩君臣主敬丑見王之敬子也未見所以敬王也曰惡是何言也齊人無以仁義與王言者豈以仁義爲不美也其心曰是何足與言仁義也云爾則不敬莫大乎是我非堯舜之道不敢以陳於王前故齊人莫如我敬王也景子曰否非此之謂也禮曰父召無諾君命召不俟駕固將朝也聞王命而遂不果宜與夫禮若不相似然曰豈謂是與曾子曰晉楚之富不可及也彼以其富我以吾仁彼以其爵我以吾義吾何慊乎哉夫豈不義而曾子言之是或一道也天下有達尊三爵一齒一德一朝廷莫如爵鄉黨莫如齒輔世長民莫如德惡得有其一以慢其二哉故將大有爲之君必有所不召之臣欲有謀焉則就之其尊德樂道不如是不足與有爲也（孟子）

天子諸侯之視朝也皆有定期此何以稱孟子將朝又何以齊王不知孟子之將朝而使人召之蓋孟子之在齊乃客卿也與居官任職者不同戰國之世凡客游於諸侯之國者朝皆未有定日欲朝則往朝耳故史記云游事齊宣王言游事以別於居官任職者也是以孟子將朝而齊王猶不知而使人召之也此蓋當時風氣如是非但孟子然也但在他人聞王之召則疾趨而赴之惟孟子不欲因召而往耳若果居官任職豈容如是觀此章之文及後蚳鼃不受祿兩章孟子在齊所處之時勢

可知矣

孟子之平陸謂其大夫曰子之持戟之士一日而三失伍則去之否乎曰不待三然則子之失伍也亦多矣凶年饑歲子之民老羸轉於溝壑壯者散而之四方者幾千人矣曰此非距心之所得爲也曰今有受人之牛羊而爲之牧之者則必爲之求牧與芻矣求牧與芻而不得則反諸其人乎抑亦立而視其死與曰此則距心之罪也他日見於王曰王之爲都者臣知五人焉知其罪者惟孔距心爲王誦之王曰此則寡人之罪也孟子

此章孟子責孔距心之罪宣王亦自引咎人莫不

謂齊大夫之曠職而齊王之失政矣然吾讀之而猶覺齊君臣之殊不易得也距心誠爲曠職然其心猶知恤民其言猶知引咎初未嘗剝民之膏脂以自奉盜君之倉庫以自肥亦未嘗自矜其能而歸咎於歲也齊王誠爲失政然猶自知其過未嘗怙終而拂諫也是其國事尚未大壞是以宣王雖不能辟土地朝秦楚而猶能保其國至於閔王爲燕所滅止守莒卽墨二邑而其臣民猶知發憤拒敵卒盡復其舊土直至王建之世秦滅三晉燕楚之後力不能敵而後國亡孔子言觀過知仁吾故讀平陸一章而知齊之猶能自固也唐宋之季世遠書缺吾不知其詳矣若明季之事則吾鄉前輩之所記載尚可考而知之崇禎十二三年大名大荒不惟轉且散也甚至於人相食然上之所免賦稅道府皆匿不下行仍使州縣催徵而與之均分之民之飢寒扑責而死者累累此其視孔距心何如也民之困至是極矣然莊烈帝皆不之知惟知任用奸邪俾得互相朦蔽有直言時事者必致之罪直至城破之時猶自謂非亡國之君其視齊宣又何如也所以自成獻忠烏合之衆本不難於勦

滅乃至一府則一府歸之至一縣則一縣歸之求其如齊而不可得無他其人心風俗已壞故也由是言之齊之君臣尚有可取是以孟子謂王猶足爲善而不忍去齊也

孟子謂蚳鼃曰子之辭靈丘而請士師似也爲其可以言也今旣數月矣未可以言與蚳鼃諫於王而不用致爲臣而去齊人曰所以爲蚳鼃則善矣所以自爲則吾不知也公都子以告曰吾聞之也有官守者不得其職則去有言責者不得其言則去我無官守我無言責也則吾進退豈不綽綽然有餘裕哉孟子

觀此章孟子自言無官守無言責則孟子在齊乃客卿非居官受職者明矣葢戰國之士游於鄰國者多雖不受職茍爲時君所禮亦畀以爵戰國策所謂魏王使客將軍辛垣衍間行入邯鄲者是也說並詳前將朝王章及後不受祿章

附録孟子爲卿於齊出弔於滕王使葢大夫王驩爲輔行王驩朝暮見反齊滕之路未嘗與之言行事也

○公行子有子之喪右師往弔入門有進而與右師言者有就右師之位而與右師言者孟子不與右師言孟子

按王驩齊王之寵臣恃寵而驕常也然乃朝暮見焉雖不與言行事而不改是何其敬孟子乃爾以宣王之敬孟子故也然則宣王亦戰國之英主未嘗不知孟子之賢但不能用孟子之言耳故孟子曰王猶足用爲善也○公行氏之事不知在何時因與弔滕之事畧同故因類而次之

孟子自齊葬於魯反於齊止於嬴充虞請曰前日不知虞之不肖使虞敦匠事嚴虞不敢請今願竊有請也木若以美然曰古者棺椁無度中古棺七寸椁稱之自天子達於庶人非直爲觀美也然後盡於人心不得不可以爲悅無財不可以爲悅得之爲有財古之人皆用之吾何爲獨不然且比化者無使土親膚於人心獨無恔乎吾聞之也君子不以天下儉其親孟子

存參或曰孟子魯公族孟孫之後故孟子仕於齊喪母而歸葬於魯也趙岐孟子題詞

游齊下

齊人伐燕或問曰勸齊伐燕有諸曰未也沈同問燕可伐與吾應之曰可彼然而伐之也彼如曰孰可以伐之則將應之曰爲天吏則可以伐之今有殺人者或問之曰人可殺與則將應之曰可彼如曰孰可以殺之則將應之曰爲

士師則可以殺之今以燕伐燕何爲勸之哉孟子

齊人伐燕勝之宣王問曰或謂寡人勿取或謂寡人取之以萬乘之國伐萬乘之國五旬而舉之人力不至於此不取必有天殃取之何如孟子對曰取之而燕民悅則取之古之人有行之者武王是也取之而燕民不悅則勿取古之人有行之者文王是也以萬乘之國伐萬乘之國簞食壺漿以迎王師豈有他哉避水火也如水益深如火益熱亦運而已矣孟子

戰國策云燕人恫怨百姓離意孟某謂齊宣王曰今伐燕此文武之時不可失也王因令章子將五

都之兵以因北地之衆以伐燕史記燕世家采之
余按此卽孟子書中所載沈同之問而或以爲勸
齊伐燕之事孟子固已辨其非矣至所稱文武云
者卽勝燕章孟子引文王武王以告宣王之語而
失其意者孟子方以燕民之悅不悅決之何嘗以
爲時不可失乎嗟乎孟子一書幸而猶存故今得
以考而知之外此若信陵平原廉頗樂毅虞卿魯
仲連之屬其人未嘗著書或其書已亡無可據以
証史記之是非者學者必謂史記之得其實然則
古人之受誣於後世者豈可勝道哉吾願世之文

人學士毋據斷簡殘編傳聞之詞而輕責古人也

齊人伐燕取之諸侯將謀救燕宣王曰諸侯多謀伐寡人
者何以待之孟子對曰臣聞七十里爲政於天下者湯是
也未聞以千里畏人者也〇今燕虐其民王往而征之民
以爲將拯已於水火之中也簞食壺漿以迎王師若殺其
父兄係累其子弟毀其宗廟遷其重器如之何其可也天
下固畏齊之强也今又倍地而不行仁政是動天下之兵
也王速出令反其旄倪止其重器謀於燕衆置君而後去
之則猶可及止也燕人畔王曰吾甚慚於孟子孟子

齊之取燕史記六國年表在周赧王元年於齊爲
湣王之十年燕世家亦以爲湣王而齊世家無之
蘇子由古史據史記年表文斷以爲齊湣王陳氏
新話從之而謂孟子書爲其徒所記以故致悞惟
葉氏大慶考古質疑據戰國策之文謂齊宣用蘇
代使於燕代激燕王厚任子之燕國大亂儲子謂
齊宣王因而赴之破燕必矣皆稱宣王與孟子合
是矣然吾猶惜其論未盡而疑史記之不應有悞
之猶未免於過也按孟子書中與宣王問答有明
文者凡一十四章而絕無與湣王問答之事記此
書者不過萬章公孫丑之屬皆嘗從孟子在齊目

覩此事者必無以湣王之事無故移之宣王之理
由是言之孟子之不悞無可疑者史記魏世家稱
惠王三十五年而孟子至梁孟子列傳又謂孟子
先至齊而後適梁自梁惠王三十五年下至齊取
燕之歲凡二十有三年如是則孟子去齊已久矣
何由得見取燕之事由是言之史記之有悞亦無
可疑者蓋自陳恒得政以來凡十二代而滅故莊
子云田成子殺齊君十二代而有齊國鬼谷子亦
云然而史記止有成子恒襄子盤莊子白大公和
桓公午威王嬰齊宣王辟彊湣王地襄王法章及

王建十代其悼子田侯剡二代皆遺之又悞以桓公爲在位六年是以威宣兩代移前二十二年而取燕遂當湣王世耳索隱云紀年齊康公二十二年田侯剡立又云紀年梁惠王十三年當齊桓公十八年後威王始見則桓公十九年而卒據此則齊威立於周顯王之十二三年以史記之年遞推而下之取燕正在齊宣之六七年非湣王時事矣故以紀年爲據則孟子莊子戰國策鬼谷子之言皆合若以史記爲據則此四書無一合者而宋人乃欲據史記以駁孟子其亦異矣司馬温公通鑑

從孟子以伐燕爲宣王時是矣然以取燕燕畔爲一年事在宣王十九年數月而湣王立亦於事理未合講章家解孟子者又以取燕爲宣王事燕畔爲湣王事而云燕人畔章但稱王曰者湣王生而未有謚也其說尤謬夫不聽孟子言而取燕者既爲宣王矣燕人之畔湣王何慙於孟子乎此無他皆由未嘗深考戰國時事不知史記之移威宣兩代於前二十餘年是以委曲求全其說而卒不能合也故今取燕燕畔數章並依孟子國策紀年之文載之宣王之世

附錄齊饑陳臻曰國人皆以夫子將復爲發棠殆不可復孟子曰是爲馮婦也晉人有馮婦者善搏虎卒爲善士則之野有衆逐虎虎負嵎莫之敢攖望見馮婦趨而迎之馮婦攘臂下車衆皆悅之其爲士者笑之孟子

此事未知何時然揆其理勢當在將去齊之前故附錄於此

孟子致爲臣而歸王就見孟子曰前日願見而不可得侍同朝甚喜今又棄寡人而歸不識可以繼此而得見乎對曰不敢請耳固所願也他日王謂時子曰我欲中國而授孟子室養弟子以萬鍾使諸大夫國人皆有所矜式子盍爲我言之時子因陳子而以告孟子陳子以時子之言告孟子孟子曰然夫時子惡知其不可也如使予欲富辭十萬而受萬是爲欲富乎孟子

孟子去齊宿於晝有欲爲王留行者坐而言不應隱几而臥孟子去齊尹士語人曰不識王之不可以爲湯武則是不明也識其不可然且至則是干澤也千里而見王不遇故去三宿而後出晝是何濡滯也士則玆不悅高子以告曰夫尹士惡知予哉千里而見王是予所欲也不遇故去豈予所欲哉予不得已也予三宿而出晝於予心猶以爲

速王庶幾改之王如改諸則必反予夫出晝而王不予追
也予然後浩然有歸志予雖然豈舍王哉王由足用爲善
王如用予則豈徒齊民安天下之民舉安王庶幾改之予
日望之孟子

按孟子去齊之故致爲臣章不言所以宿晝章雖
有不及子思一語而亦未明其所以然至此章始
詳言其故葢孟子之至齊無他不過欲救民於水
火之中耳而戰國之君多不足與有爲幸而齊宣
猶足用爲善是以孟子戀戀而不忍遽去也庶幾
改之必有一事孟子言之而宣王不從者不從則

不能行仁政不行仁政則不能救民於水火之中
孟子雖在齊何益且孟子之去齊齊王何嘗不留
孟子授室中國養以萬鍾齊王之意渥矣然非孟
子之所望於王者也王不能改雖萬鍾何加焉王
自留之不可代王留行豈有益乎欲及子思惟有
勸王改過而已觀此章然後知孟子之所以去齊
與其所以不遽去齊皆非苟然者學者不可以不
察也然尹士亦當時之賢人其所譏刺皆近於理
非若淳于髡輩漫然而妄議者但未識孟子救世
之苦心耳觀其聞孟子之言而即自謂爲小人則

其人亦非易及者矣

【附論】孟子去齊充虞路問曰夫子若有不豫色然前
日虞聞諸夫子曰君子不怨天不尤人曰彼一時此
一時也五百年必有王者興其間必有名世者由周
而來七百有餘歲矣以其數則過矣以其時考之則
可矣夫天未欲平治天下也如欲平治天下當今之
世舍我其誰也吾何爲不豫哉孟子

此章乃孟子自明其心事前章雖言去齊之故然
特爲齊王言之此乃聖賢平治天下之素志也葢
聖賢之生於世非徒自淑其身而已必將使天下

皆登於衽席也自周之衰王者不作百姓之塗炭
極矣必使唐虞三代復見於今日而後足遂聖賢
之心然秦楚韓趙之君未有可以行王政者惟齊
宣猶足用爲善而國勢亦足以有爲然竟不能有
所遇而卒去之此孟子之所以不樂也乃後世說
者猶以孟子之勸齊梁行王政爲譏嗟夫使孟子
不勸齊梁以行王政終老於鄒可矣胡爲乎日出
入於風塵馬足之間而不憚其煩也

【附論】孟子去齊居休公孫丑問曰仕而不受祿古之
道乎曰非也於崇吾得見王退而有去志不欲變故

不受也繼而有師命不可以請久於齊非我志也孟子

按前章云孟子爲卿於齊而公孫丑云仕而不受祿孟子既爲卿何以不受祿既不受祿又何以自贍乎葢古者卿大夫之祿皆以邑若他國之大夫居是邦者則致饋遺餼牽春秋傳所謂泰鍼與楚比齒者是也士之遊是邦者則饋以粟帛孟子所謂君饋之則受之者是也孟子既見齊王知其不能行道故不受其采邑以爲久居之計齊王雖授以卿之位而初無卿之職是以朝王無定期而孟子亦自謂無官守無言責也合此三章觀之則孟

子所處之時勢了然可見然則孟子在齊正與孔子際可之仕相類故曰所就三所去三也

附論孟子曰無或乎王之不智也雖有天下易生之物也一日暴之十日寒之未有能生者也吾見亦罕矣吾退而寒之者至矣吾如有萌焉何哉孟子

按孟子稱齊王猶足用爲善宣王之勝人者何在乎葢有三焉孟子言無已則王宣王卽問德何如則可以王孟子言保民而王宣王卽問寡人可以保民乎哉是其有志向善不囿於世俗之說勝於人者一也孟子論交鄰國王曰寡人有疾寡人好勇孟子論行王政王曰寡人有疾寡人好貨寡人好色燕人畔則王慙於孟子告以孔距心之事則王以爲已罪是其有過而能自知又不自諱勝於人者二也儲子曰王使人瞯夫子果有以異於人乎是其心中深服孟子之賢以爲伊呂之儔王驩王之寵臣也弔滕之役朝暮見焉非惟不敢恃寵而驕孟子且欲承奉孟子以冀得其歡心無他知王之敬孟子故也使宣王如魯平公者驩何難爲臧倉之所爲勝於人者三也戰國之君如宣王者葢不可多得矣是以孟子以爲足用爲善已宿於

晝而猶不忍去也然而卒無成者何也在廷之臣罕有賢者故聞孟子之言則好之與他人燕處而不見孟子則忘之而不復有遠志惟狥已之嗜欲而已故孟子曰吾見亦罕矣吾退而寒之者至矣孟子葢深惜之也

孟子事實錄卷上終

孟子事實錄卷下

大名崔述箸

由宋歸鄒之滕至魯

滕文公爲世子將之楚過宋而見孟子孟子道性善言必稱堯舜世子自楚反復見孟子孟子曰世子疑吾言乎夫道一而已矣○今滕絶長補短將五十里也猶可以爲善國書曰若藥不瞑眩厥疾不瘳（孟子）

此孟子去齊以後居宋時事故次之於此

附錄孟子謂戴不勝曰子欲子之王之善與我明告子○子謂薛居州善士也使之居於王所在於王所

者長幼卑尊皆薛居州也王誰與爲不善在王所者長幼卑尊皆非薛居州也王誰與爲善一薛居州獨如宋王何（同上）

孟子在宋不載有他事不勝宋大夫也故附錄此章於此萬章盈之之問亦當在此時可類推也

鄒與魯鬨穆公問曰吾有司死者三十三人而民莫之死也誅之則不可勝誅不誅則疾視其長上之死而不救如之何則可也孟子對曰凶年饑歲君之民老弱轉乎溝壑壯者散而之四方者幾千人矣而君之倉廩實府庫充有司莫以告是上慢而殘下也曾子曰戒之戒之出乎爾者反乎爾者也夫民今而後得反之也君無尤焉君行仁政斯民親其上死其長矣（同上）

此孟子居鄒事當在去宋之後至滕之前但未知與然友之問孰爲先後姑次之於此

此章發明上下之間出爾反爾之義最爲深切民之死與散也有司不之恤也曰非我也歲也有司之死於魯也民亦不之恤也曰非我也魯也曾子之言眞千古之炯鑑甚矣仁政之不可不行也雖然吾讀此章而嘆鄒有司之猶爲賢也何者君之倉廩實有司不之盜也君之府庫充有司不之竊

也賢何如之有司之過惟不告民隱耳然較世之以民隱告於君請君賑以錢粟不以與民而但以飽巳之貪橐者其賢奚啻數倍故曰鄒有司之猶爲賢也是以孟子但勸穆公以行仁政即可以致親上死長之美若有司如後世之貪吏君雖行仁政惠斷不能及民甚至仁政反爲弊政者有之勢必盡罷諸有司別易以賢人然後能施仁政於民以是知鄒有司之猶爲賢也是以有司雖死於戰而國不危及齊失國而鄒猶能自保也

附錄滕定公薨世子謂然友曰昔者孟子嘗與我言

於宋於心終不忘今也不幸至於大故吾欲使子問於孟子然後行事然友之鄒問於孟子孟子曰不亦善乎親喪固所自盡也曾子曰生事之以禮死葬之以禮祭之以禮可謂孝矣諸侯之禮吾未之學也雖然吾嘗聞之矣三年之喪齊疏之服飦粥之食自天子達於庶人三代共之然友反命定爲三年之喪父兄百官皆不欲曰吾宗國魯先君莫之行吾先君亦莫之行也至於子之身而反之不可且志曰喪祭從先祖曰吾有所受之也謂然友曰吾他日未嘗學問好馳馬試劒今也父兄百官不我足也恐其不能盡

於大事子爲我問孟子然友復之鄒問孟子孟子曰然不可以他求者也孔子曰君薨聽於冢宰歠粥面深墨即位而哭百官有司莫敢不哀先之也上有好者下必有甚焉者矣君子之德風也小人之德草也草尚之風必偃是在世子然友反命世子曰然是誠在我五月居廬未有命戒百官族人可謂曰知及至葬四方來觀之顏色之戚哭泣之哀弔者大悅

此與鄒魯之鬨未知孰爲先後姑附錄於此

滕文公問爲國

朱子謂文公以禮聘孟子故孟子至滕而文公問之然則此事當在文公即位以後孟子由鄒至滕故梁惠王下篇文公三問皆在鄒與魯鬨章之後也

孟子曰民事不可緩也詩曰晝爾于茅宵爾索綯亟其乘屋其始播百穀民之爲道也有恒產者有恒心無恒產者無恒心苟無恒心放僻邪侈無不爲已及陷乎罪然後從而刑之是罔民也焉有仁人在位罔民而可爲也

治國之事多端要莫重於教養然必先養然後能教是以虞書命稷之文先於命契故以農事爲最急也民事即農事也民莫衆於農故以農事爲民

事引七月詩者所以證其不可緩無恒產云云者所以明其不可緩之故衣食不足且將肆意妄行蹈於刑辟况望其人倫明而小民親乎故孟子之告齊梁亦於樹桑授田之後始繼之庠序之教也故民事不可緩一句神氣已直注於人倫明於上二句養之即所以爲教之地非分教養爲二事也

是故賢君必恭儉禮下取於民有制陽虎曰爲富不仁矣爲仁不富矣

禮下者所以待臣取民有制者所以恤民兼言之者賢君於此二端不可偏廢者也下文但言有制

不復言禮下者恭者文公巳能之故孟子不必更告之也有制必先之以儉者取民之多由於用度之奢奢則不足於用雖欲寡取之而不能也取民有制一句乃一章之綱領自夏后氏以下至雖周亦助詳言取民之制取民有制然後能以庠序學校教民而使之明且親也引陽虎之言者所以明取民之不可過也取民無制則富而不仁取民有制則仁而不富二者不可兼故甯舍富而不可失仁也

夏后氏五十而貢殷人七十而助周人百畝而徹其實皆什一也徹者徹也助者藉也

此承上取民有制句遂言鄉遂取民之制也鄉遂者君所自取於民者也上下之情易通故不患其法之弊也惟患其取之多什一則取之得其正矣無論貢助徹皆可行也

龍子曰治地莫善於助莫不善於貢貢者校數歲之中以爲常樂歲粒米狼戾多取之而不爲虐則寡取之凶年糞其田而不足則必取盈焉爲民父母使民盻盻然將終歲勤動不得以養其父母又稱貸而益之使老稚轉乎溝壑惡在其爲民父母也夫世祿滕固行之矣詩云雨我公田遂及我私惟助爲有公田由此觀之雖周亦助也

此因上言鄉遂取民之制遂言都鄙取民之制也都鄙者卿大夫之有世祿采邑者所取於民者也非惟患所取之多也尤患其法之弊故必用助然後得其平也使滕不行世祿則助不助無大損益也世祿滕固行之安可以不用助豈謂周人百畝而徹不用助乎試觀大田之詩周人世祿詩也而云雨我公田遂及我私徹則通力合作計畝均分安得有所謂公田者惟助爲有公田耳然則雖周之世祿亦未嘗不用助也大抵龍子之言即爲世祿而發故引之以見都鄙之當用助也○朱子集註云周時一夫授田百畝鄉遂用貢法十夫有溝都鄙用助法八家同井耕則通力而作收則計畝而分余按謂鄉遂十夫有溝是也謂用貢法則不合謂都鄙用助法是也謂通力而作計畝而分則混助於徹余欲易其文云鄉遂用徹法耕則通力而作收則計畝而分都鄙用助法中百畝爲公田外八區爲私田庶爲分明易曉說巳詳見經界通考中茲不悉贅也

設爲庠序學校以教之庠者養也校者教也序者射也夏

曰校殷曰序周曰庠學則三代共之皆所以明人倫也人倫明於上小民親於下

取民有制則民有恒心矣夫然後可以教故繼之以庠序學校之制也然則何以教之人倫而已父父子子兄兄弟弟夫夫婦婦而家道正豈惟不至放辟邪侈以陷於罪將見孝友睦婣任恤皆相胥而成俗雖唐虞之教亦如是而已矣此與上恒產恒心之文正相呼應至於此然後知民事果不可以緩也唐宋以後世俗惟尚詞章雖立學舍不以人倫教之故小民不相親三代以上不如是也○

民事以下數十言以取民有制句爲要領夏后以下數言以其實皆什一句爲要領龍子以下數十言以雖周亦助句爲要領設爲庠序以下十餘言以人倫二句爲要領學者不可以不細玩其文義也

有王者起必來取法是爲王者師也詩云周雖舊邦其命維新文王之謂也子力行之亦以新子之國

此勉滕文公語遍結上文數段之意

使畢戰問井地孟子曰子之君將行仁政選擇而使子子必勉之夫仁政必自經界始經界不正井地不均穀祿不平是故暴君汙吏必慢其經界經界既正分田制祿可坐而定也

井地卽助法也孟子之告文公凡三事曰什一曰助法曰教民此獨問井地者什一教民皆易行者衆而措之耳惟助法須經畫得宜故使畢戰專主其事而問其詳於孟子也井地采邑之法所以養卿大夫士者故言井地必及穀祿分田卽井地事也制祿卽穀祿事也二事相爲表裏井地均卽穀祿平矣故合而言之

夫滕壤地褊小將爲君子焉將爲野人焉無君子莫治野

人無野人莫養君子請野九一而助國中什一使自賦卿以下必有圭田圭田五十畝餘夫二十五畝

君子承上制祿而言之也野人承上分田而言之也君子野人不可偏廢故助法不可以不行也九一而助治野之政也國中什一使自賦因治野而連及之也不言行何法者但取之以什一民卽得其所矣不拘拘於貢助徹也圭田五十畝制祿之餘政也餘夫二十五畝分田之餘政也至是而君子與野人皆無憾矣

死徙無出鄉鄉田同井出入相友守望相助疾病相扶持

則百姓親睦

此因上國中什一之文遂言鄉遂之政也鄉卽齊語所稱士鄉十五之鄉鄉田同井者每夫授田百畝與井地之田同也相友相助相扶持者卽所謂小民親於下也

方里而井井九百畝其中爲公田八家皆私百畝同養公田公事畢然後敢治私事所以別野人也

此承上九一而助之文詳言都鄙之法也古者百步爲一畝三百步爲一里方里則每面皆三百步以開方法分爲九區則每區皆百畝形如井字故

謂之方里而井也同養公田所謂助也公事畢然後敢治私事所以教野人使知有上下之分也○此答井地之問乃治都鄙之政然國中什一鄉田同井者鄉遂之制百姓親睦先公後私者教民之方其事相因其理相通故其言亦連而及之也

此其大畧也若夫潤澤之則在君與子矣

此結上文之意畧者其大綱潤澤者其細目也操其大綱隨時隨地而變通之三代之政無不可行於後世者矣○孟子七篇其文多矣故今錄中止擇要者載之獨此章乃治國安民之大節而向來說者多未分明不能盡孟子之意故今全錄其文而於先儒之所未及言者補而解之使與經界通考之言互相發明或於讀孟子書者不無小補云

附錄孟子之滕館於上宮

按梁惠王下篇孟子答滕文公之問凡三章皆尋常問答之言非若爲國章言分田制祿者可比故於此章文備載而詳釋之而其餘皆不載

魯平公將出嬖人臧倉者請曰他日君出則必命有司所之今乘輿已駕矣有司未知所之敢請公曰將見孟子曰何哉君所爲輕身以先於匹夫者以爲賢乎禮義由賢者

出而孟子之後喪踰前喪君無見焉公曰諾樂正子入見曰君奚爲不見孟軻也曰或告寡人曰孟子之後喪踰前喪是以不往見也曰何哉君所謂踰者前以士後以大夫前以三鼎而後以五鼎與曰否謂棺槨衣衾之美也曰非所謂踰也貧富不同也樂正子見孟子曰克告於君君爲來見也嬖人有臧倉者沮君君是以不果來也曰行或使之止或尼之行止非人所能也吾之不遇魯侯天也臧氏之子焉能使予不遇哉並同上

按梁惠王一篇凡與時君問答之言皆以時之先後次之則是至滕至魯皆孟子晚年事也兼金章

以在齊爲前日在宋薛爲今日則是至宋至薛亦在孟子去齊後也滕文章孟子在宋滕定章孟子在鄒皆滕文未卽位時事則是孟子去齊之後先至宋而後歸鄒而後至滕也故今以宋鄒滕魯爲次而並次之於去齊之後○孟子曰吾之不遇魯侯天也此一語雖結此章之事而實總結通篇之文言歷說時君而無所遇者皆天而已矣正與公孫丑篇答充虞語謂天未欲平治天下之意畧同故以此章殿此篇也

雜紀

孟子居鄒季任爲任處守以幣交受之而不報處於平陸儲子爲相以幣交受之而不報他日由鄒之任見季子由平陸之齊不見儲子孟子

陳臻問曰前日於齊王餽兼金一百而不受於宋餽七十鎰而受於薛餽五十鎰而受前日之不受是則今日之受非也今日之受是則前日之不受非也夫子必居一於此矣孟子曰皆是也當在宋也予將有遠行行者必以贐辭曰餽贐予何爲不受當在薛也予有戒心辭曰聞戒故爲兵餽之予何爲不受若於齊則未有處也無處而餽之是貨之也焉有君子而可以貨取乎孟子

按此二章取兩國或三國之事比而述之固非可事係之於一時也故并附紀於後又按季任之交在儲子前則是至任在至齊前也齊稱前日而宋薛稱今日則是至宋薛在至齊後也然則孟子去齊之後先至宋薛然後至滕矣故滕文章稱過宋而見孟子也去宋薛後蓋嘗歸鄒鄒魯之閧當在此時故滕定章稱然友之鄒問於孟子也故今次兼金章於季任章之後孟子雖無與任宋薛之君問答之文然卽此二章求之孟子游歷之先後亦可概見矣

附通論 公孫丑問曰夫子加齊之卿相得行道焉雖由此霸王不異矣如此則動心否乎孟子曰否我四十不動心○敢問夫子惡乎長曰我知言我善養吾浩然之氣敢問何謂浩然之氣曰難言也其爲氣也至大至剛以直養而無害則塞於天地之間其爲氣也配義與道無是餒也是集義所生者非義襲而取之也行有不慊於心則餒矣我故曰告子未嘗知義以其外之也必有事焉而勿正心勿忘勿助長也無若宋人然宋人有閔其苗之不長而揠之者芒芒然歸謂其人曰今日病矣予助苗長矣其子趨而往視

之苗則槁矣天下之不助苗長者寡矣以爲無益而舍之者不耘苗者也助之長者揠苗者也非徒無益而又害之何謂知言曰詖辭知其所蔽淫辭知其所陷邪辭知其所離遁辭知其所窮生於其心害於其政發於其政害於其事聖人復起必從吾言矣

附通論公都子曰外人皆稱夫子好辯敢問何也孟子曰予豈好辯哉予不得已也○聖王不作諸侯放恣處士橫議楊朱墨翟之言盈天下天下之言不歸楊則歸墨楊氏爲我是無君也墨氏兼愛是無父也無父無君是禽獸也公明儀曰庖有肥肉廄有肥馬

民有饑色野有餓莩此率獸而食人也楊墨之道不息孔子之道不著是邪說誣民充塞仁義也仁義充塞則率獸食人人將相食吾爲此懼閑先聖之道距楊墨放淫辭邪說者不得作作於其心害於其事作於其事害於其政聖人復起不易吾言矣昔者禹抑洪水而天下平周公兼夷狄驅猛獸而百姓甯孔子成春秋而亂臣賊子懼詩云戎狄是膺荆舒是懲則莫我敢承無父無君是周公所膺也我亦欲正人心息邪說距詖行放淫辭以承三聖者豈好辯哉予不得已也能言距楊墨者聖人之徒也并同上

孟子自言距楊墨公都子云外人皆稱夫子好辯揚子雲云古者楊墨塞路孟子辭而闢之廓如也孟子之闢楊墨何在乎爲我章嘗斥楊墨矣然是泛論其失耳夷之章嘗抉墨氏之蔽矣然是閒導其來歸者耳不得遂以此爲好辯卽以此爲好辯亦僅兩章耳至逃墨章爲辨楊墨者言尤與距楊墨無涉也孟子之闢楊墨因以得好辯之名者果何在乎曰知楊墨則知孟子之闢楊墨矣蓋世之所謂楊墨者名焉而已不知夫不明稱爲楊墨者其爲楊墨正多也漢人之所謂道德名法卽楊氏

也所謂農家卽墨氏也何者楊氏之學主於自爲而無所事故言淸淨言自然而以堯舜禹湯文武之安民撥亂者爲多事爲擾民以儒者之崇堯舜也則言黄帝以絀堯舜以儒者之尊孔子也則言老子以絀孔子然則道家之所謂黄老者卽楊氏也故楊子書稱楊子學於老子老子謂楊子而睢睢而盱盱而誰與居也其後寬柔之弊流爲慘刻於是乎有名家之學而申不害主之有法家之學而韓非主之然則所謂名法者亦楊氏也故韓非書有喻老釋老而史記以老莊與申韓同傳也然

則道德名法卽楊氏之分支也農家卽墨氏之別派也墨氏之學重農節用故其後或別而爲農家耳是以史記六術道德儒墨名法陰陽而無楊氏漢書九流儒道名法陰陽墨農雜家小說而亦無楊氏不然楊氏之學盛行於戰國甚於墨氏何以其書不傳於後而班馬皆不知有此一家學乎由是言之孟子書中凡所辨者多楊墨之說不必其明言楊墨也是故性之猶杞柳猶湍水生之謂性食色之爲性皆楊氏之說也舜之臣堯禹之德衰湯武之放伐爲弑君皆楊氏之說也許行所謂並

耕白圭所謂二十取一皆墨氏之說也不甯惟是卽傳食之爲泰不耕而食之爲素餐亦皆爲墨氏之說之所悞者也然則孟子之所辨者大半皆爲楊墨故人謂孟子好辨而孟子自言爲距楊墨也自漢以來儒者皆知楊墨之爲異端而不細考楊墨之說往往反采其言以釋六經以故其論多雜入於楊墨而釋氏亦往往采楊墨之意以爲言由是楊墨之言盛行於世而人莫知其爲楊墨也故因論孟子之闢楊墨而備論之

唐韓子原道篇敘道統之傳云文武周公傳之孔子孔子傳之孟子而無一語及他人者自宋以來儒者則以顏曾思孟並稱且於孟子時若有所不滿焉者余按孔子以後能發明二帝三王之道者孟子一人而已惟顏子或可與相埒其餘未見有可抗行者也何以言之楊墨横行聖人之道微矣幸有孟子辭而闢之而後之學者咸知尊孔子而黜異端然當兩漢魏晉之間老莊刑名讖緯之術猶分馳於天下幾奪聖人之道而據其上其後雖漸衰微而學者尙多浸淫出入於楊墨之說而不自知其甚者至以佛氏之教與堯舜孔子之道等

量而齊觀然則向無孟子聖人之道必不能自伸於楊墨佛氏盛行之日而堯之北面朝舜禹之德衰傳啟湯武之放伐之爲篡弑人必皆信以爲實然其敝也將以仁義爲强人之物刑名爲治國之方王政日湮而封建井田之制悉泯由是言之孟子一書豈非三代以下之所斷不可無者哉蓋嘗論之孟子之於孔子猶周公之於文武也文武雖聖人無周公以繼之則太平之治不興孔子雖聖人無孟子以承之則聖道之詳不著故有文武不可無周公有孔子不可無孟子是以韓子謂孟子

之功不在禹下又謂求孔子之道當自孟子始誠然非虛語也乃後人疑孟非孟者頗多雖有二三大儒尊崇孟子然好求聖道於精微杳冥之地故見戴記費隱誠明無聲無臭之言以爲道之極致而於孟子推闡王政聖學之切於實用者反視以爲尋常是以余於洙泗餘錄之役條記孟子事實以承孔子之役夫亦韓子之志也夫

樂正子　附

魯欲使樂正子爲政孟子曰吾聞之喜而不寐公孫丑曰樂正子强乎曰否有知慮乎曰否多聞識乎曰否然則奚

爲喜而不寐曰其爲人也好善好善足乎曰好善優於天下而况魯國乎孟子

按孟子好善之論可謂盡爲政之要何者一國之事多端一國之民不可計數爲政者雖强雖有智慮雖多聞識必不能一一而察之而知之而興革之故惟好善爲要好善則一國之人莫非助予之致治者所患者自以爲强自以爲有智慮自以爲多聞識善言無自而入於耳一人之才必不能勝國事之繁賾而政遂不得其宜耳故易曰井收勿幕有孚元吉夫惟好善是以人得各盡其言各效其能無他道也余初涖羅源任三日下學講書命諸生黃文治講孟子此章由是一縣之人皆知余意所在多有以善言告余者以故政事幸無大失歸里之時文治以詩送余行內有云春風坐諸生命講樂正克好善天下優微言括治術信乎孟子之言之可以終身行之而不盡也

附錄樂正子從於子敖之齊樂正子見孟子孟子曰子亦來見我乎曰先生何爲出此言也曰子來幾日矣曰昔者曰昔者則我出此言也不亦宜乎曰舍館未定曰子聞之也舍館定然後求見長者乎曰克有

罪○孟子謂樂正子曰子之從於子敖來徒餔啜也我不意子學古之道而以餔啜也

按樂正子之從王驩非求其縶援也驩本有慨慕清流之意是以弔滕之役朝暮見焉與樂正子偕行意亦如是在樂正子亦不過爲省道路之費遂失於不自重耳故孟子以徒餔啜責之何者驩之所以重樂正子者以其學古之道也樂正子遂從驩之齊是以古之道餔啜也然此事當在樂正子少年貧困之時若已仕於魯必無由私行至齊亦斷不肯爲此區區者而從驩行也此賢人之小過

不足以掩大德故附錄於此

附論浩生不害問曰樂正子何人也孟子曰善人也信人也何謂善何謂信曰可欲之謂善有諸已之謂信充實之謂美充實而有光輝之謂大大而化之之謂聖聖而不可知之之謂神樂正子二之中四之下也並同上

萬章 附

萬章曰堯以天下與舜有諸孟子曰否天子不能以天下與人然則舜有天下也孰與之曰天與之○舜相堯二十有八載非人之所能爲也天也堯崩三年之喪畢舜避堯

之子於南河之南天下諸侯朝覲者不之堯之子而之舜訟獄者不之堯之子而之舜謳歌者不謳歌堯之子而謳歌舜故曰天也孟子

萬章問曰人有言至於禹而德衰不傳於賢而傳於子有諸孟子曰否不然也天與賢則與賢天與子則與子○丹朱之不肖舜之子亦不肖舜之相堯禹之相舜也歷年多施澤於民久啟賢能敬承繼禹之道益之相禹也歷年少施澤於民未久舜禹益相去久遠其子之賢不肖皆天也非人之所能爲也莫之爲而爲者天也莫之致而至者命也同上

按堯舜禹之授受乃聖人之爲天下得人天下之大事也亦天下之大義也戰國之時邪說並作遂致聖人之心不白於後世幸有孟子辨之後人猶得以知其眞然非章有以啟之孟子之論亦無由而發也章之有功於世道人心者大矣至章所問伊尹孔子之事亦皆足正世俗之誣然不可悉載擇其最大者載之

公孫丑 附

公孫丑問曰高子曰小弁小人之詩也孟子曰何以言之曰怨曰固哉高叟之爲詩也有人於此越人關弓而射之

則已談笑而道之無他疏之也其兄關弓而射之則已垂涕泣而道之無他戚之也小弁之怨親親也親親仁也固矣夫高叟之爲詩也曰凱風何以不怨曰凱風親之過小者也小弁親之過大者也親之過大而不怨是愈疏也親之過小而怨是不可磯也愈疏不孝也不可磯亦不孝也

齊宣王欲短喪公孫丑曰爲朞之喪猶愈於已乎孟子曰是猶或紾其兄之臂子謂之姑徐徐云爾亦教之孝弟而已矣王子有其母死者其傅爲之請數月之喪公孫丑曰若此者何如也曰是欲終之而不可得也雖加一日愈於已謂夫莫之禁而弗爲者也孟子

按小弁以怨爲仁凱風又以不怨爲孝欲短喪則雖朞不愈於已欲終之而不得則雖加一日愈於已何以如是也此皆人子之至情而已親之過小則人子不忍怨親之過大則人子不忍不怨能終喪則減一日卽爲忍不得終喪則加一日亦足見其不忍禮固本於人情者也故有子曰禮之用和爲貴於此可見聖賢持論之無所偏非析義至精者烏能如是論語文多渾厚得孟子七篇爲之暢其義而孔子之道益著然非丑爲之啟其端孟子之論亦無從而發也然則丑之功亦不亞於萬章

之論亦無從而發也然則丑之功亦不亞於萬章

矣○按公孫與萬章七篇之中問答甚多不可枚舉姑錄其最要者各二則以見大凡前二事乃帝王之大法後二事則人子之至情舉一二可以例推也

史記孟子荀卿列傳云孟子乃述唐虞三代之德是以所如者不合退而與萬章之徒序詩書述仲尼之意作孟子七篇趙岐孟子題詞云退而論集所與高第弟子公孫丑萬章之徒難疑問答又自撰其法度之言著書七篇余按謂孟子一書爲公孫丑萬章所纂述者近是謂孟子與之同撰或孟子所自撰則非也孟子七篇之文往往有可議者如禹決汝漢排淮泗而注之江伊尹五就湯五就桀之屬皆於事理未合果孟子所自著不應疎略如是一也七篇中稱時君皆舉其謚如梁惠王襄王齊宣王魯平公鄒穆公皆然乃至滕文公之年少亦如是其人未必皆先孟子而卒何以皆稱其謚二也七篇中於孟子門人多以子稱之如樂正子公都子屋廬子徐子陳子皆然不稱子者無幾果孟子所自著恐未必自稱其門人皆曰子三也細玩此書蓋孟子之門人萬章公孫丑等所追述

故二子問答之言在七篇中爲最多而二子在書中亦皆不以子稱也今正之

按孟子門人尚多然多無事蹟可紀獨樂正子孟子屢稱之又嘗薦孟子於魯平公至於問答之言則萬章公孫丑爲多故說者以此書爲二子所撰述史記雖但稱萬章然既云之徒則固已括之矣蓋孟子之見尊信於當時樂正子或不爲無功而其言之傳於後世則二子實有微勞焉是皆不可沒也故附次於孟子之後

孟子弟子稱子者三人樂正子公都子屋廬子

按樂正子之賢見於答公孫丑浩生不害之問不待言矣公都子好辨性善之問其所關者亦鉅飲湯飲水之答其所得者亦深即屋廬子之得聞亦留心學問者皆高第弟子也

孟子弟子稱名者三人萬章公孫丑充虞

萬章公孫丑問答之多著述之功前已備述之矣充虞問答雖少然去齊之問見孟子救世之苦心止嬴之問見人子愛親之至情亦卓卓不羣者意其人亦高第弟子也

孟子弟子或稱子或稱名者二人陳臻亦稱陳子徐辟亦稱徐子

此二人在七篇中表見殊少然何如則仕之問乃聖賢去就之大節兼金之問亦因以見辭受之不苟蓋皆樂正萬章諸人之次也

不知果爲孟子弟子與否者四人陳代彭更咸邱蒙桃應

此四人集註皆以爲孟子弟子然皆止有一問他無所見未敢決其必爲弟子也故附次於諸弟子之後

孟子七篇源流考

七篇二百六十一章三萬四千六百八十五字包羅天地撰敘萬類仁義道德性命禍福粲然靡所不載趙岐孟子題詞

又有外書四篇性善辨文說孝經爲正此似外四篇之名文字似有訛誤其文不能宏深不與內篇相似似非孟子本真後世依倣而託之者也同上

漢興除秦虐禁開延道德孝文皇帝欲廣遊學之路論語孝經孟子爾雅皆置博士後罷傳記博士獨立五經而已同上

按漢書劉歆九種孟子有十一卷則四篇固已合於七篇矣趙氏乃獨能分別其眞僞而去取之以故孟子一書純潔如一其功大矣故今特表之惟謂孟子恥沒世而無聞自撰此書尙未盡合閱者不以噎廢食可也

附韓文公稱述孟子三則

堯以是傳之舜舜以是傳之禹禹以是傳之湯湯以是傳之文武周公文武周公傳之孔子孔子傳之孟某某之死不得其傳焉荀與揚也擇焉而不精語焉而不詳由周公而上上而爲君故其事行由周公而下下而爲臣故其說長原道

孟子雖賢聖不得位空言無施雖切何補然賴其言而今學者尚知宗孔氏崇仁義貴王賤霸而已其大經大法皆亡滅而不救壞爛而不收所謂存十一於千百安在其能廓如也然向無孟氏則皆服左衽而言侏離矣故愈嘗推尊孟氏以爲功不在禹下者爲此也（與孟尚書書）

自孔子沒羣弟子莫不有書獨孟某氏之傳得其宗故吾少而樂觀焉太原王塤示予所爲文好舉孟子之所道者與之言信悅孟子而屢贊其文辭夫沿河而下苟不止雖有遲疾必至於海如不得其道也雖疾不止終莫幸而至焉故學者必慎其所道道於楊墨老莊佛之

學而欲之聖人之道猶航斷港絕潢以望至於海也故求觀聖人之道必自孟子始（送王塤秀才序）

按孟子在戰國時人視之與諸子等耳漢興始立於學官然亦不久遂廢人亦不過以傳記視之耳自韓子出極力推崇孟子其書始大著於世至宋諸儒遂以此七篇與諸經論語並重皆自韓子之發之也非孟子則孔子之道不詳非韓子則孟子之書不著故今附錄此三則於孟子事實錄之後以特表其所由

論孟子性善之旨

孔子曰性相近也習相遠也又曰惟上知與下愚不移孟子曰人性之善也猶水之就下也又曰乃若其情則可以爲善矣孔孟之論性者如此至荀子始有性惡之說楊子始有善惡混之說逮唐韓子乃合而折其衷謂人性有三品善與惡皆有之孟子之與荀揚皆得其一而失其二及宋程朱又分而異其名謂有理義之性有氣質之性孔子所謂相近兼氣質而言之孟子則專以理義言性故謂之善也余謂人之性一而已矣皆本理義兼氣質而成不容分以爲二孟子之所謂性卽孔子之

所謂性但孟子之時異端並出皆以性爲不善故孟子以性善之說辭而闢之非與孔子爲兩義也孟子曰口之於味也目之於色也耳之於聲也鼻之於臭也四肢之於安佚也性也又曰動心忍性增益其所不能性果純乎理義又何忍焉孟子之於性何嘗不兼氣質而言之乎蓋孟子所謂性善特統言之若析言之則善之中亦有深淺醇漓之分焉非兼氣質而言遂不得爲善也故傳曰純粹至善者也記曰在止於至善夫善則善耳何以又云至善是知但言善者猶未底乎純也故性雖同

一善而不能無異焉豈惟三品葢十品有不能盡者然謂之爲惡則不可譬之人參性補肉桂之性能煖下焦然此二物佳者殊不多得謂其力有厚薄則有之矣若謂人參性瀉肉桂性寒則無是理也由是言之孟子謂性爲善誠然無可疑者韓子不必駁而程子亦不必曲爲解也至於越椒食我之生預知其當滅宗此自好事者附會之詞耳春秋傳中此類甚多陳敬仲之生也預知其必有齊叔孫豹之生也預知其爲豎牛所亂亦將盡以爲實事乎況食我初未嘗爲惡但以國亂無政大臣

黷貨而祁盈秉正嫉邪不容於時遂至食我爲所累耳據此遂謂食我性惡誤矣據此以駁孟子性善之論則尤誤之甚也大抵韓子程子之論其於性皆實有所見而措語皆不能無疵謂有理義之性有氣質之性何若謂有性之理義有性之氣質不分性而二之之爲善也謂上焉者善下焉者惡亦何若孔子以知愚分上下之爲得宜也學者當取信於孔孟之言不必以先儒之說爲疑也至如荀揚之論則不過務新尚怪苟求自異君子所不屑道亦無庸深辨也

又按傳所載羊舌食我之事甚屬可疑夏徵舒以宣十年弒陳靈夏姬之齒長矣又十年成公二年而後嫁巫臣又三十餘年襄公十六年而所生之女始嫁亦異事也巳羊舌職以襄三年卒其子伯華巳爲祁奚所知嗣父爲中軍尉而叔向復有弟叔虎叔羆叔魚則叔向之齒亦長矣故晉語有叔向爲平公傅之文又十三年襄公十六年而平公始立叔向不應至是始娶而平公尚幼以悼公年計之平公卽長亦不過十餘歲恐亦不能强之使娶夏姬女也考其前後年之相隔頗遠疑卽叔虎之事而傳之者異詞或以爲叔魚或

以爲食我作書者遂取而兼載之耳正如鄢陵之戰韓厥從鄭伯郤至亦從鄭伯子產欲毀游氏之廟而中止一在葬簡公時一在爲蒐除時也傳記中如此者甚多不可枚舉恐未可盡以爲實也而母多庶鮮懲舅氏之語亦大不敬恐叔向之賢亦未必肯以此施之於其母也且祁盈有何罪祁勝通室甯當不問不過晉侯信讒荀躒納賄遂至於賈禍耳觀叔游所言惡直醜正實繁有徒無道立矣子懼不免是其意亦不以祁盈爲非也况食我自祖父以來與祁氏三世同官相親相近乃事之

常豈得謂之助亂季札之戒叔向曰吾子好直必思自免於難何者君侈而政在家不必豺狠然後能賈禍也以叔向之賢猶幾死於欒盈之難況盈與食我之庸庸者乎若以此罪食我將使人皆疎遠方正之士貿緣權勢之人始得免於豺狠之目乎吾每讀書至此未嘗不嘆後人莫有肯爲食我辨其誣者故今因論韓子原性而附辨之左傳中如此者甚多惜余老病不暇一一而辨之也

讀孟子餘說一則

孟子曰居（中庸作在）下位而（中庸無此字）不獲於（中庸作乎）上民不可得而治也（中庸作矣）獲於（中庸作乎）上有道不信於（中庸作乎）友（中庸友上有朋字）弗（中庸作不）獲於（中庸作乎）上矣信於（中庸作乎）友（中庸作朋友）有道事親弗悅（中庸作不順乎親）弗信於友矣（中庸作不信乎朋友矣）悅親（中庸作順乎親）有道反（中庸反下有諸字）身不誠不悅於（中庸作順乎）親矣誠身有道不明乎善不誠其（中庸作乎）身矣是故（中庸無此二字）誠者天之道也思誠（中庸作誠之）者人之道也（中庸文至此止）至誠而不動者未之有也不誠未有能動者也

此章文又見於中庸與此大同小異居之作在盍因一時語言之異如論語之斯大學之此者然孟子先名實章亦作居下位中庸素其位章亦作在下位是也友之加朋文亦可省然皆無足爲大得失也惟不順乎親語未免太重不順乎親不可以爲子豈但不信於友而已事親弗悅但不爲親所喜悅耳措語較有分寸誠者理也德也故云思誠者誠之者則以誠爲用字似欠醇古孟子此章原言誠能動人故由獲上信友悅親遞近而歸本於誠身然後以至誠未有不動總結之又以不誠之不動反結之首尾呼應章法甚明中庸采此章文但欲歸本於誠身以開下文不思不勉擇善固執之意意不在於動人故删其後兩句然則是中庸襲孟子非孟子襲中庸明矣至於虛字互異本不足爲輕重然獲上信友悅親皆指人而言故皆用於字明善誠身則不可用於字故變文而曰乎曰其中庸槪用乎字亦不若孟子之妥適獲上信友悅親誠身皆已見於上文故助語用矣字治民上文無之用也字爲得之不獲於上係轉語故用一而字反身則不必多一諸字也是故二字緊承上文醒出主意似亦不當删去細玩此章文義中庸之不及孟子顯然可見若之何先儒猶以爲孟子述中庸之言也

孟子事實錄卷下終

原缺第三十一葉上